全国区块链应用创新人才培训指定用书　"区块链+"应用丛书

区块链

再造传统金融

丁晓蔚　黄　锐　沈春明　等编著

电子工业出版社
Publishing House of Electronics Industry
北京·BEIJING

内容简介

金融是现代经济的核心，是实体经济的血脉。为实体经济服务是金融的天职，是金融的宗旨，也是防范金融风险的根本举措。将区块链应用于推动金融现代化，当是题中应有之义。本书在阐述区块链基本原理和技术架构的基础上，致力于探讨区块链在推动实体经济、金融现代化及金融治理和治理现代化进程中的独特作用，结合银行、证券、保险等传统金融领域存在的中小企业贷款融资难、银行风控难、部门监管难等问题，利用区块链中数据可信、数据共享、隐私保护、自动执行等技术形成的优势，提高金融服务实体经济的效率，降低金融机构风险，降低社会信任成本，为推动经济高质量发展提供支撑等进行详细剖析，并结合大量真实案例提出区块链创新解决方案，以期为广大读者带来有益参考。

本书可作为金融领域具有一定经验与建树的行业骨干学习区块链知识的理论指导和实践参考用书，还能作为金融行业区块链应用人才培训的指定教材，以及高等院校相关专业教材或教学参考书。

未经许可，不得以任何方式复制或抄袭本书之部分或全部内容。
版权所有，侵权必究。

图书在版编目（CIP）数据

区块链再造传统金融 / 丁晓蔚等编著. —北京：电子工业出版社，2022.1
ISBN 978-7-121-42222-5

Ⅰ.①区… Ⅱ.①丁… Ⅲ.①区块链技术－应用－金融－高等学校－教材 Ⅳ.①F830.49

中国版本图书馆 CIP 数据核字（2021）第 209717 号

责任编辑：秦淑灵　　　　　特约编辑：田学清
印　　刷：三河市鑫金马印装有限公司
装　　订：三河市鑫金马印装有限公司
出版发行：电子工业出版社
　　　　　北京市海淀区万寿路 173 信箱　　邮编：100036
开　　本：720×1000　1/16　印张：21.25　字数：416 千字
版　　次：2022 年 1 月第 1 版
印　　次：2022 年 1 月第 1 次印刷
定　　价：58.00 元

凡所购买电子工业出版社图书有缺损问题，请向购买书店调换。若书店售缺，请与本社发行部联系，联系及邮购电话：(010) 88254888，88258888。
质量投诉请发邮件至 zlts@phei.com.cn，盗版侵权举报请发邮件至 dbqq@phei.com.cn。
本书咨询联系方式：qinshl@phei.com.cn。

"区块链+"应用丛书编委会

一、发起单位

亚洲区块链产业研究院
清华大学技术创新研究中心
中国技术经济学会金融科技专业委员会
中国移动通信联合会区块链专业委员会
全国高校人工智能与大数据创新联盟
深圳市信息服务业区块链协会

二、编委会构成

名　誉　主　任：杨兆廷
主　　　　　任：赵永新
执　行　主　任：钟　宏　陈柏珲
副　　主　　任：万家乐　朱启明　秦响应　刘　权　李　慧
　　　　　　　　陆　平　陈洪涛
秘　书　长：黄　蓉
执行秘书长：张晓媛　尹巧蕊

三、编委会名单

姓　名	职称或职务	工 作 单 位
杨兆廷	党委书记	河北金融学院
	常务副理事长	中国技术经济学会金融科技专业委员会
赵永新	教　授	河北金融学院
	副院长	亚洲区块链产业研究院
钟　宏	院　长	清华大学 x-lab 青藤链盟研究院
陈柏珲	院　长	亚洲区块链产业研究院
黄　蓉	秘书长	传媒区块链产业智库
朱启明	秘书长	全国高校人工智能与大数据创新联盟
秦响应	院　长	河北金融学院金融科技学院
刘　权	院　长	赛迪区块链研究院
陈晓华	秘书长	中国移动通信联合会区块链专业委员会

续表

姓　　名	职称或职务	工　作　单　位
沈春明	博士/高级经济师	清华启迪区块链有限公司
翟欣磊	区块链负责人	京东集团数字科技有限公司
尹巧蕊	博　士	中央司法警官学院
张小军	区块链负责人	华为集团有限公司
张晓媛	负责人	区块链产业人才研究所
吴俊杰	秘书长	深圳市南山区区块链应用协会
陈意斌	会　长	福建省区块链协会
刘　靖	总经理	国数青云（北京）科技有限公司
刘志毅	主　任	商汤科技智能产业研究院
刘永相	秘书长	中国电力企业联合会能源区块链标准委员会
万家乐	总经理	上海持云管理有限公司
陆　平	负责人	国际数字经济研究中心亚洲区
张　权	创始合伙人	上海持云管理有限公司
宇鸣初	发起人	BTRAC全球数字网络高等智库
黄　锐	总经理	成都雨链科技有限公司
丁晓蔚	负责人/副教授	南京大学普惠三农金融科技创新研究中心
汪　琪	助理研究员	南京大学普惠三农金融科技创新研究中心
赵　勇	会　长	中国西部互联网与大数据产业协会
李　慧	副院长	火币区块链应用研究院
罗　骁	总经理	杭州宇链科技有限公司
郝　汉	首席信息官	安妮股份有限公司
武艳杰	教　授	华南师范大学
刘晓俊	副秘书长	深圳市南山区区块链应用协会
郑相涵	博　士	福州大学
杨国栋	总经理	中化能源科技有限公司
宣宏量	常务秘书长	首都版权产业联盟
梅　昕	博士/主任	全球金融科技实验室
段林霄	联合创始人	微观（天津）科技发展有限公司
郑烨婕	副院长	商汤科技智能产业研究院
宋　森	主　任	华南师范大学区块链经济研究中心
向峥嵘	总　监	中博聚力（北京）投资管理有限公司
李瑞静	总　监	保定金融谷有限公司
陈洪涛	党委委员/副行长	广发银行股份有限公司西安分行
李三喜	副教授	北京铁路电气化学校
高希宁	副编审	学习强国学习平台有限责任公司
杨锦帆	副教授	西北政法大学

总　　序

　　区块链是比特币的底层技术，是一种集合分布式存储、共识机制、非对称加密、智能合约等多种技术于一体的综合性技术，该技术的价值是在区块链世界中建立一种分布式或多中心的可信化高效运转社会。区块链出现至今已历十多年，底层技术相对成熟。近年来，联合国、国际货币基金组织和多个发达国家政府先后发布了区块链的系列报告，探索区块链技术及其应用。联合国秘书长安东尼奥·古特雷斯（Antonio Guterres）表示，联合国必须拥抱区块链技术。他说："为了使联合国更好地履行数字时代的使命，我们需要采用区块链之类的技术，以帮助加速实现可持续发展目标。"

　　从国际来看，英国、美国、俄罗斯、日本、新加坡等国家的政府、金融机构、互联网企业和制造企业积极投入区块链技术研发与应用推广，发展势头迅猛。

　　2019年10月24日，习近平总书记在主持中共中央政治局第十八次集体学习时强调："区块链技术的集成应用在新的技术革新和产业变革中起着重要作用。我们要把区块链作为核心技术自主创新的重要突破口，明确主攻方向，加大投入力度，着力攻克一批关键核心技术，加快推动区块链技术和产业创新发展。"这标志着区块链已经上升为国家战略。事实上，在2016年年底，国务院就已经把区块链技术列入《"十三五"国家信息化规划》中，中国人民银行建立数字货币研究所并内测成功、北京市"十三五"规划确定区块链为发展方向、2020年区块链被列入"新基建"……目前，全国有20多个省、直辖市、自治区的地方政府发布了区块链专项行动，积极探索利用区块链解决政务数据共享、政务效率提升、智慧税务、司法存证、城市交通拥堵等问题；各金融机构积极探索并应用区块链实现银行、保险、证券等金融业态更好地服务实体经济、提升服务效率、降低服务成本、降低金融风险；工业、农业、服务业等各行各业都在快速拥抱区块链，提升实体经济运行效率，创新商业模式，构建新商业生态。区块链正在与各个领域深度整合。

　　当前谈及区块链的相关著作不少，但全面、系统、深入介绍区块链各类应用场景的著作还相对较少。因此，由亚洲区块链产业研究院、清华大学技术创新研究中心、中国技术经济学会金融科技专业委员会、中国移动通信联合会区块链专业委员会、全国高校人工智能与大数据创新联盟联合发起成立"区块链+"应用丛书编委会，汇集来自河北金融学院、中国技术经济学会金融科技专业委员会、亚洲区块链产业研究院、清华大学 x-lab 青藤链盟研究院、传媒区块链产业智库、全国高校人工智能与大数据创新联盟、赛迪区块链研究院、中国移动通信联合会区块链专业委员会、清华启迪区块链有限公司、京东集团数字科技有限公司、中央司法警官学院、华为集团有限公司、区块链产业人才研究所、深圳市南山区区块链应用协会、福建省区块链协会、国数青云（北京）科技有限公司、商汤科技智能产业研究院、中国电力企业联合会能源区块链标准委员会、上海持云管理有限公司、国际数字经济研究中心亚洲区、BTRAC 全球数字网络高等智库、成都雨链科技有限公司、南京大学、中国西部互联网与大数据产业协会、火币区块链应用研究院、杭州宇链科技有限公司、安妮股份有限公司、华南师范大学、福州大学、中化能源科技有限公司、首都版权产业联盟、全球金融科技实验室、微观（天津）科技发展有限公司、华南师范大学区块链经济研究中心、中博聚力（北京）投资管理有限公司、保定金融谷有限公司、广发银行股份有限公司西安分行、西北政法大学等在区块链领域开拓创新的学界与业界的 40 多位精英，基于对区块链技术的系统化解读，聚焦区块链应用于政府治理现代化、经济现代化、金融现代化、管理现代化等多维层面的深度阐释，希望在区块链应用理论体系建设方面进行有益探索，为区块链促进社会全面健康发展提供智力支持。

此套丛书不仅可供广大读者分享，亦可作为相关行业区块链应用人才培训的指定教材。

由于编者水平有限，加之时间紧张，丛书难免存在不足之处，欢迎广大读者批评指正。

"区块链+"应用丛书编委会主任　赵永新
2021 年 8 月

前　言

　　金融是国家重要的核心竞争力，金融安全是国家安全的重要组成部分，金融制度是经济社会发展中重要的基础性制度。

　　数字金融时代，金融领域出现了一系列前所未有的新景观。从投资者方面来说，机构、个人的金融理念和心理有所变化，投资行为和交易方式有所改变；从金融企业方面来说，有一部分企业积极服务于实体经济，在遵守金融监管制度的前提下，守正创新，不断推出新的金融产品，以满足投资者的不同需求；大数据、区块链、人工智能等先进技术驱动的金融科技得到了蓬勃发展，既助推了金融创新，又辅助了金融监管。但是金融的经营主体和行为主体，诚信程度差别甚大，道德水准参差不齐，业务水平高低不一。从金融监管部门来说，既要依法依规依章进行监管，又要对体现正确方向的金融创新提供有力的保护，难度是相当大的。再则，金融创新实践的发展总是走在前面的，金融监管的制度总会相对严谨，其间存在着一定的不平衡情况。

　　在当今的金融领域，存在着各种各样的风险。其中，有些风险来自市场本身，有些风险来自金融企业和金融投资者，有些风险来自金融监管制度的缺失和漏洞，有些风险来自特定的重大公共危机事件所掀起的巨大波澜，有些风险来自某些机构和个人的违法犯罪行为，有些风险则来自世界政治经济的大幅度波动和别国所发生的危机（在世界性金融危机中，一国的金融难以独善其身）。监测和防范金融风险，不仅是金融监管部门的职责，还是全社会的责任。防范和化解金融风险特别是防止发生系统性金融风险、维护国家金融稳定和金融安全，是金融工作的一大根本性任务。

　　在金融的各项工作中，应树立以总体国家安全观为一体、兼顾金融发展与金融安全两翼、贯穿服务实体经济和共同富裕、最终满足人民日益增长的美好生活需要的指导思想。在防范化解金融风险、提升金融系统效能、服务实体经济和共同富裕等实践中，区块链将发挥其特殊的重要作用。区块链作为一种分布式的共享账本，具有如下特点：实行共识机制，实施智能合约，实现全程留痕，可以追根溯源，上链数据无法篡改，链上的各节点互相制约、共同协作。区块链与密码学、分布式系统、共识算法、智能合约等技术密切相关，还与互联网有着不解之缘，在与大数据、人工智能等先进科技融合创新后，更是如虎添翼。区块链最早被应用于金融领域，直到现在比特币还在运用区块链技术。

近年来，区块链在其他领域也得到了广泛的应用。

区块链不仅是一种技术，也是一种思维和一种精神。对真正大规模的创新应用，须结合人性、结合区块链的人文社会内涵去考虑问题，不光应用区块链技术，而且应用区块链思维和区块链精神，来构建真正能解决金融、经济、社会痛点难点问题的解决方案、系统平台和生态圈。

金融实践创新受到区块链、大数据、人工智能等先进技术的驱动，目的应是为了更好地服务于实体经济和共同富裕。金融创新有着永恒的、不竭的动力。对金融创新进行监管，既要保护守正的创新，又要对不守正的创新加以严格规制。需要说明的是，我们的总体认知和态度是：国内外有不少打着创新名号的"创新"，如数字金融"创新"、区块链金融"创新"、新金融"创新"等，而虚拟货币、去中心化金融 DeFi 等即在此列。对金融创新应进行认真的分析、鉴别，分清哪些是守正的创新，哪些是并不守正的所谓创新（伪"创新"）。必须明白这样一个道理：并非只要与"创新"沾边，就一概都是好的，就定然是名副其实的创新；只有那些符合中国国情、合法合规的金融创新才值得肯定。

当下，将区块链应用于推动金融、金融监管、金融治理现代化，当是题中应有之义。本书在阐述区块链基本原理和技术架构的基础上，致力于探讨区块链在推动实体经济、共同富裕、金融现代化、金融监管现代化、金融治理现代化进程中的独特作用。

本书第一章"区块链基本原理"、第二章"区块链的技术架构"由黄锐编写，第三章"区块链与数字货币"由沈春明编写，第四章"传统金融积极拥抱金融科技"、第五章"区块链助力金融服务实体经济"由赵永新编写，第六章"区块链促进普惠金融发展"由刘志毅、郑烨捷编写，第七章"区块链与金融风险管理现代化"、第八章"区块链促进金融监管现代化"、第十章"区块链与金融治理现代化"、第十一章"区块链金融服务现代化的发展建议"由丁晓蔚和汪琪编写，第九章"区块链与'一带一路'发展"由陈柏珲编写，第十三章"区块链金融服务经典案例"由袁煜明、李慧、陈圣桦、瞿欣磊编写。

限于编者水平，本书难免存在一定的缺点和不足，热切期待读者的批评指正。

丁晓蔚
写于 2021 年 1 月 28 日
2021 年 12 月 24 日改定

目　录

第一章　区块链基本原理 1
　第一节　对区块链概念的界定 1
　第二节　分布式记账 3
　第三节　共识机制构建机器信任时代 9
　第四节　数据难以篡改实现可信时代 13
　第五节　智能合约带来可编程化社会 16
　第六节　非对称加密算法实现开放环境下的数据安全 21

第二章　区块链的技术架构 26
　第一节　区块链的分类 26
　第二节　区块链主要架构分层 29
　第三节　区块链应用集成架构 33
　第四节　《金融分布式账本技术安全规范》解读 38
　第五节　基于行业应用的区块链技术发展趋势展望 40

第三章　区块链与数字货币 45
　第一节　数字货币的产生与发展 45
　第二节　数字货币的特征 49
　第三节　数字货币的监管政策 52
　第四节　法定数字货币对金融体系的影响 60
　第五节　各国央行积极推动法定数字货币 62
　第六节　我国央行的数字货币 65

第四章　传统金融积极拥抱金融科技 68
　第一节　全球金融科技发展新格局 68
　第二节　我国金融科技发展迅猛 76
　第三节　央行金融科技发展三年规划 85

第五章　区块链助力金融服务实体经济 86
第一节　金融服务实体经济的现状与问题 86
第二节　区块链+供应链金融促进实体经济发展 90
第三节　以区块链技术为支撑构建金融生态圈 99

第六章　区块链促进普惠金融发展 106
第一节　普惠金融的起源和理念 106
第二节　普惠金融的中国实践 113
第三节　区块链与普惠金融的未来 124

第七章　区块链与金融风险管理现代化 131
第一节　传统金融的风险类型 131
第二节　金融互联网化的新风险 138
第三节　区块链降低金融市场风险 146
第四节　区块链降低金融信用风险 150
第五节　区块链降低金融欺诈风险 155
第六节　区块链降低洗钱风险 163
第七节　区块链与操作风险、技术风险及可编程风控 171

第八章　区块链促进金融监管现代化 179
第一节　我国当前金融监管的主要方法 179
第二节　传统金融监管存在的问题与不足 197
第三节　区块链赋能金融监管现代化 206
第四节　区块链倒逼金融监管现代化 214

第九章　区块链与"一带一路"发展 225
第一节　"一带一路"发展迅速 225
第二节　"一带一路"发展中的金融支持 232
第三节　区块链在"一带一路"发展中的应用 237
第四节　法定数字货币助推"一带一路"金融发展 238
第五节　法定数字货币促进人民币国际化 241

第十章　区块链与金融治理现代化 249

第一节　中国国内金融治理及参与国际金融治理现状 249
第二节　对我国金融治理中主要问题的研讨 254
第三节　实现我国金融治理现代化 257
第四节　区块链推动金融治理现代化 268

第十一章　区块链金融服务现代化的发展建议 277

第一节　正确认知区块链 277
第二节　大力支持区块链核心技术研发 281
第三节　优先支持选择试点行业领域 284
第四节　重点支持区块链与实体经济深度融合 287
第五节　积极推进标准规范体系建设 289
第六节　推动产业链与生态系统建设 293
第七节　积极推进区块链人才培养和人才储备 295
第八节　以积极谨慎的态度做好监管工作 299

第十二章　区块链金融服务经典案例 303

第一节　区块链+民生：京东数科智臻链疫苗全程追溯解决方案 303
第二节　区块链+数字金融：京东数科智臻链资产证券化案例 305
第三节　"区块链+供应链金融"案例 309

参考文献 327

致谢 328

第一章
区块链基本原理

对核心概念进行严谨、准确的界定,是学术研究的逻辑起点。本章从探讨区块链概念入手,探讨区块链一系列基本原理,属于为全书奠定重要基础的部分。

第一节 对区块链概念的界定

维基百科这样解释区块链:Blockchain 或 Block Chain 是借由密码学串接并保护内容的串联文字记录(又称区块)。每个区块包含了前一个区块的加密散列、相应时间戳记及交易数据(通常用默克尔树算法计算的散列值表示),这样的设计使区块内容具有难以篡改的特性。用区块链技术所串接的分布式账本能让交易两方有效记录交易,且可永久查验此交易。

百度百科这样解释区块链:区块链是一个信息技术领域的术语。从本质上讲,它是一个共享数据库,存储于其中的数据或信息,具有不可伪造、全程留痕、可以追溯、公开透明、集体维护等特征。基于这些特征,区块链技术奠定了坚实的信任基础,创造了可靠的合作机制,具有广阔的运用前景。

维基百科对区块链的解释偏重技术实现,突出以密码学保障的数据记录所拥有的难以篡改的特性;百度百科对区块链的解释偏重系统解释,以共享数据库定义区块链;而中本聪在题为 Bitcoin: A Peer-to-Peer Electronic Cash System 的论文中,则是以介绍一种实现点对点交易的电子现金系统的方式,引出区块链技术的。那么,我们到底应该怎么理解区块链呢?本章将重点从实际应用角度来阐述区块链的核心含义。

对区块链技术的狭义解释,强调以 Hash 指针保障数据防篡改,是以区块形式进行永久存储的一种数据结构。但从应用意义上来看,区块链其实是一种建立可信协作关系的分布式计算架构。

我们需要重新理解多方协作问题。协作是指在目标实施过程中,部门与部门之间、个人与个人之间的协调与配合。协作过程需要目标直接参与方的配合,需要协调方的参与、资源调度和任务见证。所以无论是中心化系统还是分布式系统，要实现一个业务目标，都需要相互配合和协调工作。

例如，在某银行 App 中完成一笔跨行转账交易，至少需要三方参与协作，才能实现资金的划转。分别是资金划出银行、资金划入银行和交易协调方（或见证方）。划出银行要检查转出资金是否正确，划入银行要检查转入资金是否正确，而交易协调方则要保障资金转账不会出现"双花"现象（双重支付）。在这个场景中，交易协调方就是清算机构。中心化协作模型如图 1-1 所示。

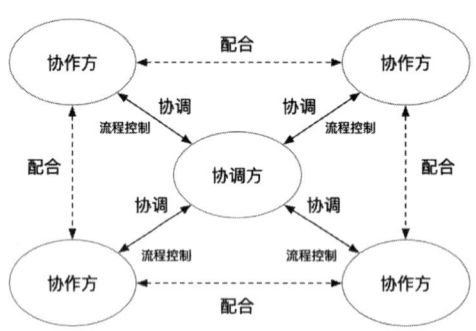

图 1-1　中心化协作模型

图 1-1 是一种典型的中心化协作机制。常见的电商、支付系统也都与此类似。这种中心化的协调机制，是以流程控制为中心的，协调流程必须在一个可信的第三方中心化的协调系统中才能安全、有效运转。

而在分布式协作机制中，同样也需要协调工作，只是协调工作被分布式共识协议代替了。例如，同样通过某银行 App 完成一笔跨行转账交易，从业务实体来说只需要直接参与交易的两方参与协作即可。分别是资金划出银行、资金划入银行，而交易协调工作是由分布式共识协议完成的。分布式协作模型如图 1-2 所示。

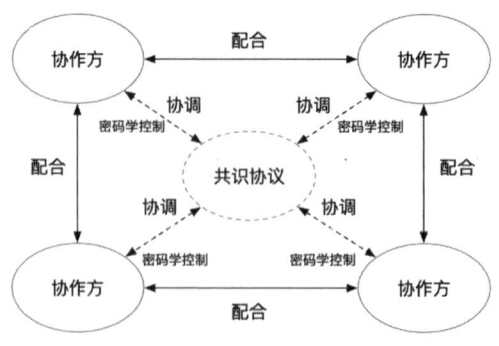

图 1-2　分布式协作模型

在分布式协作模型中，共识协议已经被分布式地部署在协作方内（故在图 1-2 中用虚线表示），虽然依然存在协调工作，但已经没有中心化的协调系统。点对点的资金交易，需要用分布式共识协议保障转账中的协调工作，还要靠密码学控制多方状态，所以这里的资金必须是数字加密货币才能实现。

第二节 分布式记账

分布式记账是区块链应用的典型特征，有些地方也把分布式账本技术作为区块链技术的代名词。例如，中国人民银行 2020 年 2 月正式发布的《金融分布式账本技术安全规范》就用分布式账本技术替代了对区块链技术的称呼，可见分布式记账在区块链技术中所占的比重和地位。分布式记账为金融业务开展提供了一种全新的解决思路。

一、中心化记账和分布式记账

传统金融业务的记账过程，总是需要通过第三方（协调方/仲裁方/见证方）进行记账或统一清结算。例如，银行账户行内转账交易需要银行账务系统作为统一记账方，处理账户余额变化；跨行转账需要央行清算系统，包括大小额、超级网银、银联和网联等第三方可信机构完成统一记账和清算。中心化记账如图 1-3 所示。

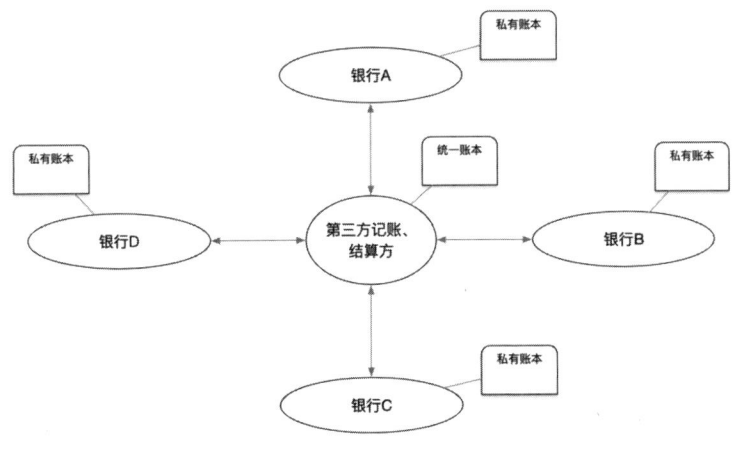

图 1-3 中心化记账

在中心化记账中，虽然采用了第三方中心化协调方式，实现统一记账功能，并且维护了一份统一账本，但不代表参与方没有自己的私有账本，在现实业务处理中，这种私有账本和统一账本之间、各个私有账本之间，往往并不一致，所以有很多人工对账过程。为了保障第三方的记账安全和可靠，一般担任该角色的都是行业监管方、政府机构或产业链的核心企业。其信任基础来自行业授权、政府信用和产业垄断性。

中心化记账模式的优点是高效，由于不用考虑其他参与方的记账意见，所以记账速度快、系统结构简单；但缺点是过度依赖第三方。中心化记账模式是建立在高可信的、稳固的交易关系中的，如商业银行、支付机构和央行的关系，欠缺商业灵活性和场景化的服务支撑。

而分布式记账是在没有第三方协调机构的支持下，同样能实现安全、公正的交易，由于不需要稳固的可信任关系，因此可以场景化地建立灵活的商业协作模式，激发商业创造性。但因为交易安全和真正性保障是建立在点对点的交易协议中的，所以分布式记账的交易性能不如中心化记账。

笔者认为目前中心化记账和分布式记账不存在替代关系，只有互补关系。分布式记账适用于灵活、多变的商业场景和无固定第三方协调者存在的商业合作关系中，适合在松散的产业联盟类产业中应用。分布式记账为扩展金融服务场景提供了灵活的、低成本的解决方案。

二、什么是分布式账本

账本是由一定格式与若干账页组成、以会计凭证为依据、对所有经济业务进行序时分类记录的本籍，也就是通常我们所说的账册。

在账务系统中，一般一个客户可以拥有多个账户，而一个账户可以拥有多个账本。客户代表身份，不同的账户代表不同的资金管理功能，如国内银行账户用1、2、3类户来区分账户功能。不同的账本代表不同的记账维度，常见为余额账本和流水账本两大类型（为了便于理解，这里避免使用财务账本分类）。

分布式账本其实就是将这套客户-账户-账本模型结构，在分布式节点中复制，利用区块链共识协议，保障复制后账本状态的一致性。账本数据的变化是由交易确认完成触发更新的，不同的账本模型更新的方式也不一致。在余额账本中，分布式共识协议维护一个账本的最新状态，如余额、库存等。每笔交易完成后引起状态的变化都需要在账本中体现，并通过P2P协议在全网广播；在流水账本中，分布式共识协议维护一套按照时间顺序的日记账数据的一致性，记录每笔资金的来源和去向，如现金日记账、库存日记账等。

业界也常把区块链技术称为分布式账本技术，如中国人民银行正式发布的《金融分布式账本技术安全规范》。但其实分布式账本并不等于区块链，只是目前在金融领域的区块链应用中，常使用账本作为分布式业务处理单元，分布式账本只是广义区块链概念的一种实例。实际上，在大多数区块链项目中，并没有严格意义上的分布式账本概念。

比特币没有账本概念。它使用 UTXO（Unspent Transaction Output）模型完成资产记录。UTXO 是未使用的交易输出，意思就是一个地址上可以使用的资产。UXTO 和我们常规理解的账本记账有很大区别。UTXO 模型是一种按交易时间顺序记录的流水记账模型，也是一种借贷复式记账模型，拥有输入和输出，更是一种资产和记账二合一的模型，一个地址对应的 UXTO 就代表这个地址可以使用的实际资产，同时也代表这笔资产从何而来。所以不存在你拥有多少个比特币，只存在你掌握的地址上拥有多少个 UTXO。比特币是没有余额概念的，一般余额都是通过客户端软件（钱包）对 UTXO 合计后生成的。UTXO 模型是一种很成功的分布式建模创新，具有易扩展、可并行处理、安全性高和隐私性好等优势。

以太坊也没有账本概念，只有账户概念。它是使用账户余额模型来完成资产状态登记的，这和银行账户处理很相似，通过对交易双方的余额数直接扣减或增加操作，实现资金在交易参与方账户的往来。与 UTXO 只有花费和未花费两种状态不一样，账户余额模型可以通过智能合约实现多种状态，可以灵活应对可编程的业务需求。

我们现在说的分布式账本概念大部分受 Hyperledger（超级账本）项目的影响，在 Hyperledger Fabric 中拥有完整定义的账本模型。在 Fabric 中账本（Ledger）已经不是一种状态，而是一种系统结构的含义。一个节点是由智能合约和账本共同组成的。

账本建立在通道基础之上，而通道是连接节点的数据隔离机制，可以实现 Fabric 的多链网络，一个通道对应一个账本。账本由世界状态和区块链构成，Fabric 的区块链数据结构是建立在账本模型下的。而 Fabric 的世界状态类似以太坊的余额模型，是一种全局状态模型。Fabric 的账本结构如图 1-4 所示。

不同的账本结构适合不同的业务场景，以 UTXO 为代表的资产流水账本，更适合资金交易安全性要求高的场景；以余额账户模型为代表的资产状态账本，更适合交易复杂程度高的业务场景；以超级账本为代表的通用账本，更适合跨行业的通用分布式共享数据存储场景。相信在区块链技术推广和普及的过程中，还将不断有适合行业应用的账本模型涌现。

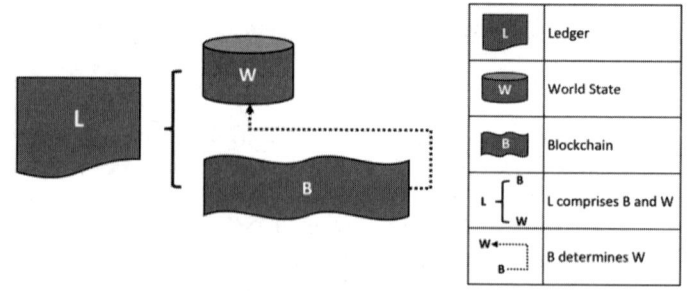

图 1-4　Fabric 的账本结构

三、分布式记账的原理

无论是中心化记账,还是分布式记账,本质上都需要一个记账人(节点),只是在中心化记账节点中记账人是第三方协调机构,而且记账人是固定不变的。在中心化记账中,所有参与方都以记账人的统一账本为准。如果出现各自私有账本和统一账本不一致的现象,一般采用线下稽核和申诉的方式,就交易流程而言都以记账人账本为准。

分布式记账的记账人(节点)并不是固定的,一般是根据预订策略从候选人(节点)中竞选产生出来的,如比特币、以太坊采用"矿工"工作量证明机制竞争记账权;EOS 采用 BFT-DPoS,先从 100 个候选节点中,通过 DPoS(委托权益证明机制)共识选举出 21 个超级节点,再使用 BFT 在 21 个超级节点中通过直接投票选出记账节点。而大部分联盟链产品采用指定或随机 leader 节点实现统一记账。分布式记账的每个候选人(节点)理论上都有记账的可能,这是与中心化记账最大的区别。

以比特币网络为例,记账节点是"矿工"节点,大致记账过程如下。

(1)监听交易广播。

(2)检查校验签名是否合法。

(3)检查交易是否存在多重支付。

(4)对交易排序,可以自己设置排序规则,如大部分"矿工"按照交易费倒序排序。

(5)打包备选区块。

(6)利用备选区块数据,通过调整 nonce 随机数计算哈希(Hash)谜题。

(7)向其他节点广播哈希(Hash)谜题竞猜成功。

(8)其他节点校验竞猜结果并达成共识。

(9）备选区块入链。

在记账完成的确认过程中，由于存在同时产生记账节点，并同时广播自己打包区块的可能性（出现哈希碰撞），从而产生同时记账，区块分叉的问题，比特币网络中是通过最长链原则解决系统最终一致性的问题的。由于每个区块都包含一个指向前一区块的哈希指针，并由此可以追溯到创世区块，比特币网络规定，当网络中存在所谓的分叉时，即多个区块同时引用了同一个区块的哈希指针，只有最长链（区块高度最高的链）上的交易才会被承认。

大部分的区块链项目记账过程都差不多，主要区别还是在共识策略上的不同，比特币采用 PoW（工作量证明机制）、PoS（权益证明机制）、DPoS 等间接共识机制和 Raft、PBFT 直接共识机制。在分布式记账的过程中，让大多数节点认可记账是必需的，所以区块链的记账过程和分布式共识是密切相关的，这也是与中心化记账过程最主要的差别。

四、分布式记账如何避免"双花"问题

据报道，在 2019 年 1 月 7 日，加密数字货币 ETC 接连遭遇 51%算力攻击。以 Gate.io 加密数字货币交易所为例，攻击者在 4 个小时内，用超过 51%算力"双花"了至少 4 笔总计 54200 个 ETC，价值达 27.1 万美元。据分析，在 2 个小时的攻击时间里，攻击者的成本仅为 2 万美元，获利超过 10 倍。

"双花"问题是一直困扰分布式账务系统的重要问题。什么是"双花"问题呢？它是指双重支付问题，意思是如果你有一笔钱，可以利用付款到收款的时间差，同时发起多笔支付交易，实现一笔钱花多次的现象。"双花"问题其实是个业务问题，在纸币现金时代，显然不会出现这种问题，现金在付款方和收款方之间都是独占的，不会出现中间状态。但进入电子支付时代后，这个问题就成为电子支付系统、银行账务系统必须面对的问题。当然，在中心化账务系统中，解决"双花"问题，办法很简单，通过对余额账户加锁和交易的事务控制，就可以避免"双花"问题。在中心化支付账务系统中，出现"双花"问题的概率极低，如果出现，则属于系统漏洞。

但在一个去中心化的分布式账务系统中，由于不可能实现统一的余额账户锁和分布式统一事务管理，所以无法像中心化账务系统中那样有效解决"双花"问题。直到比特币的出现，才有效解决了这个问题，使点对点的电子现金支付成为可能。比特币解决"双花"问题的原理基本被沿用到其他区块链技术中，主要可以分为账本结构、共识机制共同保障。

比特币采用 UTXO 作为记账模型，前文讲到 UTXO 模型具有易扩展、可

并行处理、安全性高和隐私性好等优势。UTXO模型的安全性要高于余额模型，这也是比特币从2009年出现至今一直是较安全的数字货币网络的原因。由于比特币的转账实质上是通过操作UTXO完成的，UTXO每笔输出都有相对应的输入，这样做保障了资金的真实性和可溯源性，避免了出现凭空捏造虚假资金进行支付交易的问题和在一个区块中出现双重支付交易的问题。

UTXO只能解决资金真实性的问题，但无法解决记账节点造假的问题。PoW的本质是通过公平的谜题解密的随机计算，在"矿工"节点中随机地选出记账节点。比特币采用SHA256的哈希算法解密，在10分钟内出现多个"矿工"同时获得记账权的概率极低，而且取得记账权的矿工节点又刚好是预先准备的造假节点的概率也极低。就算巧合到双重支付的交易刚好被两个同时获得记账权的矿工打包到了不同的区块中，并广播出去出现区块链分叉问题，比特币利用区块接续只选择最长分叉链的决策模型，使后续的"矿工"只会选择最长分叉链接续自己的区块，最后用连续6个区块才最终确认交易模式，使交易不可逆，从而最后解决"双花"问题。

在这套分布式安全机制保障下，要想实现双重支付，只能采用51%算力攻击，即采用控制超过51%的"矿工"算力，让全网大部分节点都接受造假交易或双重支付交易。回到本节一开始的案例，是否能实现51%算力攻击，关键在于造假的经济回报是否大于控制超过51%算力的成本，这是一个简单的经济学问题。案例中攻击者在2个小时的攻击时间里，成本仅为2万美元，获利超过10倍。显然ETC网络的安全问题是很难彻底避免的。

据分析，如果要成功对比特币开展51%算力攻击，需要动用超过500万台专业的ASIC矿机来做算力支撑，预计消耗的电力为29.3太千瓦时，相当于整个摩洛哥全年的电力消耗。再加上大约2.5亿美元的基础设施和维护成本，整个攻击过程需要耗资14亿美元。所以比特币的网络安全是建立在全网"矿工"投入的算力上的，但算力投入又是建立在比特币的商业价值上的。商业价值越高，算力越大，要开展51%算力攻击的成本就越高，这是比特币和大部分公链项目赖以生存的价值博弈平衡。

当然在金融行业中运用公链这套价值博弈平衡，把金融安全寄托在一套政府不可控、完全开放和自治的网络中，显然也是不现实的。所以在金融行业项目中，多选择联盟链作为基础技术，通过认证许可，限制了大量外部造假节点的存在，同时采用监管和审计相结合的管理职能，通过人为维护网络安全，避免了在开放的网络中出现很多不可测的风险，为金融交易提供全方位的安全性和稳定性。

五、分布式记账的扩展应用

在移动支付和免密小额支付非常发达的今天，我们每个月打开多达上百条的各类电商订单记录、第三方支付记录和银行信用卡账单记录，如果一一核对资金交易的准确性，其实是一件很难完成的事情。而电商、第三方支付公司和银行都只关心自己的账单是否清楚，所以异构多方一致性账本在当下就显得尤为重要。在电商交易的过程中，往往涉及电商、支付机构、清结算机构、银行等多方实体在订单、结算单和银行信用卡账单的多方协作工作。为保障记账自动化一致性，在每次单一实体记账的过程中，都需要做异构多方一致性账本的状态一致性自动验证。

客户对信用卡账单的查询，其实就是对账单产生的一种异构多方账本的溯源查询，各业务实体方基于客户发生的优惠、折扣、退款等商业行为，都可以溯源记账关联和验证。未来的电商是一种多方协作性电商，异构多方一致性账本是多个协作实体间信息一致性的保障，是在分布式的商业环境下，实现安全交易、准确交易和及时交易、提升客户体验的一种手段，如图1-5所示。

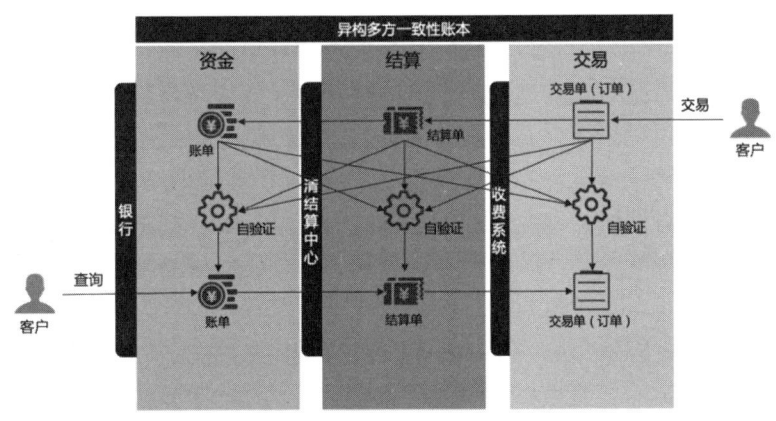

图 1-5　异构多方一致性账本

第三节　共识机制构建机器信任时代

谈到区块链，必然会谈到其共识机制。共识机制主导构建机器信任时代。那么，分布式共识是怎样的呢？它是怎样构建机器信任时代的呢？这是本节要探讨的主要内容。

一、分布式共识是什么

分布式共识是指在去中心化、不可信的分布式网络环境中取得多方对信息的共同认识。讨论分布式共识，往往是在非安全、非可靠的网络环境中，讨论实现大多数节点共同认识一致性的问题。在非安全、非可靠的分布式网络节点中，往往存在诸多不确定性：消息损坏、消息被篡改、消息丢失、消息延迟等。例如，在分布式的 n 个节点中，假定有 f 个造假节点，那么最少有 $n-f$ 个好节点，最终在 $n-f$ 个好节点中实现共识的决策一定来自其中一个节点。在大量不确定性的网络结构下要达成决策异步共识，需要满足如下条件。

一致性：所有真实性节点的决策必定相同。

可终止性：所有真实节点在有限的时间内接受决策过程。

有效性：选择出的决策值必须是某个节点的输入值。

目前常见的分布式共识机制大体可以分为间接共识和直接共识。

间接共识是指通过选择所有人都能公平获取和竞争的一个或多个资源，以公平衡量资源数量来竞争记账权，最终实现大部分节点的共识。PoW、PoS、DPoS、PoST 等本质上是间接共识机制。它们选择竞争的资源，包括 CPU、GPU、内存、硬盘、持币数、币龄或多项资源的组合。这就如同要在多人中选出一个力气最大的人，可以采用公开举杠铃比赛的方式一样。由于间接共识的每个节点需要通过资源竞争或证明才能让人相信其能力，所以相对于直接共识，间接共识的缺点是资源浪费多、确认速度慢，但优点是可以实现节点的大范围组网，节点数的增加不影响交易确认的速度。例如，目前比特币全网的全节点数已经突破 1 万个，以太坊在 2017 年拥有 25000 个全节点。而且大部分的间接共识机制都支持拜占庭容错[①]。

直接共识是指不依赖第三方间接资源竞争，而通过在节点间直接投票达成决策一致性的一种策略。常见的直接共识机制有 Paxos、Raft、PBFT，其中只有 PBFT 支持拜占庭容错，Paxos、Raft 是传统的分布式一致性算法。除了上文提及的要在多人中选出一个力气最大的人的方式，还可以采用相互握手试探谁的力气更大的方式。由于直接共识是通过全网节点间直接通信投票实现的，虽然不存在浪费第三方资源的问题，在节点比较少的情况下，交易确认速度也比间接共识快，不过一旦采用节点大规模组网，交易速度将呈指数级下降态势。目

[①] 拜占庭容错：这个概念来源于拜占庭将军问题，是 Leslie Lamport 用来为描述分布式系统一致性问题（Distributed Consensus）在论文中抽象出来的一个著名的例子。

前采用 PBFT 共识机制的区块链项目，都不具备单链大规模组网能力，大多数项目一般采用 PBFT 最少的 4 个节点（3f+1）部署。

下面我们简单介绍一下常见的区块链共识机制，以及采用该算法的著名区块链项目。

工作量证明机制（Proof of Work，PoW）：顾名思义，就是大家通过对某种计算机资源的计算进行公平竞赛，脱颖而出者获得记账权的一种共识策略。PoW 普遍采用 Hash 解谜过程来进行运算竞争，Hash 运算结果只要小于网络设定的目标值，即解谜成功，获得记账权。Hash 运算结果具有随机性的特点，所以对参与竞争的节点来说都是公平的。

采用 PoW，最有名的就是比特币和早期以太坊。目前，以太坊已经进入 PoW+PoS（Casper FFG）混合共识机制，最终会逐渐过渡到 PoS。PoW 是完全去中心化、公平、透明和安全的。但由于 PoW 的运算需要消耗大量计算资源，所以被诟病最多的是资源浪费。一项发表于《焦耳》杂志上的研究认为，在全球范围内，比特币挖矿在一年内所消耗的电量至少与爱尔兰全国的年电力消耗量相当，约为 24 太瓦时。

权益证明机制（Proof of Stake，PoS）：在共识机制中加入经济学和博弈论的策略，通过节点投入和锁定不同比例的权益，来分配记账权。权益可以理解成一种股票，一般通过锁定"币龄"来证明各自的权益，从而实现分配记账权。PoS 靠提高恶意攻击的经济成本，来保障网络安全。以太坊宣布要从 PoW、PoW+PoS 最终过渡到 PoS，目前以太坊正在进入 PoW+PoS（Casper FFG）混合共识机制阶段。PoS 虽然解决了资源浪费问题，但由于采用资本效益和成本博弈的模式保障网络安全，容易造成贫富差距扩大，资本聚集性容易形成中心化趋势，从而让少数人控制全网。

委托权益证明机制（Delegated Proof of Stake，DPoS）：在权益证明的基础上，在备选节点中根据权益比例选举出代理节点或见证节点，完成记账和区块打包。由于 DPoS 的见证节点数量是有限的，所以交易确认速度比 PoS 要快，如 EOS 在 100 个备选节点中选取 21 个见证节点完成共识。DPoS 虽然提高了交易确认速度，但由于通过选取有限的见证节点完成共识，并没有完全去中心化。

时空证明机制（Proof of Space and Time，PoST）：本质也是一种采用工作量证明的共识机制，星际文件系统（Inter Planetary File System，IPFS）是提出该证明算法的项目，主要是"矿工"节点用一段时间内存储合规数据量来证明网络贡献量的，从而获得 Filecoin 的相应权益。时空证明机制和工作量证明机制的最大区别是，时空证明机制采用的证明资源就是 IPFS 的主要业务：分布式存储，即证明资源就是业务资源，很好地解决了工作量证明机制的资源浪费问题。

当然目前 IPFS 还处于网络测试阶段，具体商业效果还有待观察。

Paxos 算法：Paxos 算法是一种直接投票共识机制，可用于联盟链，是莱斯利·兰伯特于 1990 年提出的一种基于消息传递的一致性算法。最常用的场景是数据库备份，保障在分布式数据库中保存的信息是一致的。Paxos 算法并不支持拜占庭容错，只保证信息一致性，而不能解决节点恶意篡改消息的问题。

Raft 算法：Raft 算法是 Paxos 算法的一种简化实现，两者都是完成消息传递一致性的算法，可用于联盟链。Raft 算法和 Paxos 算法相比，主要是代码更容易实现。同样 Raft 算法也不支持拜占庭容错，所以在联盟链实际算法选型上，如果考虑节点是私有化部署，节点和网络安全可控，可采用 Raft 算法，否则就需要选择支持拜占庭容错的 PBFT 算法。

PBFT（Practical Byzantine Fault Tolerance）算法：实用拜占庭容错算法，该算法是卡斯特罗和利斯科夫在 1999 年提出来的，解决了原始拜占庭容错算法效率不高的问题，算法的时间复杂度是 $O(n^{f+1})$，能支持总节点 3f+1 个中 f 个造假节点。PBFT 算法是可以投入商用使用的拜占庭容错算法，目前大部分联盟链都支持 PBFT 算法，最有名的是 Fabric。由于 PBFT 算法采用三阶段提交方式，消息确认速度要低于 Raft 算法，但支持拜占庭容错，所以在项目实际算法选型的时候，需要根据项目环境务实选择，在网络环境安全、造假和篡改消息概率比较低的环境中，可采用 Raft 算法。这也是常用的平衡性能和分区容错性的选择策略。

二、分布式共识构建机器信任时代

在分布式共识中提及最多的名词是"投票"。这里的投票其实和我们日常生活理解的人工投票有很大区别。分布式共识中的"投票"是建立在机器规则和机器语言之上的利用分布式协议实现的自动化投票。在区块链世界中，业务决策模型的安全性通常是由协议层代码提供保障的，加入区块链网络的参与实体（机器），一旦加入网络就需要按照预订协议规则强制执行协议内容，不存在人为控制和干预（共识协议保障）。

在传统中心化决策系统中，业务决策模型由业务规则保障，而非由交互协议保障。两者区别在于中心化决策系统的业务规则是可以随时变更的，执行过程也不透明，而交互协议则无法修改，如果不认可该协议，只能选择退出网络。基于分布式的共识交互协议是区块链网络的基础，也是组建网络的前提。它在区块链世界的地位相当于《五月花号公约》。

我们讨论分布式共识，讲解很多共识机制的原理，是为了弄清楚常说的分布式共识到底共识的是什么。无论采用哪种共识机制，我们利用共识机制是要实现分布式环境的安全协作，协作具备状态性，如余额、流程、决策都是状态。我们共识的就是保证在分布式协作中，这些状态都是一致的，哪怕是在一定数量节点的恶意攻击下，也仍然是安全的。

在现实社会中，分布式共识有什么实践意义吗？在中心化系统（平台）中，协作的基础是流程控制、人工干预；在分布式系统中，协作的基础是共识协议、机器自动执行。分布式共识是建立在机器间协作需求基础之上的，用机器自治代替人治的技术实践，是建立机器协作的基础设施。

第四节　数据难以篡改实现可信时代

在区块链世界里实现数据防篡改，是通过区块链的数据结构和分布式存储的方式实现的，依托哈希指针链接的区块数据，让数据篡改变成一件非常困难的事情；依托分布式的数据存储，让同时篡改51%节点的数据变成一件成本大于收益的事情。数据防篡改为建立信用社会提供了基础环境，交易双方或多方可以不需要使用第三方信用担保模式，就能建立交易互信的机制，提高交易效率。

一、区块链的数据结构

要理解区块链的数据结构，我们可以从比特币的数据结构一窥究竟，中本聪在 *Bitcoin A Peer-to-Peer Electronic Cash System* 一文中详细介绍了这种链式结构，如图1-6所示。

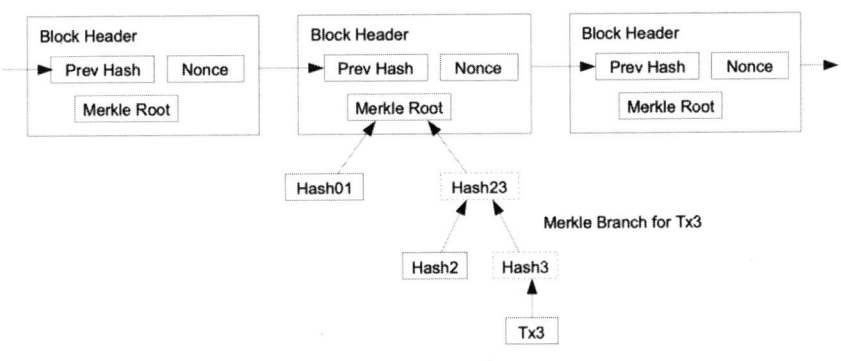

图1-6　比特币的数据结构

区块链网络中的交易数据被存储在区块中，区块由区块头和区块体构成，而将每个区块链接起来的是哈希指针。哈希指针是采用哈希算法将上一个区块头数据进行哈希计算后，存入当前区块，依次类推，形成一条由哈希指针关联起来的链式结构。在比特币中采用 SHA256 作为哈希算法，哈希算法可以把任意长度的输入字符串变换成固定长度的输出字符串。

例如，"我爱你"采用 SHA256 计算后：

"c0ad5411b19cfcba9d674d21411a970159f6ae4e180831ddd6a91797be547752"。

而"我很爱你"采用 SHA256 计算后：

"01e4239aaa32ce27e12d0f50296eb0d2596bf7853cc2a06b122116c8984a26d4"。

虽然原文"我爱你"和"我很爱你"只相差一个字，但经过哈希算法计算后的输出字符串，却完全不一样，呈现离散和数据不可逆的特性，也就是说根据哈希输出，你无法推导出原文。SHA256 只是众多安全哈希算法中的一种。比特币主要采用该算法进行哈希运算。区块链利用了哈希算法易校验的特性，可以实现区块数据一旦被篡改后的快速校验和检查。

二、如何实现防篡改

为了使读者更好地理解区块链的防篡改原理，笔者把李白的诗《望庐山瀑布》中的"日照香炉生紫烟，遥看瀑布挂前川，飞流直下三千尺，疑是银河落九天"分别放入区块链的四个区块中，通过模拟篡改其中一个字（将"遥看瀑布挂前川"的"川"改成"山"），看看区块链是如何提高数据篡改难度的，如图 1-7 所示。

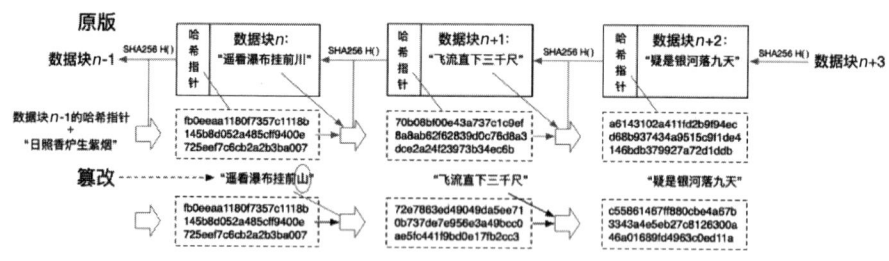

图 1-7　区块头 Hash 指针示意

把"日照香炉生紫烟"放入第 $n-1$ 个区块中，"遥看瀑布挂前川"放入第 n 个区块中，"飞流直下三千尺"放入第 $n+1$ 个区块中，"疑是银河落九天"放入第 $n+2$ 个区块中。数据块 n 的哈希指针简单来说是由上一个区块的哈希指针+数据经过一次哈希运算后得到的。

例如，数据块 n-1 个的哈希指针+"日照香炉生紫烟"哈希运算后，得到："fb0eeaa1180f7357c1118b145b8d052a485cff9400e725eef7c6cb2a2b3ba007"。

数据块 n+1 的哈希指针是由上面这个哈希值+"遥看瀑布挂前川"再做哈希运算后得到的：

"70b08bf00e43a737c1c9ef8a8ab62f62839d0c76d8a3dce2a24f23973b34ec6b"。

依次类推，n+2 的哈希指针：

"a6143102a411fd2b9f94ecd68b937434a9515c9f1de4146bdb379927a72d1ddb"。

这样从创世块开始一个一个地链接下去就是区块链的典型数据结构。这时，如果某人要篡改数据块 n 的数据"遥看瀑布挂前川"，把"川"改成"山"会发生什么呢？从图 1-7 中不难发现，篡改者只是在第 n 个区块改了数据中的一个字，但引起的连锁反应是，特定主体必须把后面的所有区块全部改一遍，否则后面的区块会很容易发现哈希指针的不一致。从第 n+1 个区块开始到最新一个区块产生，原版和篡改后的区块哈希指针将完全不一致，哪怕只是改了一个字。这样的数据结构很容易实现对区块历史数据的一致性的检查，也提高了造假难度。

为了便于大家理解，笔者在每个区块里只放了一句诗（可以看作一笔交易），但事实上一个区块可以放入多条交易数据，如比特币一个区块是 1M 的大小，大概可以放 2000～3000 笔交易，目前比特币的区块高度大概到达 60 万。所以只是简单发现区块数据被篡改过还远远不够，还需要在海量的交易数据中定位具体哪条交易数据被篡改了，这就是 Merkle 树的作用了。Merkle 树本质上是一个哈希二叉树，具体结构如图 1-8 所示。

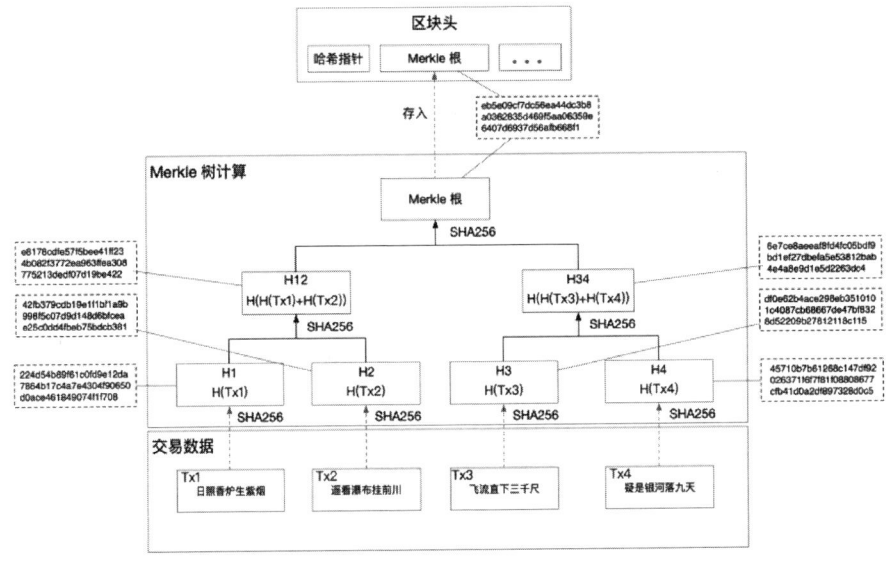

图 1-8　Merkle 树的具体结构

还是李白的《望庐山瀑布》，可以把诗的四句分别看作四笔交易，分别是 Tx1、Tx2、Tx3、Tx4，通过多次哈希运算，构建出一个哈希二叉树。每个叶子节点分别对应每句诗的哈希值，分别是 H1、H2、H3、H4，从叶子节点开始，通过对 H1、H2 和 H3、H4 分别合并再做哈希运算，形成 H12、H34；再将 H12、H34 合并做哈希运算形成 Merkle 根。《望庐山瀑布》四句的 Merkle 根是"eb5e09cf7dc56ea44dc3b8a0362835d469f5aa06359e6407d6937d56afb668f1"。

Merkle 根最终存储在区块头中。通过上面的讲解可知，Merkle 根是将交易数据通过二叉树逐级回溯并重复哈希运算得到的字符串，如果篡改者将"遥看瀑布挂前川"的"川"改成"山"，哪怕是在 3000 句诗中只改一个字，Merkle 根的哈希值也会完全不一样。同时，如果我们的交易数是 n，由于采用二叉树的检索机制，我们只需要做 $\log(n)$ 次的检索就能定位被修改的那笔交易，提高了篡改数据检索的速度。

为什么区块链要用这种复杂的数据结构保管数据呢？这是因为区块链处于一个更加开放的网络环境中，交易的安全性和数据的防篡改性是整个网络设计的核心。目前，银行系统交易安全主要依靠平台安全、网络安全、权限控制和操作日志稽核等第三方安全手段，而在开放式的交易网络中这些手段是无法使用的。区块链的安全设计需要从数据结构入手，利用数据自身的结构保障数据安全，区块链数据结构的应用价值也在于此。

第五节　智能合约带来可编程化社会

智能合约概念可以追溯到 1995 年，是由跨领域法律学者尼克·萨博（Nick Szabo）提出来的。他在发表于自己的网站的几篇文章中提到了智能合约的理念，定义如下："一个智能合约是一套以数字形式定义的承诺，包括合约参与方可以在上面执行这些承诺的协议。"数字形式的协议意味着，协议的条款一旦由双方或多方达成一致，协议所表达的权利和义务将以计算机和网络化手段自动执行。

一、协议代码化并不是新鲜事物

协议代码化并不是新鲜事物。我们可以设想一下这个场景：我们在信用卡还款逾期后，信用卡账务中心会依据逾期时间收取利息。这就是一个典型的协议代码化的应用。我们在银行办理信用卡的时候会和银行签署信用卡开卡使用协议。信用卡透支消费、偿还期限和逾期利息等权责都被数字化、代码到信用卡中心的账务系统中，账务系统按照预订规则，自动记账、销账、扣款。但这种类型的协议代码化应用必须在可信的中心化第三方运营的平台上运行，如银行、支付机构、清算机构等。在分布式环境下实现协议代码，就要复杂许多。

首先，需要考虑这些协议代码的安全性问题，要保障在分布式环境下的防篡改，可以设想：如果直接将银行的利息计算规则放到分布式环境下，那些作恶节点完全有可能去修改规则设置，让规则按照对自己最有利的方向运行。

其次，要考虑交易资金的安全性问题，在中心化协议代码中，资金转账是可信的第三方机构统一操作的，即实现资金从 A 账户转出，转入 B 账户。但在分布式环境中，没有统一事务管理机制，要实现一手交钱、一手交货的安全交易，就需要采用非对称加密技术、锁定和解锁协议机制。

最后，还需要考虑协议代码的公正、透明和灵活的业务规则设置问题。在分布式环境下，每个业务实体都想用自己的业务规则开展业务，都想在公正、透明的合作机制下保证一定的业务灵活性。例如，在 B2B 电商交易过程中，企业之间希望实现自定义的结算规则，统一的平台性结算策略制约了商业的灵活性。

协议代码化的本质是一套基于业务规则定义、发布、执行和稽核的计算引擎，在中心化交易系统架构中以业务规则引擎为代表，而在分布式交易系统中就以脚本引擎或智能合约引擎为代表。比特币以脚本引擎的方式实现了可大面积商用的数字货币交易网络，利用有限的脚本命令完成了点对点资产交易。后续的以太坊、EOS 等具备图灵完备的智能合约打造了一个全新的数字资产生态环境，任何人都可以发行自己的业务交易合约。

二、区块链智能合约的技术原理

（一）什么是图灵完备

图灵完备是指在可计算性理论中，编程语言或任意其他的逻辑系统具有等同用于通用图灵机的计算能力。换言之，此系统可与通用图灵机互相模拟。这个词源于引入图灵机概念的数学家艾伦·图灵（Alan Turing）。可简单理解为具备图灵完备的设备就是通用计算机，图灵完备的语言具备循环执行语句、判断分支语句等，理论上能解决任何算法问题。我们常用的 Java、C++、Go 等高级语言都是图灵完备的，比特币的脚本系统是图灵不完备的，以太坊的智能合约是图灵完备的。

（二）什么是虚拟机

虚拟机是指通过软件模拟的具有完整硬件系统功能的、运行在一个完全隔离环境中的完整计算机系统。虚拟机为高级语言编写智能合约提供了一个跨平台的解释和执行系统。JVM 把 Java 语言与具体的机器语言隔开，实现跨平台和操作系统的运行。智能合约中的虚拟机一般是经过定制或者裁剪的，因为区块链的交易更关注代码运行的安全和效率。不过有部分区块链项目也直接采用 JVM，如 R3 Corda。以太坊虚拟机（EVM）使用了 256 比特长度的机器码，也是一种基于堆栈的虚拟机，用于执行以太坊智能合约。区块链虚拟机可以简单理解为执行智能合约的分布式计算容器。

（三）智能合约的运行过程

对于一个图灵完备的智能合约来说，需要依托开发环境，开发和发布一套自己的智能合约，并且通过 P2P 网络将合约代码以交易的方式扩散到其他节点并存入区块链中。在满足某种条件或者人工调用后，通过合约地址读取链上代码并在本地 EVM 中自动执行。

由于图灵完备的智能合约拥有循环功能，存在合约执行进入死循环的现象，最终有拖垮整个交易网络的风险，因此合约执行必须有强制终止机制，如以太坊采用经济模型来控制恶意编写合约进入死循环的可能性，即运行智能合约是要收费的，余额耗光后强制终止合约执行。当然也可以用运行时间作为强制终止执行的条件。

智能合约的输入数据来自链上已成共识后的确认数据，如一个 UTXO、余额账户等。在智能合约中，如果输入无法证明真实性的数据源，本质上就已经违背了区块链实现可信交易的初衷。

三、智能合约的现实意义

（一）比特币脚本实现了可编程的货币

比特币在 2009 年横空出世，让点对点、去中心化的数字资产交易成为可能，随后涌现的以太坊、EOS 等著名项目都在比特币交易基础的模型上扩展了更多的应用能力。比特币脚本引擎是一种类 Forth、基于栈式模型、无状态的、非图灵完备的语言，依靠锁定脚本和解锁脚本实现了在去中心环境下数字货币的安全交易。通过编写脚本能在一定程度上实现智能合约功能，但由于脚本语言不支持循环，且脚本语言只是一组预定义的指令，只有 256 个，每个指令一个字节长，75 个是保留指令，15 个指令已经废弃，可用的只有 160 多个指令。所以能实现的业务逻辑比较有限，主要是基于签名算法的数字货币交易。可以简单理解为，比特币脚本引擎就是为数字货币一次性交易而生的。

（二）以以太坊为代表的智能合约实现可编程的数字金融生态

在以太坊网络上使用智能合约构建的知名的应用之一就是以太猫（Crypto Kitties）。它自称是"世界上第一款基于区块链技术构建的游戏"。以太猫是存储在以太坊区块链中的一种自定义数字形式，并不是以猫的形态存在，其实本质上和猫没有任何关系。以太猫只是这种数字形式的资产名称而已，以太猫项目提供了在以太坊网络上存储和交换自定义数字资产的能力。

新的以太猫是通过"繁殖"生成的。这涉及选择两个基本的以太猫并花费以太币代币运行智能合约。合约使用两只选择的"猫"来产生新的以太猫。这些小猫和"繁殖"过程的细节存储在以太坊区块链的公共账本上。你可以"拥有"以太猫，它们存储在以太坊区块链分类账中。你可以将其出售或交易给其他人，也可以买入以太猫。以太猫是一种依托以太币定价和交易的新型数字资产，实现这种业务扩展能力的主要关键就是智能合约。

以太坊智能合约因为具备了图灵完备性、价值知晓、区块链知晓和多状态机制，较比特币的脚本强大得多，因此能实现更加复杂的金融交易。例如，一个强大的对冲合约交易，A 和 B 各自向对冲合约发送价值 1000 美元的以太币。30 天后，合约向 A 发送价值 1000 美元的以太币，向 B 发送剩余的以太币。

以太坊智能合约使开发者能够轻松地创建任意基于共识的、可扩展的、标准化的去中心化应用（DAPP），并在其中设立他们自由定义的所有权规则、交易方式和状态转换函数。

事实上依托以太坊智能合约发展出了大量的类似现实金融世界的生态型应用，由于可以实现长期资产锁定和多阶段锁定合约，使以太坊平台上可以运行大量现货、期货、保险、理财等复杂金融资产交易应用，还可以运行很多游戏类应用。据 SpiderStore 统计，截至 2019 年 1 月，在以太坊上活跃的 DAPP 数量总数为 1294 个，其 24 小时交易额为 9422.2323 个以太币，24 小时交易笔数为 53316 笔，DAPP 智能合约数为 4512 个；EOS 上活跃的 DAPP 数量总数为 274 个，其 24 小时交易额为 8848349 个 EOS，24 小时交易笔数为 3937205 笔，DAPP 智能合约数为 449 个。所以说智能合约实现了可编程的数字金融应用生态一点儿也不夸张。

（三）下一代智能合约实现可编程的可信商业协作环境

以太坊智能合约虽然实现了图灵完备，但由于账户余额模型具有天然的货币属性，使当前智能合约的应用主要还是在数字货币圈，后续的公链项目大多数也是受此限制陷入了内部链、圈子链。目前，下一代的智能合约还没有明确定义，不过就区块链智能合约在数字金融领域实现的公开、透明、安全和点对点业务交易的能力来看，有理由相信，智能合约在构建多元可信商业协作环境中将发挥重要作用。

我们来看以下3个场景。

1. 实现场景化商业协作

场景化商业协作是相对于固定商业协作而言的，依托产业链强相关性建立起来的固定协作网络，如供应链、消费链等垂直产业链，一般围绕核心企业，拥有固定的商业模式和合作框架。而基于场景的商业协作往往是突发、临时和短暂的，如在奥运会、世界杯等重大事件和活动的举办周期内临时组建跨产业链的联合营销活动。在这类场景化商业协作中，更关注协作范围的多元、利益分配的公平和透明、事件响应的高效。基于智能合约的酬金分配、营销活动执行、联合任务分配等都为构建场景化商业协作环境提供了可能性。参与协作的个人、企业可以自由加入和退出场景化协作网络，无论是个人还是企业都拥有对等的智能合约账户，在智能合约的运行过程中参与实体都是处于公开、透明的协作规则保护下的。基于智能合约的场景化商业协作，将极大地促进跨产业的资源、服务和产品的整合，是服务升级、产业升级的重要表现。

2. 实现点对点商业规则场景

作为商业合作，每个合作实体都希望与对方达成一种差异化的合作规则，如由于产品成本的差异，在一个B2B平台的商业合作中，合作双方都希望与对方建立一种基于自身成本控制的联合营销规则。但对于B2B平台来说，如果同时实现 n 个企业点对点差异化营销规则，则需要同时管理 $n\times(n-1)/2$ 种规则（只考虑双方合作），如果这个平台有1000家企业，则协议数接近50万条。显然任何一个中心化平台都不可能管理如此规模的商业规则库。

在基于智能合约的商业规则制定过程中，因为没有中心化平台统一管理规则，对于每个合作实体来讲，最多只需要管理 $n-1$ 个协议规则即可。公平的协议、透明的执行是由分布式智能合约引擎保障的。在过去的商业规则模式中，受限于海量协议管理的成本问题，故往往采用不灵活但简单统一的商业规则，如平台所有商户统一采用满100元减20元的营销策略。而在基于区块链的智能合约时代，这些商业规则将被灵活、透明和低成本地创建、管理和执行，可按需定制。

3．实现新型智能合约销售代理模式

区块链技术具有去中心化、去中介化的优势，这是站在技术实现角度上描述的，即可以实现去中介的点对点的安全交易。但事实上，数字货币领域也有大量的中介节点，如数字货币钱包、交易所等。这是因为是否有中介本身是个商业问题，是由市场需求决定的。由于商品供需两端的需求并不一致，如消费端需要更加便宜的商品，而生产端需要大批量出货等，因而造成批发商、代理商必然存在。目前，传统电商也是一种销售代理。电商的目的本来想将消费者和生产者直接连接，形成去中介化的销售网络，但由于销售代理本来就是建立在供需两端的需求差异之上的、自然形成的业务实体，所以去商业中介化本身就是个伪命题，社会细化分工，就会有人生产、有人消费、有人成为中介。

但中介代理的层级泛滥问题，依然是一个让人头疼的问题。市场需要中介，但又不希望中介无限分级，造成供需两端的价格出现较大偏差。例如，一千克土豆在产地的收购价是 0.6 元，但在消费端市场价大致是 5 元，中间的成本主要由运输、存储和中介成本构成。在不同的产业中，中介代理到底多少级较为合理，对此很难有个统一的标准。

而基于区块链智能合约数学自洽型的交易定价模式，可以把商品产量、成本、中介层级、商品定价和销售量统一在一个透明、可信、安全、防篡改的计算环境中，通过智能合约自动验证和执行能力，使销售中介在可以平衡供需两端需求差异性的基础上，限制中介的违规扩展和交易，通过分散式的中介交易模型，降低中介在一个产业链中无限分级，从而有效控制供需两端中间的成本，形成良性的新型商业模式。

当然智能合约不仅影响以上 3 个商业场景，还有可能在更广泛的行业中应用，利用可编程的商业协作协议创造更多创新应用，本书后面会重点介绍基于区块链技术的智能合约在金融行业的广泛应用。

第六节　非对称加密算法实现开放环境下的数据安全

1976 年，迪夫和赫尔曼在 *IEEE Trans.on Information* 刊物上发表了题为 *New Direction in Cryptography*（密码学的新方向）的论文，首次提出非对称加密的构思：加密和解密可以使用不同的密钥，从而在不直接传递密钥的情况下完成解密。论文采用公私钥的方式解决密钥传递的问题，使密码算法能够应用在不安全的互联网上。而且，论文提出了数字签名的概念，使非对称加密算法不仅能够用于加密，还能够用于身份认证。

一、非对称加密算法原理

非对称加密算法是相对于单密钥的对称加密算法而言的，实行的是双密钥机制。双密钥即公钥和私钥。公私钥成对出现，因为私钥可以生成公钥，但公钥不能反推导出私钥，所以公钥被视为一种身份，可以全网公开；而私钥就非常重要了，必须单独保存。非对称加密体系可以实现加密和签名两种重要功能，即公钥加密、私钥解密和私钥签名、公钥验证。

采用非对称加密算法使在分布式环境下实现点对点数据传输成为可能。由于在开放网络中任何人都有可能截获传递的信息，并且进行篡改，公私钥这种双密钥体系就尤为重要了。

下面举例说明非对称加密算法在资产交易中的实现过程。

假设在分布式网络中有多个节点，大家的公钥都是公开的，但私钥则各自单独保存。这时 A 节点需要通过网络转 100 元到 B 节点，这个过程可以简单表述如下。

（1）A 节点构建一个转账金额 100 元交易数据 Tx。

（2）用 B 节点的公钥对交易数据加密。

（3）用 A 节点的私钥对加密后的交易数据 Tx 做签名（对交易数据的哈希摘要签名）。

（4）把交易数据广播到网络中，B 节点收到数据后可以通过 A 节点的公钥验证签名身份是否有效，同时用自己的私钥解密交易数据。

其他节点同样可以通过 A 节点的公钥验证付款方身份是否有效，但由于没有 B 节点的私钥，故没有办法篡改交易内容。

以上是一个在分布式环境中的点对点安全交易的典型过程。当然，实际区块链交易过程要复杂很多。

二、ETC 采用对称加密算法，网络封闭

ETC（Electronic Toll Collection）又叫电子不停车收费系统，是 20 世纪 80 年代末期以来世界各国普遍采用的不停车收费技术。距我国在 1996 年首都高速公路上第一次使用 ETC 技术至今也有 20 多年了，但 ETC 在普及上一直比较缓慢。

ETC 通过安装在车辆挡风玻璃上的 OBU（On Board Unit，车载电子标签单元）与在收费站 ETC 车道上的 RSU（Road Side Unit，微波天线路侧单元）之间进行的专用短程通信，利用计算机联网技术与银行进行后台结算处理，从而达到车辆通过高速公路或桥梁收费站时无须停车就能缴纳高速公路费用或桥梁费用的目的。

但 ETC 卡和 OBU 的发行、申请和安装手续烦琐，ETC 卡分别有卡制作、省中心一次发行、网点二次发行、用户使用 4 个阶段，而 OBU 更是有 ESAM（Embedded Secure Access Module，嵌入式安全访问模块）写入、ITS（Intelligent Traffic System，智能交通系统）中心注册、OBU 写入、省中心一次发行、网点二次发行、安装激活和用户使用 7 个阶段。归结其原因，可以发现：ETC 卡和 OBU 的发行都采用对称加密算法，是在一个封闭中心化的发布网络和密钥管理网络中开展的。发行需在省级中心化加密机、认证中心和固定网点开展，所以 ETC 的卡和 OBU 的申请和安装手续烦琐，需要有银行等固定网点承担一定的推广成本。

ETC 采用的对称加密算法主要是 3DES，并且采用国家、省两级密钥管理体系，用业务编码和地区编码作为密钥分散因子，从而保障根密钥的安全性。但是，这种中心化逐级分层（部和省）、分散（业务和用户），ETC 采用对称加密算法的管理模式为 ETC 产业的开放性和灵活性带来了很大限制，如图 1-9 所示。

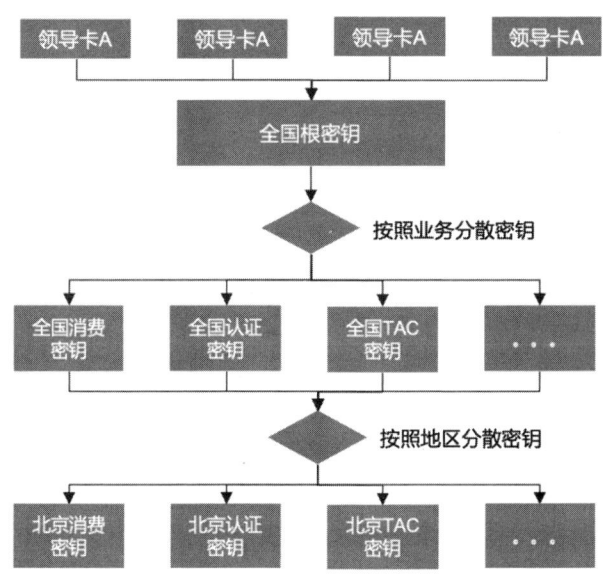

图 1-9　ETC 采用对称加密算法的管理模式

三、ETC 采用非对称加密算法，网络开放

为什么比特币和其他区块链技术都采用非对称加密算法作为加密基础算法呢？

主要原因有以下三个。

第一，非对称加密算法使在不安全的网络环境中传递敏感信息成为可能。公钥是完全公开、任意传播的，通过公钥是无法（或极其困难）推算出私钥的，私钥是不公开、不发送、不传播的，任何人都无法知道。

第二，多方通信所需密钥的数量大大减少，密钥维护工作变得异常简化。使用非对称加密算法时，每个人只需要维护自己的公钥和私钥，无论和多少人通信。

第三，采用非对称加密算法时，数字签名技术从数学意义上解决了自证身份问题，使信息接收者可以确认消息发送方的身份信息且不可更改。

简单地说，非对称加密算法建立了一个开放的数字身份体系，无须中心化加密机或者身份管理系统，就能轻松管理海量的数字身份和安全交易验证。还是前文 ETC 的例子，采用非对称加密算法和分布式部署，管理模式如图 1-10 所示。

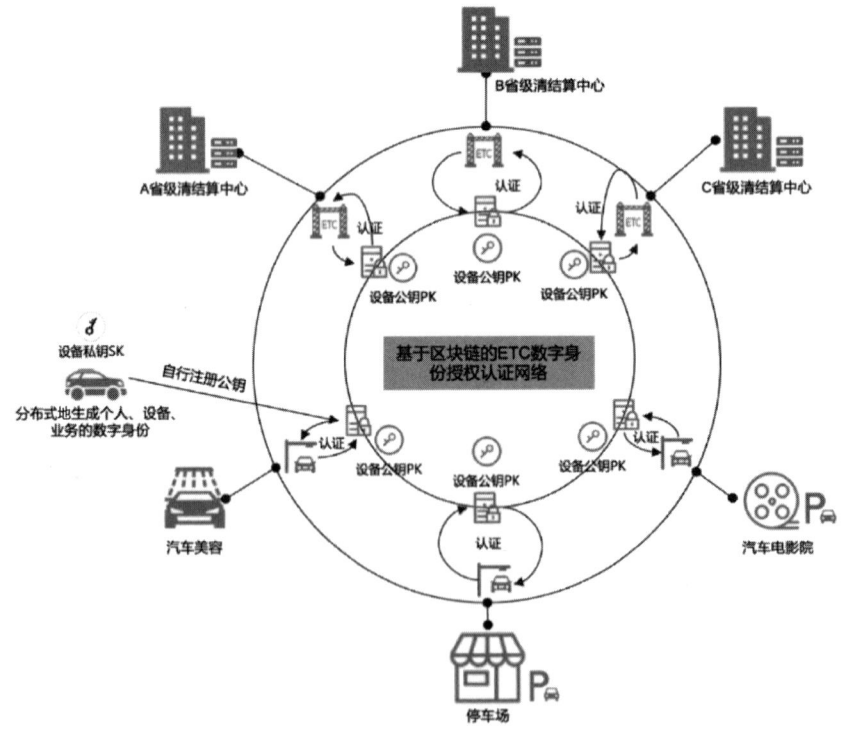

图 1-10　ETC 采用非对称加密算法的管理模式

采用非对称加密算法后，可以将 ETC 卡和 OBU 发行层级拉平，利用各省结算中心天然的分布式部署条件建立分散密钥签发和认证的安全体系，消费者申请和安装 ETC 可以在开放的互联网中自行下载和更新，像电商消费一样方便。采用区块链网络的 ETC 发行网络可以更加灵活地向其他实体产业中延伸，如汽车美容、停车场、汽车电影院等，可以更有效地推广汽车文化。

本章重点通过区块链的分布式记账、分布式共识、数据结构、智能合约和非对称加密算法 5 个典型技术原理，结合行业相关应用讲解在多方分布式结算、分布式协作、数据防篡改、协议可编程和开放式的加密安全方面的应用价值。可以看到区块链并不是一种单一技术，而是一套分布式可信协作框架，它的应用价值不是去彻底打破已经成熟、高效的中心化系统，而是挖掘本来就分散的分布式业务，通过低成本构建可信协作框架，实现业务、产品和产业的创新。

第二章

区块链的技术架构

区块链作为先进技术，有它的显著特点。本章将从区块链的分类及其技术架构方面进行探讨，意在为全书进一步奠定基础。

第一节　区块链的分类

目前，区块链技术按共识机制的不同，可以分为公链、联盟链和私有链。

公链是指在开放的互联网环境中建立的区块链共识网络，每个参与者都可以自由加入和退出网络共识。公链由于处于完全开放的网络环境中，参与网络共识和链上交易没有业务相关性，因此为了实现交易安全性，常用的共识机制是 PoW、PoS 或 DPoS，公链代表是比特币网络、以太坊、EOS 等。

联盟链又叫许可链，是指区块链共识网络建立在许可准入的网络环境下，网络常用 VPN 或者其他专网，联盟链的节点往往是不同的所有权实体。这是和私有链的主要区别，常用支持拜占庭容错共识的 PBFT 算法或 Raft 算法，联盟链代表有 Hyperledger Fabric、R3 Corda、以太坊 Quorum、Facebook Libra 项目等。

私有链是指在一个所有权实体内部采用区块链技术，网络常用局域网，由于不存在其他参与方，往往不需要使用拜占庭容错共识，一般使用分布式一致的算法即可，如 Raft 算法。从使用的网络结构和共识机制来看，私有链的性能最好，联盟链其次，公链最差。

实际上，联盟链和私有链的界限并不明显，大部分联盟链产品也都可以部署为私有链模式，所以通常把私有链归为联盟链的范畴。而公链和联盟链的差别就比较大了，简单来说公链的运营核心是价值博弈，目的是建立一种生产力价值衡量标准，所以公链需要通过发币来衡量这种价值。而联盟链的运营核心是网络协作，目的是建立多方业务实体间的可信协作关系，所以联盟链不需要发币也能促成协作。

一、公链的核心是价值博弈网络

公链是一种业务支撑和价值博弈二合一的网络，业务支撑和价值博弈是紧密耦合在一起的，业务支撑离开价值博弈无法单独运行，所以公链的核心是价值博弈。公链围绕平台开发者、"矿工"、个人持币者、投资机构的价值平衡博弈，就限定了目前的运营体系和各国的官方金融体系是不兼容的。任何打破现有公链体系平衡的做法，都会让公链的价值归零。

平台开发者总是会持有网络初始发行时的大量币，因为平台的开发并不是系统商业委托开发或者平台中心化运营模式，开发者的报酬只能通过持有初始币，并寄希望币增值，从而实现价值回报。虽然中本聪可能并不是为了商业目的而开发比特币网络，但根据专业人士的分析，他持有了60万～70万个比特币，从今天的比特币价格来看，已经是一笔巨大的财富了。有了比特币网络的参照，后续出现各种公链网络，平台开发者持币已经是必备的，是平台开发者积极性的来源，很多平台开发者的工资都是要用自己的币来支付的。平台开发者作为公链网络的推动者必然希望币的价格上涨，他们持有或者向市场释放币，都会给币的价格带来非常大的波动。

"矿工"维护了公链的价值安全，通过"挖矿"记账获取币激励。早期"挖矿"有巨大收益，所以大量"矿主"加入"挖矿"大军，"矿工"增多，"挖矿"自然也变得越来越困难；而且"矿工"收入主要来自"挖矿"激励和交易手续费，主要成本是矿机采购成本和电费，当币的价格低于盈亏平衡点时，"矿主"就会选择关停矿机，矿机减少，剩下的"矿主""挖矿"就变得相对容易，回报自然提高。总之，如果币的价格继续下跌，矿机关闭，矿机关闭到不足以维持公链交易安全的数量，自然公链的整体价值将最后归零。

平台开发者和"矿工"都是新币的原始持有者和生产者。他们会向市场增加币的供应量，而公链网络为了保持币价稳定和上涨，需要大量个人持币者。个人持币者入场的目的无非个人投资和消费，能吸引大量个人持币者参与的公链项目，总是在币的稀缺性、安全性、平台业务活跃性上有优势。比特币依靠的是稀缺性和网络安全性方面的优势，所以持币者主要是个人投资者。而以太坊和EOS等2代公链项目则靠DAPP的巨大业务活跃性来吸引个人持币者购买和消费。可以说平台开发者、"矿工"的收益主要来自大量的个人持币者的涌入，而一个能吸引个人持币者的项目又必须由开发者和"矿工"共同实现。

平台开发者、"矿工"和个人持币者是最核心的价值博弈方，但资本逐利的本性还会吸引投资机构和交易服务机构的参与，大量交易所、钱包、DAPP 开发者等交易服务机构的参与，提高了公链平台的业务便捷性和活跃性。投资机构加入后，充分利用资金和信息的不对称优势，主动营造市场波动，投资机构将现实金融市场上的各种金融产品搬到公链网络中，增加了投资活跃性。

二、联盟链的核心是业务支撑

联盟链建立在许可或有准入条件的网络中。联盟链之所以叫联盟链，就是因为在组网目的上已经达成利益一致性，这是组网的前提条件。联盟链只是利用区块链技术实现业务支撑，而不需要再进行价值博弈，所以联盟链不需要通过发币实现各自收益。虽然从技术本身来说，联盟链是具备发币能力的，Facebook Libra 就是一种发币的联盟链。但发币并不是联盟链运营的必选。联盟链各节点的价值是靠提升业务效率、降低成本、实现业务协作来实现的，因此联盟链是一种业务支撑链，并不是价值博弈链。

联盟链的使用场景不同于公链，联盟链的建设和运营都是围绕业务支撑开展的，价值回报从公开的商业化的服务市场获得。联盟链是对现有生产关系的优化，而非推翻重构，所以联盟链比公链更容易同现实金融和实体行业实现集成。由于联盟链的许可准入机制也同现实社会中的身份认证保持一致，因此联盟链大量用于行业应用中，在供应链、金融、农业、政务、工业互联网、物联网等领域广受关注和重视。联盟链技术也将区块链技术特性更好地带入行业应用场景：利用区块链防篡改特性，可用于需要保障数据真实性的场景，如商品溯源、证据存储、单据证明等领域；利用区块链分布式节点间状态同步特性，可用于需要保障多端数据一致性的场景，如政务数据/状态一致性、存储高可用、信息透明对称等领域；利用区块链资产可自证特性，可用于资产交易、穿透式监管等金融场景，如供应链金融、ABS、资产抵押等领域；利用区块链分布式身份验证特性，可用于海量设备的数字身份验证场景，如物联网、工业互联网等领域。

公链技术的发展步伐总是迈得太快，总想一次性彻底改变世界认知格局。联盟链技术则显得更务实，只是通过技术特性优化现实世界。两种技术虽是一母所生，但性格不一样，最终一个成为新技术、新认知的试验田；另一个则成为社会协作治理的新工具。

第二节 区块链主要架构分层

一般认为，区块链包含六个层面，由下至上分别是数据层、网络层、共识层、激励层、合约层和应用层。目前，大多数的区块链架构都采用此分层架构方式指导设计。公链和联盟链主要在激励层上有区别，联盟链一般不包含激励层。区块链技术成熟度目前还处在早期阶段，所谓六个层面只是逻辑架构，并不是真正的物理架构，每层也没有标准化和模块化，并不像我们常见的 J2EE 系统架构、网络七层协议那样可以单独部署和应用。例如，数据层、网络层、共识层和激励层就经常耦合在一起，区块链技术还需要在企业架构设计方面持续发展。

一、区块链的架构分层

（一）数据层

常见的区块链数据层主要以区块的链式结构存储交易数据，也有例外，R3 Corda 就没有区块和链，只有分布式账本。一般来说，对数据防篡改要求比较高的应用场景，就选用区块链结构存储；如果交易环境在一定安全保障下，就不采用区块链结构存储。存储 R3 Corda 不采用区块链结构存储的主要原因是，Corda 是联盟链，主要场景是银行之间构建的清结算联盟。网络传输一般采用专线或者 VPN 方式，节点是通过认证和许可接入的，交易安全可以使用网络安全技术控制，而不仅依靠数据安全自洽技术；同时为了追求更高的性能，牺牲一定的数据安全性也是一种设计权衡。

区块链的数据存储结构是一种应用层结构，对操作系统、文件系统或数据库并不限制，所以可以采用文件存储、关系型数据库存储或者 KV 数据库存储等。例如，比特币网络就按照数据使用特性，分别存储在 LevelDB 或文件系统中。大部分区块链技术也支持云化存储，区块链可以直接使用云平台的 PaaS 数据库产品，这也是区块链在应用场景上的优势，可以实现本地部署、私有云平台部署、公有云平台部署等多种方式。

区块链的数据存储是建立在 IaaS 层和 PaaS 层之上的应用层存储技术，可以选择多种文件系统或者数据库作为存储介质，这大大降低了区块链普及推广的难度。

（二）网络层

大多数区块链项目采用 P2P 技术实现网络中节点间的通信，但严格来说

P2P 并不是一种网络协议，大部分区块链项目的网络底层使用的是 TCP/IP 协议或 UDP 协议，所以我们经常看到的"价值互联网"的说法，其实并不严谨。区块链对互联网并没有质的改变。它只是改变了互联网参与节点间数据交换的方式。比特币、以太坊等大部分区块链项目都实现了自己的 P2P 协议，以完成区块数据在各节点间的同步。这种同步通常由节点发现和节点数据同步两部分构成。节点发现负责在本方节点、从种子节点列表或者动态节点列表中，发现需要连接的对手节点地址；数据同步负责和对手节点握手和建立长连接，实现数据传输。

总体来说，区块链架构中的网络层可以理解为在网络标准协议之上，如 TCP/IP 协议或 UDP 协议，采用 P2P 传输技术，实现网络节点间的数据交换。所以，区块链架构中的网络技术其实是一种分布式数据交换技术而已。

（三）共识层

共识层负责实现区块链网络各节点间的数据一致性保障。不同的区块链项目采用的共识层不尽相同，公链项目常用 PoW、PoS、DPoS 等共识机制；联盟链常采用 PBFT 算法、Raft 算法等共识机制。共识层主要实现各节点间数据一致性保障和防数据篡改，在一些数据安全能得到充分保障的场景下，共识层防数据篡改压力小，可以采用 Raft 这样的分布式一致性算法；在完全开放的网络环境中，必须实现拜占庭容错，所以常采用 PBFT 算法、PoW 等共识机制。

在联盟链应用中能实现插件化的共识机制选择，依据不同的场景需求，选择更加安全的 PBFT 算法或者更高效的 Raft 算法是一种不错的设计。

（四）激励层

激励层是公链项目特有的逻辑概念，并不是特定的物理分层。激励机制的代码是融合到智能合约、共识机制中的。正如上文所述，公链以价值博弈为中心，激励是保障价值博弈平衡的一种手段。不同的区块链公链项目激励规则不尽相同，但所有激励模型都以维护公链网络各方利益为基础，一旦这个激励基础被打破，公链价值将一文不值。

例如，比特币的激励机制是，货币总量固定，一共 2100 万个，目前不超发；"挖矿"激励，"矿工"每成功打包一个区块，就会发行出新的比特币，称为 Coinbase 交易。打包一个区块产生的比特币数量都会按几何级数递减，每挖出 21 万个区块，产生的比特币数量就会减少 50%。交易手续费激励：用户会在交易中包含交易费，作为处理交易的手续费支付给"矿工"。比特币所有的激励都是给"矿工"的，因为"矿工"是网络安全的维护者。

(五)合约层

智能合约是 2 代区块链技术的衡量标志,目前大多数区块链技术都采用智能合约作为安全和复杂交易的处理容器。通过智能合约发起和按条件结算交易,整个交易过程在智能合约的安全事务环境中,保障交易条件和交易结果的链内自检自验。合约层一般由虚拟机环境和合约管理模块构成(比特币网络用的是脚本引擎)。虚拟机负责建立一套编译合约高级语言用于基于计算机栈式模型执行的底层环境,本质上和 Java 的 JVM 一样,只是更加精简和安全,同时实现了一些区块链的定制化功能。智能合约本质上是一段可独立发布和运行的代码段,负责执行交易处理,为了交易数据的安全性和防篡改要求,合约代码的输入数据可以是另外一个合约的输出数据或者是链内已经共识后的数据。所以智能合约理论上是在一个数据封闭的环境下进行计算的,一般不能直接访问外部数据源。由于链上数据有限,所以在商业化环境中,这种特性也限制了智能合约的应用场景。目前,常用的办法是采用授信安全预言机解决外部数据依赖的问题,如要想实现公安身份认证功能,需要在公安系统中部署预言机节点完成受信任的数据输入。

智能合约是应用层接入区块链共识网络的安全交易处理容器,是实现复杂交易处理的一种工具,可以在双方、多方之间,按照事件、时间、交易额等多种复杂规则,完成安全交易。智能合约是自动化执行代码,也是自治代替人治的经典方案。

(六)应用层

区块链的应用层只是业界对区块链技术发展的一种设计期望,是对企业架构或平台架构设计的借鉴。目前,人们对区块链应用层没有标准定义,有些人认为智能合约的开发、部署和管理容器是应用层,有些人认为智能合约或 DAPP 本身就是应用层。在 ISO 国际标准组织定义的网络七层模型里,应用层负责为软件提供接口以使程序能使用网络服务。因此,可以由此理解对外提供的区块链服务就是应用层,应用层包括了各类 SDK、合约调用 API 和区块链 API 等。

二、数据隐私保护架构

(一)数据匿名保护

区块链技术天生具有交易匿名性的特点,由于采用了非对称加密和自动身份验证机制,保证交易安全并不需要实名制和人工审核策略。这也是为什么人们都知道中本聪在比特币网络中拥有大量比特币,但在他没有兑现为美元或其他主权货币以前,人们是发现不了其真实身份的。公链网络由于是自循环生态,不会要求实名制,但如果是将区块链技术与现代金融和实体经济接轨,就不仅要考虑交易安全,还要考虑交易的合法性和合规性。最终区块链要实现现实社会价值,就必须实现KYC(了解你的客户),必须要和现实自然人身份绑定。

当然,我们从区块链的交易匿名性可以得到很多启发,就目前国内行业在个人隐私保护方面暴露的问题来看,隐私泄露的主要原因还是交易过程中身份数据的明文处理。基于行业应用的区块链技术可以在交易匿名处理的模式下,实现第三方真实身份认证或KYC。通过非对称加密和Hash算法保障的匿名安全交易,可以充分保障个人和机构的隐私;而采用受信第三方的身份认证或KYC,可以充分保障交易的合法性和合规性。

(二)数据隔离

数据透明化是区块链的技术特点和优势,但并不是在所有领域都需要绝对的数据透明。例如,一家花了大量成本构建客户资料的公司,会把客户资料共享给其他竞争对手吗?这无疑是不可能的,而且也不符合市场规律。数据隔离要求在用户、企业(租户)、地域、交易类型之间实现数据物理分隔。

数据隔离是一种天然保护数据隐私的方案,隔离方式包括物理隔离和系统隔离,R3 Corda采用物理隔离的方式实现非交易相关方的数据隔离,它并不是在全网中完全同步任何交易数据,而是只在交易相关方之间同步。Hyperledger fabric采用系统隔离实现不同类型交易的数据隔离,Fabric采用通道技术,不同通道对应一个分布式账本,实现不同类型区块链之间的数据隔离。

交易过程中数据透明的价值主要分为可验证价值和商业价值,可验证价值是指对交易真实性、合规性和合法性的验证能力;商业价值则主要是在交易参与方之间产生商业活动的价值,交易参与方以外实体更关注交易的真实性,所以数据隔离是维护市场公平、公正的基础条件。

(三)数据多方安全证明

区块链目前的零知识证明、同态加密等密文验证技术,被统称为多方安全证明。零知识证明是麻省理工学院研究人员在20世纪80年代提出的一种加密方案。零知识证明协议是一方(证明者)向另一方(验证者)证明某件事情是否真实的一种方法。除了该特定声明是真实的,没有披露其他信息。Zcash将交易验证转换为多项式,并通过同态加密实现交易真实性验证。所有多方安全证明本质是验证交易、资产的真实性,它和多方安全计算从名字上看有些类似,但关注点不一样，多方安全证明关注交易和资产的真实性，通过密文进行验证。而多方安全计算关注多方参与的密文逻辑运算，不只是多项式证明。

数据多方安全证明是区块链技术应用在真实商业环境下的一个趋势，目前该技术还没有完全成熟，这也是制约区块链技术大规模场景应用的部分原因。

（四）数据多方安全计算

20世纪80年代，姚期智院士提出了"百万富翁"的问题：两个百万富翁街头偶遇，他们都想炫一下富，比比谁更有钱；但是出于隐私，都不想让对方知道自己到底拥有多少财富。如何在不借助第三方的情况下，让两人知道彼此之间谁更有钱？在这个经典问题之下，诞生了多方安全计算（Multi Party Computation，MPC）这门密码学分支学科。MPC技术能够让数据在不泄露的情况下联合多方的数据进行联合计算并得到明文计算结果，最终实现数据的所有权和数据使用权的分离。

数据多方安全计算和区块链的结合将极大地扩展区块链的应用领域。原有的区块链技术主要是基于多方交易真实性的密文证明链，但在多方逻辑密文运算方面又并不擅长，如寻找A节点数据和B节点数据交集等。区块链和多方安全计算的融合，可以在保障数据隐私不泄露的前提下，实现开放性的大数据的联合计算和交易。目前，谷歌已经发布了Private Join and Compute开源库，很多区块链项目也在尝试和MPC的结合。

第三节 区块链应用集成架构

区块链技术要避免成为内部链、圈子链，要赋能金融科技或其他实体行业，成为具有社会意义的价值链，就必然要与行业应用框架做体系化的集成，要解决数据证明和存储、输入和输出的环境集成问题。证明和存储是区块链内部应用，而输入和输出则是行业环境集成应用。区块链的行业应用与数字货币网络的最大区别就是对外部环境的依赖，区块链技术本身也是产业链基础设施的一部分，如何建立有效的集成关系是赋能金融、实体产业的关键性指标。

区块链是一套建立可信协作关系的分布式框架，来自行业应用系统的行业数据通过区块链集成架构将数据入链，而验证后的可信数据将通过集成架构对外提供数据访问。从集成方式来看，主要分为应用集成、数据集成、跨链集成。

一、区块链的集成方式

（一）应用集成

应用集成是指两个或多个应用系统根据业务逻辑的需要而进行的功能之间的相互调用和互操作。应用集成通过在各自应用环境中集成对方应用的访问方式，从而实现互操作。区块链应用集成常采用 SDK（Software Development Kit）、API（Application Programming Interface）。SDK 指为特定软件包、软件框架、硬件平台、操作系统等建立应用软件时的开发工具的集合。SDK 是较为安全和便捷的方式，SDK 一般会完成身份生成、鉴权、签名交易、加解密数据、提交交易、验证身份、合约调用等任务。由于区块链的数据提交调用和数据访问都需要相应的密钥签名、身份验证，涉及的业务类型也不尽相同，所以应用于不同类型区块链产品和场景的 SDK 都会不同。例如，用于供应链金融的 SDK 和用于供应链溯源的 SDK 就会有很大差异。SDK 依据区块链技术差异，会封装各自不同的技术标准和业务功能，大多数 SDK 是根据业务场景和集成环境定制开发的。SDK 根据集成环境不同还需要具有多语言、跨平台和操作系统集成能力，特别是近年 IoT+区块链结合的趋势，需要为不同的物联网设备提供可以适配不同设备的 SDK。SDK 是区块链网络的客户端工具，但在应用集成时可以集成在设备、终端、浏览器等客户端应用中，也可以集成在服务器中。SDK 是一种可以支持复杂业务功能、高性能和高安全要求的集成方式。

API 指应用程序编程接口。为了接口访问的通用性和便捷性，区块链对外提供的 API，一般采用 Http 协议和 WebSocket 协议，为了支持大量窄带物联网设备，也会采用轻量级的 MQTT 协议。API 一般对客户端性能没有太多要求，适合业务标准简单的服务操作，如区块链浏览器就是采用 Http 协议接口来展现区块和交易数据的。

由于采用区块链框架的目的是建立信任协作框架，因此保障区块链操作的初始性、真实性和安全性就尤其重要，一般主要采用点对点的紧耦合方式集成。这种集成方式不需要对应用系统做较大的改动，还可以充分保证区块链操作的初始性、真实性和安全性。

（二）数据集成

数据集成为系统或服务提供具有完整性、一致性和安全性的数据访问、信息查询及决策支持服务。特别是经过区块链证明和永久存储的可信数据实现在应用系统间充分共享和交换，有助于提高区块链在数据层的利用，大数据+区块链属于数据集成范畴。

数据集成的方式主要有节点数据联邦、节点数据复制、基于节点 API 的数据集成。

1. 节点数据联邦

节点数据联邦指在区块链节点间构建一个全局虚拟数据库,全局虚拟数据库管理为不同的应用提供全局信息服务,实现不同的应用和数据源之间的信息共享、数据交换。其具体实现由联邦客户端、全局信息服务和节点数据源三部分组成。节点数据联邦的优点是无论哪个节点出现故障或者数据被篡改,全局虚拟数据库总是能查询全网共识后的实时真实数据,缺点是节点数据联邦对区块链主网的性能有较大的影响。

2. 节点数据复制

节点数据复制通过主数据节点和从数据节点的底层数据一致性复制来实现区块链数据与行业应用之间的信息共享和互操作,节点数据复制依靠成熟的存储高可用解决方案,性能高效,而且数据复制到从数据节点后,后期数据访问和操作,并不影响区块链主网,拥有较好的性能优势。其缺点是主数据节点和从数据节点的复制并不一定是实时的。由于该方式适合大数据量的批量操作,因此比较适合建立具备大数据能力的区块链应用。

3. 基于节点 API 的数据集成

通过在区块链各自节点建立数据接口实现数据集成。行业应用系统通过区块链节点提供的 API 接口来实现数据直接访问。由于区块链节点本身就具备节点间数据一致性同步功能,所以正常情况下从任一节点上调用 API 都可以获取实时一致性数据,但如果在节点故障和数据被篡改后调用 API,就有可能访问失败,或者读到假数据。

(三) 跨链集成

以太坊创始人 Vitalik 在 2016 年为银行联盟链 R3 写了一份关于跨链互操作的报告 "Chain Interoperability"。文中提到三种跨链技术方式:公证人机制(Notary schemes)、侧链/中继(Sidechains/relays)和哈希锁定(Hash-locking)。这些是目前业界形成共识的以跨链技术实现异构区块链间资产或信息整合的主要手段。跨链技术使区块链可以适合应用于场景更加复杂的行业或多行业,实现多个区块链之间的数据、资产的交换和转移,如金融质押、资产证券化等。跨链集成是区块链技术进入大规模商业后的必然要求,但不同的跨链技术适用的场景也不尽相同。

公证人机制也称见证人机制。公证人机制是一种中介人模式。区块链 A 和 B 本身是不能直接进行互操作的，那么可以引入一个它们共同信任的第三方作为中介，由这个共同信任的中介进行跨链消息的验证和转发。公证人机制的优点是能够灵活地支持各种不同结构的区块链（前提是公证人能够访问相关方的链上信息），缺点是存在中心化风险。公证人机制比较适合联盟链的跨链集成场景，公证人节点可以由行业监管方、政府和具备公信力的大型企业节点担任。

侧链/中继，是指完全拥有某链的功能的另一条区块链，侧链可以读取和验证主链上的信息。主链不知道侧链的存在，由侧链主动感知主链信息并进行相应的动作。而中继链则是侧链和公证人机制的结合体。侧链的意义更多体现在公链网络扩展中。公链是完全开放的网络，任何人都可以构建基于某主链的侧链应用。比特币就拥有众多侧链项目。

哈希锁定主要支持跨链中的原子资产交换，最早起源于比特币的闪电网络。其典型实现是哈希时间锁定合约 HTLC（Hashed Time Lock Contract）。哈希锁定的原理是通过时间差和隐藏哈希值来达到资产的原子交换。哈希锁定只能做到交换而不能做到资产或者信息的真实转移。哈希锁定主要针对资产交换场景，适合资产类区块链的跨链交换，如数字货币、资产证券化、抵押资产等。但由于跨链不是真正意义上的资产转移，所以交换场景的前提是，资产本身需要满足大范围流动性和交换需求。在目前的行业应用中，这种资产的大范围跨链流动交换的可能性较小。

二、区块链的部署模式

（一）本地化、云部署

区块链本地化、云部署是指区块链节点在业务应用方的本地服务器或云平台上各自分别部署区块链节点，利用 P2P 协议的网络发现自动连接组网，形成可共识的区块链网络。一般把本地化部署和云部署都归为一类，因为两者都是在操作系统或 IaaS 层的基础上，通过业务参与方各自部署和管理节点，实现网络共识。本地化部署是区块链技术常用的部署形式，比特币、以太坊、Fabric 等都是采用本地化部署自组网模式实现交易共识的。只是公链和联盟链在网络层的要求有点差异，公链的共识策略和智能合约可以抗网络恶意攻击，所以对网络没有安全准入条件，任何人都可以有机会成为共识节点或记账节点。而联盟链对网络准入有严格要求，可以选择部署在局域网内，如果跨网络部署也可以选择搭建专线，那么需要低成本跨网络部署可以采用 VPN 方式。总之本地化、云部署的网络连接需要安全保障。

与本地服务器部署相比，跨云平台或跨平台账户的联盟部署方式，具备低成本、数据传输高效、节点所有权分离、运维简单等优势。一个所有权主体在本地或云平台上部署和管理全部节点的区块链，其实就是私有链。从联盟链行业应用的多方协作属性——各合作主体既互相猜疑，又寻求合作的商业逻辑来看，这种保障各方独立自主管理节点的部署方式更受信任，被赋予更高的期望。

（二）BaaS 化

区块链与云计算结合，将有效降低区块链部署成本。一方面，预配置的网络、通用的分布式账本架构、相似的身份管理、分布式商业监控系统的底层逻辑、相似的节点连接逻辑等被模块化、抽象成区块链服务，向外支撑起不同客户的上层应用。用云计算快速搭建的区块链服务，可快速验证概念和模型的可行性。另一方面，云计算按使用量收费，利用已有基础服务设施或根据实际需求做适应性调整，可实现应用开发流程加速，部署成本降低，满足未来区块链生态系统中初创企业、学术机构、开源组织、联盟和金融机构等对区块链应用的服务需求。[①]

云计算服务主要有 IaaS、PaaS、SaaS 三种类型服务，而区块链与云计算结合发展，一般称为区块链即服务（Blockchain as a Service，BaaS）。最早使用这个词汇的是微软区块链服务。2016 年 8 月，基于 Azure 云平台的微软区块链服务正式开放，作为一个"沙盒"服务，可以简单高效地搭建区块链虚拟化开发测试环境。该平台当时号称支持 26 种不同形式的区块链实现。但就像前文提到的，区块链技术本质上是应用层技术，从云服务分类来看，BaaS 只是一种 PaaS 服务，并不能算对云服务架构的改变，只是通过云平台实现了区块链的部署，并对外提供服务计费功能。

BaaS 化的区块链部署模式，最大优势是为业务应用方提供低门槛、便捷的区块链平台接入服务，业务应用方可以更专注业务应用场景，将区块链的底层运行实现、安全和运维技术保障都交给云平台。但由于 BaaS 化的部署理念，很难将区块链的多方分布式可信的优势发挥出来，因为服务托管在云平台，而云平台本身就是个强中心，本质上和采用数据库集群或分区、分中心没有区别。

---

① 中国信息通信研究院和可信区块链推进计划. 区块链白皮书. [M/OL]. [2018-09-06]. http://www.cbdio.com/BigData/2018-09/06/content_5825584.htm.

BaaS 化是一种实现区块链服务的便捷手段，业务应用方可根据自身需求选择。

第四节 《金融分布式账本技术安全规范》解读

2020 年 2 月 5 日，中国人民银行（央行）正式发布《金融分布式账本技术安全规范》（以下简称《规范》）。《规范》规定了金融分布式账本技术的安全体系，适用于在金融领域从事分布式账本系统建设或服务运营的机构，按照合适的安全要求进行系统部署和维护，避免出现安全短板，为分布式账本技术大规模的应用提供了业务保障能力和信息安全风险约束能力。

一、《规范》所具有的特点

（一）规范只提及分布式账本，而没有提及区块链

《规范》并没有强调区块链，而只提及分布式账本，这可能是和银行类业务重点关注账务处理有关。熟悉 R3 Corda 的读者应该知道，Corda 并没有采用区块链链式数据结构，只用了分布式账本；我国央行蓄势待发的央行数字货币 DCEP 只用了数字加密资产技术，也没有用区块链数据结构。考虑到金融业务的高性能要求和基于央行的强中心化和高安全性的网络安全保障，《规范》并没有强制要求必须采用更加安全但性能开销大的链式数据结构，当然这不妨碍我们把分布式账本技术归入区块链技术的大范畴。

（二）强调监管

《规范》强调了监管和分布式账本技术的融合要求，虽然《规范》中并没有给出监管的具体方式，但定义包括但不限于设置监管规则，提取交易记录，按需查询、分析特定业务数据等监管操作，应支持监管机构访问最底层数据，实现穿透式监管。

区块链与监管的结合方案一般有超级权限方式和监管节点方式两类。

超级权限方式就是给监管方查询和检查任一分布式节点底层数据的权限，这类方式的区块链底层改造简单，但由于是超级权限，数据安全风险比较大。

监管节点方式是在监管方设置监管节点，利用分布式数据同步技术将监管数据一致性地同步到监管节点，利用智能合约触发监管预警，监管节点方式是一种对区块链网络低侵入式的方案，能有效保证各方数据的安全。

（三）明确密码算法种类

加密算法是保障区块链网络交易安全的必要条件，各国对加密算法都有自己的标准，比如，比特币使用的 SHA256 哈希算法就是由美国国家安全局（NSA）所规划并由美国国家规范与技能研究院（NIST）发布的。我国也不例外，《规范》对使用到的分组密码算法、流密码算法、非对称密码算法、密钥交换算法、密码杂凑算法和标识密码算法等，都制定了相应的国家标准。

（四）明确身份、账户和凭证模型关系

《规范》将金融行业重视 KYC 的要求，赋予了分布式账本体系，并给出了官方设计模型，使分布式账本技术可以真正接入国家金融管理体系，为真正赋能金融行业提供了底层模型支持。

《规范》对身份、账户、身份凭证模型做了大篇幅的详细定义。

其一，身份是指涉及自然人及法人等实体的属性的集合。在金融分布式账本系统中，身份可以进行数字化标识（简称数字标识）。

其二，账户是身份的一个属性集合，分为系统用户账户和应用账户。系统用户账户包括普通成员账户、系统管理员账户和其他特定权限的系统用户账户，其中系统管理员账户具有最高权限（如部署智能合约）。

其三，身份凭证。在金融分布式账本系统中，一个身份可对应多个账户。每个账户应关联一个身份标识，即身份凭证。身份凭证是用户实体通过身份鉴别后，由鉴别者为用户出具的一种可信任的电子凭据，包括但不限于数字证书和公私钥对等，不同的鉴别及验证方式应遵循金融业的业务及监管要求。

（五）对于生产系统必备的运维和治理标准

目前，区块链技术还处于初级阶段，大部分项目还在初步探索阶段和场景优化设计阶段，对于运维和网络治理，还处于粗放式模式。业界也还没有针对区块链（分布式账本）专门的分布式运维监控工具。《规范》为分布式账本给出了建立管理委员会、安全管理机构、日常管理团队、应急管理团队的安全治理架构。管理委员会作为金融分布式账本系统安全治理的决策层，由主任委员、副主任委员和委员组成，可以由监管机构或由占领导地位的单一机构创建，也可以由多个机构或用户联合组建。管理委员会下设安全管理机构作为安全治理的管理层，负责日常安全管理工作的统筹和异常情况的应急处置统筹。安全管理机构下设日常管理团队和应急管理团队作为安全治理的执行层，负责日常管理和应急管理的具体执行。

《规范》的发布，为区块链技术在金融行业的大范围推广应用铺平了道路。最大的亮点是将金融行业的强监管和 KYC 要求，以标准化的形式固化在安全规范中，同时也给出了金融级区块链技术在身份、账户和身份凭证方面的设计模型，为金融级区块链技术的完善和优化提供了方案。全文对加密算法、软硬件部署、运维等都给予了明确标准要求，但对区块链核心技术路线则提供了比较宽松的环境。这也是考虑到目前区块链技术还处于初级阶段，特别是在共识效率提升、零知识证明等技术方面都还有很大的未知变化。总体上看，该规范不光是为金融级区块链技术发展提供了安全标准指引，同时也为区块链技术在其他行业的标准化提供了参考和借鉴。

第五节　基于行业应用的区块链技术发展趋势展望

以比特币为代表的区块链 1.0 技术，让人们看到基于分布式的、去中心化的点对点安全交易成为一种可能，如今比特币也是最具价值和安全性的区块链网络。而以以太坊为代表的可编程的区块链 2.0 技术，使基于分布式账本模型，构建多样化的第三方去中心化应用（DAPP）成为主流。那区块链 3.0 会是什么样的呢？业界对区块链 3.0 有多种看法，如有人认为区块链 3.0 是价值互联网，是对生产关系的一种变革。

笔者认为区块链在 2.0 时代后，已出现了一次认知分叉，坚持价值博弈为中心的公链技术，将会继续在完全去中心化和无监管模式方面探索和发展自治网络。而坚持行业应用的联盟链技术，将区块链分布式节点和现实社会、经济实体连接起来，并有效平衡了监管和去中心化的矛盾，将区块链技术融洽地集成进现实社会管理和技术体系中。公链技术以彻底改变生产关系为原则，而联盟链技术则以优化生产关系为目的，公链技术更像社会协作实验室或沙箱，在未来很长一段时间内，它还将承担新价值传递网络、新生产关系和新技术研究验证的试验田的作用。而联盟链技术则采用相对成熟、安全的技术，服务现实应用，联盟链的未来技术发展方向将会重点聚焦在分布式领域建模和行业应用集成优化两大方向。

现在讲区块链 3.0 的形态还为时尚早，而且空泛讨论 3.0 还是 4.0 并无实际意义，务实的态度是要加速区块链技术在行业应用中落地，改变区块链内部链、圈子链的现状，实现金融链、政务链、制造链、企业链等社会新型协作网络。区块链技术要从极客技术到企业级应用和大规模商业应用还有很长的路要走，本节重点探讨区块链在行业应用方面的技术发展趋势。

一、区块链的分区、分片治理是行业应用的必然趋势

笔者曾经参与过一个国家级征信区块链课题研究项目。项目要求利用区块链技术整合目前各类非银行类金融机构的征信服务，包括消费金融公司、小额贷款公司、汽车消费金融公司、P2P 机构等。这是全国性征信项目，有地域分区问题，同时还整合了非银行业务的不同类型的金融机构，存在业务差异性分区问题，但对个人征信数据又需要全面性和一致性。一套行业应用系统，无论是分布式还是中心化，数据按照地域和业务进行分区、分中心部署是一种常见的结构。与区块链 POC 或实验室项目不同，一旦大面积商业化，区块链技术就涉及在原有数据分区属性和差异性的业务规则下，如何搭建区块链网络。采用区块链原教旨主义的完全去中心化、网络化，在现实行业业务中是没有意义和必要的，也会受到性能问题的严峻考验。未来的行业应用的区块链必然需要支持分区、分片治理，同时全网数据要保证一致性，简单来说就是需要交易分区校验和证明、数据全网一致性保障的行业链。

分片技术是把整个 P2P 网络中的节点分为若干个相对独立的片区，以实现系统水平扩展。在分片的情况下，通过把交易导引至不同节点，多个网络片区并行分担验证交易的工作。目前的分片策略包括网络分片、交易分片和计算分片。

子链技术是在主链上派生出来的具有独立功能的区块链，子链依赖主链而存在，并且可以定义自己的共识方式和执行模块。通过定义不同的子链，系统的可扩展性、可用性和相关性能均得到了提高。

多通道技术是指系统中多个节点组成一个通道，每个节点也可以加入不同的通道中，通道之间互相隔离，通过锚节点互相通信。多通道技术可以消除网络瓶颈，提高系统可扩展性。

二、集成优化趋势

要利用区块链技术服务行业应用，就需要适应行业应用现有的集成环境，而不是推翻重新构建。简单、安全、快速地与现有行业应用集成是区块链技术普及、推广的必然过程，哪种区块链技术更加务实，更容易和行业集成，也就将更受欢迎。集成可分为身份集成、监管集成、业务集成、运维集成四种类型。

（一）身份集成

区块链中的身份是公钥（地址）或者数字证书，而在现实行业应用中的身

份是 KYC 管理、客户信息管理、全国公民身份证号码查询服务中心等，区块链的密钥体系要和行业应用的客户身份管理体系集成；区块链中的账户要与行业应用的账务处理集成；身份凭证要与行业应用的交互令牌集成。只有完成与行业应用的身份集成才能将现实社会身份、自然人身份与区块链密钥、资产实现映射和管理，区块链上的交易才能变得具有现实意义。

（二）监管集成

监管集成是否需要行业监管是由行业背景和业务规则决定的，无论是采用中心化的系统建设模式，还是采用区块链分布式应用的模式都需要遵守行业规定和国家法规。所以采用区块链技术，并不意味着就可以不被监管，而如何快速接入监管环境是衡量一套区块链技术是否满足标准和是否具备行业准入条件的基础。从监管集成方式来看，超级权限方式和监管节点方式都可以实现行业监管方对区块链的交易记录按需查询、特定业务数据分析、违规告警等穿透式监管功能。但从数据安全性和低侵入方面考虑，构建监管节点将是一种更加轻量和低成本的集成方案。

（三）业务集成

区块链技术只是一种建立可信协作的分布式框架，只有和行业应用系统形成紧密集成，才能实现完整的业务功能。例如，基于区块链技术的供应链金融，可信协作部分是多机构间票据资产的发行和流转，所以区块链的账户资产处理要和供应链金融本身的融资平台集成；基于区块链技术的供应链溯源，可信协作是供应链上下游间的商品流转，所以区块链的交易要和供应链采购、物流、库存管理平台集成。

区块链技术需要提供更加友好、标准和高效的模块化集成方案，不同的行业应用集成方式将会有很大差异，区块链技术业务集成需要具备相当的行业知识沉淀，不存在通用集成模型。

（四）运维集成

区块链技术的综合运维能力将是衡量区块链技术商业成熟程度的标准，设备管理、节点监控、节点版本升级、漏洞修复、备份与恢复、应急预案管理、权限管理、议案机制等分布式运维功能，都是大规模商业必不可少的辅助能力。只有具备强大运维能力的区块链技术才能赢得行业客户的信赖和准入。一套基于分布式环境下的区块链综合运维平台将是下一步发展的重点。

三、分布式领域建模决定区块链行业应用的成败

区块链也存在领域建模吗？答案是肯定的。我们回头再看看比特币的 UTXO 模型就是一套典型的分布式安全交易模型，UTXO 模型和常见的银行账务余额模型的最大区别是，银行账务余额模型的"余额"是账户的一个属性、一个数字，而 UTXO 模型是数字货币的自我证明模型。例如，你在银行存了 1000 万元人民币，对于银行账务系统来说这只是一个数字 1000 万而已。如何保障这 1000 万元人民币真实存在呢？还需要银行现金管理的相关模型综合保障，如对账、金库盘点等。所以银行账务余额模型是一个不能实现自我证明（自洽）的模型。比特币的 UTXO 模型则是一套可以实现自我证明（自洽）的模型，在分布式环境中每个节点都可以验证这笔交易涉及的金额是否真实存在，以及是否已经花掉。比特币这样的设计是出于在无第三方机构对货币的统一存储和管理的环境下安全交易要求，这种 UTXO 模型就是"点对点电子现金系统"（比特币）的领域模型。

另外，业界对区块链相关技术提得最多的是分布式账本技术。账本在区块链应用中是一种抽象概念，并不一定指资金账本，如 Hyperledger Fabric 账本就是存放通用数据的一种分布式共享数据库。

我们可以通过比特币、以太坊和 Hyperledger Fabric 账本，来观察区块链应用模型设计发展的不同特点。

一是比特币没有账本概念。交易由 UTXO 模型发起。UTXO 模型是一套经典数字货币溯源自治模型，在分布式环境中强调数据真实性和一致性。

二是以太坊没有账本概念。交易由账户余额发起。余额本质是一套分布式账户模型，在分布式环境中强调账户一致性。

三是 Hyperledger Fabric 有账本概念。交易由 World State 发起。账本本质是一套通用共享数据库，通过共识协议保障数据一致性，在分布式环境中强调数据库一致性。

哪种模型更适合行业应用发展需求呢？以上三种模型在行业方面都有各自的缺陷。比特币和以太坊是公链网络，是针对去中心化货币交易领域设计的模型，很难在其他行业直接应用。而 Hyperledger Fabric 是通用区块链技术架构，也是企业级应用，可以用于金融、供应链等多行业场景，但由于 Hyperledger Fabric 的账本模型本质上是维护一套分布式共享数据库，并不具备业务自验功能，如在供应链交易中虽然可以实现交易数据的一致性，但无法在协议层实现供应链生产和采购数据的业务自治性验证（生产数≥采购数），也无法实现供应链数据三流合一（信息流、资金流、物流）自验证场景。

目前，联盟链技术还停留在节点数据的一致性上，而分布式的行业应用往往是多元、异构的复杂应用组合。例如，在支付清算中，需要订单、支付单、清算单等的等额自洽性验证，目前是用大量线下校验实现的。在数据一致性保障方面，目前的中心化应用系统有很多解决手段，区块链只是其中的一种，只有通过分布式领域建模实现多节点业务协作的区块链技术，才会在行业应用中真正体现应用价值。可以说，未来在分布式领域建模方面的成败，直接关乎区块链技术在行业应用中的推广和普及。

我们讨论区块链技术特性，是为了更好地将区块链技术服务于金融或实体行业；讨论区块链技术架构，是为了发现分布式架构和传统中心化架构的最佳融合方式。我们可以向金融或其他行业推荐联盟链技术，因为联盟链技术是对现有行业体系的优化，而非重构。从务实角度看，联盟链技术更容易和现有政府、行业体系融合，可以充分利用区块链分布式数据共享存储功能，实现多方实体数据的一致性；利用区块链 P2P 网络协议，实现多方实体数据的共享；利用区块链分布式共识机制，保障多方协作的真实性和可信度；利用智能合约引擎，构建机器信任时代；利用区块链应用层，实现同行业应用的集成和调度。至于是否完全去中心化？是否实现价值互联网？在现阶段是完全没有必要的，成熟的技术架构往往是从生产实践中提炼出来的，区块链技术也不例外。

第三章 区块链与数字货币

区块链与数字货币有着不解之缘，谈数字货币不能不谈区块链。同样，谈区块链也必然会谈到数字货币。本章从数字货币入手，探讨区块链和它的关系。

第一节 数字货币的产生与发展

货币自产生以来，经历了一个演进的过程，包括载体的演进、形态的演进和信用的演进等。数字货币经历了"中心化"数字货币的快速发展阶段、数字货币的"去中心化"发展阶段。

一、数字货币的产生

（一）货币的演进

货币的演进大体上从以下三个方面进行。

1. 载体的演进

货币的产生和发展，最常见的是货币载体的变化，从早期的贝壳到贵金属，再到便于携带的纸质货币（贱金属辅币），最后到目前的数字货币。

2. 形态的演进

从形态上看，货币的产生与发展，经历了从有形的实物货币（贝壳、金属货币等），到无形的电子货币、数字货币。

3. 信用的演进

早期的货币都具有一定的价值（商品），尤其是贵金属时期的货币，后来发展成银行和国家基于自己的信用发行的银行券、纸币和辅币（贱金属），再发展到目前的电子货币、数字货币，其货币本身没有什么价值，完全是一种信用货币，货币的演进如图 3-1 所示。

```
载体的演进    夏          西周         宋朝        1935年
              贝壳       金属货币      纸币      我国放弃银本位   电子货币    数字货币
           （商品货币） （贵金属货币）                                    （点对点的电子货币）

形态的演进    有形货币   金本位——黄金      银行券——可兑现
                       银本位——白银      纸币和辅币（贱金属）——不可兑现    无形货币

信用的演进    价值货币                                                    信用货币
```

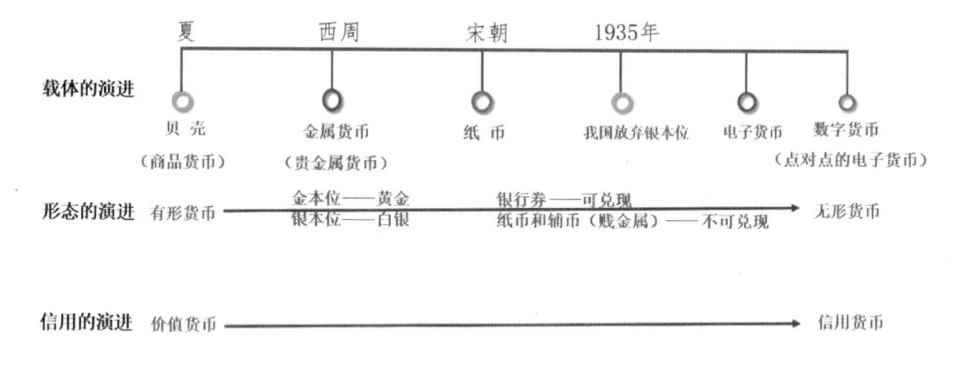

图 3-1　货币的演进

从货币的演进来看，货币的便携性越来越高（数字货币只是一串代码）、制造成本越来越低（数字货币的制造成本几乎为零），使用和支付的效率大大提高（数字货币理论上可以秒到账）。

（二）数字货币的发展历程

数字货币的产生，最早可以追溯到 1982 年，大卫·乔姆在这一年发表了题为"用于不可追踪的支付系统的盲签名"的论文，这是关于数字货币的最早的理论。盲签名是一种特殊的数字签名，它实现了匿名性，从而达到了现金交易的匿名性，又满足了不需要携带实物货币的便携性。1989 年，大卫·乔姆成立了 DigiCash 公司，并发明了人类史上第一个数字货币——E-cash，但 DigiCash 公司因为需要中心机构管理运行一个不能停止的服务器，同时由于公司管理不善、银行和监管机构难以支持匿名交易，于 1998 年被迫破产。

数字货币在产生时是"银行、个人、商家"中心化的三方模式。E-cash 是一种中心化的数字货币，由 DigiCash 公司发行并需要中心机构管理运行一个不能停止的服务器。

大卫·乔姆创立的数字货币的理论及其研发的数字货币，引起了大量数字货币研究者的兴趣。经过多年的发展，现在的数字货币已经融合了货币的公平交易、可分割和离线交易等更多的技术和应用。

二、数字货币的发展

(一)数字货币的"中心化"快速发展阶段

1996年,道格拉斯·杰克逊成立利率E-gold公司,研发了数字货币E-gold,该数字货币锚定黄金,与黄金按照1∶1的比例并可以与法币兑换,比银行账号、信用卡更方便快捷地跨区域划转,从而使E-gold得到了迅速发展。

2000—2009年的十年间,数字货币迎来了发展的黄金期,但公司因为E-gold系统的匿名性成为黑客洗钱的工具并屡遭黑客攻击,最终迫于监管部门的压力而破产。当然,E-gold与E-cash一样,都始终需要中心机构管理运行一个不能停止的服务器,这也是其最终没有存活下来的一个致命原因。

E-gold在技术上没有采用密码技术,与密码数字货币没有关系,但它在广泛的需求推动下,得到了很好的发展。一方面,证实了市场的需求;另一方面,激发了此后数字货币的热潮。

(二)数字货币的"去中心化"发展阶段

1. 引入分布式账本技术

1998年,戴伟首次将分布式账本技术(Distributed Ledger Technology,DLT)应用到数字货币中,研发了数字货币B-money,开创了"去中心化"数字货币的先河。

中心化的数字货币是只有一个位于中心的人进行记账,资金流向只能从这个中心的记账本上追踪查询;去中心化的数字货币(分布式账本技术应用下的数字货币),是当发生一笔交易时,全网每个节点的用户都进行记账,资金流向可以从任何一个节点的账本上追踪查询。

分布式账本技术在解决了去中心化的问题的同时,还出现了能否达成一致的问题,所以需要适合的共识机制来解决该问题。区块链是一个分布式存储的系统,为了使各个节点存储的数据保持一致,区块链系统引入了共识机制。共识机制,就是所有记账节点之间如何达成共识,去认定一个记录是否正确,也是防止篡改的一种机制。

去中心化的数字货币B-money,因为没有适合的共识机制,导致出现重复支付和货币生成两大问题。针对重复支付的问题,戴伟想通过服务器账户进行记账,并设计赏罚规则来预防作弊,但有效性不尽如人意;针对货币生成的问题,戴伟想通过计算量的成本来获得相应价值的数字货币,但计算技术发展太快,计算量的成本很难准确获得。因此,B-money最终未能获得实际应用,但其分布式账本技术的理念对数字货币的影响巨大。此后的数字货币的底层技术基本都采用了分布式账本技术。具有代表性的比特币，其白皮书（《比特币白皮书》）的第一处引注就使用了 B-money 白皮书的相关内容。

2. 引入共识机制

2005 年，尼克·萨博将 PoW（最早被引入区块链中解决共识机制的方法）的共识机制应用到数字货币中，设计了数字货币 Bitgold，解决了 B-money 存在的一致性问题和货币生成的缺陷问题，使数字货币的发展又向前迈出了里程碑式的一步。但由于尼克·萨博自己不擅长编写程序，又没有找到合适的程序开发人员，因此 Bitgold 的设计并没有转化成应用，但 Bitgold 已经很接近比特币了。

3. 去中心化的加密货币

（1）比特币的产生。

比特币是第一个去中心化的加密货币。

2008 年 11 月 1 日，中本聪发表了题为 *Bitcoin: A Peer-to-Peer Electronic Cash System* 的论文，在文中提出了一种全新的"点对点"的电子现金系统，将大卫·乔姆的三方"中心化"的交易模式转变为二方"去中心化"的点对点的交易模式，由此打破了以银行为中介的模式，通过分布式账本来实现交易。该论文论述了比特币及其算法，吸收了分布式账本技术和共识机制的思想理念，运用了加密技术，从而保证了交易的安全并控制交易单位。

2009 年 1 月 3 日，比特币算法的程序被中本聪开发完成并挖出了第一个区块链的区块（创世区块），第一批 50 个比特币就此产生。比特币出现之后，各种密码货币层出不穷，基于区块链不同技术的各种数字货币不断涌现，截至 2018 年 6 月就有超过 2000 种之多，每天都有新的数字货币产生，当然也有很多数字货币消失。

（2）山寨币的发展。

比特币之外的加密货币，被称为山寨币，或被称为替代币、竞争币。之所以被称为山寨币，在某种意义上是因为这些加密货币或多或少地采用了比特币的设计理念、原理和源代码，是与比特币有些相似的加密货币，如以太币（被视为"比特币 2.0 版"）；莱特币（交易速度快，生成区块只需 2.5 分钟，而比特币需要 10 分钟，家用电脑可以挖矿获利）；达世币（原名叫作暗黑币，以保护隐私为要旨，受黑市欢迎）；门罗币（重隐私、分权和可扩展性，可防止"双花"攻击）；瑞波币（使加密货币可在整个 Ripple 网络中实现全球流通，方便跨国转账）等。

第二节 数字货币的特征

数字货币作为无形的非实物货币,有它的鲜明特征。本节从形态特征、技术特征两个方面阐述和把握数字货币的特征。

一、数字货币的形态特征

因为数字货币与电子货币、虚拟货币都是无形的非实物货币,所以它们之间的边界变得很模糊,在各个国家之间的说法也有差异。笔者将基于区块链技术,以全球的常用分类为主导,结合中国国内的使用情况,对数字货币、电子货币、虚拟货币加以比较分析,对数字货币的边界加以界定。数字货币、电子货币和虚拟货币之间的逻辑关系如图 3-2 所示。

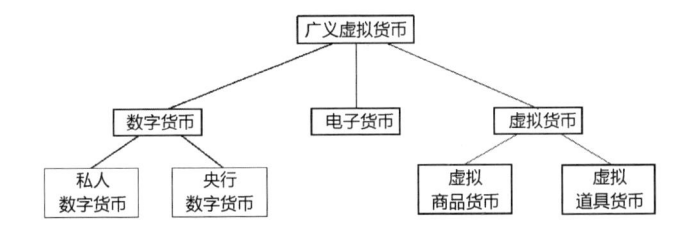

图 3-2 数字货币、电子货币和虚拟货币之间的逻辑关系

三者之间的区别和区块链的关系如表 3-1 所示。

表 3-1 数字货币、电子货币、虚拟货币和区块链间的关系

具体内容	货币类型			
^	数字货币		电子货币	虚拟货币
典型代表	法定数字货币(法定加密数字货币) 央行数字货币统称为 CBDC(Central Bank Digital Currency);我国央行数字货币有个独特的名称为 DCEP(Digital Currency Electronic Payment),即数字货币和电子支付; DCEP 与人民币可以 1:1 自由兑换	非法定数字货币(私人数字货币或密码数字货币) 比特币(占全球数字货币市值的 56.26%)、莱特币、瑞波币、无限币、夸克币、泽塔币、烧烤币、便士币、隐形金条币、红币、质数币等上百种	1. 银行卡、网银、手机银行和电子现金等; 2. 第三方支付,如支付宝、微信支付和财付通等	Q币、Q点、点券、百度币、新浪 U 币和微币、游戏币(侠义元宝、纹银等)等

续表

具体内容	货币类型		
	数字货币		电子货币	虚拟货币
发行者	央行或央行授权的机构	非央行（挖矿）	商业银行或三方（非银支付机构）	非央行（平台）
底层技术	区块链技术		IT技术	IT技术
本质	货币	界限不清	支付工具；电子支付方式（法币的电子化）	非法定货币的电子化
定价	对应法币	市场定价	等值法币	平台定价
流通	全球	全球	全球协议国家	指定平台
信用支撑	央行信用兜底	密码数字货币靠分布式规则自己维系	信用离央行较远	与央行信用没有关系
匿名性	可控的匿名性	匿名性（伪匿名，通过大数据分析可以汇总一系列地址）	匿名性和保密性差	—
时间和地点的限制	随时，7×24小时随地，双离线支付（可不依赖网络进行点对点的交易）	需要有网络	需要媒介（二维码、网络或硬件设备），如银行柜台、ATM机或POS机等	在特定的虚拟环境中流通。只能用真实货币购买，不能转化成真实货币，如游戏币
金额	不受金额大小限制	不受金额大小限制	—	—
交易频次	1. CBDC每秒至少300 000笔交易；2. Libra每秒1000笔交易	每秒7笔交易	VISA每秒29193笔交易	—
跨境交易	易于转换为其他货币	受限	交易复杂、交易成本高	—
法律管辖	法定货币的法律，管辖范围包括数字货币	不受法律监管	已经受法律监管	—
货币政策	基础货币（M0）或高能货币的替代；公众持有的通货（C）+商业银行的存款准备金（R）（包括法定存款准备金和超额准备金）；货币供应量是基础货币和货币乘数之积	—	M1和M2的替代	—

续表

具体内容	货币类型		
	数字货币	电子货币	虚拟货币
发展趋势	1. 中国的CBDC：双层体系或二元架构； 2. Libra：Facebook有27亿个用户，目前协会有28个成员； 3. 欧洲央行设立央行数字货币专门委员会	2009年发布，仅2100万枚，截至2019年6月供应量超过1500万枚，市值达1412亿美元，相当于科威特的GDP	—	—

注：数字货币，大体上可以理解为电子货币和实物现金的一体化。因为实物现金是点对点的，所以数字货币也是点对点的。从而，数字货币可以理解为，电子货币（电子支付）+ 实物现金（点对点）

二、数字货币的技术特征

（一）区块链技术架构分层

数字货币的底层技术是区块链技术，区块链由数据层、网络层、共识层、激励层、合约层和应用层组成，关键技术包括分布式账本、点对点、共识机制和非对称加密等。第二章第一节已经做过论述，此处不再赘述。

（二）数字货币技术特征解析

1. 去中心化

自1998年引入分布式账本技术之后，数字货币就变成了去中心化的数字货币，其交易是点对点的，不需要银行作为中间媒介。数字货币的交易记录在全网的节点都进行存储。传统的法定货币是由各国的中央银行来发行的，中央银行是发行货币的中心，商业银行则是交易双方的中心点。

2. 匿名性

数字货币不需要实名认证，交易双方也不知道交易对手的信息。匿名或有限匿名满足了使用者的隐私保护需求，达到了具有替代现金交易匿名性的目的，但也成了洗钱、恐怖融资、贩毒及其他非法交易的有力工具。

3. 可追溯

任何一个数字货币的产生，已经交易的全部过程，都被记录在主区块链中。追溯的过程不需要进行任何的认证。可追溯使数字货币与实物现金具有很大的不同，也为监管机构提供了有效的监管手段。

4. 总量有限

不同种类的数字货币，其总量是有限制的，这与各国发行的法定货币有着根本的区别，如比特币的总量是 2100 万个，并将于 2140 年全部挖掘完成后不再有新比特币；瑞波币的总量是 1000 亿个，其中 500 亿个流入市场；门罗币理论上没有总量，但实际上，1830 万个币被挖出后，每分钟只能新增 0.3 个币。这不同于法定货币可根据需要无限量发行。

5. 超主权

主权货币是指由某一国的政府发行的该国的法定货币。例如，美国的主权货币是美元，加拿大的主权货币是加拿大元，英国的主权货币是英镑，中国的主权货币是人民币。

超主权货币是指货币的发行与国家主权脱钩。数字货币的发行和交易与一个国家的主权脱钩，不属于任何国家，是超主权货币。

第三节 数字货币的监管政策

自比特币诞生以来，各种私人数字货币如雨后春笋般涌现。私人数字货币的去中心化和匿名性的特点，一方面满足了用户在跨境支付和隐私保护等方面的需求；另一方面，私人数字货币也成了洗钱、买卖毒品、进行军火交易和恐怖主义活动等犯罪行为以及其他灰色交易的工具。随着私人数字货币的野蛮生长，对其进行合理有效监管是各国面临的一项重大挑战，由于国情、法律及监管环境等方面的差异，各国对私人数字货币的监管态度（严苛程度）和监管政策差异性较大。

从技术层面禁止数字货币较难实现，因此各国的监管多立足于投资者保护的底线。从货币的职能来看，私人数字货币的"货币属性"[①]相对较弱，其主要作为特殊的资产或商品（流通手段）存在，主要监管其不合法交易和对金融市场、金融稳定造成的冲击。下面将按照各国对比特币积极拥抱到全面禁止的顺序，进行分析。

一、其他国家对数字货币的监管态度

（一）德国：全球首个认可比特币合法地位的国家

德国是全球首个认可比特币合法地位的国家，德国联邦政府不对购买比特

---

① 私人数字货币不可作为价值尺度；私人数字货币由于其波动性太大，储藏手段、支付手段的职能也很弱。

币和数字货币征税。德国财政部认为只要作为一种支付手段,比特币就可以免税。

2013年,德国金融部正式认可比特币成为一种"货币单位"和"私有资产",受到国家监管。这也使德国成为全球首个承认比特币合法地位的国家。

2016年,德意志联邦银行召开区块链技术机遇与挑战大会,针对分布式账本的潜在运用展开研究,包括跨境支付、跨行转账及贸易数据的存储等。

2018年,德国财政部表示,如果比特币用户将比特币用作支付方式,那么财政部不会对其进行征税。

总的来看,德国看到了加密货币后的核心技术,对比特币保持了最积极的拥抱态度,很大程度上认可比特币的"货币"地位。但不允许私营企业发行稳定币。此外,欧洲法院还认为"矿工"的费用不用被征税,从外围上支持了德国。

(二)日本:肯定比特币为合法支付工具并对此明确监管要求

日本对比特币的态度一直持肯定态度,但监管因相关风险而有所变化:早期鼓励,后来审慎监管,并不断向合规转变。大体过程如下。

2014年2月28日,比特币交易机构Mt.Gox宣布85万个比特币被盗("门头沟"事件),日本监管机构一度加强对区块链和虚拟货币的监管。

2016年3月,日本内阁通过投票将比特币和数字货币均视为数字等价货币。

2017年4月1日,日本实施了《支付服务法案》,正式承认比特币是一种合法的支付方式,但不是法律认可的货币,对数字资产交易所提出了明确的监管要求。

2017年7月1日,日本新版消费税正式生效,比特币交易不再需要缴纳8%的消费税。

2018年,日本金融厅(FSA)指出将对虚拟货币进行严格注册审查和监控。同年,FSA表示代币发行监管法规修改后将对ICO(首次代币发行)的投资上限实行限额。

2019年,日本虚拟货币商业协会发布《关于ICO新监管条例建议》。同年,通过《资金结算法》和《金商法》修正案,加强了对虚拟货币兑换和交易的监管措施。

日本对比特币的积极、开放态度仅次于德国,拥有世界上最大的比特币交易机构充分说明了这一点。"门头沟"事件后日本政府加强了对比特币的监管,在加强监管的同时,从法律上确立了比特币的合法地位,甚至修改了《资金结算法》和《金商法》,支持力度可见一斑。

（三）韩国：比特币汇款方式合法化

韩国的金融市场、产品和监管体系在亚洲金融危机中严重受损。在深受重创之后，韩国对金融监管体系进行了大力改革。韩国改革后的监管体系和监管理念成为很多国家借鉴的典范。

2016年2月，韩国央行在其报告中提出：鼓励探索区块链技术。2016年10月，由韩国金融投资协会牵头、5家区块链技术公司和21家金融投资公司共同成立了区块链协会，旨在推动韩国布局区块链行业。

2017年7月，韩国政府将比特币汇款方式合法化。同年9月，韩国金融服务委员会（FSC）对比特币的态度突然大变：禁止国内公司参与 ICO，并表示代币发行融资模式违反资本市场法，对参与 ICO 的人员进行严厉处罚。2018年3月又发布禁令，禁止公职人员（普通公民除外）持有和交易虚拟货币。对 ICO 的监管，监管态度上与中国 2018 年 8 月 24 日五部委联合发布的《关于防范以"虚拟货币""区块链"名义进行风险集资的风险提示》极为相似。

2018年3月，多国一起提出成立国际标准制定机构，以2018年7月为对加密货币监管的最后期限。随后，韩国政府迅速改变了对区块链和虚拟货币的态度，2018 年 6 月就解禁了 ICO，但 ICO 要接受严苛的监管。同年 7 月，韩国政府将区块链作为税收减免对象，鼓励企业入局区块链领域。

2019年10月，韩国的科学和信息通信技术部概述了系列支出计划，韩国政府将在2020年对区块链项目投资约1280万美元。韩国总统直属的第四次工业革命委员会敦促政府尽快确立基于区块链的数字资产的法律地位，并采取相关税收和会计措施。

韩国民众对数字货币非常痴迷。韩国是全球比特币规模最大、交易最活跃的市场之一。2017年韩国的比特币交易占全球的三分之一，但韩国政府对数字货币的态度一直不明确，在数字货币市场极度燥热的时候，对 ICO 进行过全面禁止（旨在打击利用 ICO 进行欺诈的行为，但无差别的政策也打击了规范的活动），9个月后又解禁了。

（四）新加坡：许可后可进行 ICO

新加坡作为东南亚的国际金融中心，一直很欢迎金融的创新和外来的资金，由于其经济发达、政治稳定和法律体系完善，加之政府对相关方面的支持和投资，实行清晰的税务规定、低干涉度的监管机制，因而成为全球第三大 ICO 的融资市场。

2017年8月，新加坡金融管理局就数次发表声明称，只要注册发行货币的内容经过相关调查和许可，就可以进行 ICO。

2018 年 9 月，新加坡金融管理局将代币分为应用型代币、支付型代币及证券型代币。

2019 年 1 月 14 日，新加坡国会审议通过《支付服务法案》，对数字货币业务的监管做了明确规定。该法案规定，数字货币交易所、OTC 平台、钱包等属于支付型代币服务商，需要满足相关反洗钱规定，并申请相应牌照。

（五）美国：技术支持并纳入法律监管

美国作为全球最大的经济体，其法律和规则的数量是全球最多的，对私人数字货币的监管也不例外。现就主要政策和法律分析如下。

2013 年，美国参议院、国土安全及政府事务委员会召开有关比特币的听证会，首次公开承认了比特币的合法性。

2014 年，美国国家税务总局将比特币看作一种财产而不是货币，比特币的交易要缴纳资本利得税。同年，《纽约金融服务法律法规》开始对比特币实施监管。

2015 年 5 月 30 日，纽约金融服务部门（New York Department of Financial Services，NYDFS）按照纽约银行法的有关规定，授予了 ItBit 信托有限公司以特许经营许可证-商业化的比特币交易所，ItBit 因此成为设在纽约市的第一个（也是美国的第一个）数字货币公司。2015 年 8 月，发布加密货币公司监管框架 BitLicence[①]，给加密货币公司颁发加密货币行业执照，加密货币公司获得执照后在美国提供服务，这在全美属于首例。同年，美国商品期货委员会（CFTC）把比特币和其他密码货币合理定义为大宗商品，从此受 CFTC 的监管。

2016 年，美国货币监理署（OCC）发布其责任创新框架，旨在监管那些正在研究区块链和其他金融技术的创业公司。

2018 年，美国证券交易监督委员会（SEC）发布《关于数字资产证券发行与交易的声明》，并强调 SEC 支持有利于投资者和资本市场发展的技术创新，但必须遵守联邦法律框架，在监管合规的前提下有序进行，同时鼓励区块链新兴技术的创业者聘用法律顾问，必要时可寻求 SEC 的协助。

2018 年 6 月 19 日，NYDFS 向加密货币交易所打开绿灯，允许其在产品中加入大量新的加密货币。在获批后，ItBit 将开始提供托管、场外交易（OTC）

[①] BitLicense 于 2015 年 8 月 8 日生效，是一种管理企业在该州购买、出售或发行加密货币的监管制度。2015 年 9 月，位于波士顿的 Circle 获得了第一个 BitLicense 许可证。2016 年 7 月，位于旧金山的 Ripple 获得了第二个 BitLicense 许可证。2017 年 1 月，位于旧金山的 Coinbase 获得了第三个 BitLicense 许可证。

及比特币现金、以太币和莱特币等交换服务。比特币现金尤为受到关注。

2019年6月18日，Libra横空出世，美国国会对加密货币的听证会举办得越来越频繁。但对区块链技术的态度从一开始的敌视，到逐渐承认其合法化，最后进入操作层面的严格监管及技术应用上的积极支持。

2019年3月7日，美国证监会开始用SAFT①（Simple Agreement for Future Tokens）对ICO进行监管，接着在3月11日，美国证券会又宣布数字货币交易所必须注册。

2019年7月24日NYDFS成立新的部门——研究与创新部门，专门追踪新兴的金融技术，专门监管虚拟货币并发放相关许可证。

总的来看，美国对私人数字的监管政策繁多且变化，但总体上对金融的创新持支持态度，并一直跟踪监管，政策相对细且多。自2014年7月，NYDFS提出"数字货币许可证制度"后，美国就开始了对区块链和私人数字货币的监管。

（六）英国：政府参与并作为资产监管

英国作为对数字货币和区块链技术态度最开放的国家之一，其态度始终是"监督不监管"，因此其监管的规则和法条数量非常少，发布时间主要在2018年和2019年。

2018年，英国财政部、金融行为监管局和英格兰银行共同组建"加密资产专项工作组"。同年10月，英国政府发布了一系列关于区块链行业的监管措施。

2019年，英国金融市场行为监管局发布了一份名为《加密货币资产指南》的文件。文件指出，根据国家监管活动令或《金融工具指令II》中市场监管的金融工具，加密货币资产可被视为特定投资。

英国金融市场行为监管局将ICO所具有的风险概括为六种：①传统境内监管机构尚无法有效甚至无权对ICO进行监管，尤其跨境ICO项目监管难度更大；②缺乏投资者权益保护机制，ICO投资者根本无法获得政府当局的监管保护；③数字货币发行价格极不稳定，易暴跌暴涨；④存在巨大的欺诈风险，发行者也许并不是为了公司上市而筹资；⑤信息披露不足，仅仅依靠ICO的白皮书无法获得足够平衡、完整且准确的信息，需要复杂的技术支持才能对ICO项目有充分完全的理解；⑥ICO项目相关技术仍处于早期阶段，商业模式是实验性的。

---

① SAFT，未来令牌简单协议，是数字货币开发商向合格投资者提供的投资合同。SAFT是一种承诺交付协议，与ICO有所区别，承诺在网络或公司未来运营时交付一定数量的代币。

（七）俄罗斯：从全面禁止到审慎监管

俄罗斯除了在 2016 年被传出推出本国的数字货币并将不再坚持全面禁止比特币，对数字货币的否定态度一直比较坚决，不加区别地全面禁止。

2014 年 2 月，俄罗斯政府全面禁止比特币在国内流通和使用。

2015 年，俄罗斯开始洽谈比特币的流通和监管，财政部提出议案，计划限制访问允许虚拟货币发行和流通的网站，参与比特币交易的用户最高将面临 4 年监禁。

2016 年，俄罗斯再次被传将推出本国的数字货币，财政部副部长 Alexei Moiseev 表示，将不再坚持全面禁止比特币。

2017 年，俄罗斯总统普京会见以太坊创始人 Vitalik Buterin，逐渐开放了区块链行业的政策，在俄罗斯议会中也成立了区块链专家组议会。

2018 年，俄罗斯央行以"风险高、时机不成熟"为由，发布对虚拟货币的警告。同年，俄罗斯正式宣布关闭比特币交易网站。

2019 年，俄罗斯央行表示反对任何货币替代品，央行行长艾薇拉·纳比乌琳娜在国家杜马会议上重申了这一监管态度，并在其官方推特上公开发布了相关信息。最新的情况是，俄罗斯央行正在研究数字货币将如何运作，也特别关注中国数字货币的研发。

二、中国对数字货币的监管态度

（一）仅承认比特币为特殊商品

2013 年 12 月 3 日，中国人民银行、中华人民共和国工业和信息化部、中国银行业监督管理委员会、中国证券监督管理委员会、中国保险监督管理委员会联合发布《关于防范比特币风险的通知》（银发〔2013〕289 号），指出："比特币应当是一种特定的虚拟商品，不具有与货币同等的法律地位。"

（二）消除比特币的法律存在空间

2014 年 3 月，中国人民银行下发《关于进一步加强比特币风险防范工作的通知》，要求银行及三方支付在 2015 年 12 月 30 号后不得再给任何比特币企业提供支付及清算服务，各地人民银行负责防范比特币洗钱及高利贷，切断了比特币交易平台的划转途径。

2014 年 6 月，中国支付清算协会制定了《比特币风险防范工作监测报告》，明确商业银行和支付机构不再为比特币、莱特币等交易资金的充值和提现、购买和销售相关交易充值码提供服务,彻底切断比特币交易网站资金划转的新路径。

2017年9月4日,中国人民银行、中共中央网络安全和信息化委员会办公室、中华人民共和国工业和信息化部、中华人民共和国国家工商行政管理总局、中国银行业监督管理委员会、中国证券监督管理委员会、中国保险监督管理委员会联合发布《关于防范代币发行融资风险的公告》[①](简称《公告》)。《公告》正式定性:ICO本质上是一种未经批准非法公开融资的行为,涉嫌非法发售代币票券、非法发行证券及非法集资、金融诈骗、传销等违法犯罪活动。具体规定如下:①准确认识代币发行融资活动的本质属性。②任何组织和个人不得非法从事代币发行融资活动。③加强代币融资交易平台的管理。金融管理部门将提请电信主管部门依法关闭其网站平台及移动App,提请网信部门对移动App在应用商店做下架处置,并提请工商管理部门依法吊销其营业执照。④各金融机构和非银行支付机构不得开展与代币发行融资交易相关的业务。⑤社会公众应当高度警惕代币发行融资与交易的风险隐患。⑥充分发挥行业组织的自律作用。

《公告》禁止代币融资交易平台从事法币交易与币币交易,信息中介服务被叫停,私人数字货币交易平台在我国已没有法律上的生存空间。虽然我国对国内的运营采取完全禁止的态度,但民间依然存在,监管政策未必得到严格彻底的执行。

(三)监管态度开始转变

2018年4月16日,《人民日报》罕见发文评论数字货币,表达了对加密货币的态度,说明决策层肯定了"尽管加密数字货币存在众多缺陷,但数字货币有它存在的战略价值"。

文章认为,"数字货币是一场全球化领域的经济战",追求禁止加密数字货币流通可能就失去了未来的战略价值,但完全放任市场也会导致劣币驱逐良币。总的态度是,全面禁止数字货币难以实现;加密数字货币是"具有价值的实验"。

(四)全面清理ICO

2018年8月24日,中国银行保险监督管理委员会、中共中央网络安全和

---

① 根据《公告》的界定,"代币发行融资是指融资主体通过代币的违规发售、流通,向投资者筹集比特币、以太坊等所谓'虚拟货币',本质上是一种未经批准非法公开融资的行为。"与传统融资模式不同,ICO是一种"以币融币"的新型融资模式,具有直接融资、匿名融资、场外融资等特征。

信息化委员会办公室、中华人民共和国公安部、中国人民银行和国家市场监督管理总局联合发布《关于防范以"虚拟货币""区块链"名义进行非法集资的风险提示》（简称《提示》）。五部委的《提示》，对服务器设在境外、向境内提供交易服务的 124 家虚拟货币交易平台采取必要管制、加强监测、实时封堵。此后不久，国内的 ICO 看似被"清理"干净，但央行、银保监及公安部等部门非常清楚币圈的交易模式：两头在外，中间在内。①

（五）监管力度进一步加大

2018 年后，中华人民共和国最高人民法院、中华人民共和国最高人民检察院和中华人民共和国公安部等政法机关都加大了对虚拟货币的整治力度，对虚拟货币的监管比以往认知更全面、态度更严厉、手段更坚决。

综上所述，我国对私人数字货币的监管态度是仅承认比特币为特殊商品。2017 年七部委联合发布的《公告》将 ICO 定性为"本质上是一种未经批准非法公开融资的行为"，对我国的私人数字货币交易行为进行了"全口径禁止"。2018 年五部委联合发布的《提示》进一步明确防范借助炒作区块链概念进行非法集资、传销、发行证券等私人数字货币异变的违法犯罪活动。此后，最高法、最高检和公安部等政法机关对虚拟货币监管、整治力度加大，但由于有些很难监管，总体监管效果不佳，市场活跃程度剧增。

综上所述，世界主要经济体对比特币、以太币等私人数字货币的态度不一（见表 3-2）。监管往往落后于技术创新，大多数国家还没有建立适合于私人数字货币的监管体系。跨国流通涉及监管当局的管辖权。在虚拟环境中，很难执行法律和监管措施。

表 3-2　世界主要经济体的监管态度

	监管态度	国家或组织
1	认可或部分认可比特币的货币地位	德国
2	仅承认比特币为特殊商品	韩国
3	全面禁止比特币	俄罗斯和巴西
4	态度积极并审慎监管	美国、英国、印度、欧盟

资料来源：根据相关资料整理。

---

① 两头在外：交易所服务器设在海外，关键人员和资金流在外；中间在内：吸引散户的营销团队和办公场所设在国内。

第四节 法定数字货币对金融体系的影响

法定数字货币（央行数字货币就是法定数字货币）有它的货币职能，但它又不同于通常的货币，它会对金融体系产生相当大的影响。这是本节要研究的重点。

一、法定数字货币的货币职能

法定数字货币也同样具有实物货币的五大职能。

（一）价值尺度

衡量商品的价值，即把商品的价值以价格的形式表现出来。

（二）流通手段

货币的流通手段是指货币的中介作用（物—货币—物）。法定数字货币在交易中同样承担着货币的流通手段职能。

（三）储藏手段

国家以税收和信用作为担保，类似金银。

（四）支付手段

支付手段主要侧重于延期支付，如支付工资、租金、利息等。法定数字货币还能更好地发挥普惠金融的作用。

（五）世界货币

世界货币在世界市场上作为一般等价物，进行国际贸易结算，目前人民币还不能用于支付。央行数字货币，或许会推动人民币成为重要的世界货币（去美元化），为此提供巨大的历史机遇。从实际情况来看，越早推出越能在很多定价权上掌握主动权。

法定数字货币脱胎于电子货币，但使用成本大幅降低，使用效率则大幅提高。

二、法定数字货币对金融体系的影响

法定数字货币将给社会营造良币驱逐劣币的金融生态环境。对现有金融体

系的影响是全方位的。现就宏观的主要影响、中观的主要影响和微观的主要影响分析如下。

(一) 宏观的主要影响

1. 存款利率上升

因为现金的减少,银行可吸纳的存款减少,存款利率弹性降低,利率将上升。

2. 完善金融监管和数据统计体系

法定数字货币在实现便携支付的基础之上,能够进一步完善相关的统计体系;同时由于法定数字货币的可控性,也有助于观测货币政策的实施效果。

3. 大大降低货币投放和流通的成本

具体来说,如下。①零发行成本(发行成本低)。没有了之前纸币的印刷成本(包括防伪、设计等)、硬币的铸造成本。除了早期的加密研发成本、电脑设备的硬件成本等,随着发行数量的增大,边际成本趋近于零。②零流通成本。运输的成本基本为零,不需要投放大量的人力成本(保安、押送人员等)。③零结算成本。不需要投放的人力成本有柜台人员、装箱人员、押运人员和交接人员等。不需要投放的物力成本有大量的点(验)钞机、账本、运输工具等。④零保存成本。计算机和网络等成本本身不断降低,随着法定数字货币数量的增加,边际成本趋近于零。

4. 拉动宏观经济增长

央行可以实施法定数字货币的负利率政策,导致货币在市场上流动(存款的概率降低),促进经济的增长。

(二) 中观的主要影响

1. 影响现有货币体系

(1) 货币不能超发。

(2) 资本流动监管难度下降。

(3) 货币政策实施效果大幅提升。

(4) 央行被动扩大资产负债表。

(5) 财政、货币政策同步难度降低,债务问题减少。

(6) 监管能力增强。法定数字货币能够打击洗钱、恐怖融资等不法行为。

2. 影响支付清算业务

（1）利用法定数字货币和区块链技术可以重构全球支付体系。

（2）对我国新兴支付清算机构形成挤出效应，包括微信、支付宝、财付通、拉卡拉、快钱、银联电子支付、北京银联商务、网银在线等23家以上的跨境支付。

（三）微观的主要影响

1. 影响现有商业银行

（1）冲击银行的跨境支付业务。

（2）冲击银行的传统存贷款业务。

（3）冲击整体间接融资环境。

（4）银行数量和从业人员大幅减少。

（5）提高商业银行的支付结算效率。

2. 专业金融机构金融产品数量增加

随着法定数字货币的使用与普及，对金融衍生品种类和数量的需求将存在剧增趋势，给专业性的金融机构创新金融产品带来了很大的发展空间。

第五节 各国央行积极推动法定数字货币

央行数字货币CBDC（Central Bank Digital Currency），我国央行数字货币有个独特的名称，英文为DCEP（Digital Currency Electronic Payment，数字货币与电子支付）。目前没有一个标准的定义，国际货币基金组织对央行数字货币的定义是："央行数字货币是一种新型的货币形式，由中央银行以数字方式发行的、有法定支付能力的货币。"

央行数字货币不仅能降低交易和发行的多种成本、向公众提供无风险支付工具、提高货币政策的有效性，还能争取本国货币在全球的地位。因此，各国央行都正在积极研发、推动央行数字货币实施的尝试。2020年2月的一项国际研究表明，全球已有10多个国家的央行在考虑发行数字货币，已有一些国家的央行，在不同程度上进行了各种类型的测试，其中包括美国、新加坡、加拿大和瑞典等国家的央行。

一、美国

美国对法定数字货币的探索从未停止过，最具代表性的事件是 IBM 发行数字法币和 Facebook 发行天秤币。

2018 年 7 月 18 日，IBM 宣布发行数字法币。8 月 30 日，IBM 公开发行数字法币，并得到美国政府的联邦存款保险公司（Federal Deposit Insurance Corporation，FDIC）的支持，由美国政府担保。

2019 年 6 月 18 日下午 5 时，Facebook 发布了《加密货币和基于区块链的金融基础设施项目白皮书》。天秤座协会（Libra Association）的总部设在瑞士，Facebook 创建了受监管的子公司 Calibra，其创始成员包括 Mastercard、PayPal、Visa、Stripe、eBay、Coinbase、Andreessen Horowitz 和 Uber。其潜在用户达到 27 亿人。这一举动，引起全球各国央行的高度关注，成为各国研发数字货币的催化剂。新加坡、法国、泰国、俄罗斯、南非、加纳和乌拉圭等许多国家都在加快推动 CBDC 的研发，而突尼斯、马绍尔群岛和其他一些国家都已使用了自己的数字货币。

2018 年 1 月 12 日，美国财政部长史蒂芬·努钦表示，美国金融稳定监督委员会（Financial Stability Oversight Council，FSB）（其职能主要是评估金融体系的风险）已经组建了加密货币工作组。

2020 年 2 月 5 日，美国联邦储备委员会理事莱尔·布雷纳德表示，美联储正在就数字支付、数字货币发行的可行性和监管、数字货币政策、数字货币的法规制定等开展研究，正在考虑发行美国的央行数字货币——数字美元。

对于除美国之外的许多国家来说，发行央行数字货币不仅为了支付的便利性，还为了达到逐步"去美元化"的目的。在美元霸权的国际货币体系下，美国的 SWIFT（环球同业银行金融电讯协会）和 CHIPS（纽约清算所银行同业支付系统）主导了国际支付结算体系，许多国家想借着区块链技术、数字货币重建一个支付体系。

二、新加坡

新加坡金融管理局（MAS）已经和加拿大中央银行（Bank of Canada，BoC）共同开展了两个央行之间的 CBDC 跨境和跨境货币支付的实验。新加坡与加拿大的跨境支付实验，显示出 CBDC 具有高效率和降低跨境支付风险的优势。

三、加拿大

2018年7月，加拿大中央银行在其工作报告中明确指出，使用央行数字货币可以使加拿大的消费增长0.64%，使美国的消费增长高达1.6%。

2019年10月，加拿大中央银行发表了由央行数字货币研究顾问Stephen Murchison撰写的《下一代央行货币》的重要文章。文章的结论表明，央行发行数字货币有允许与警察、税务机关等共享个人数据的多重优势。同时表明，数字货币会给"银行储蓄资金（稳定、成本低）"带来一定的风险。

加拿大中央银行目前正在考虑发行本国央行数字货币的可行性，用央行数字货币取代现金。

四、泰国

泰国中央银行（Bank of Thailand，BoT）已经初步完成对CBDC的多阶段测试。泰国央行与曼谷银行、泰国渣打银行、汇丰银行、暹罗商业银行、Ayudhya银行、Krungthai银行、Thanachart银行和Kasikorn银行八家商业银行合作的项目Inthanon，共同设计、开发及测试CBDC的概念验证原型。

第一阶段，重点在于验证分散式实时全额支付系统（Real Time Gross Settlement，RTGS），实时全额支付系统在分布式总账上使用央行数字货币。

第二阶段，重点在于进一步探讨如何在两个特定的领域使用分布式账本技术。

第三阶段，重点在于使用一个"基于分布式账本技术的实时全额支付系统RTGS原型""扩展与其他系统的链接，从而支持跨境资金转移，范围将覆盖泰铢和外币的监管与合规"。

五、瑞典

2018年4月，瑞典中央银行与埃欧塔（IOTA，Internet of Things Application）合作推出了央行数字货币电子克朗（E-Krona），主要用于消费者、企业和政府级机构之间的小额交易。

2019年11月，瑞典中央银行行长公开表示，未来将使电子克朗（E-Krona）成为法定货币，用作对现金的补充，减少对私人支付系统的依赖。

进入2020年后，瑞典中央银行又宣布与埃森哲集团签署为期一年的试点项目协议，项目将尝试提供通过银行卡、智能手机和可穿戴设备来进行电子克朗（E-krona）的支付。

六、巴哈马

巴哈马中央银行在 2019 年 3 月宣布了一项名为"沙元计划（Project Sand Dollar）"的试点项目，旨在让群岛内的金融系统更加现代化和合理化，以减少现金交易、提高货币使用效率，并降低成本、推动金融普惠。

巴哈马中央银行在 2020 年 1 月 8 日已经推出 CBDC 的试点，正式发行将在年内进行。

七、韩国

韩国首尔市正在加紧研发自己的加密货币——S-Coin，并对监管加密货币的法律和相关制度进行修改、调整，以支持 S-Coin。S-Coin 将首先用于城市资助的社会福利领域。

第六节　我国央行的数字货币

我国央行对数字货币的研究是走在世界前列的，经历了提出、研发和酝酿试点等过程。我国央行的数字货币将对三方支付产生相当大的影响。

一、我国央行数字货币的发展

（一）我国央行数字货币的提出阶段

我国央行对数字货币的研究走在世界的前列。早在 2014 年，我国央行就成立了法定数字货币的研究小组；2015 年，对法定数字货币的重点问题进行了调研并形成了系列调研报告。

2016 年 1 月 20 日，我国央行正式提出了对外发行数字货币的目标。此后，我国央行的数字货币进入了快速的研发阶段。

（二）我国央行数字货币的研发阶段

2016 年 6 月 15 日，中国互联网金融协会成立了区块链研究的工作组，并就区块链在金融应用中的技术、应用场景和风控等展开了研究。

2016年11月，我国央行印制科学技术研究所正式向社会公开招聘数字货币研究与开发人员。

2016年7月，我国央行又正式启动了数字货币的数字票据的交易平台研发工作。

2017年，央行数字货币研究所、央行印制科学技术研究及中钞信用卡产业发展有限公司申请的区块链专利数高达68件，居世界首位。

（三）我国央行数字货币的酝酿试点阶段

2019年3月1日，以央行数字货币研究所副所长狄刚为法定代表人的长三角金融科技有限公司在苏州正式成立，为法定数字货币在苏州的试点展开准备工作。

2019年8月10日，央行支付结算司原副司长穆长春在中国金融四十人论坛上表示，我国央行的数字货币即将推出，"从2014年开始，央行对数字货币的研究已进行了五年，现在呼之欲出"。

2019年10月16日，据《财富》杂志网站报道，加拿大皇家银行的分析师马克·马哈尼和扎卡里·哈施瓦茨曼，在10月15日的一份报告中指出，Facebook宣布推出天秤币（Libra）后，中国央行加快了开发本国加密货币的步伐。

2019年10月底，我国央行率先宣布了发行我国央行数字货币的计划。

2019年12月，我国央行已确定将在深圳、苏州等城市开展央行数字货币的试点工作。

2020年3月3日，国家发改委数字经济新型基础设施课题研究的第九次会议上，10多位专家、学者研判，我国央行数字货币可能会加快推出，并成为"新版四万亿"定向刺激的选项。

2020年4月3日，我国央行在全国货币金银和安全保卫工作电视电话会议上表示将加强顶层设计、坚定不移推进央行数字货币的研发工作。

2020年5月，在新型冠状病毒肺炎疫情（简称新冠肺炎疫情）全球蔓延对全球经济产生较大负面影响的背景下，全球正在出现新的发展趋势，"疫后经济"使我国央行数字货币已经上升为国家战略。苏州相城区从2020年5月开始，其所属的各级机关和企事业单位人员的工资发放中，50%的交通补贴以我国央行数字货币的形式发放。至此，央行数字货币的首个应用场景正式落地。除苏州之外，深圳、雄安和成都这三个试点城市，也已经做好了相应的准备。

二、我国央行数字货币对第三方支付的影响

微信、支付宝等第三方支付的生存空间被大幅挤压或不复存在。与我国央行数字货币（DCEP）相比，第三方支付的缺陷如下。

（一）信息被获取

当人们使用微信进行支付时，个人很多的隐私信息被腾讯或商家获取。而DCEP保护了个人信息的安全。

（二）有支付成本

目前，第三方支付大概收取了使用者不低于0.6%的费用（被追加到所购买的商品或服务中了）。使用者被商家、POS机投放机构、银联、发卡行和支付公司等层层盘剥。DCEP则没有支付成本。

（三）需要在线支付

DCEP（与目前的实物现金一样）支持（收付双方）双离线支付，这大大方便了交易的双方。这对第三方支付有着重大影响。

（四）较难兑换成现金

微信、支付宝等第三方支付的金额较难兑换成现金。DCEP则没有障碍（未来基础设施条件成熟时）。

第四章
传统金融积极拥抱金融科技

第一节 全球金融科技发展新格局

一、金融科技的定义

金融科技（FinTech）是基于技术驱动的金融创新。

根据金融稳定监督委员会的定义，金融科技主要指由大数据、区块链、云计算、人工智能等新兴前沿技术带动，对金融市场及金融服务业务供给产生重大影响的新兴业务模式、新技术应用、新产品服务等。

二、金融科技的主要内容

金融科技以信息技术为基础，将互联网、物联网和大数据、人工智能、云计算、区块链、生物识别等技术，用于银行、证券、保险、基金、消费金融、金融监管领域，从而形成了多种生态（见图 4-1）。金融科技重塑了传统金融业，产生系列新兴金融生态，包括零售银行、网络借贷与融资、云计算平台、数字货币、资产管理、互联网保险、监管科技等。目前，全球主要金融科技产品可分成支付结算类、存贷款与资本筹集类、投资管理类和市场设施类四大类。其中，支付结算类、存货款与资本筹集类是金融科技公司最集中的领域。网络银行发展提速，保险科技创新持续，多元化和差异化成为金融科技发展的驱动力。

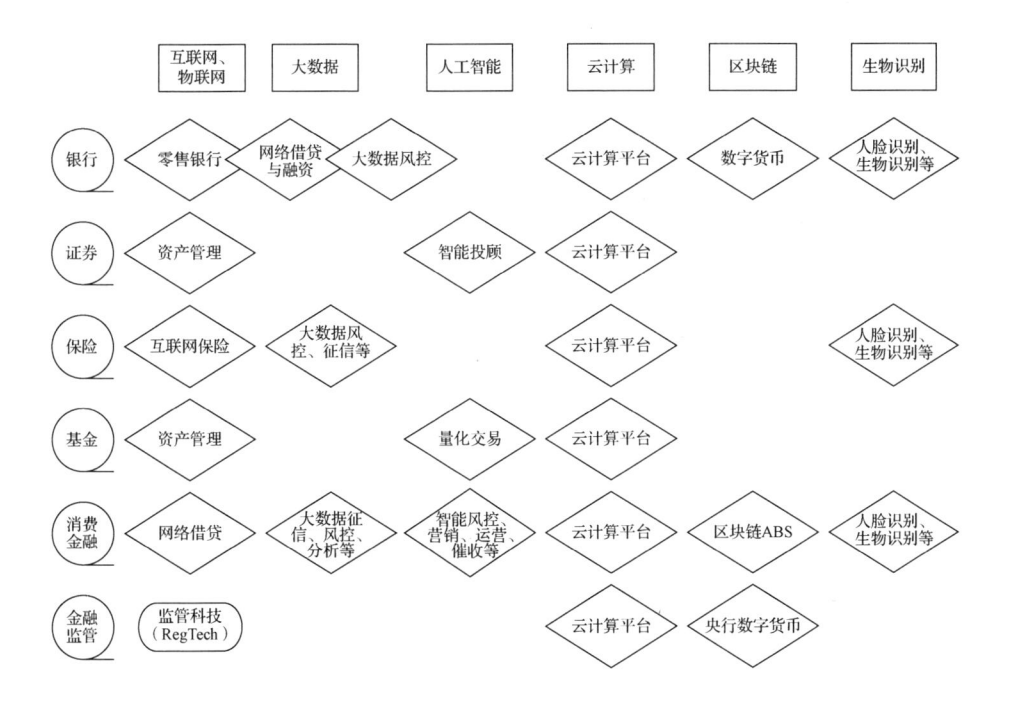

图 4-1　金融科技的多种生态

三、金融科技的重要价值

金融科技不仅可以促进行业转型，还对社会经济发展有重要意义和价值。金融科技的重要价值一方面是对金融行业本身的作用，另一方面是更好地发挥金融行业对整个社会经济的作用。具体有以下四个方面。

（一）金融科技成为推动金融转型升级的"新引擎"

金融科技的核心是利用现代科技成果优化或创新金融产品、经营模式和业务流程。借助机器学习、数据挖掘、智能合约等技术，金融科技能简化供需双方的交易环节，降低资金融通的边际成本，开辟触达客户的全新途径，推动金融机构在盈利模式、业务形态、资产负债、信贷关系、渠道拓展等方面持续优化，不断增强核心竞争力，为金融业转型升级持续赋能。金融科技可以大幅简化获客、征信等内部管理流程，用科技手段不断提高金融机构的运营管理效率。以上是从金融本身的角度，就金融科技如何促进金融业发展所做的概括。

(二) 金融科技成为金融服务实体经济的新途径

发展金融科技能够快速捕捉数字经济时代市场需求的变化，有效增加和完善金融产品供给，助力供给侧结构性改革。运用先进科技手段对企业经营运行数据进行建模分析，实时监测资金流、信息流和物流，为资源合理配置提供科学依据，引导资金从高污染、高能耗的产能过剩产业流向高科技、高附加值的新兴产业，推动实体经济健康可持续发展。例如，号称中国"新四大发明"之一的移动支付，其本身依赖新兴的科技手段，有了终端和网络才能体现移动支付的概念，以及包括网络贷款、互联网保险、众筹等，这些新的应用模式都依赖科技手段与金融的结合。在拓展用户的同时，通过线上服务渠道，降低金融服务成本。再如，中国建设银行2018年在上海成立了中国第一个无人银行。这个无人银行全部都是通过人工智能和大数据完成业务办理的，降低了人工成本。金融科技更好地强化了为实体经济服务的能力，从而为中小企业提供方便快捷的融资服务。网络借贷和大数据征信，用更广泛和深入的手段挖掘好的项目和企业，了解这些企业的资金需求，做好智能风控，利用供应链金融等信息科技手段为更多的中小企业提供多渠道融资服务。

(三) 金融科技成为促进普惠金融发展的新机遇

通过金融科技不断缩小数字鸿沟，解决普惠金融发展面临的成本较高、收益不足、效率和安全难以兼顾等问题，助力金融机构降低服务门槛和成本，将金融服务融入民生应用场景。运用金融科技手段实现滴灌式精准扶持，缓解中小企业融资难、融资贵和金融支农力度需要加大等问题，为打赢精准脱贫攻坚战、实施乡村振兴战略和区域协调发展战略提供金融支持。例如，现在银行的线下网点和去银行线下网点办业务的人都越来越少，人们通过手机银行就能办理很多业务，降低了金融服务的门槛，相对应的就是扩展了金融服务的用户群体，以前受地理环境等其他因素限制的偏远山区、少数居民地区，也能够更便捷地获取金融服务。金融科技提供了便捷的金融服务渠道，还可以帮助一些特殊群体，如农民群体，不仅助力解决"三农"融资难问题，促进农村经济发展，还实现了精准扶贫，缩小了贫富差距。这些都是金融科技服务于实体经济、服务"三农"和服务精准扶贫所能产生的效益。

另外，大数据分析等新技术应用是解决中小企业融资难、融资贵问题的一把金钥匙。通过线上、生物识别等便利化服务，同时通过引进海关数据、工商数据、税务数据等第三方数据建立模型，提升风控能力，使业务能覆盖到更多的中小企业，促进普惠金融加快发展。应用线上模式促进中小企业、初创企业融资，是突破物理网点局限、推动普惠金融发展的新途径。

（四）金融科技成为防范化解金融风险的新利器

运用大数据、人工智能等技术建立金融风控模型，可以有效甄别高风险交易、智能感知异常交易，实现风险早识别、早预警、早处置，提升金融风险技防能力。运用数字化监管协议、智能风控平台等监管科技手段，可以推动金融监管模式由事后监管向事前监管、事中监管转变，有效解决信息不对称问题，消除信息壁垒，缓解监管时滞，提高金融监管效率。

四、全球金融科技的发展格局

（一）全球金融科技区域发展

全球金融科技区域发展如表4-1所示，第一梯队分别是中国的长三角地区、美国的旧金山湾区（硅谷）、中国的京津冀地区、英国的大伦敦地区、中国的粤港澳大湾区及美国的纽约湾区。中国引领全球金融科技发展，在区域总排名的第一梯队中，中国占据三席，正努力实现金融科技发展的"换道超车"。

表4-1 全球金融科技区域发展

区域梯队	区域名称	GFHI 排名	GFHI 指数值	金融科技产业 排名	金融科技产业 指数值	金融科技体验 排名	金融科技体验 指数值	金融科技生态 排名	金融科技生态 指数值
第一梯队	长三角地区	1	81.2	2	84.7	1	79.5	2	77.2
	旧金山湾区（硅谷）	2	79.7	1	93.2	6	39.8	5	74.9
	京津冀地区	3	76.8	3	80.0	2	67.9	4	75.4
	大伦敦地区	4	73.9	4	76.1	5	50.8	1	78.3
	粤港澳大湾区	5	72.9	6	73.2	3	66.9	6	74.3
	纽约湾区	6	71.6	5	75.8	7	39.1	3	76.2
第二梯队	大悉尼地区	7	58.7	7	59.6	35.9		10	64.6
	新加坡	8	53.9	8	54.1	14	22.3	11	63.4
	大波士顿地区	9	52.7	12	44.7	11	34.0	8	68.4
	比荷卢地区	10	50.7	13	41.6	15	17.1	7	72.3
	东京湾区	11	50.6	9	52.5	16	16.5	12	58.6
	大孟买地区	12	50.4	10	49.0	4	50.9	14	52.0
	大圣保罗地区	13	45.4	11	48.4	8	38.8	16	43.6
	巴黎地区	14	43.2	14	35.1	12	29.1	13	57.7
	以色列	15	31.9	15	23.8	16	16.5	15	47.0
第三梯队	瑞士	16	29.9	16	0.0	12	29.1	9	67.8
	法兰克福地区	17	21.0	16	0.0	10	35.6	17	42.9

从金融科技产业来看,旧金山湾区(硅谷)位居第一,紧随其后的是长三角地区、京津冀地区、大伦敦地区、纽约湾区和粤港澳大湾区等,是全球金融科技区域发展的第一梯队。

(二)全球金融科技城市发展

全球金融科技城市发展如表 4-2 所示,第一梯队是北京、旧金山、上海、伦敦、纽约、杭州和深圳,分别位列全球 GFHI 第 1~7 名,传统金融中心与科技创新高地交相辉映,共同奏响了世界金融科技发展最强音。第二梯队是悉尼、新加坡、西雅图等 13 个城市,分别位列第 8~20 名。第三梯队是武汉、南京、成都等 10 个城市,分别位列第 21~30 名。

表 4-2 全球金融科技城市发展

区域梯队	城市名称	所在国家	GFHI 排名	GFHI 指数值	金融科技产业 排名	金融科技产业 指数值	金融科技体验 排名	金融科技体验 指数值	金融科技生态 排名	金融科技生态 指数值
第一梯队	北京	中国	1	82.6	2	86.7	4	82.7	1	77.3
	旧金山	美国	2	77.3	1	93.2	12	49.6	8	65.8
	上海	中国	3	76.8	5	80.0	5	81.2	4	71.4
	伦敦	英国	4	76.0	4	81.5	11	56.1	3	75.3
	纽约	美国	5	75.5	3	82.2	13	43.0	2	77.1
	杭州	中国	6	74.1	6	75.7	1	90.6	6	67.0
	深圳	中国	7	73.1	7	74.7	2	85.2	5	67.4
第二梯队	悉尼	澳大利亚	8	58.8	8	64.2	15	41.3	20	57.4
	新加坡	新加坡	9	57.0	9	58.5	26	22.3	7	65.9
	西雅图	美国	10	54.3	13	51.6	20	34.0	10	64.0
	东京	日本	11	53.3	10	56.1	28	16.5	13	61.1
	芝加哥	美国	12	52.9	11	55.1	23	29.7	19	57.4
	香港	中国	13	52.1	14	46.4	18	35.0	9	64.5
	广州	中国	14	49.4	20	29.9	3	84.6	11	63.0
	波士顿	美国	15	48.2	17	42.7	19	34.0	16	59.6
	首尔	韩国	16	47.7	16	43.3	22	30.5	17	58.6
	圣保罗	巴西	17	47.6	12	51.9	14	42.5	28	43.7
	巴黎	法国	18	46.2	18	37.2	24	28.9	12	62.7
	阿姆斯特丹	荷兰	19	43.9	15	44.5	25	27.5	25	48.2
	孟买	印度	20	43.5	19	32.0	10	58.0	23	53.4

续表

区域梯队	城市名称	所在国家	GFHI 排名	GFHI 指数值	金融科技产业 排名	金融科技产业 指数值	金融科技体验 排名	金融科技体验 指数值	金融科技生态 排名	金融科技生态 指数值
第三梯队	武汉	中国	21	33.5	21	0.0	6	80.6	14	61.1
	南京	中国	22	32.4	21	0.0	8	71.7	15	61.1
	成都	中国	23	31.2	21	0.0	7	73.3	18	57.5
	西安	中国	24	30.1	21	0.0	9	66.9	21	56.5
	苏黎世	瑞士	25	24.6	21	0.0	21	30.6	22	53.6
	莫斯科	俄罗斯	26	21.5	21	0.0	29	16.5	24	50.0
	法兰克福	德国	27	21.4	21	0.0	16	35.6	27	43.9
	布鲁塞尔	比利时	28	19.6	21	0.0	30	13.2	26	46.2
	开普敦	南非	29	19.2	21	0.0	16	35.6	29	38.3
	迪拜	阿联酋	30	17.2	21	0.0	26	22.3	30	37.3

从金融科技生态来看，北京、纽约、伦敦、上海、深圳、杭州、新加坡和旧金山拥有全球最好的金融科技生态，发达的经济金融环境、浓郁的创新氛围、有力的政府支持等为金融科技发展提供了沃土。截至2019年8月10日，已有46家创业公司加入了全球独角兽俱乐部，估值达到10亿美元甚至更高。其中，美国有22家独角兽企业，在数量上遥遥领先于美国以外的国家和地区，其次是美国，再次是中国。

（三）美国金融科技发展

2018年，美国金融科技公司筹集了124亿美元的资金，比2017年增加了43%，全美金融科技风险投资金额增长超过30%。根据Brex分析，由于监管、技术试错等方面的诸多因素，金融科技公司通常比其他初创企业需要多2~3倍的资金。在全球金融科技独角兽企业中，几乎有一半位于美国，由加利福尼亚州的金融科技行业资深人士建立，并背靠Visa和PayPal等大型企业。融资金额排在前五名的企业分别是Coinbase（80亿美元）、Robinhood（76亿美元）、SoFi（45亿美元）、Gusto（38亿美元）和Credit Karma（35亿美元）。这些企业的业务范围涵盖在线经纪、在线借贷和企业支付等领域。以下是美国"十大金融科技企业"。

1. Stripe

Stripe最初为线上小型卖家提供支付服务，如今它也服务于微软和亚马逊等科技巨头。在2018年，该公司推出三款备受瞩目的新产品，为信用卡发行技术、销售点软件和面向订阅企业的计费平台。

2. Coinbase

Coinbase，比特币公司，现在它推出了内容更加丰富的服务，提供加密货币托管及专业机构交易平台。2020 年，Coinbase 以 1 亿美元的价格收购了 Earn.com，用户可以通过 Earn.com 的电子邮件系统向专家支付比特币费用。

3. Robinhood

经纪人可以通过 Robinhood 提供股票、ETF、加密货币和期权的无佣金交易。Robinhood 也推出黄金会员订阅服务，每月 6 美元起，投资者能够通过该平台放大收益。2019 年下半年，Robinhood 推出现金管理服务进入票据和储蓄市场。

4. Ripple

长期以来 SWIFT 几乎连接了世界上所有的银行。Ripple 推出基于区块链的全球结算网络，意在取代 SWIFT。Ripple 创始人创建了加密货币 XRP（瑞波币），并使机构可以在 XRP 中进行跨境付款。

5. SoFi

SoFi 成立于 2011 年，起初专注于学生贷款再融资的在线服务，后来扩展到提供包括抵押、智能投顾和保险等在内的其他服务。

6. Credit Karma

Credit Karma 为超过 8500 万名会员提供信用评分、税收准备软件、帮助修复信用报告错误及以用户名开设的新账户的预警等一系列免费服务。当用户使用个性化的信用卡优惠获得授信时，Credit Karma 将获得推荐费。

7. Circle

2018 年，加密货币金融巨头 Circle 通过收购 Poloniex 进入交易所市场，现在提供加密货币交易、投资和支付服务。2018 年 10 月与 Coinbase 合作推出了 USDC（稳定币），这是一种使用以太坊区块链并由美元支持的加密资产。

8. Plaid

Plaid 将付款应用程序（如 Venmo）和个人财务网站（如 Betterment）连接到用户的银行账户上以转移和跟踪资金并完成身份快速验证。Plaid 现在已经与 10000 家银行合作。2019 年 1 月，Plaid 以约 2 亿美元的价格收购了汇总投资数据的 Quovo。

9. Avant

Avant 公司成立于 2012 年，向普通用户提供 2000～35000 美元的在线极速贷款，以应对意外医疗费用支出、度假等借款需求，该公司通过使用大数据和机器学习算法帮助个人简化信贷选择流程。

10. Gusto

Gusto 为中小型企业开发基于 web 的薪资解决方案。它通过在线平台为美国雇主和雇员提供薪资福利、人力资源整合服务。Gusto 还提供健康福利和工人补偿福利，包括医疗保险、通勤福利和工人补偿保险计划。它还允许承包商浏览其员工以前的工资单、核实个人详细信息等。

（四）英国金融科技发展

在世界金融创新和发展的历史中，伦敦的地位一直都不可忽视。第一次工业革命之后，英国成为一颗冉冉升起的新星，伦敦也当之无愧地成为全球金融中心。但经历了第一次世界大战之后，英国实力的逐渐下降给伦敦的地位带来冲击。20 世纪 30 年代是伦敦经济的低潮期，金融业在英国和欧洲的经济衰退和第二次世界大战的破坏中艰难挣扎。

20 世纪 50 年代，伦敦的金融业"起死回生"，最关键的决策是 1958 年英格兰银行的协议：允许英国银行吸收美元存款，以及发放美元贷款。20 世纪 70 年代到 80 年代，伦敦的金融行业持续发展，到 20 世纪 90 年代，欧盟不断加速的金融一体化进程使伦敦成为欧元的金融交易中心。

最近几年，伦敦在世界金融行业中的地位进一步上升。全球最具权威性的关于国际金融中心地位的指标——"全球金融中心指数"显示，伦敦连续数次蝉联全球前二十大金融中心排名的冠军。

2018 年上半年，英国金融科技投资总额超越美国，同时占据欧洲首位。欧洲吸引投资总额 260 亿美元，其中英国吸引投资 161 亿美元（123 亿英镑）。

欧洲十大金融科技交易中有四笔发生在英国，其中包括 Revolut 筹资 2.5 亿美元、eToro 筹资 1 亿美元、Flender 筹资 6000 万美元、Moneyfarm 筹资 5400 万美元。

截至目前，有 50% 的欧洲金融科技初创公司诞生在英国。英国还向欧洲、中东及非洲地区提供世界级的金融科技基础设施。

英国的金融科技产业中，网络借贷、支付、金融数据分析、区块链等子产业处于世界领先水平。其中，网络借贷和支付吸收了约 90% 的金融科技投资。

英国首家拿到银行牌照的手机银行服务商 Atom Bank 在 2015 年成立之后，

不仅快速成为英国金融行业的新星，还成为传统银行强有力的挑战者。Atom Bank 放弃了实体门店，采用纯线上的方式，为用户提供储蓄、抵押贷款等服务。

用户可以在 5 分钟之内实现端到端连接银行并开户，用户无须提交纸质材料，也不用前往实体网点。更重要的是，Atom Bank 借助各类数字技术，在完全无实体、无纸化的数字化操作中节省了大量成本，因此它能够提供收益更高的储蓄产品和利率更低的贷款产品。

例如，在 2018 年 6 月，Atom Bank 提供的一年期定期储蓄产品的利率高达 2.05%，而同期大型传统银行一年期定期储蓄产品的利率则只有 0.9%，部分传统银行的一年期定期储蓄产品的利率更是低至 0.5%。

在保险、移动支付等领域，英国也出现了众多类似 Atom Bank 的金融科技公司，如 Starling Bank、Revolut 等，这些创新公司还在研究将区块链应用于抵押贷款。它们给传统金融业造成冲击，但也促使更多传统金融机构在伦敦设立创新中心。例如，美国花旗银行选择在伦敦设立创新实验室，旨在加速物联网和区块链等颠覆性产品和技术的开发。

统计显示，英国集中了全球 251 家外资银行，拥有全球近四分之一的金融科技独角兽公司（估值在 10 亿美元以上的初创公司），这让英国成为全球金融科技的风向标。

第二节　我国金融科技发展迅猛

国际上，金融与科技融合发展趋势明显。一方面，在国际领先的投行纷纷加大科技投入，近年来对数字化转型和金融科技创新的投入已占税前利润的近 20%；与此同时，这些投行还纷纷投资科技创新企业。华尔街六大投行均投资了人工智能投研分析公司，如 Kensho、高盛、花旗等多家投行投资了 Digital Asset 和 Axoni 等区块链，仅 2017 年，高盛在金融科技领域就至少投资了 15 家企业，高盛 CEO 更是自称高盛是一家科技公司，其员工近 1/3 为科技人员。另一方面，大型科技公司（BigTech）利用其拥有的海量数据、客户资源和技术优势进入金融服务领域。苹果公司推出了电子支付、电子信用卡等金融服务；亚马逊公司从 2011 年到 2017 年共为多个国家的 2 万家小企业发放了 30 亿美元的贷款。

2019 年 8 月 22 日，中国人民银行印发了《金融科技（FinTech）发展规划（2019—2021 年）》，明确提出：要将金融科技打造成为金融高质量发展的"新引擎"，引导打造金融科技发展友好环境，助力金融行业实现降本增效。在此背景下，加快数字化转型，已经成为金融业转变发展方式、培育增长动能的必然选择。整体来看，金融科技在互联网巨头提前布局的情况下，金融与科技的融合在银行、保险和券商三个不同的子行业中迅速发展，并呈现出不同的特点，不仅能够看到科技企业对金融体系的颠覆式创新，还能够看到越来越多的传统金融企业开始积极拥抱科技，在被颠覆之前自我革新，甚至已经开始引领金融科技发展。

一、互联网巨头引领金融科技发展

对于零售客户而言，商业银行体系提供的两个核心职能为支付和储蓄。科技巨头正是从这两个核心职能突破，对中国传统商业银行发起挑战的。借助第三方支付行业的蓬勃发展和庞大的客户基础，中国的互联网巨头——阿里巴巴和腾讯分别通过基于电商平台和基于社交网络的流量变现，成为第三方支付市场的佼佼者。以第三方移动支付市场为例，支付宝和财付通合计占据了93.7%的市场份额，市场集中度甚至超过了中国传统商业银行业。

这些互联网巨头通过货币市场基金的形式，巧妙地为客户在余额宝、理财通等所谓电子钱包中的活期资金提供了更高的收益，因此客户快速将储蓄存款特别是活期存款从银行"搬家"到电子钱包，因而积累了大量的沉淀备付金，备付金利息占总收入的比重极大，商业模式并不稳定。

除电子钱包外，互联网巨头也积极争取银行牌照，其中分别由腾讯和蚂蚁金服发起设立的微众银行和网商银行是最具代表性的两家。从目前的情况看，两家背靠巨头的互联网银行都已经找到了自身发展路径，微众银行将面向个人客户的消费金融业务作为发展重点，而网商银行则将自身定位为一家主要为小微企业提供金融服务的银行。

互联网冲击传统商业银行体系的金融脱媒已经开始受到更加严格的监管。为避免互联网支付巨头对金融监管的冲击，2018年6月，央行发布114号文，要求自2018年7月9日起，按月逐步提升支付机构客户备付金集中缴存比例，到2019年1月，已经实现了备付金的100%集中缴存。以阿里巴巴和腾讯为例，巨额的备付金利息从2019年开始消失，未来互联网金融巨头需要寻找其他更加平衡的商业模式。

二、商业银行成为金融科技的主导力量

（一）科技创新已成为引领经济金融变革的主导力量

金融与科技的深度融合，使跨界合作、构建金融服务生态圈成为新趋势，

推动银行业态转型升级,为促进实体经济发展提供了强大动力。商业银行积极布局金融科技,加大创新技术的研发投入,使人才培养成为共识。在资源部署上,各家银行结合自身发展需求,从成立科技子公司、设立创新实验室、组建人才团队等方面,为数智化发展提供支持和保障。在研发投入上,各家银行对金融科技的投入不断增加。在国有大行中,中国建设银行的科技支出最高,2018年金融科技投入为134.8亿元,占营业收入的2.17%;在股份制银行中,招商银行的金融科技投入最多,2019年上半年信息科技投入为36.33亿元,同比增长63.87%,占营业收入的2.81%。截至2019年年底,全国银行业金融机构已设立科技支行或专营机构超过750家。

(二)大型商业银行积极布局金融科技

2019年以来,国有大行继续加快金融科技创新,数字化转型不断提速。从银行看,包括中国工商银行、中国银行、中国建设银行、招商银行、中国光大银行等在内的多家银行都成立了金融科技子公司,专门提供金融科技相关的研发与技术服务。平安集团对外赋能平台——金融壹账通顺利登陆美股,人保金服围绕房车构建金融科技服务生态。与单纯的科技或者互金公司相比,金融科技子公司具有重合规、品牌好、人才多和需求理解准确等几大优势,但也面临着治理程序复杂、场景缺乏、研发效率较低、迭代周期较长等劣势,特别是要从"躺着赚钱"的单一"甲方思维",变为靠产品和服务赚钱的"乙方思维",对习惯于体制内思维的金融科技子公司来说是一个巨大的挑战。同时,金融科技子公司在脱离集团后,如何实现商业的可持续发展,考验着各家子公司的智慧和能力。

1. 中国工商银行智慧银行生态系统 ECOS

2019年,中国工商银行成立金融科技公司及金融科技研究院,推出智慧银行生态系统 ECOS。E 是 Enterprise-level,代表"企业级",构建产品整合、信息共享、流程联动、渠道协同的新体系,给客户带来更好的"ONE ICBC"一致体验;C 是 Customer-centred,代表"以客户为中心",是"客户心中的银行";O 是 Open,代表"开放融合",适应金融生活化、场景化趋势,以自有融 e 行、融 e 联、融 e 购"三融"平台为基石,以 API 开放平台和金融生态云平台为跨界合作抓手,打造金融生态圈;S 是 Smart,代表"智慧智能",中国工商银行全面布局"ABCDI"(人工智能、区块链、云计算、大数据、物联网)这些前沿技术领域,研发一系列硬核科技平台,为客户服务、精准营销、风险控制、决策管理等提供"最强大脑"。

2. 中国建设银行的"TOP+"战略

"T"是科技驱动,聚焦于ABCDMIX。其中,A是人工智能,B是区块链,C是云计算,D是大数据,M是移动互联,I是物联网,X是5G、量子计算等前沿技术。

"O"是能力开放。中国建设银行将包括传统商业银行业务、租赁、保险、基金等集团业务的功能和数据能力以服务的方式,向全社会开放。

"P"代表平台生态。关于客户营销,中国建设银行主要的经营管理是建生态、建平台,再让平台连平台,共同构建用户生态。

"+"是培育鼓励创新和支持创新的文化,支持集团不断创新,实现面向未来的可持续发展。

3. 中国银行借金融科技打造数字银行

中国银行正通过数字化转型推进深层次、系统性的变革,用数字思维重塑业务和服务流程,将数字化基因注入百年中国银行的血脉,转化为场景、智能、开放、创新、敏捷的数字化银行。中国银行手机银行6.0以用户为中心,应用云计算、大数据和人工智能等金融科技,聚焦智能决策、智能营销、智能投顾、智能风控、智能运营、智能客服等领域,以数据为核心、以科技为引领、以创新为驱动,持续提升金融服务水平。作为一家"常为新"的百年老店,中国银行积极拥抱科技变革,以手机银行作为全行战略转型的重要工程,用10年时间将手机银行打造成服务主渠道,致力于为用户提供智能、便捷、安全的服务。

4. 中国农业银行实施"金融科技+"战略

中国农业银行编制印发《中国农业银行金融科技创新三年行动计划(2018—2020年)》并提出"打造一个平台",即打造一个全行统一的金融科技服务平台;"全面提升六项基础能力",即全面提升人工智能、移动互联、区块链、大数据、云计算、信息安全的金融科技关键技术应用能力;"逐步深化八大领域应用",即逐步深化智慧"三农"、智慧零售、智慧网金、智能资管、智能信贷、智能运营、智能案防、智能办公的业务领域应用。

(三)区块链成为商业银行布局重点

2019年10月24日,中共中央政治局就区块链技术发展现状和趋势进行第十八次集体学习。未来,加快推动区块链技术在金融业的应用和创新,也将成为银行数字化建设的重要方向。从实践上看,中国人民银行贸易金融区块链平台已上线试运行一年多,实现业务上链3万余笔,业务发生6100余笔,业务发生量约合760亿元;建行区块链贸易金融平台自2018年4月上线以来累计交易量已突破 3600 亿元；中国银行与中国人民银行数字货币研究所、清华大学目前正在开发供应链融资的区块链融资应用。此外，由中国银行、中信银行、中国民生银行、平安银行等银行共同搭建的跨行区块链福费廷交易平台（BCFT），已于 2019 年 10 月 25 日成功投产上线。

（四）零售银行业务是科技巨头进军的主战场

招商银行已经开始在金融科技的战场上直面科技企业的挑战。2017 年招商银行正式明确了"金融科技银行"的战略定位，招行旗下两大 App——招商银行和掌上生活已经合计拥有接近 8000 万人的月活跃用户。2018 年招商银行提出以月活跃用户数（MAU）作为零售业务发展的"北极星"指标，引领数字化转型。此外，招商银行从 2016 年开始在将基于人工智能技术的智能投顾产品——摩羯智投用于财富管理业务之中，2018 年全年该产品累计销售已经达到 122.33 亿元。

除招商银行外，国有大型商业银行也纷纷意识到科技对传统金融主业的推动作用，并开始积极布局。例如，中国工商银行和中国建设银行分别成立了科技子公司，目前已经推出了包括基于 5G 应用的新型智慧网点，建设银行利用知识图谱、图计算、行为序列分析等多种人工智能技术打造反欺诈预测分析平台，目前在实验室环境下欺诈识别的准确率已达到 91%。可以预见，未来中国商业银行在科技上的投入将越来越多。

（五）国有大型银行联手互联网巨头布局金融科技

2017 年开始，中国工商银行联手京东集团，布局征信、消费金融、供应链金融等领域；中国建设银行联手蚂蚁金服，布局信用卡、支付等领域；中国农业银行联手百度，共建金融大脑；中国银行联合腾讯，统一金融大数据平台。2015 年 1 月 4 日，深圳前海微众银行作为国内首家开业的互联网民营银行完成了第一笔放贷业务。该银行既无营业网点，又无营业柜台，更无须财产担保，而是通过人脸识别技术和大数据信用评级发放贷款。此外，中国平安也在 2019 年将"金融+科技"更加清晰地定义为核心主业；深圳前海微众银行与腾讯云在 2019 年 3 月宣布成立金融科技创新实验室，合作研发面向开放银行场景的金融科技应用。

三、传统保险行业龙头引领科技创新

近年来，人工智能、区块链、物联网、基因技术等多种呈现出指数级发展的技术，正合力改变全球保险行业。保险行业正在面临保险业态"重构"、保险价值链"重塑"、保险体验"重新定义"、保险经营基础"重整"的困境。这也正是科技革命对传统保险行业转型带来的巨大冲击。新冠肺炎疫情发生以后，各保险公司积极推行零接触的在线理赔服务，简化理赔流程，同时在开展业务时更多依托于线上营销并实现在线投保、核保。而这一切的背后其实是保险科技正在发挥其巨大的应用价值。正是由于过去几年保险科技的快速发展，许多保险公司已经形成了体系化的线上运营流程，从而为此次应对新冠肺炎疫情提供了必要的底层技术支持。相信新冠肺炎疫情过后，保险行业会更加重视保险科技的发展，行业转型升级的进程仍将进一步深化。

（一）保险科技解决行业痛点

过去几十年，中国的人口红利为保险行业提供了广阔的发展空间，保险公司大多通过粗放式的发展模式快速抢占市场实现规模扩张。随着近几年"跑马圈地"的发展模式走到尽头，中国保险行业开始从高速增长向高质量发展迈进，而在这一转型进程中，如何解决行业内长期存在的痛点是亟待解决的核心问题。例如，保险销售误导、用户理赔体验差等问题都直接损害了行业形象，从而制约了行业进一步发展。好在新兴技术的发展为保险行业带来了破局机遇，而这也是驱动保险科技发展的重要原因之一。

一直以来，保险行业的信息化水平落后于银行、证券等其他传统金融行业，而中国保险监督管理委员会在2016年印发的《中国保险业发展"十三五"规划纲要》中明确指出：要加强保险行业的基础建设，推动云计算、大数据在保险行业的创新应用。近几年来，中国保险企业开始加大保险科技投入，其中头部保险企业和互联网保险公司的布局更加迅速，以中国平安、中国人寿、中国太保、中国人保为代表的大型保险公司纷纷将"保险+科技"提到战略高度，并且积极出资设立保险科技子公司。2019年中国保险公司的科技投入达319亿元，预计2022年将增长到534亿元。

（二）金融科技创新使保险行业发生深刻变革

云计算、大数据、人工智能、区块链等关键技术的日益成熟为保险行业各环节价值链的重塑再造带来机遇。从实际的落地情况来看，保险科技在产品研发环节的应用程度相对较低，主要在大数据分析的基础上辅助精算师进行风险定价及定制化产品开发；在保险营销环节由于其痛点较多并且业务场景更有利于AI大数据等技术的落地，因此成为目前保险科技落地最多的环节；而在核保和理赔环节，保险科技的价值在于帮助保险公司提升风控能力和效率并改善用户体验，而这也是保险公司未来的核心竞争力。

1. 大数据改变传统保险的定价、营销、核保方式

过去保险公司对用户信息的掌控主要停留在一些基本信息和投保信息上，存在很大的局限性，而数据源的扩充是大数据技术得以发挥价值的基础，在海量数据的基础上，大数据能够进一步提炼出用户画像、用户需求及风险识别等信息。这些信息能够为保险公司在产品设计、渠道分销和核保理赔环节上提供帮助，从而通过产品的合理定价、精准营销、反欺诈实现保险公司降本增效的目标。

2. 2019 年保险公司人工智能投入达 42.9 亿元，未来仍将保持快速增长

作为新一轮科技革命及产业变革的核心驱动力，人工智能正逐渐体现出其巨大的商业价值。在保险行业，人工智能的应用将改变定价、分销、承保、理赔、投后服务等环节，从而达到提升业务效率、降低运营成本的目的。艾瑞预计，2022 年中国保险公司在人工智能上的投入将达到 94.8 亿元。当前行业内 AI 技术的主要投入方是头部保险公司，主要方式是自主研发，而由于人工智能研发需要大量科技人才储备及数据、基础设施的支撑，因此目前中小保险公司的人工智能应用进程相对落后，不过市场上科技公司的保险 AI 解决方案正不断成熟，未来中小保险公司能够通过采购 SaaS 服务或联合开发的方式获取保险 AI 的应用，保险公司与科技公司深度合作将成为趋势。

3. 区块链的本质是解决保险行业的互信问题

区块链是一种集合了分布式数据存储、点对点传输、共识机制、加密算法等计算机技术的新型应用模式。从技术特性上来看，区块链具有去中心化、数据防篡改、可追溯等特点。简单来说，区块链能够建立一套公开透明的可信体系，使链上的参与方以极低的成本达成互信共识，而这一点恰好有利于解决保险行业长期存在的信任问题，因此保险行业也是区块链的重点落地场景之一。不难理解，除了区块链本身的技术成熟度，保险公司参与度及公链数据量是影响区块链应用价值的关键。从目前保险公司的投入情况及行业现状来看，区块链技术在保险行业内仍处于探索和尝试阶段。大规模的应用可能还有待时日。不过随着 2019 年区块链技术被提上国家战略高度，保险监管层也在积极推进行业规则研究与制定，预计未来 5～10 年保险区块链将迎来重要发展时机。

（三）传统保险行业龙头开始引领科技创新

保险行业正在拥抱保险科技带来的机遇，创新将进一步促进传统保险公司的运营，提升效率。保险科技将作为重要的基础设施持续赋能，优化保险业务的流程，提升保险产品的性价比，强化多元化服务水平，促进保险行业转型及升级。在构建一个更高效、更兼容、更平稳的保险业生态体系的过程中，也应该充分认识到保险科技所带来的新挑战，如数据挖掘能力、信息安全水平及技术人才等。

传统保险行业龙头凭借其强大的资源优势，已经开始引领科技创新。早在2013年，中国平安保险（集团）股份有限公司（以下简称平安集团）就提出"科技引领金融"战略，2018年，平安集团正式将Logo中的"保险、银行、投资"更改为"金融、科技"。可以说，将科技提升到和传统金融主业一样的高度，平安集团是中国传统保险企业中的第一家。凭借普通初创类科技公司所无可比拟的资金、人才、数据优势，平安集团在科技领域的投入已经产生了一定的积极效应。截至2019年年中，平安集团已经拥有了包括人工智能、区块链、云计算等在内的八大研究院和超过50个实验室，目前拥有研发人员3.2万名，科学家2200名。平安集团在过去十年中的科研投入累计超过1000亿元，未来还将投入2000亿元打造集群化、矩阵化、原创化的科研体系。科技对平安集团这样一个传统保险巨头来说意味着什么？平安集团的科技板块已经能够为集团独立贡献盈利。虽然科技行业通常是一个重资本消耗的行业，但得益于长期的持续投入，平安集团旗下的科技板块中已经有多家子公司开始贡献盈利，如陆金所控股和汽车之家。2019年上半年，平安集团的科技板块产生了28.02亿元的营运利润，对集团的贡献占比达到3.8%。而预计未来，随着流量和数据积累的逐步完成，会有更多的子公司开始贡献利润。但更加重要的是，平安集团通过将科技成果应用于传统金融主业，已经大幅提高了包括寿险、财产险、银行等在内的其他分部的运营效率和盈利能力。

四、传统券商与互联网券商共同发展

当前，全球正经历科技与产业高度融合、深度叠加的新变革。随着云计算、大数据、人工智能等技术的发展和成熟，证券业也大步迈入"金融科技"新时代。国内证券业对金融科技的重视程度和投入程度也在不断提高。与此同时，证券业发展金融科技的政策环境也在不断完善。2018年12月19日，由中国证券监督管理委员会发布的《证券基金经营机构信息技术管理办法》，就是为引导证券经营机构充分利用现代信息技术手段完善客户服务体系，改进业务运营模式，提高内部管理水平，增强合规风控能力，更好地保护投资者权益和服务实体经济而制定的。这体现了监管对实施金融科技战略的高度重视，为证券经营机构大力发展金融科技创造了有利的外部条件。

（一）本土互联网龙头券商已实现市场份额快速扩张

中国较具代表性的本土互联网龙头券商是东方财富证券。公司成立之初主要业务是于 2004 年上线的东方财富网，后逐步发展成为中国境内排名第一的垂直财经门户网站；此后于 2006 年前后推出东方财富通终端，包括 PC 终端、手机移动终端等；2006 年前后推出为投资者提供讨论的股吧社区，迅速积累了大量的人气；2007 年天天基金网上线，逐步发展成为中国排名靠前的基金理财网站。公司旗下两大旗舰 App——东方财富和天天基金月度活跃用户累计超过 1300 万人。公司从 2012 年开始进军金融领域。天天基金网获得了基金代销牌照，公司凭借巨大的流量优势迅速抢占了第三方基金销售市场。2015 年公司通过收购一家小型券商，成为国内第一家拥有境内证券业务牌照的互联网公司。得益于背后庞大的客户和流量基础，以及相较于传统证券公司更低的佣金费率，东方财富证券公司的市场份额快速提升，从不到 0.5%迅速提升到 2%～3%，已经跻身国内证券公司前二十名。

（二）部分互联网券商瞄准独特利基市场

富途证券和老虎证券作为互联网券商中著名的两家券商，表现出"小而美"的特点，已经在 2019 年 3 月成功进入美国纳斯达克市场。其面向的客户群主要是希望能够在线投资港股和美股市场的中国境内投资者。根据 Oliver Wyman 的数据，中国境内投资者投资港股和美股的需求将在 2023 年分别催生 9210 亿美元和 4300 亿美元的潜在市场。除此之外，这两家互联网券商还通过更好的服务和更低的交易成本吸引客户。例如，老虎证券提出自身的主要优势包括四点：20 小时的中文客服、足不出户的极速开户、相较于传统券商更低的佣金、免费的行情数据。

（三）龙头券商积极拥抱互联网并进行自我革新

龙头券商积极拥抱互联网、自我革新，已经初步见到成效。除了以上所提及的天然具备互联网基因的在线经纪商，中国的传统龙头券商也在积极拥抱互联网，华泰证券就是一个典型案例。华泰证券是国内最早推出移动交易终端的券商之一，于 2009 年开发推出了"涨乐"移动客户端，此后推出了综合金融服务终端——"涨乐财富通"，月度活跃用户超过 300 万人，位列传统券商旗下 App 第一名。

第三节 央行金融科技发展三年规划

金融科技是技术驱动的金融创新。金融业要充分发挥金融科技赋能作用，推动我国金融业高质量发展。2019年8月22日，中国人民银行印发《金融科技（FinTech）发展规划（2019—2021年）》（以下简称《规划》），提出到2021年建立健全我国金融科技发展的"四梁八柱"，进一步增强金融业科技应用能力，实现金融与科技深度融合、协调发展，明显增强人民群众对数字化、网络化、智能化金融产品和服务的满意度。《规划》明确了未来三年金融科技工作的指导思想、基本原则、发展目标、重点任务和保障措施。《规划》提出，到2021年，推动我国金融科技发展居于国际领先水平，实现金融科技应用先进可控、金融服务能力稳步增强、金融风控水平明显提高、金融监管效能持续提升、金融科技支撑不断完善、金融科技产业繁荣发展。

《规划》明确，合理运用金融科技手段丰富服务渠道、完善产品供给、降低服务成本、优化融资服务，提升金融服务质量与效率，使金融科技创新成果更好地惠及百姓民生，推动实体经济健康可持续发展。强化金融科技合理应用，全面提升金融科技应用水平，将金融科技打造成为金融高质量发展的"新引擎"。

《规划》强调，运用金融科技提升跨市场、跨业态、跨区域金融风险的识别、预警和处置能力，加强网络安全风险管控和金融信息保护，做好新技术应用风险防范，坚决守住不发生系统性金融风险的底线。

中国人民银行将强化金融科技监管，加快推进监管基本规则拟订、监测分析和评估工作；夯实金融科技基础支撑，从技术攻关、法规建设、信用服务、标准规范、消费者保护等方面支撑金融科技健康有序发展。

第五章
区块链助力金融服务实体经济

第一节 金融服务实体经济的现状与问题

一、实体经济

实体经济，是一个国家生产的商品价值总量，是人通过思想、使用工具在地球上创造的经济。它包括物质的、精神的产品和服务的生产、流通等经济活动，包括农业、工业、交通通信业、商务服务业、建筑业等物质产品的生产和服务部门，也包括教育、文化、知识、信息、艺术、体育等精神产品的生产和服务部门。实体经济始终是人类社会赖以生存和发展的基础。

二、为实体经济服务是金融的天职

2017年7月14日至15日，第五次全国金融工作会议在北京召开。此次会议围绕服务实体经济、防控金融风险、深化金融改革"三位一体"的金融工作主题做出了重大部署。会议肯定了金融行业在实体经济发展中所起到的辅助作用，突出防范化解金融风险的重要性和紧迫性，同时着重阐述未来的监管架构和方向，设立国务院金融稳定发展委员会协调监管，切实做好防控金融风险，促进实体经济健康发展，实现金融稳定。

实体经济是金融的根基，为实体经济服务是金融立业之本，这一精神在此次会议中得到了充分体现。金融必须服务实体经济，如果脱离实体经济，金融就成了无源之水、无本之木。"花里胡哨"的金融产品会导致资金在银行体系内空转，尽管短时间内可以创造利益，但是从长远看，是没有任何前途的。

更好地服务实体经济，需要金融业转变方式、优化结构。会议提到，要坚持质量优先，引导金融业发展同经济社会发展相协调，促进融资便利化、降低实体经济成本、提高资源配置效率、确保风险可控。此次会议还提到,要改善间接融资结构,推动国有大银行战略转型,发展中小银行和民营金融机构,还要促进保险业发挥长期稳健风险管理和保障的功能。保险业回归保障主业,体现"保险业姓保"的核心理念,有助于支持实体经济的发展,有助于降低经营风险。保险业做好保障业务,也有助于资产业务的开展。

更好地服务实体经济,还需要金融业深化改革。要优化金融机构体系,完善国有金融资本管理,完善外汇市场体制机制。要完善现代金融企业制度,完善公司法人治理结构,优化股权结构,建立有效的激励约束机制,强化风险内控机制建设,加强外部市场约束。

三、金融服务实体经济规模稳中有升

经济可持续发展离不开高效的金融支持,只有通过金融供给改革才能实现金融业成功转型,满足经济高质量发展的需要。在此背景下,我国银行业坚持深化金融供给侧结构性改革,以高质量发展为导向,以服务实体经济为目标,结合宏观形势适时调整经营策略,借助金融科技力量推动业务转型升级。截至2019年年末,我国金融业机构总资产为318.69万亿元,同比增长8.6%。其中,银行业机构总资产为290万亿元,同比增长8.1%;证券业机构总资产为8.12万亿元,同比增长16.6%;保险业机构总资产为20.56万亿元,同比增长12.2%。金融业机构总负债为289.43万亿元,同比增长8.1%。

总体上看,我国银行业实现了可持续发展,经营效益呈现稳中有升的良好态势,存贷款、资产负债规模保持平稳增长,服务实体经济的能力增强,信贷结构持续优化,支持民营小微企业的力度加大,同时资产质量保持稳健,资本管理进程提速,为未来深化改革转型、服务实体经济打下了坚实基础。

随着金融供给侧结构性改革的推进,银行业服务实体经济的力度进一步增强。新增贷款重点投向基础设施、先进制造业等领域,高端装备制造、信息技术服务、科技服务业的银行贷款同比增速明显高于全部贷款的增速,为"六稳"和经济高质量发展提供了有力的金融支持。同时,普惠型小微企业贷款余额和贷款户数实现两增,综合融资成本降幅超过1%。

截至2020年3月末,本外币贷款余额为165.97万亿元,同比增长12.3%。月末人民币贷款余额为160.21万亿元,同比增长12.7%,增速比上月末高0.6%,比上年同期低1%。2020年一季度人民币贷款增加7.1万亿元,同比多增1.29万亿元。分部门看,住户部门贷款增加1.21万亿元,其中短期贷款减少509亿元,中长期贷款增加1.26万亿元;企(事)业单位贷款增加6.04万亿元,其中短期贷款增加 2.3 万亿元，中长期贷款增加 3.04 万亿元，票据融资增加 6305 亿元；非银行业金融机构贷款减少 1729 亿元。2020 年 3 月当月人民币贷款增加 2.85 万亿元，同比多增 1.16 万亿元。通过一系列的改革举措，金融业支持实体经济、支持居民消费的力度越来越大。

四、金融服务实体经济的主要问题

（一）结构失衡问题

当前，金融服务实体经济的供给结构存在严重失衡现象，具体表现如下：一是金融供给的区域性差异非常明显，在我国的东、中、西部地区，无论是供给数量、供给规模，还是供给资金的类别，都存在巨大的区域性差异；二是与大型国有企业相比，中小企业在发展中普遍面临融资难、融资贵的问题，急需资金的中小企业却得不到应有的支持；三是金融与实体经济互动机制不健全、传导路径不畅通，金融业并未有效支撑实体经济发展，直接融资的资本市场功能发挥不充分。金融体系结构失衡是潜在的风险因素，造成资源配置效率不高，并制约金融体系的功能发挥，因此非常不利于实体经济与金融机构所形成的长期、稳定的融资渠道合作关系。

（二）产品创新不足

金融机构在服务小微企业、农民、贫困人群等普惠金融重点服务对象时，往往面临服务对象分散、资信水平不高、信息规范化标准化不足、缺乏有效抵质押物等问题。针对小微企业主、农民、贫困人群等普惠金融重点领域"短、小、频、急"的金融需求，金融机构不断改进服务方式，打造专属产品服务体系。

但在注重金融产品和服务的全面性、多样性方面与实际需求还有较大差距，要能提供综合化的金融服务，这不仅要包括基本的信贷业务，还要包括客户其他方面的金融需求。当前，随着经济社会发展和生活水平的提高，金融体系还未能提供全面、有效的产品和服务。一方面，小微企业主们对金融服务的需求在日益增长，有保险、租赁、理财等各种需求，而目前的金融产品和服务综合化、多元化趋势不明显；另一方面，农村地区随着家庭农场、专业大户、现代涉农企业等新型农业经营主体的大量涌现，其金融需求也随之变化。传统的存、贷、汇业务和柜面服务方式，已经不能适应快速发展的市场的多元需要，农村相关金融产品创新不足，亟待优化服务流程，创新支付方式，不断提高服务便捷度。

（三）科技赋能不足

用科技力量推进金融发展，实际上也是在支持实体经济。只有老百姓财富能够持续稳定地保值增值，整个社会的消费动力和信心才会更强，才能促进企业扩大生产、扩大规模，实体经济的活力也将更加旺盛。金融科技叠加更多的信息技术，在使实体产业既有的知识和规律结合之后，完全可以推动实体经济的数字化和智能化，可以帮助实体产业提升增长动力。这种增长动力，能够提升全要素生产率，持续地推动创新，推动供给侧结构性改革。

数字科技是一种新的科技手段，包括时空大数据、深度强化学习、3D机器视觉、自然语音处理、生物芯片、传感技术、边缘计算、控制算法、区块链等一系列前沿科技。它是多种技术的融合体，既可以生产数据，又可以使用数据。另外，数字科技是一种新的思维方式，也是激发经济活力的根本。每次科技革命，本质上都是一次效率革命，是对之前效率边界的打开。而数字科技包含新的生产要素和新的技术手段，所以是效率边界的又一次打开，但这一次效率边界的打开是建立在产业既有知识储备的基础之上的，是建立在尊重产业规律之上的。因此，数字科技与实体经济的连接更加紧密，通过数字科技能够实现线上线下一体化、生产销售一体化、人类智慧和机器学习一体化。由此有效地驱动实体经济全面进入数字世界，其中产生的飞轮效应也将驱动经济保持长久增长。

（四）普惠金融较弱

金融服务实体经济面临的一大挑战是，金融服务的供需双方存在严重的信息不对称现象。中小微企业融资问题是一项综合性的技术问题，仅凭传统的金融服务模式和服务能力难以完全解决。金融创新就是要从金融服务的供给侧出发，转变金融服务的理念和机制，进行金融服务的效率变革和质量提升。将移动互联网、大数据分析、人工智能、区块链等新一代信息技术与传统金融服务的需求相结合，既可以改善信息不对称现象，降低中小微企业的风险溢价，又可以简化服务流程，扩大服务范围。

具体而言有以下几个方面。第一，在不侵犯隐私的前提下，金融机构能够自动收集和整合大量分散的多元化的场景信息。这样做可以降低信息的不对称性。有现实的例子，如税务信息、司法信息等。利用高科技的技术，尽量更有效地搜集征信信息。第二，金融科技的应用还可以简化金融交易中审批等环节，形成智能化、自动化的审批流程。第三，金融服务的创新还可以带来金融产品的创新。金融服务与大数据、云计算、物联网等信息技术的结合，使金融服务能够发挥长尾效应，覆盖到过去不易开展的普惠金融领域，打通中小微企业融资"最后一公里"。

（五）直接融资占比过低

2018年社会融资存量里直接融资占比还不到15%，其中股票融资占比只有3.5%。金融供给侧结构性改革的重点内容是要提高直接融资比重，建设开放、透明、有活力、有韧性的资本市场。要加快多层次资本市场建设，特别是主动适应创新、创造、创意发展的大趋势，提升资本市场对科技创新企业的服务能力。资本市场服务科技创新型企业的一个难点是科技创新企业有别于传统的商业模式和盈利路径，还有经营风险。可能无法满足传统资本市场的上市条件，但是上市融资又恰恰是风险投资最重要的退出渠道。这样不仅长期占用风险资金，降低风险资本投资新项目、孵化新项目的能力，还会打击风险资本参与科技创新投资的积极性。因此，资本市场要想提升对科技创新的服务能力，就需要进行制度创新。在保护投资者权益的同时，满足科技创新型企业的独特融资需求。

科创板是上交所主导的一个板块，在中国资本市场上具有里程碑的意义。但注册制却是中国资本市场革命性的制度改革。不过，注册制不代表什么企业都可以上科创板，准入标准的设定反而显得更加重要。当前，中国经济在全球竞争中已经进入了关键环节，如何突破瓶颈，建立优势，是金融创新需要解决的一个问题。科创板的成功在于引进真正的投资人。以美国的资本市场为例，美国资本市场的成功很大程度上在于有一批"长线投资人"，他们具备长期的价值判断能力，也具有长期的持有意向。

第二节　区块链+供应链金融促进实体经济发展

一、供应链

供应链是以客户需求为导向，以提高质量和效率为目标，以整合资源为手段，实现产品设计、采购、生产、销售、服务等全过程高效协同的组织形态。在供应链中，假定核心企业为D企业，其上游一级供应商为C企业，二级供应商为B企业，三级供应商为A企业。同时，D企业还有下游各级销售商，如E企业是一级销售商，F企业是二级销售商，G企业是三级销售商，H是最终消费者。A企业是B企业的原材料供应商，C企业是B企业的产品销售商。D企业是整个供应链最有话语权的企业,如央企、国企、上市公司等。E 企业是核心企业的下游销售商,但同时 D 企业也是 E 企业的供应商,F 企业和 G 企业一样,最后到最终消费者。如果 D 企业忽略了供应链中各要素的相互依存关系,而过分注重自身的内部发展,生产产品的能力不断提高,但如果 A 企业、B 企业、C 企业不能及时向 D 企业提供生产原材料,或者 E 企业、F 企业、G 企业的销售能力跟不上 D 企业产品生产能力的发展,那么我们可以得出这样的结论:D 企业生产力的发展不适应这条供应链的整体效率,最终消费者也不能得到符合自身需求的产品。

在当今全球一体化的经济形势下,加快转变企业发展方式,实现企业长远发展,是世界各国面临的重大课题。供应链管理对促进国家产业转型与升级、提高在全球经济格局中的地位,以及提升国家和企业的全球竞争力,都具有非常积极重要的现实意义。

2017 年 10 月,国务院办公厅印发《关于积极推进供应链创新与应用的指导意见》(以下简称《意见》),这是国务院首次就供应链创新发展出台指导性文件,立意高远,着眼于推动国家经济社会发展,有利于全面提升我国供应链发展水平,并为供应链的发展指明了方向。《意见》指出以提高发展质量和效益为中心,以供应链与互联网、物联网深度融合为路径,以信息化、标准化、信用体系建设和人才培养为支撑,创新发展供应链新理念、新技术、新模式,高效整合各类资源和要素,提升产业集成和协同水平,打造大数据支撑、网络化共享、智能化协作的智慧供应链体系,推进供给侧结构性改革,提升我国经济在全球的竞争力。

二、现有供应链存在的主要问题

(一)信息不透明影响系统整体效率

供应链的上下游主体处于一种复杂的博弈关系之中。由于时空、技术等因素导致信息不对称现象越来越明显,一方面使交易的其中一方可建立交易壁垒从而获利,另一方面也使系统的整体成本增加,导致交易的各方均无法获得最大收益。当前供应链上下游跨度大,所涉企业众多,核心企业对整个供应链的管理能力和影响范围有限,管理效率大幅下降且管理成本上升。产品生产周期和供应周期出现复杂化、零碎化及地理的分散化等现象,传统的技术和概念已不能再适应如今的商品生产和供应。一般企业最多可以管理一到两级的供应商。随着全球分工的不断细化,供应商的数量成倍增长、遍布全球。核心企业不能对上下游的供应企业流通货物做到实时掌控。在大数据时代,信息不对称现象会使各企业处于不利地位,甚至会降低整个供应链生态系统的价值。

(二)交易双方信任成本较高

供应链所涉企业的信息系统分散在不同的供应商手里,采购、生产、流转、销售、物流等信息完全割裂。没有一个信息平台来存储、处理、共享和分析这些信息,限制了对丰富的数据和信息潜在价值的利用,大量信息处于无法收集或无法访问的状态,同时也导致对这些信息的审核变得既困难又烦琐,信息交互不畅,需要人工重复对账,这样也增加了交易支付和账期的审计成本。由于供应链中各企业缺少透明度,所以买家和卖家之间缺少一种有效可靠的方法去验证所买卖产品的真正价值,这也就意味着买方支付的价格不能真实地反映产品的价值,无形之中增加了供应链的整体成本。目前,供应链仍无法追踪供应链各环节中的假冒伪劣产品、违法雇工、洗钱等的源头。同样由于信息不对称,采购方与供应商进行交易的各个环节,均需采取某些手段对产品进行甄别、挑选、验证等,而供应商亦需提供证明以便取得采购方信任。这一过程是可有效保证可靠性的,但同时对交易的双方产生损耗,增加了双方的交易成本。

(三)交易纠纷难以处理

目前的供应链可覆盖数百个阶段,跨越数十个地理区域,涉及的主体横跨各个行业。当供应链主体之间产生纠纷时,由于交易的复杂程度高,存在着举证极为困难、责任分配难以明确的问题。

(四)非法行为追踪困难

与上述交易纠纷遇到的问题类似,当供应链的产品被发现有问题时,由于供应链结构高度复杂,追踪产品流程、精准地确定出现问题的环节是一项极为耗时费力的工作。

三、区块链+供应链更好地服务实体经济

(一)促进数据共享,提升行业效率

在供应链管理中使用区块链技术,可使信息在上下游企业之间公开。由此,需求变动等信息可实时反映给区块链上的各个主体,各企业可以及时了解物流的最新进展,以采取相应的措施,增加了多方协作的可能。区块链技术具备一种降低成本的强大能力,能简化流程,降低交易成本及制度性成本。这种能力

应用于供应链领域中，可以有效地改善当前供应链领域存在的很多"痛点"问题的状况，赋能供应链转型升级与发展。通过区块链技术，利用其去中心化、不可篡改撤销的技术特性构建基于区块链技术的协同管理平台，实现企业采购与销售管理过程的独立、公开、透明。基于平台，可为平台使用方提供相应的项目执行情况等信用记录，帮助企业了解合作伙伴或者筛选合作伙伴提供参考依据。通过区块链技术，将企业采购与销售信息在链上汇聚，通过大数据对采购与销售信息的分析应用，实现企业采购、库存、生产、销售等管理过程的无缝连接，减少停工待料及库存积压，提高企业的生产管理效率，同时为政府制定宏观政策提供数据支撑。区块链可以搭建一个包含供应商、制造商、分销商等所有供应链环节的平台。在这个平台上所有企业结成联盟，将物流、信息流、资金流都记录在链上，实时跟踪监管供应链所有动态，并实现协同化工作。这样，就可使整个供应链实现透明化、可视化。每笔交易有多个参与者，无须第三方中介机构，便能够查看相同的交易记录，验证身份并确认交易。所有参与者共享交易的整个生命周期的账本信息。这是基于信息的状态而不是信息的传递通信。过去模糊的信息现在都清晰可见。同时，区块链是分类账公开发行的，分类账具有分布式的结构特点，上下游任何一方都不拥有分类账的所有权，也不能按自己的意愿来随意操控数据。区块链可以对商品生产的全过程进行溯源，并且会加快产品溯源和产品召回的速度，降低产品的质量风险。

（二）区块链能够改变信息孤岛现象

区块链基于对供应链的大数据分析，提供更多的信息来源、提供高质量的数据信息、有效降低数据泄露风险，确保供应链上的大数据安全性、有效性、信用性，有效地打通供应链上的原材料采购、生产、物流、销售、监管等信息割裂的情况。区块链的不可篡改和透明化降低了监管难度：无论是对假冒商品、不合格商品的监督，还是对供应链上产生纠纷后的举证和责任认定，区块链的高透明化都使相关部门的介入要简单很多，问题易于解决。区块链助推供应链上的数据更加透明，供应链上的企业可以准确地使用端到端的透明数据，区块链技术可以对供应链上企业的交易进行数字化的处理，并且可以建立一个分散式的不可更改的所有交易记录，实现数据的实时共享，有效地降低数据信息获取的时间成本。整个采购与销售环节信息通过联盟节点写入区块链中，保证信息无法被篡改，为分析这些信息提供数据保障。与上下游企业通过智能合约链上进行交互，实现采购、生产、销售过程，提高效率，保证投标公开透明、公平、公正。通过物联网技术管控原料和货物生产过程、运输过程及仓储过程，对原料和货物进行追溯赋码管理，原料质量信息反馈供应商评估系统，货物库存分销信息反馈分销商审核系统，并由联盟节点写入区块链，保证原料质量，完善渠道管理，建立供应商信用体系及分销渠道管理体系。总之，区块链能够在一定程度上改变"信息孤岛"现象。

（三）区块链溯源杜绝假冒伪劣产品

产品的质量问题一直是公众关心的热点话题。在未来，能借助透明化供应链、追踪假冒伪劣产品来源的企业，其产品必定受到公众的广泛认可。传统采购和销售中，因采购双方信息不对称，导致双方不能准确获得对方真实信用信息和交易记录；因销售参与者众多，造成交易效率低、成本高、不安全。同时，在企业采购和销售的过程中，如何有效建立公开、透明、高效的上下游管理体系，是目前企业最关注的问题。一方面，区块链技术采用一个共享的、可复制的、通过验证的分布式账本来记录交易信息，并将信任信息嵌入每笔交易和每个共享数据来源中，从而大大提高了交易和信息共享的安全性和效率。另一方面，由于分布式账本记录了共享的交易溯源信息并且溯源信息是不可改变的，这使交互更加透明、更容易追溯、更可靠。

（四）物联网技术是供应链发展的关键

目前，将实体产品连接网络的技术有射频识别、二维条码和近场通信等。在区块链上，为了确保信息的顺畅流通，供应链上物流每个阶段的操作步骤都必须进行数字标签，需要在操作当下进行安装。如何添加数字标签以达到追踪实体产品的目的，仍然需要技术解决思路。制造业供应链已经表现出明显的数字化、智能化：基于互联网、物联网、自动化等技术实现的制造业供应链数字化，将支持供应链核心企业真正意义实现以消费者需求为驱动的供应链设计与精准的产品/服务提供；智能化技术及工具将被应用到制造业供应链的各环节，以作业层面的自动化，运营管理层面的协同与管控，支持供应链可视、自优化、精准预测。

四、区块链+供应链金融

（一）供应链金融

供应链金融是一种集物流运作、商业运作和金融管理于一身的管理行为和过程，通过整合供应链上的资金流、信息流、物流、商流，联合供应链中的各类主体及外部服务企业，共同实现快速响应链上企业的资金需求，最终实现共同的价值创造。

目前，我国应收账款规模已超过 15 万亿元。在国外已十分成熟的应收账款转让融资服务，在国内还有较大的发展潜力，尤其通过供应链整体数据来筛选企业优质动产，基于大型核心企业供应链的应收账款，将单个企业的不可控风险转变为供应链企业整体的可控风险，可将风险控制在最低水平。作为核心企业，可能其本身并不存在融资困难的问题，但其上下游有大量的供应商，其中大多数为中小企业，长期面临融资难、融资成本高、贷款期限不灵活等问题。而供应商有很多应收账款结算，核心企业资金使用具有周期性，如果供应商希望能够更早使用这笔资金，过去只能选择等待，或通过票据贴现。有急需资金的企业只能寻求小额贷款公司融资。供应链金融的本质是信用融资，在产业链条中发现信用。在传统方式下，金融机构通过第三方物流、仓储企业提供的数据印证核心企业的信用、监管融资群体的存货、应收账款信息。在云时代，大型互联网公司凭借其手中的大数据成为供应链融资新贵，蚂蚁金融、京东、苏宁等都是典型代表。

（二）供应链金融产生的背景

在供应链中，竞争力较强、规模较大的核心企业在协调供应链信息流、物流和资金流方面具有不可替代的作用，而正是这一作用造成了供应链成员企业事实上的不平等。供应链中的弱势成员企业通常会面临如下问题：既要向核心企业供货，又要承受应收账款的推迟；或者在销售开始之前便以铺货、保证金等形式向核心企业提前支付资金。许多供应链上下游企业认为资金压力是它们在供应链合作中碰到的最大压力。供应链上下游企业分担了核心企业的资金风险，却并没有得到核心企业的信用支持。尽管银行等金融机构想给这些企业进行授信，却常常因为这些企业规模小、抵押物不足、生产经营难于掌握及抵御经济波动能力差等诸多因素，认为风险很大而拒绝放贷。仅从供应链角度来看，核心企业不愿承担资金风险，而上下游企业缺乏融资能力是供应链资金流"梗阻"的内在动因。但如果核心企业能够将自身的资信能力注入其上下游企业，银行等金融机构将能够有效监管核心企业及其上下游企业的业务往来，那么银行等金融机构作为供应链外部的第三方机构就能够将供应链资金流"盘活"，同时也能获得金融业务的扩展。而这就是供应链金融产生的背景。

（三）供应链金融与传统金融的比较

供应链金融与传统金融都以满足融资需求为目标，但供应链金融更为灵活，能够为企业提供个性化解决方案。供应链金融为中小企业摆脱融资难的艰难处境，将会极大地促进核心企业专注于核心竞争力的培养，促进产品由低端向高端转化，提升中小企业的市场竞争力。

1. 服务对象的不同

传统金融所针对的服务对象主要是大型企业、核心企业或极具潜力的企业，中小企业获得融资几乎"难于上青天"，即在传统金融模式中最大的受益对象是大型企业。供应链金融的服务对象不仅是供应链中的核心企业，更多的是服务上下游的中小企业。因此，要妥善解决中小企业融资难、融资贵的问题。

2. 抵押标的不同

在传统金融模式中，企业大多需要以固定资产（或不动产）为抵押，进行贷款。供应链金融在供应链内部封闭授信，将购销过程中产生的动产与货权抵押给银行进行贷款，其中就包括应收账款、预付账款及库存等。而且供应链金融的融资严格限制在中小企业和核心企业之间的贸易范围内。

3. 授信条件的不同

在传统金融中，企业一般要抵押不动产，所以金融机构很少担心还款来源，即使企业经营状况不佳，不动产也可以补偿损失。在供应链金融中，由于还款来源的自偿性，以核心企业的信用作为担保，交易中的购销行为作为贷款依据，再加上金融机构与物流企业合作，可以起到货押监管的作用。

4. 融资方式的不同

传统金融多是担保融资，尤其是不动产抵押担保。而供应链金融则为供应链上的中小企业创造了新的融资方式。供应链金融模式下的融资严格限定于中小企业与核心企业之间的购销贸易，也就是所说的专款专用，资金挪用是被严禁的。主要基于商品交易中的预付账款、存货、应收账款等资产进行融资，与传统的固定资产抵押贷款形成鲜明对比。

5. 风险把控程度的不同

传统金融的人工成本、时间成本及风险识别成本都较高，金融机构参与时，只是与对应的融资企业进行沟通，对风险的把控能力较差。供应链金融模式下的金融机构对融资企业及其所在环境和所处地位进行综合授信，可以使风险被控制在既定范围之内，与此同时扩大业务量，实现融资企业与金融机构的双赢。

6．融资企业话语权的不同

传统金融模式下，融资企业一般处于弱势地位，融资成本很高，在手续与时间上都备受压榨，资金运转效率不是很理想。在供应链金融模式下，融资企业有核心企业的信用作为保护，把个体信用扩展为企业链信用，话语权得到了提高，与金融机构的关系也得到了改善。

7．还款来源的不同

与传统金融相比，供应链金融强调授信还款来源的自偿性，将核心企业的信用能力延伸到供应链上下游企业，并把销售收入直接用于偿还授信。

（四）区块链+供应链金融4.0

纵观供应链金融，随着技术的不断发展，供应链金融也经历了从1.0到4.0的升级迭代，如表5-1所示。

表5-1 供应链金融从1.0到4.0的升级迭代

发展阶段	业务特征	主导力量	信用评估
供应链金融1.0	主要采用"M+1+N"的形式，"1"指的是供应链中的核心大企业，"M"和"N"分别指的是产业供应链中核心大企业的供应商和客户	金融机构主导，金融机构并未真正参与到供应链业务的运作过程中	完全依靠核心企业的信用外溢
供应链金融2.0	逐步开始网络化（如ERP系统打通等），产业核心企业基于自身业务特点开展业务，直接服务核心企业上下游参与者；围绕单一产业链展开，该模式较难实现更广泛的同业跨链合作	产业企业深度参与，成为推动主体，金融企业配合	基于核心企业对交易、物流等信息的把握，对行业融资对象的隐性能力识别
供应链金融3.0	平台化，平台基础设施和规则体系的搭建尤为重要，各参与主体间呈复杂的网络结构	各类平台搭建者涌现，推动产业发展，金融与产业高度融合	综合的风险管理，基于整个产业链的信用评估
供应链金融4.0	智能化，以万物互联的产业互联网为产业背景，供应链金融决策是企业生产运营综合智能决策的一个组成部分	科技驱动：以云计算、大数据、区块链、物联网等技术的突破与逐渐成熟为主要驱动力	基于全面、实时、动态大数据的客观信用体系风控

（五）区块链+供应链金融系统能更好地服务实体经济

2019年7月，中国银保监会办公厅向各银行、保险公司下发《关于推动供应链金融服务实体经济的指导意见》（以下简称《意见》），指导银行、保险机构依托供应链核心企业，基于核心企业与上下游链条企业之间的真实交易，规范开展供应链金融业务，更好地为供应链上下游链条企业提供融资、结算、现金管理等一揽子或定制化的综合金融服务。《意见》指出，银行保险机构在开展供应链金融业务时应坚持以下基本原则：一是坚持精准金融服务，以市场需求为导向，重点支持符合国家产业政策方向、主业集中于实体经济、技术先进、有市场竞争力的产业链链条企业；二是坚持交易背景真实，严防虚假交易、虚构融资、非法获利现象；三是坚持交易信息可得，确保直接获取第一手的原始交易信息和数据；四是坚持全面管控风险，既要关注核心企业的风险变化，也要监测上下游链条企业的风险。《意见》三度提到了实体经济，标题即以实体经济命名。另在加强供应链金融风险管控中，《意见》要求银行应建立健全面向供应链金融全链条的风险控制体系，根据供应链金融业务特点，提高事前、事中、事后各个环节的风险管理针对性和有效性，确保资金流向实体经济。

供应链金融为供应链交易中的供应商和买家提供全面、透明、快捷的电子化应收账款管理服务及国内保理业务解决方案，大大简化了传统保理业务操作时所面临的复杂操作流程，尤其有助于优化买卖双方分处两地时的债权转让确认问题，帮助企业快速获得急需资金。

区块链+供应链金融系统让金融机构更关注整个供应链的贸易风险，对整体贸易往来的评估会将更多中小企业纳入银行的服务范围。即便单个企业达不到银行的某些风险控制标准，但只要这个企业与核心企业之间的业务往来稳定，银行就可以不只针对该企业的财务状况进行独立风险评估，而是对这笔业务进行授信，并促成整个交易的实现。

《意见》要求银行业金融机构在开展供应链融资业务时，应对交易真实性和合理性进行尽职审核与专业判断。鼓励银行保险机构将物联网、区块链等新技术嵌入交易环节，运用移动感知视频、电子围栏、卫星定位、无线射频识别等技术，对物流及库存商品实施远程监测，提升智能风控水平。

区块链是一项基础性技术，它有潜力为供应链金融行业的经济和交易制度创造新的技术基础。可以肯定的是，区块链技术将深刻改变供应链金融行业的商业运作，这种改变远远大于供应链行业的改变。区块链应用不仅是传统业务模式的挑战，还是创建新业务和简化内部流程的重要机会。

供应链金融仅仅交易是真实的就没有风险了吗？供应链金融还涉及需求、运营的问题，还有供给的问题。由于这些风险的存在，金融机构更依赖于核心企业的信用。基于核心企业的信用对一级供货商、分销商做融资服务，二级或以上的供货商、分销商很难获得融资。区块链可以很快地验证交易的真实性，可以把核心企业的信用逐级传递下去，同时可以整合信息流、商流、物流和资金流，方便溯源。信息透明可追溯、信用传递更深入、价值交换更迅速、共同协作省功夫。区块链+供应链金融系统如图5-1所示。

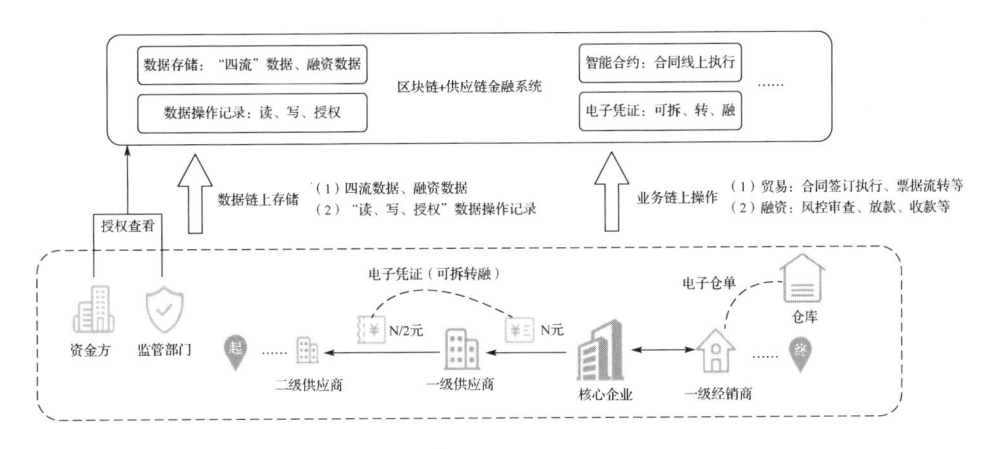

图 5-1　区块链+供应链金融系统

第三节　以区块链技术为支撑构建金融生态圈

随着金融科技的快速发展，政府相关部门、商业银行、互联网企业、科技公司、风险投资机构、监管机构，共同建立起一个生态体系。随着互联网尤其是移动互联网的快速发展，生态体系中商业世界的版图也随之快速变化，以数字科技为特征的互联网巨头企业快速崛起，新兴科技公司引领科技创新，商业银行积极拥抱金融科技，多种方向、多种业态的商业模式快速变化。其中，传统金融机构与互联网公司跨界合作，共同深耕金融科技。通过与互联网企业的合作，商业银行进行数字化转型，将人工智能、大数据、物联网、区块链等技术应用到具体业务中，从全能银行模式向垂直细分化模式转化，为客户量身定制产品和提供服务。而区块链为银行业甚至整个金融行业生态建设提供了重要的底层技术保障和创新理念支持。

区块链技术在场景中的运用越来越成熟。政府机构监管部门和企业都在做底层建设的相关事情，相当于为一个新技术铺就底层管道，好让架构在这个技术上的应用能够在三五年内向商业化和标准化方向发展。而随着政府监管部门和企业"奠基"的完成，未来区块链的大规模应用将近在眼前。目前，很多金融机构都开始尝试构建自己的"朋友圈"，通过"联盟链"模式完成交易和资产清算。联盟链的作用在于采用多中心化结构，系统信任问题得到改善；可联合众多行业，对产业或国家的特定清算、结算用途提供手段，降低不同地区的结算成本，比现有系统更加简单和高效；能够继承中心化的优点，易进行控制权限设定；具有更高的可扩展性。目前，高盛、摩根大通等国际大型金融机构都已陆续加入 R3CEV 区块链联盟。我国构建金融业区块链生态圈的时代即将来临。

金融是现代经济运行的核心内容，而金融的存在和正常运转则依赖于良好的社会信用。"信用"一词如果用于纯经济学范畴，主要体现为商业领域、金融领域和流通领域的赊销、信贷等交易行为中产生的一种相互信任的产生关系和社会关系。正如某位银行家所讲："信用是银行的生存之本。"的确，一旦缺失金融信用，银行的发展和未来就是无稽之谈。金融信用作为银行赖以生存的基础，一方面银行必须确保存款人自由取款，另一方面需要贷款人确保按时、如数还本还息，两者缺一不可，只有这样才能保证银行实现可持续发展。如果贷款人未能恪守信用，那么银行最终也无法保证对存款人恪守信用。因此，金融信用本质上是企业信用和个人信用的整合。但是，仅仅将企业信用和个人信用进行整合还是不够的，更需要建立起金融生态圈，才能从真正意义上保证金融业更好地发展。区块链技术则是一个很好的构建金融生态圈的工具。通过区块链技术完全可以把政府部门、监管机构、商业银行、保险机构、科技企业、供应链上下游企业甚至个人平等地连接起来，构建一个数据共享、平等协作的金融生态圈。

一、区块链创新金融生态融合

通过区块链构建金融生态圈至少可以有以下三种模式。

（一）由监管机构牵头打造银行业区块链生态圈

该模式的主要特点是"一超多强"，即在联盟链生态体系内设置一个超级管理员（如中国人民银行）负责权限控制，并制定相应的区块链技术发展行为指引。商业银行作为参与节点负责账务记载，并接受业务规则和监管法规的约束，从而构成一定程度上去中心化、分布式的区块链生态体系。例如，2018 年 9 月，中国人民银行贸易金融区块链平台上线，一期在深圳展开试点，至今已有中国银行、中国建设银行、交通银行、渣打银行等 30 家银行接入。其业务涵盖供应链应收账款多级融资、跨境融资、国际贸易账款监督、对外支付税务备案表四大项。

2019 年 3 月 22 日，由外汇管理局牵头成立的跨境金融区块链服务平台（全国跨境业务区块链平台）开展首批试点活动，在直辖市上海、重庆和江苏、浙江、福建三省的省会城市展开。7月6日,原有的省会城市试点拓宽至全省,另外新增北京、陕西、厦门、宁波四省市试点。同时,上述9个省市共有14家银行的全部分支机构参与试点。该平台试点将进一步扩大到全国19个省市。现在,其主要应用场景为出口应收账款融资和企业跨境信用信息授权查证。

(二)银行机构主动承担或参与区块链生态圈建设

建议大型银行主动牵头组建区块链生态圈,并承担管理协调职能,科技力量相对薄弱的中小银行可参与区块链体系,以享受区块链技术的前沿成果。此外,按照自愿参与、地位平等、共同决策的原则,还可以考虑由若干银行共同出资成立区块链基础设施机构,最大限度地保障所有参与银行的平等话语权。例如,中国建设银行在2019年10月发布了"BCTrade2.0区块链贸易金融平台"。该平台自2018年4月上线以来,累计交易量已突破3600亿元,先后部署国内信用证、福费廷、国际保理、再保理等功能,为银行同业、非银机构、贸易企业三类客户提供基于区块链平台的贸易金融服务,参与方包括中国建设银行54家境内外分支机构和40余家同业机构,覆盖国有大型银行、全国性股份制银行、城商行、农商行、外资银行、非银行金融机构等各类机构。中国建设银行将秉持开放、共建、共享的原则与银行业协会及同业共同推进区块链+贸易金融的发展,以科技赋能金融、以合作促进发展、以共享构建生态,扎实提升服务实体经济能力。

2019年12月,中国建设银行基于区块链的再保理业务平台正式上线。其表示,再保理业务为提高操作效率、降低风险,从设计之初就定制区块链平台,构建再保理业务下多方参与的生态圈。再保理业务是中国建设银行以商业保理公司为服务对象,通过与商业保理公司合作作为小微企业提供融资的。中国建设银行受让商业保理公司持有的卖方企业的合格应收账款,为其提供以下一项或多项金融服务,包括应收账款融资、信用风险担保、应收账款管理、应收账款催收,服务对象为产业集团内的保理商、供应链配套保理商等。

(三)依托行业协会或现有联盟打造区块链生态圈

新设联盟往往耗资巨大且沟通成本较高。考虑到金融行业历来有组建或参与联盟组织的传统,建议充分利用行业协会或现有行业性业务联盟的权威号召力和较为成熟的组织管理模式,在联盟成员之间开展区块链应用场景建设,进而形成银行业区块链生态圈。例如,中国银行业协会统筹建设了中国贸易金融跨行交易区块链平台,平台于2018年12月29日正式上线运行。

平台建设由中国银行业协会统筹规划,联合中国工商银行、中国农业银行、中国银行、中国建设银行、交通银行、招商银行、中信银行、平安银行、汇丰银行（中国）等共同发起。该平台基于区块链技术的分布式数据存储、点对点传输、共识机制、加密算法等特点，能够满足银行在开展跨行贸易金融业务中信息流通、数据安全、隐私保护、交易执行等多方面的管理和业务需求，在不改变银行各自流程的前提下，实现跨行交易的电子化、信息化和便捷化。由中国银行业协会牵头筹建更加赋予了平台天然的中立性和公平性。平台将吸收广大中小银行加入平台，并拓展平台业务类型，并同税务、海关等相关机构积极展开合作。

二、共识机制确保数据不可篡改

共识机制通过各节点是否达成共识去认定记录的有效性，它同时也是防止篡改的手段。区块链利用共识机制实时更新记录数据最新进展，将完整的交易流程呈现给各个参与方，保证信息的真实可靠。记录时给每笔数据附上时间戳，不但有利于定位信息，而且篡改某个节点的数据会留下痕迹，有效防止信息被删改。

具体到供应链金融应用领域，采用区块链技术在审查阶段即可保证数据来源的真实性与完整性，便于核对背后交易是否真正进行，保证债券凭证可靠。在贷后风控阶段，持续更新的数据流为后续追踪企业运营提供支持，令虚构交易与重复融资等行为无所遁形。区块链应用赋予供应链金融更高的安全级别，消除金融机构对企业信息流的顾虑，相应地，在一定程度上解决了中小企业无法自证信用水平的问题。

上下游企业将各自信息流、资金流、贸易流数据整合上链，数据缺失自查、多方交叉验证、资金闭环监控的机制优势确保交易真实，防范欺诈风险。引入区块链的供应链模式如图 5-2 所示。

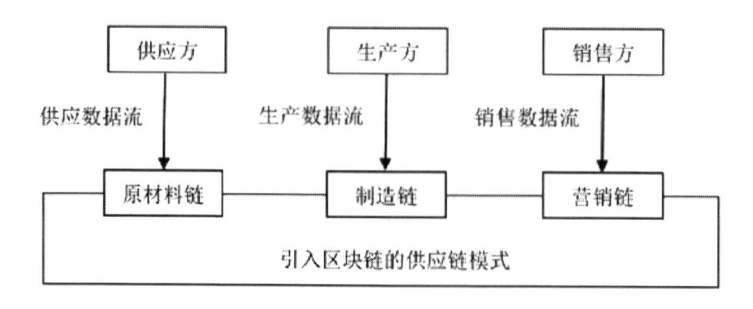

图 5-2 引入区块链的供应链模式

三、智能合约保障交易按约执行

智能合约被看作区块链最有价值且易普及于商业场景中的重要发展方向。它封装了若干状态与预设规则、触发执行条件及特定情境的应对方案，以代码形式储存在区块链合约层中，其特点是当达到约定条件时，预先设定的操作会自动触发。只依赖于真实业务数据的智能履约形式不但保证了在缺乏第三方监督的环境下合约得以顺利执行，而且杜绝了人工虚假操作的可能。

在条件确认阶段，基于区块链上实时更新的价格质量信息，核查外部各方业务信息流，判断交易达成后，智能合约被激活并执行。与此同时，通过物联网对质押物进行追踪，监测价格动态变化并设置不同的自动应答方案，控制市场风险。在合约执行后续阶段，可利用去中心化的公共账本、多方签名技术加强资金流向管理与回款监控。

四、数字资产建立共同信息平台

在传统供应链管理中，分布在供应链各节点的生产信息、商品信息及资金信息是相互割裂的，无法沿供应链顺畅流转，缺乏围绕核心商品建立的信息平台。区块链技术支持多方参与、信息交换共享，能促进数据民主化、整合破碎数据源，为基于供应链的大数据分析提供有力保障，让大数据征信与风控成为可能。

区块链的加持不仅加快了信息流通效率，还有效保证了数据质量，保护了数据的隐私。透明化贸易流、资金流、信息流并不等同于彻底披露所有数据，加密算法可确保各供应链参与方的隐私。如核心企业向供应商发出已收货信息时并不会被系统中其他企业透露供应商的信息，确保数据的客观性。

共同信息平台可解决供应链溯源问题。生产过程、物流运输、终端销售等环节的信息需求均可从平台上快速获取，使交易路径一目了然，各节点的联结关系更加透明化。这不但可以加速商品信息流转、降低审计成本，而且有助于责任追溯、防范违约风险、保证金融风控业务顺利进行。

五、数字系统简化运营程序

制约融资效率提升的因素大体包括前期调查与风险评估，且各类费用高昂，进一步增加了中小企业的融资成本，降低了效率。消除传统融资模式的弊端，要从成本节约及运营效率提高两端同时发力。

首先，区块链公开透明性能够在核心企业与上下游企业开展业务时减少信任建立过程所需的试探性交易、降低沟通成本，以便提高商业协作效率。供应链一体化推进了企业对客户需求快速应答机制的改善，还能预防库存管理混乱、采购运输中断等严重阻碍贸易进程的问题。同时，对银企融资合作双方而言，也能大大降低风险评估成本。简化传统信用评估步骤、删除由于信任危机增加的核查程序，降低时间成本与资金成本，通过连锁反应最终提升融资效率。

其次，就运营效率而言，所有实物商品与纸质作业均可数字化，如数字化作业系统、数字化档案、数字化信用体系等，为业务实施过程节省时间。采用智能合约将降低人工监督成本、在独立于第三方的前提下也可自动执行，紧密对接业务流程节点，简化运作程序。相应地，基于上述交易的贷款审核发放效率也得到显著提升。

六、可扩展编程打造多样应用

在区块链 2.0 时代，区块链技术应用已不再限于数字货币，而是已经延伸到了金融领域的更多方面。通过智能合约、精确计算、强制执行等手段保证资产的使用方向，从而确定资产的未来价值。在构造金融资产及其合约的过程中，关键是不同时点价值的计量。区块链技术可解决资产定价问题，为创造多样化金融资产组合打通道路。传统复杂投融资组合构建受制于风险水平把控，多层信息传递及覆盖增加了不透明度，使金融机构在产品创新扩展道路上难以阔步前行。可视化价值计量既给创造更丰富的组合产品提供了机会，又赋予金融机构足够的信息以便进行灵活搭配、风险对冲，为业务创新奠定了坚实的基础。这样一来，无论是中小企业还是银行都能在不同组合的搭配中找到平衡、降低风险，在一定程度上切实解决了中小企业融资渠道少的问题。

产品多样化还体现在合约设计的灵活性上。基于智能合约的区块链技术在交易方面也拥有不少优势，其中之一即为代码式合约的可编程性强。区块链的灵活编程特性在设计合约过程中得到最大限度的体现，可以根据现实情况与需求的不同添加与之相适应的个性条款，不再受限于传统合约模板，实现精准营销。另外，条款设定可以利用历史数据和当下数据与基础大数据相匹配。

除此之外，编程区块链也让监管科技提升了技术层次。提前确定的资金流向使可视化、确定性监管成为可能，推动监管层从被动监管（等待被监管方提交监管数据）到主动监管（主动获取监管数据）转变，提高了货币违法使用行为的曝光率。这一技术可应用在经营监管、资金监管及税收监管等领域,甚至启用新型监管模式。

可以相信,区块链技术在未来将给电子商务监管带来新一轮的发展机遇,这是必定的。

第六章
区块链促进普惠金融发展

普惠金融不是一个新命题。它是对历史上旨在帮助金融"弱势群体"获得适当金融服务的思想、理论和活动进行延伸和完善后形成的当代成果。这样的思想、理论和实践早已有之。相关的人士一直在进行这方面的探索。区块链技术问世以后，可以助推普惠金融的发展。

第一节 普惠金融的起源和理念

普惠金融从提出概念到付诸实践再到形成一定影响，经历了一个历史发展过程。本节将探讨如下问题：普惠金融的产生背景、起源和发展中体现的理念，以及个中包含的诸多要素、金融科技对普惠金融的推动作用等。

一、产生背景

普惠金融这一概念由联合国在 2005 年提出，其是指以可负担的成本为有金融服务需求的社会各阶层和群体提供适当、有效的金融服务，小微企业、农民、城镇低收入人群等弱势群体是其重点服务对象。从提出至今的十余年间，普惠金融日益发展成为全球范围内的一项重要金融实践。世界银行发布的《2014年全球金融发展报告：普惠金融》显示，世界银行已在全球 70 多个国家和地区，与合作伙伴联手开展普惠金融项目，全世界 50 多个国家和地区设立了改善普惠金融的目标。

在过去很长一段时间里，向低收入群体、偏远地区提供金融服务一直是出于道义或实验目的的非常规行为，直到近代方才出现了针对弱势群体提供金融服务的规模化和制度化的组织活动。19 世纪，欧洲出现了主要以穷人为服务对象的正规储蓄和信贷机构，此后这类机构在非洲、拉丁美洲和亚洲的发展中国家也获得了发展。

20 世纪 70 年代，孟加拉国、巴西等国出现了更加注重管理技术的为小生产者、穷人提供小额信贷的机构。穆罕默德·尤努斯是孟加拉乡村银行（GrameenBank，也译作格莱珉银行）的创始人。1974 年孟加拉国发生严重的饥荒，尤努斯在乡村调查中，惊讶地看到贫穷农妇苏菲亚每天借 5 塔卡（相当于 22 美分）的高利贷，以制作竹凳为生，还贷付息后每日仅 2 美分收入，陷入难以摆脱的极贫陷阱。尤努斯把 27 美元借给了 42 名贫困的村民，帮助他们免受高利贷盘剥。他亦在深思，如何解决融资难的问题并扭转贫困。1979 年尤努斯在国有银行体系内创立了格莱珉分行，为贫困的孟加拉国妇女提供小额贷款业务。1983 年 10 月 2 日格莱珉银行独立运营，开创了格莱珉模式的小额融资。

如今，格莱珉银行已是孟加拉国最大的农村银行，被称为"穷人自己的银行"，有 650 万名借贷者，为 7 万多个村庄提供信贷服务。每名借贷者都拥有银行一份不可转让的股份，占据这家银行 92% 的股份。格莱珉银行偿债率高达 98%，足以让商业银行同行感到嫉妒。尤努斯因此获得 2006 年度诺贝尔和平奖，并引起全球金融业的强烈反响。

进入 21 世纪后，含义更广的普惠金融出现。与小额信贷和微型金融等概念相比，普惠金融有几个方面的重要变化：金融服务对象范围更广，强调底层群众并关切社会整体利益；金融服务标准提高，不仅要求数量更多，还要求质量更好；金融机构类型增多，新型企业与传统金融机构共同构成普惠金融的供给主体；金融机构运行更加稳健，可持续性成为开展普惠金融的前提。

联合国为金融业发展提出了普惠金融的新目标和新要求。它强调每个人都应拥有并实际获得金融服务的权利，有机会参与经济发展，实现共同富裕，构建和谐社会。金融机构要以可负担的成本为有金融服务需求的社会各阶层和群体提供适当、有效的金融服务，小微企业、农民、低收入人群等特殊群体更要成为普惠金融的重点服务对象。总的来看，普惠金融的目标更加宏伟，操作更加实际。其实回溯世界金融发展史，其整体是朝着解决金融之普（融资难）和解决金融之惠（融资贵）的方向发展的，这也是普惠金融最本质的目标。

二、普惠金融的要素

在普惠金融的概念提出之初，它关注的是小额信贷及微型金融等产品和机构层面的活动。如今，普惠金融被视为国家和全球层面涵盖广泛的一个政策目标——该政策目标是综合性的，包括一系列产品、消费者群体、金融服务提供者、交付渠道、政府机构及其他利益相关方。不同利益相关方对普惠金融下了不同定义。《推进普惠金融发展规划（2016—2020 年）》指出："普惠金融是指立足机会平等要求和商业可持续原则,以可负担的成本为有金融服务需求的社会各阶层和群体提供适当、有效的金融服务。小微企业、农民、城镇低收入人群、贫困人群和残疾人、老年人等特殊群体是当前我国普惠金融重点服务对象。"2014年《全球普惠金融发展报告》对普惠金融的定义非常简单明了:"使用金融服务的个人和企业的比例。"

在本书中,普惠金融是指个人、小微企业能够以较低成本获取和使用多样化的金融产品和服务,这些金融产品和服务对消费者而言便利、安全,对提供者而言具备商业可持续性。分解可知,普惠金融有以下四个关键要素:一是可得性;二是多样性;三是稳健性;四是可持续性。

(一)可得性

消费者能够便捷地获得金融产品和服务是普惠金融最为关键的要素之一。可得性是指消费者能以较低的成本接近各类金融服务设施,以便选择和使用各种金融产品和服务。可得性的内容涵盖了物理可得性和便利性。

物理可得性意味着消费者能够充分接触各类金融服务设施,包括分支机构、代理点、自动存取款机、其他网点及设备。物理可得性的缺乏会导致金融产品难以满足消费者的日常金融需求。因此,在选择是否或如何参与正规金融体系时,消费者确实非常看重金融服务的可得性。根据2013年中国家庭金融调查(CHFS)的结果,拥有账户的家庭中45%选择金融服务提供者的原因是位置便利,这也是排在首位的原因。

对于消费者而言,便利性既与物理网点、渠道有关,又与金融服务的及时性及由程序烦琐等导致的金融服务效率损失有关。申请贷款所需文件、申请获准所需天数、语言和读写困难等,都会给消费者获得及使用金融产品和服务带来障碍。如今,随着金融科技和互联网的发展,远程服务尤其是手机等移动终端,在客户获取、使用金融产品的过程中扮演着越来越重要的角色,大大提高了金融服务的便利性。

(二)多样性

普惠金融主体众多,对服务的需求各不相同且非常复杂。和普通客户一样,普惠金融客户需要一系列金融产品服务,以便有效地管理风险、存储现金、进行交易及获取贷款。这意味着,普惠金融不仅包括信贷,还包括储蓄、投资理财、保险、支付、汇兑、租赁、养老金等全功能、多层次的金融服务,使之能够满足客户的多样化需求,特别是满足那些无法获得金融产品和服务、获得金融产品和服务不足群体的需求。普惠金融的主要业务类型如图6-1所示。

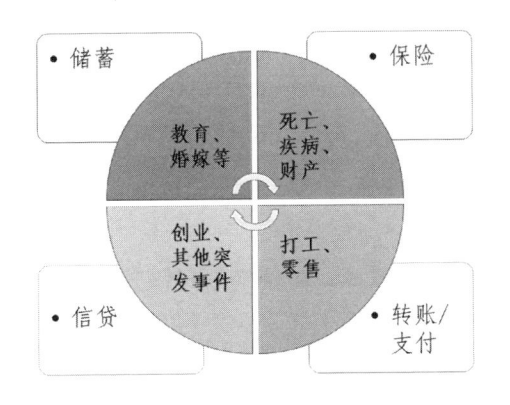

图 6-1 普惠金融的主要业务类型

对一部分低收入人群来说，他们往往只需要简单、低成本的产品，无须多余的功能，基础性银行账户就是具有这种特性的金融产品；针对小微企业的微型信贷，是产品设计符合低收入人群需求的另一个传统范例。微型信贷将商誉、集团担保等作为传统抵押品的替代，来提供短周期信贷，更能满足非正规小微企业的融资需求；还有小额保险，其旨在增强低收入人群对风险的防范和应对能力，特别是医疗保险和养老保险，为低收入人群提供应对疾病和衰老的必要资金；许多贫困家庭将在其他国家或城市的家庭成员寄回的汇款，用于父母养老、子女教育等方面；此外，低收入人群同样会产生诸如代理投资、抵押、理财等其他金融需求。

（三）稳健性

普通投资者的风险承受能力较低，所以在选择投资渠道时，资金安全是首要考虑因素。稳健性是践行普惠金融的基础，其主要体现在低收入人群能够得到一定保护，避免承担过大的风险。这意味着，金融机构需要负责任地向低收入人群提供金融产品和服务，超越借款主体还款能力的过度放贷，或超过可负担水平的掠夺式定价，都与普惠金融的初衷背道而驰。金融管理部门应当持续评估风险，在不同金融政策目标之间做好权衡取舍，重视对低收入人群的保护。

美国的《金融服务现代化法案》、英国的《2000 年金融服务与市场法》及日本的《金融商品交易法》，均提出了金融消费者保护的问题。我国也于 2015 年发布了《关于加强金融消费者权益保护工作的指导意见》，这是我国在金融消费者保护方面的首个纲领性文件，同样也是目前该领域最高层级的文件。从各国的相关规定可以大致梳理出金融消费者权益主要包括财产安全权、知情权、自主选择权、公平交易权。

实现普惠金融的长期发展离不开整个金融体系的安全和稳健。例如，金融管理部门为了实现普惠金融目标，在通过放松监管要求鼓励某几类提供者或交付渠道时，必须确保有强大的监管框架，使金融能长期稳定发展，并使消费者受到保护。

（四）可持续性

早期很多的讨论认为，普惠金融的商业可持续性和消费者可得性是一对矛盾体，其代表了利益的两个博弈方，消费者可得性的提升必然会降低商业效益，从而影响商业可持续性。但实际上，普惠金融在满足小微企业、农民、城镇低收入人群等弱势群体金融需求的同时，也为金融业务的发展拓展了新的业务空间和盈利空间。不同于片面帮助弱势群体的传统扶贫模式，普惠金融强调整个金融体系的参与，使金融服务提供者能以成本节约的方式、长期可持续地提供产品和服务，充分利用金融资源优化配置，满足不同群体的金融需求，实现长远的商业可持续性。

完善的金融基础设施是普惠金融可持续性的另一个重要前提，可以支持信息在市场参与者之间高效和低成本地传输，交易在此基础上进行。金融基础设施主要包括信用基础设施（征信体系、担保交易体系、抵押登记制度）和全国性支付体系。健全的征信体系可以提供各种重要数据，以便信贷提供者能够高效、低成本地对借贷者的信用风险进行评估，从而降低交易成本，提高低收入人群的信贷可得性。担保交易体系和抵押登记体系使企业得以将其不动产（如土地）和动产（如设备、存货）作为抵押物，获取投资和发展所需的资金。

三、金融科技推动普惠金融

近年来，以移动互联网、大数据、云计算、区块链、人工智能等为代表的金融科技不断取得突破，以金融科技为驱动因子的数字普惠金融新模式正在全球范围内加速形成，为解决普惠金融的世界性难题提供了现实可行的路径。

全球金融科技行业发展态势较好，金融科技企业数量、融资规模和交易量不断提升。其中，北美洲、亚洲、欧洲最为活跃。"适度监管、鼓励创新"的监管理念已成共识，更多国家开始采用监管沙盒机制、设立专门监管机构、完善相关立法等措施。美国、英国、新加坡、日本等国家依然发挥示范作用。国际金融科技发展情况如图6-2所示。

中国金融科技依然是全球领头羊，在商业模式、销售渠道和产品等方面开展创新，充分利用了线上电商或社交平台的规模化和网络化效应，加快了产业"走出去"的步伐。金融科技监管不断完善，金融科技应用试点不断开展推进，中国版"监管沙盒"逐渐成形,数据保护进一步制度化、规范化。中国金融科技发展情况如图 6-3 所示。

- 全球金融科技平均普及率为 64%
- 独角兽企业多,亚太百强企业多
- 中美区块链产业布局领先
- 数据保护再升级
- 虚拟货币 Libra 计划实现道阻且长

- 总量:2018 年融资金额为 405 亿美元,数量 1895 笔;2019 年上半年融资额为 151 亿美元
- 分布:融资主要集中在北美洲和亚洲、欧洲
- 阶段:仍以早期投资为主

- 共秉"适度监管、鼓励创新"的监管理念
- 澳大利亚、印度、墨西哥等国家加强监管立法
- "监管沙盒"效能提升(英国、美国等),普及程度进一步提高(韩国、印度等)

- 美国:"创新+监管"双驱动
- 英国:制度先行
- 新加坡:开放包容
- 日本:宽松监管

图 6-2　国际金融科技发展情况

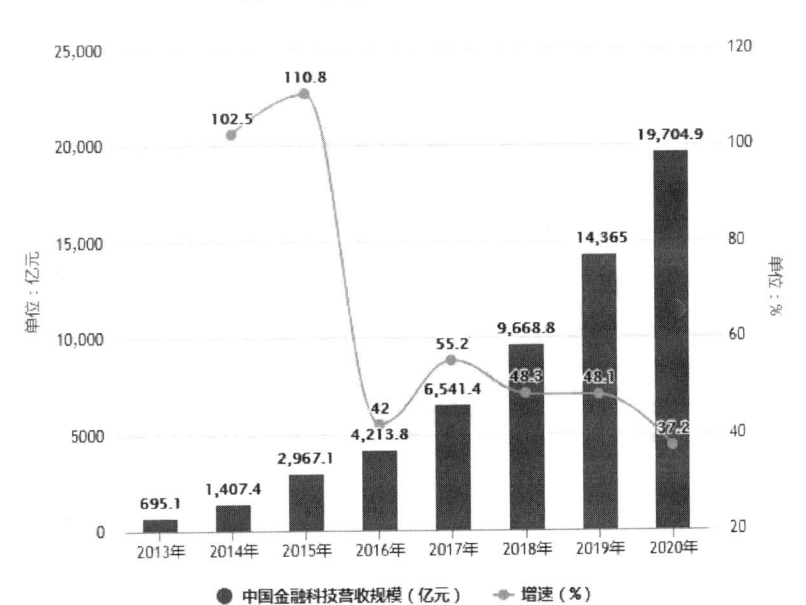

图 6-3　中国金融科技发展情况

北京、上海、杭州、深圳已成为中国金融科技发展的领先城市；雄安新区、成都、重庆、广州、南京、青岛等地也在积极布局金融科技产业发展。

（1）雄安新区：集聚多种资源为金融科技城建设蓄力。金融与科技有效结合，驱动金融科技发展；政策支持为金融科技发展提速；区块链技术的布局和应用已全面展开；注重国际交流与合作。

（2）北京：优化布局稳步发展。金融科技创新与发展基础扎实；金融科技人才集中；各区金融科技发展各有侧重；以监管沙盒为核心的金融科技监管创新工作正在加快推进；综合实力领先。

（3）上海：打造金融科技国际化品牌。金融资源聚合；集聚智力资源；中国人民银行为上海金融科技中心建设提出指导意见。

（4）杭州："政策+人才"再造城市发展新活力。拥有打造金融科技中心强大基础；人才流入为金融科技发展提供智力保障；政策支持为杭州金融科技发展提供有力支撑。

（5）深圳：力争成为粤港澳大湾区金融科技发展"主角"。部分金融科技产业发展位居全国前列；在粤港澳大湾区金融科技发展规划区域中处于重要地位；金融科技产业持续发展；政府对金融科技产业发展持续提供政策支持。

（6）成都：以政策支持推动金融科技快速发展。

（7）重庆：江北嘴和渝北区成为金融科技发展主阵地。

（8）广州：金融科技发展态势强劲。

（9）南京：进一步推动金融科技创新发展。

（10）青岛：金融科技发展后劲充足。

多种形态的金融科技模式，极大地促进了普惠金融的发展。通过消除信息不对称，降低金融服务成本和门槛，盘活存量，激发增量，将更多资源配置到实体经济发展的关键领域。对于金融科技对普惠金融的影响，我们可从之前讨论的普惠金融四要素视角来考虑，即可得性、多样性、稳健性与可持续性。

可得性：金融科技的出现减少了消费者对金融实体网点的依赖，通过个人终端方便快捷地获取、使用金融产品和服务。通过这种方式，金融科技提供商为传统金融服务机构所忽视的群体提供金融服务，包括小微企业、农民、城镇低收入人群等。例如，非银行支付机构不仅向电子商务平台上的小微企业业主提供支付服务，还为本来难以获得这些服务的农民等提供便捷的支付渠道。

多样性：基于其运用先进的数据分析方法对现有和潜在客户进行分析的能力，金融科技领域涌现多种多样的产品和服务，在满足个人消费者更加个性化的需求方面释放了巨大潜力。数字金融服务既包括适用于数字载体的金融产品和服务创新（如移动货币、网络借贷），数字技术驱动的商业模式创新（如利用大数据进行信用评分、代理模式等），又包括通过数字技术渠道获取传统的金融产品和服务。

稳健性：金融科技在不断满足消费者需求的同时，也带来了风险或隐患，如资金损失、数据泄露、虚假宣传、欺诈、洗钱等。与传统金融相比，金融科技的风险更具隐蔽性、传染性和广泛性。例如，客户资金未进行第三方存管，客户的个人信息被泄露、盗取或出售，严重侵犯了客户的隐私。有的 P2P 网贷平台的经营行为已超出了信息中介的范围，如非法建立资金池、为贷款人提供担保甚至贷款。一般来说，金融科技公司侵犯消费者权益的情况比正规传统金融机构更多，侵权行为性质也更为严重。

可持续性：典型的金融科技运用人工智能、区块链、云计算等技术构建创新型金融基础设施体系。人工智能技术在普惠金融发展中的核心应用在于风险控制，可以有效降低风险控制中的人为因素，提高风险防范能力。区块链技术具有区域中心化及点对点交易的特征，同样对缓解信息不对称具有非常大的作用，同时区块链技术基于其分散化的分布方式，可以有效降低普惠金融在发展过程中的信息管理成本，促进普惠金融发展的商业可持续性。云计算技术最大的优势在于将原来只能在终端进行处理的数据上传至云端进行处理，有效提高了金融机构的数据处理能力。

总体而言，金融科技为促进中国普惠金融发展发挥了重要作用，同时也丰富了全球数字普惠金融的实践。然而，如何确保金融科技公司安全有效地促进中国普惠金融目标的实现，仍然是摆在市场参与者和政府有关部门面前的问题。

第二节 普惠金融的中国实践

改革开放以来，中国的普惠金融得到了长足发展。中国普惠金融的政策目标主要集中在三个方面：一是普及银行业基础金融服务（银行账户和支付服务）；二是向农户提供生产经营性贷款；三是向小微企业提供信贷支持。

一、中国普惠金融的发展阶段

改革开放以来，中国立足经济发展的实际情况，汲取发达国家的经验，努力推动本国的金融业发展。在金融业稳步发展的同时，普惠金融体系也逐渐进入人们的视线并得到政府及民众的高度关注。中国普惠金融实践的历程可归纳总结为公益性小额信贷、发展性微型金融、综合性普惠金融和创新性互联网金融四个阶段，如表6-1所示。

表6-1 中国普惠金融发展四阶段

发展阶段	标志性事件	主要特征
公益性小额信贷（20世纪90年代）	1993年，中国社科院农村发展研究所在河北易县建立了中国首家小额信贷机构——扶贫经济合作社，以改善贫困户的经济状况	小额信贷主要资金来源是个人或国际机构的捐助及软贷款，致力于改善农村地区的贫困状况，体现普惠金融的基本理念
发展性微型金融（2000—2005年）	中国人民银行提出采取"一次核定、随用随贷、余额控制、周转使用"的管理办法，开展基于农户信誉、无须抵押或担保的贷款，并建立农户贷款档案，农户小额信贷得以全面开展	随着该时期再就业和创业过程产生的大量资金需求，正规的金融机构开始全面介入小额信贷业务，形成了较有规模的微型金融体系，为促进就业和改善居民生活做出了贡献
综合性普惠金融（2006—2010年）	2005年，中央"一号文件"明确提出"有条件的地方，可以探索建立更加贴近农民和农村需要、由自然人或企业发起的小额信贷组织"	小额信贷组织和村镇银行迅速兴起；银行金融服务体系逐步将小微企业纳入服务范围、普惠金融服务体系提供包括支付、汇款、借贷、典当等综合金融服务，并有网络化、移动化的发展趋势
创新性互联网金融（2011年至今）	余额宝等新型互联网金融产品为广大群众提供了互联网支付、互联网借贷及互联网理财等丰富多样的金融服务	互联网金融得到迅速发展，形成了所谓"以第三方支付、移动支付代替传统支付，以P2P信贷代替传统存贷款业务，以众筹融资代替传统证券业务"的三大趋势

当前，中国的普惠金融实践与创新性互联网金融显示出很强的相关性。普惠金融的主要任务是为可能被排除在传统或正规金融机构体系之外的低收入人群和小微企业提供金融服务。以互联网企业提供金融服务为代表的互联网金融，其重要定位之一恰恰是以低收入人群和弱势群体为服务拓展对象，通过信息化技术及产品创新，降低金融服务产品的成本，扩大金融服务的覆盖范围，实现机构和客户的共赢。因此，创新性互联网金融是我国当前普惠金融发展的重要原动力。互联网金融可以满足那些通常难以享受到金融服务的小微企业和低收入人群的需求，体现了普惠金融的应有之义。

党中央、国务院一直高度重视普惠金融发展，2015年年底印发《推进普惠金融发展规划（2016—2020年）》（以下简称《规划》），对普惠金融工作进行了顶层设计。《规划》强调，要深化金融供给侧结构性改革，强化金融服务功能，找准金融服务重点，以服务实体经济、服务人民生活为本；要建设普惠金融体系，加强对小微企业、"三农"和偏远地区的金融服务，推进金融精准扶贫。发展普惠金融，既是服务实体经济、服务人民生活的落脚点，又是金融供给侧结构性改革的重要任务。

二、新型农村金融服务作用

农村地区，特别是偏远山区、贫困地区，是金融服务较难覆盖的"最后一公里"，也是金融供给、需求结构不平衡问题在区域层面的表现。

（一）我国"三农"问题催生了巨大的金融产品和服务需求

第一，农业生产过程的季节性特征，急需金融机构提供不同场景的服务，如农忙时提供资金支持、收获庄稼时提供投资理财服务。

第二，随着我国土地"两权"试点的推广，农村地区衍生出潜在的交易机会，亟待金融机构提供专业服务。其中，土地承包与经营权抵押贷款催生千亿元市场，土地承包与经营权流转交易蕴藏万亿元的市场交易规模。

第三，在现代农业发展中，适度规模经营离不开现代农业机械、劳动力和肥料等投入，这同样需要前期投入较大规模的资金。2016年，我国家庭农场、农民合作社、农业产业化龙头企业等新型主体数量已超过270万家，其中蕴含数以千亿元的资金需求。

（二）大力构建并完善新型农村金融服务体系

为了满足农村市场的巨大需求，我国大力构建并完善新型农村金融服务体系。2006年至2008年，我国政府出台了相关制度用以规范新型农村金融服务提供者的设立。其中，既包括村镇银行、农村资金互助社等新型农村金融机构，又包括小额贷款公司（新型贷款机构）。这些政策旨在提升传统上服务缺失和不足的群体金融服务的普惠性。从某种意义上说，设立新型农村金融服务提供者可以看作是提升农信社服务"三农"能力所做努力的延伸和补充，同时也可被视为增强农村金融服务竞争性的一项机制。

1. 村镇银行

2006年12月，银监会颁布《关于调整放宽农村地区银行金融机构准入政策、更好支持社会主义新农村建设的若干意见》，拉开了村镇银行建设和发展的帷幕。2010年，银监会颁布《关于加快发展新型农村金融机构有关事宜的通知》，加快了村镇银行建设的步伐。

不断推进的金融改革为村镇银行的设立和发展创造了良好的政策环境和机

遇。2007年年底到2016年年底，全国村镇银行从19家发展到1519家，为农村地区金融服务注入了新的活力。

2. 小额贷款公司

小额贷款公司是由自然人、企业法人与其他社会组织投资设立、不吸收公众存款、经营小额贷款业务的有限责任公司或股份有限公司。2005年，中国人民银行启动小额贷款公司试点。2008年5月，银监会、央行联合发布的《关于小额贷款公司试点的指导意见》要求，小额贷款公司只贷不存，因而不能吸收公众存款，主要为"三农"及小微企业提供服务。与村镇银行类似，一些省份规定，小额贷款公司应以金融服务不足群体为目标客户。

3. 农村资金互助社

2007年，银监会发布《农村资金互助社管理暂行规定》，促进农村资金互助社发展。农村资金互助社依托行政村或者农民专业合作社设立，面向社员开展存款、贷款、结算、买卖政府债券和金融债券等业务。成立农村资金互助社的目的在于把农民联合起来，弥补农村地区（特别是经济发展落后的贫困地区）金融服务空白、农村金融服务落后等不足，以资金合作的模式来谋求农民的自我发展。

全国行政村基础金融覆盖情况如图6-4所示。

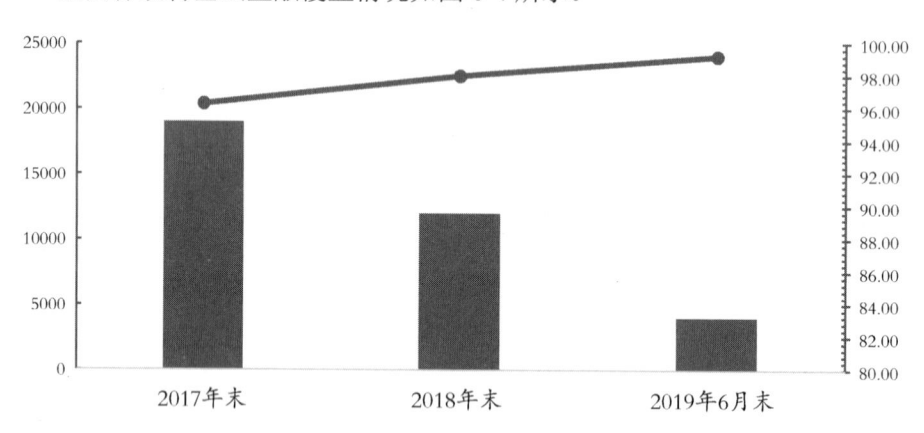

图6-4　全国行政村基础金融覆盖情况

（三）新型农村金融服务体系的利与弊

农村金融市场逐步趋于多元化，村镇银行、农村资金互助社、小额贷款公司等新型农村金融机构的建立，有利于改善农村金融相对欠缺的现状、提升农村金融的服务质量。证券业、保险业及互联网金融等在农村贫困地区的发展，优化了农村金融的生态环境。这些新型农村金融机构大多设置在农村地区，靠近目标群体，大大提高了目标群体的金融可得性与便利性。

新型农村金融服务提供者的服务对象明确，目标群体包括农村居民和中小微企业。与传统银行相比，新型农村金融服务提供者经营管理层级较少，贷款审批更为方便快捷，能更好地契合农户、中小微企业融资"短、小、频、急"的特点。在很大程度上，新型农村金融服务提供者的运转建立在"熟人社会"的基础上。如同传统的微型金融机构，这类机构对客户知根知底，信息不对称的程度相对较低，因而降低了交易成本，而农民、小微企业在农村和社区内的信誉意识也克服了缺乏抵押物带来的风险。

但同时，这几类新型农村金融服务提供者在现阶段也存在问题。由于规模小等原因，村镇银行产品和服务创新能力不强。因受发起人银行影响较大，村镇银行的经营模式容易成为发起人银行的翻版，常常出现产品和服务与传统银行同质化的现象，由此限制了政策制定者最初设定的村镇银行向目标群体提供更有针对性的合适产品的能力。过高的管理成本、有限的经营灵活性和同质化的产品不但导致了较低的利润率，而且给持续向更多目标群体提供创新产品造成了困难。

对小额贷款公司来说，主要的挑战是风险防控能力弱、资金来源渠道狭窄、税收负担较重及经营区域限制等。风险防控是阻碍小额贷款公司可持续发展的核心问题，有些小额贷款公司的客户处于监管政策所限制的行业或是负债率较高、不具备财务可持续性的企业，还有一些小额贷款公司存在担保形式单一、程序不完善、内部管理能力弱等问题，从而加大了经营风险。

2012年，农村资金互助社模式未实现预期目标。为了将精力集中于其他政策措施上，银监会暂缓发放新的农村资金互助社牌照。阻碍农村资金互助社发展的主要原因是，内部管理不善或经营规模过小。此外，还出现了多起假借农村资金互助社名义进行非法集资或非法吸收公众存款的事件，对农村资金互助社的声誉造成了负面影响。

为了使新型农村金融机构能够在发展普惠金融中扮演更重要的角色，还需政府来协助解决在法律方面或在监管环境中面临的挑战。

三、中国政府在发展普惠金融中的作用

我国政府对普惠金融高度重视，在政策法规、金融基础设施等方面积极推进普惠金融发展。政府作为顶层设计者、金融基础设施建设推动者、交易驱动

者和适应性审慎监管者，全方位支撑我国普惠金融的发展进程。

我国出台一系列支持政策。从十八届三中全会提出发展普惠金融，鼓励金融创新，丰富金融市场层次和产品，到印发《推进普惠金融发展规划（2016—2020年）》，再到推出《大中型商业银行设立普惠金融事业部实施方案》，一系列政策法规为普惠金融发展提供了良好的外部环境，也完善了金融监管体系框架。我国政府积极采取货币信贷政策、税收政策及监管政策等一系列政策措施促进普惠金融发展。这些政策的目标是鼓励市场化运作，降低金融服务提供者服务目标群体的运营成本，鼓励其利用技术和金融基础设施获取新的客户群体，促使其开发出符合目标群体需求的、精心设计的金融产品。

具有代表性的财税政策有农业贷款和农业保险。截至2019年6月末，我国涉农贷款余额为34.24万亿元，其中农户贷款余额为9.86万亿元。普惠型涉农贷款余额为6.1万亿元，占全部涉农贷款的17.8%，较年初增长8.24%，高于各项贷款平均增速1.11%。2019年上半年，全国农业保险为1.17亿户农户提供风险保障约2.57万亿元，为1500.52万户受灾农户支付赔款203.09亿元。

在金融基础设施建设上，政府发挥主导作用。信用基础设施和支付基础设施是一个国家金融基础设施的基本要素，是解决信息不对称、交易成本过高等阻碍普惠金融发展问题的关键。我国在推进普惠金融方面取得的进展，很大程度上要归功于近年来在加强全国金融基础设施建设方面所做的努力，尽管仍有许多工作要做。中国人民银行与其他利益相关方合作，在中国建立起功能完备的、稳健的全国性支付体系基础设施。我国政府重点建设与维护农村地区支付结算基础设施，确保其稳健运行。这些基础设施促进了金融机构物理网络扩张，提高了效率，并促进政府向个人（G2P）转移支付的数字化发展。中国人民银行也认识到新兴的金融科技公司，在完善我国信用基础设施方面所能起到的作用。

此外，将更多的公共信息接入征信系统也有利于普惠金融的发展。税务、商务、司法等机构部门拥有大量与个人、小微企业相关的有价值数据，但是这些信息从外部很难获取。作为起点，我国需要在数据和隐私保护方面建立一个完备的法律框架，解决一系列与数据相关的问题，包括公共信息的使用，以及大数据和替代性数据的使用。

总体来看，政府的参与有助于加强顶层设计。政府的积极参与既能彰显一国实施普惠金融的坚定决心与务实态度，又能推动本国的普惠金融框架与国际标准接轨，从而融入全球普惠金融实践主流，进一步提升本国的经济增长区域与全球影响力。近年来，普惠金融联盟、全球普惠金融合作伙伴组织、世界银行扶贫协商小组等专业性国际组织相继成立，旨在督促各国政府践行普惠金融承诺，研究构建普惠金融指标体系,用于监测、评估各国推动普惠金融所取得的成效。

四、中国数字普惠金融指数

普惠金融是一个多维概念,度量普惠金融涉及不同维度的多个指标,这些指标都包含了度量普惠金融的有用信息,如果单独使用某一个指标或者某一维度指标,由于指标信息的不全面,可能导致对普惠金融状况和政策效果的错误解读。因此,需要用一种尽可能包含更多指标、更为综合的方法来全面度量普惠金融,编制普惠金融指数就是其中一个重要方法。

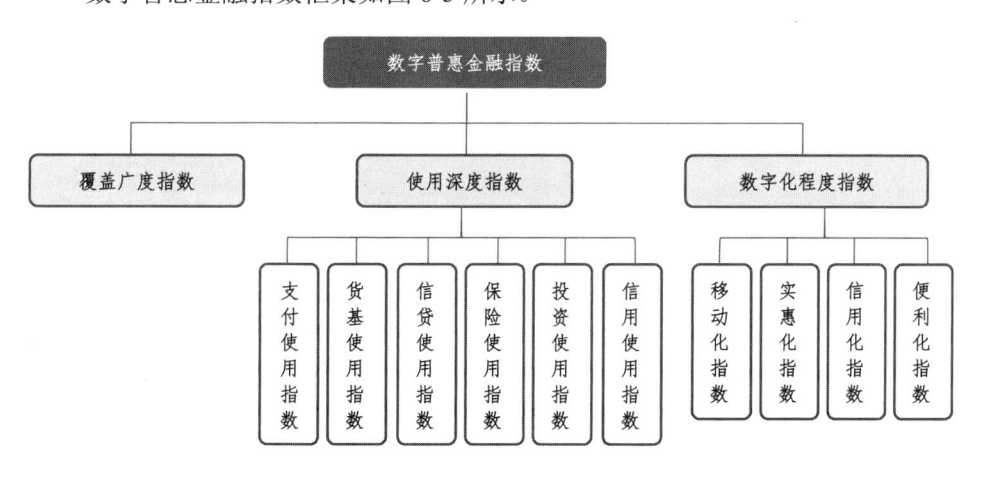

(一)数字普惠金融指数框架及指标体系

北京大学数字金融研究中心和蚂蚁金服集团联合课题组在 2019 年发布的《数字普惠金融指数(2011—2018 年)》,从创新性互联网金融的角度衡量数字普惠金融的发展。这个角度反映了现代金融服务的多元化——不仅包括银行相关金融服务,还包括投资理财、互联网保险和大数据征信等金融服务。具体来说,就是在现有文献和国际组织提出的传统普惠金融指标的基础上,综合传统金融服务和互联网金融服务的特征,结合数据的可得性和可靠性,从数字普惠金融服务的覆盖广度、使用深度和数字化程度三个维度来构建数字普惠金融指标体系。

数字普惠金融指数框架如图 6-5 所示。

图 6-5 数字普惠金融指数框架

数字普惠金融指标体系如表 6-2 所示。

表 6-2 数字普惠金融指标体系

一级维度	二级维度		具体指标
覆盖广度	账户覆盖率		每万人拥有支付宝账号的数量
			支付宝绑卡用户比例
			平均每个支付宝账号绑定银行卡的数量
使用深度	支付业务		人均支付笔数
			人均支付金额
			高频度（年活跃数 50 次及以上用户数占总活跃用户（年活跃 1 次及以上）的比例）
	货币基金业务		人均购买余额宝笔数
			人均购买余额宝金额
			每万人支付宝用户购买余额宝的人数
	信贷业务	个人消费贷	每万人支付宝成年用户中有互联网消费贷的用户数量
			人均贷款笔数
			人均贷款金额
		小微经营者	每万人支付宝成年用户中有互联网小微经营贷的用户数量
			小微经营者户均贷款笔数
			小微经营者平均贷款金额
	保险业务		每万人支付宝用户中被保险用户数
			人均保险笔数
			人均保险金额
	投资业务		每万人支付宝用户中参与互联网投资理财人数
			人均投资笔数
			人均投资金额
	信用业务		自然人信用人均调用次数
			每万人支付宝用户中使用基于信用的服务用户数（包括金融、住宿、出行、社交等）
数字化程度	移动化		移动支付笔数占比
			移动支付金额占比
	实惠化		小微经营者平均贷款利率
			个人平均贷款利率
	信用化		花呗支付笔数占比
			花呗支付金额占比
			芝麻信用免押笔数占比（较全部需要押金情形）
			芝麻信用免押金额占比（较全部需要押金情形）
	便利化		用户二维码支付的笔数占比
			用户二维码支付的金额占比

（二）研究数字普惠金融指数框架和指标体系所得出的结论

运用指标无量纲化方法、变异系数赋权法和指数合成方法，将上述30余个数字普惠金融指标合并成一个数字普惠金融指数，得出以下主要结论。

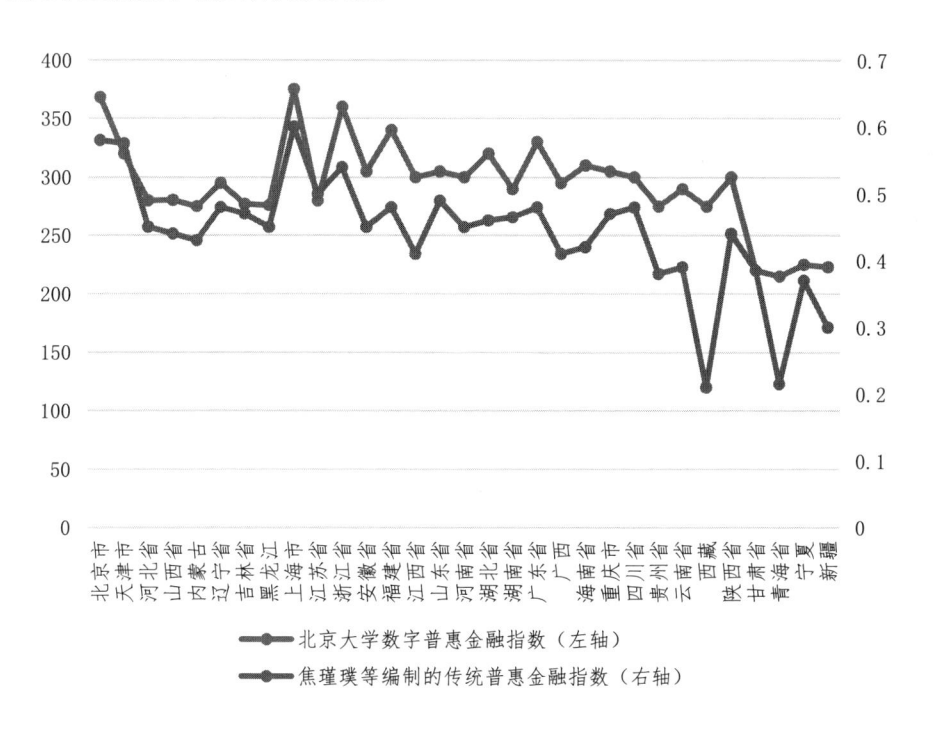

1. 数字普惠金融指数与传统普惠金融指数正相关

关于数字普惠金融与传统普惠金融的关系，历来是有争论的。如图6-6所示，数字普惠金融和传统普惠金融存在很显著的正向关系。例如，数字普惠金融指数和焦瑾璞等（2015年）编制的传统普惠金融指数之间的相关系数高达0.74。因此，传统普惠金融发展得好的地区，数字普惠金融发展得也好。再如，从传统金融机构信贷余额/GDP（2013年数值）衡量的传统金融深化程度与数字普惠金融指数（2018年数值）之间的关系看，两者也呈现非常显著的正相关关系（见图6-7）。这说明数字普惠金融的发展离不开传统普惠金融的发展，两者是相互促进和相互补充的关系。

图6-6 数字普惠金融指数和传统普惠金融指数

数据来源：北京大学数字普惠金融指数。

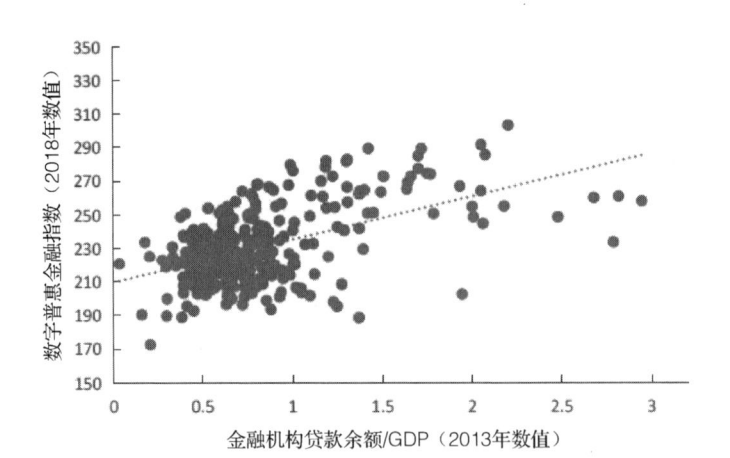

图 6-7　金融机构贷款余额/GDP（2013 年数值）和数字普惠金融指数（2018 年数值）

数据来源：北京大学数字普惠金融指数、中国区域统计年鉴。

2. 数字普惠金融指数与经济发展水平正相关

这里我们进一步分析数字普惠金融指数与经济发展水平之间的关系。图 6-8 显示，经济发展水平越高的地区，数字普惠金融指数发展程度也越高。不过，一些城市（主要是资源性城市）人均 GDP 很高，但其数字普惠金融指数并不高。如图 6-9 和图 6-10 所示，数字普惠金融指数与经济发展水平正相关的关系，主要源于数字普惠金融的覆盖广度和使用深度，而图 6-11 则显示数字普惠金融数字化程度与经济发展水平的相关性较弱。

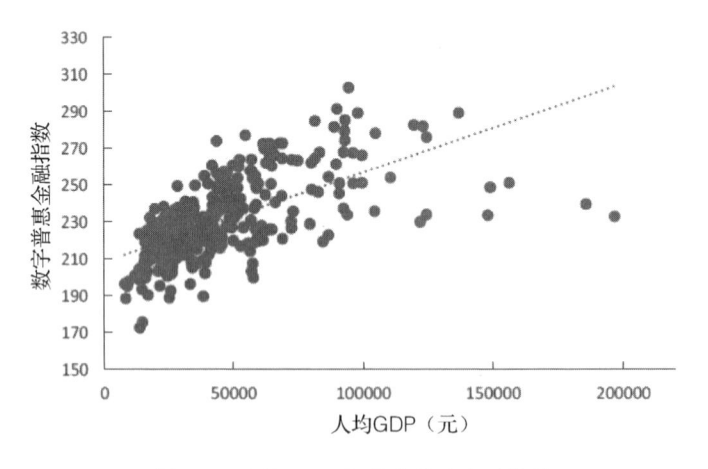

图 6-8　人均 GDP 与数字普惠金融指数

数据来源：北京大学数字普惠金融指数、中国区域统计年鉴。

第六章　区块链促进普惠金融发展

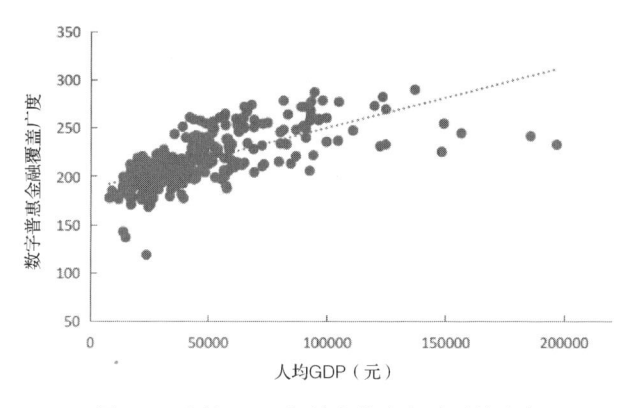

图 6-9　人均 GDP 与数字普惠金融覆盖广度

数据来源：北京大学数字普惠金融指数、中国区域统计年鉴。

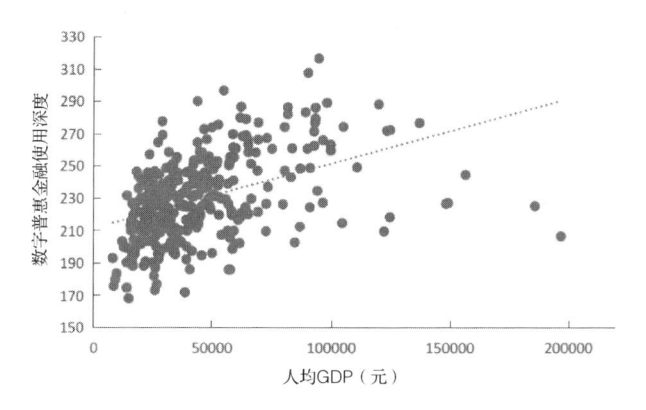

图 6-10　人均 GDP 与数字普惠金融使用深度

数据来源：北京大学数字普惠金融指数、中国区域统计年鉴。

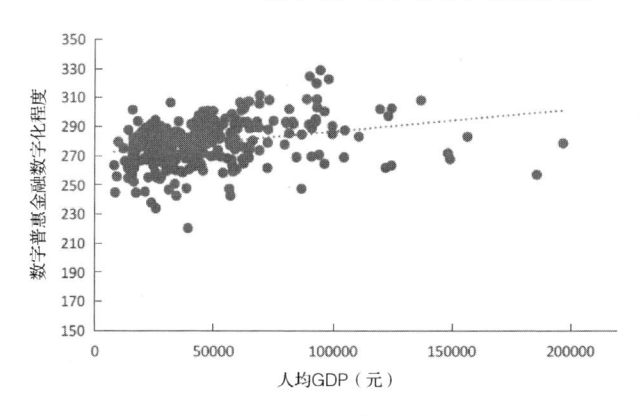

图 6-11　人均 GDP 与数字普惠金融数字化程度

数据来源：北京大学数字普惠金融指数、中国区域统计年鉴。

数字普惠金融是实现低成本、广覆盖和可持续的普惠金融的重要模式。近年来，数字普惠金融的实践也初步证明了这种模式的可行性、可复制性，尤其是数字普惠金融为经济落后地区实现普惠金融赶超提供了可能，并为广大中低收入人群和弱势群体获得覆盖更广、使用深度更大的金融服务奠定了基础。此外，与2011—2015年的指数相比，数字普惠金融在2016—2018年也发生了非常明显的变化，特别是数字普惠金融使用深度的增长已经成为数字普惠金融指数增长的重要驱动力，数字普惠金融的覆盖广度和数字化程度的增速虽然依然可观，但与增速相比已经有所放缓，这说明中国的数字普惠金融已经走过了粗放式的"圈地"时代，进入了深度拓展的新阶段、新时代。

第三节 区块链与普惠金融的未来

普惠金融在当前遭遇到一系列挑战，主要有供需失衡、多样性不足、信息不对称、生态脆弱等。而在这些方面，区块链可以为普惠金融提供一定的帮助。当然，普惠金融在引入区块链技术的过程中，也有应该注意的地方。本节还讨论了全球普惠金融未来发展中的五大趋向。

一、普惠金融的主要挑战

虽然近年来普惠金融的发展已经取得了令人瞩目的成就，但仍存在一些挑战。针对普惠金融的可得性、多样性、稳健性和可持续性特点，主要存在以下四个方面的挑战。

（一）供需失衡

我国普惠金融发展存在供需关系失衡的问题。从需求端看，以小微企业为例，其整体数量大、个体规模小。从供给侧看，主要是普惠金融市场的供给主体数量总体不足，结构不均衡。普惠金融资源配置的差异性显著，普惠金融供给不平衡、不充分问题突出，制约着普惠金融深度与广度的推进。供需失衡主要体现在以下两个方面。一是我国人口和企业数量众多，受空间性排斥、机会性排斥和价格性排斥等多重因素的影响，普惠金融服务供给渠道有限。特别是随着经济社会的发展，以及普惠金融需求层次的提升，普惠金融供给如何在满足基本需求的基础上，有效对接产业化、市场化需求以升级供给，提升供给质量和效率面临重大考验。二是我国的普惠金融市场在运行过程中无法完成理想的对全体社会弱势群体的利益保护,大型企业及相对富裕的群体在接受金融服务的过程中面对的阻力往往较小,但是与之相反的是弱势群体在接受金融服务的过程中往往面临着很大的阻力,这就是金融产品在社会阶层中的不公平分配引发的普惠金融产品的实际运作和想象中不一致的问题。

此外,金融资源在分配过程中的预期是资金最终满足弱势群体的生活、生产需要,但是在实际的运行过程中这些资金最终流向了社会优势群体的手中,这实际上是金融利益配置不平等的问题。

(二)多样性不足

普惠金融注重金融产品和服务的全面性与多样性,要能提供综合化的金融服务,这不仅要包括基本的信贷业务,还要包括客户其他方面的金融需求。当前的金融体系还未能提供全面、有效的产品和服务。一方面,小微企业主们对金融服务的需求也在日益增长,出现了保险、租赁、理财等方面的需求,而目前的金融产品和服务综合化、多元化趋势不明显。另一方面,农村地区随着家庭农场、专业大户、现代涉农企业等新型农业经营主体的大量涌现,其金融需求也随之变化。传统的存、贷、汇业务和柜面服务方式,已经不能适应快速发展的市场需要,农村相关金融产品创新不足,亟待优化服务流程,创新支付方式。

(三)信息不对称

信息不对称产生的风险隐患是中小企业融资难、融资贵的根本原因。由于弱势地区、弱势产业、弱势群体发展基础相对较差,信息不对称和担保抵押不足的问题比较严重,融资活动呈现出明显的低收益、高风险特征,普惠金融的稳健性受到挑战。信息不对称导致商业银行在叹息缺乏有效信贷需求的同时,又望洋兴叹于庞大的小微信贷市场。这是因为传统的银行融资方式和技术,既无法满足面广量大、需求急迫的中小企业和个人融资需求,亦无法有效控制利率成本与信贷风险。

金融机构在如何平衡好发展与风险的问题上常常陷入两难境地,提高利率覆盖成本会带来融资贵问题,压低利率则可能使融资难问题抬头。再则,普惠金融的受众往往分布在金融基础设施薄弱、银行网点缺少甚至无网点的农村和边远地区,银行要投入更多的网点成本和服务成本,增加的收益无法覆盖成本也势必会增大运营风险。

(四)生态脆弱

普惠金融知识普及不足,特别是信息化知识普及不足,我国城乡之间还存在较大的数字鸿沟。并且，由于信用信息呈现碎片化的趋势，未能实现互联互通，普惠金融的量化指标体系、社会征信系统、农村电子支付系统等都相对比较薄弱。普惠金融生态环境，特别是农村地区的金融生态，仍然较为脆弱，缺乏适合农村社会特点的征信、评估体系和信息共享机制，缺失有效的失信惩戒和信用重建机制等。总体来看，普惠金融发展的内生动力不足，缺乏系统性、制度性安排来补齐普惠金融领域制度短板，商业可持续性面临挑战。

二、区块链技术助力普惠金融

解决普惠金融的问题可以从金融科技寻找解决方案。区块链提供了一种全新的视野来俯瞰各类金融业务，区块链将成为金融领域的技术重构者、业务重构者及金融生态重构者。

（一）在解决信息不对称的问题上，区块链提供了解决方案

由于小微企业和低收入人群缺乏有效的抵押物、质押物，商业银行难以甄别还款来源，风险较高。而运用区块链技术，可以完整记录小微企业日常交易数据等信息，商业银行可以有效判断客户的信用等级与信用水平，显著提高风险识别能力和授信审批效率，使向小微企业和低收入人群提供有效金融服务成为可能。基于区块链技术不可篡改性、公开性、可追溯性的特点，构建金融场景，使资金流、商品流和信息流可视与可控、透明与可靠，从而使风险控制从单客户、单品种、局部化、碎片化的管理方式，向业务关联、上下游联动、跨账户交易的大数据风控方式转变。

（二）区块链技术可以从根本上改变中介化的信用创造方式

区块链可以通过一套基于共识的数学算法，在机器之间建立信任网络，借助技术背书实现信用创造。在区块链的算法证明机制之下，参与整个系统的每个节点彼此进行数据交换无须重新建立信任过程，就可以通过点对点网络同步记录的数据，实现数据的分布式共享。因此，这将对金融机构特别是银行的信贷评估产生深远的影响。目前，在国家发展普惠金融的过程中，小微企业的信用背书不充分并对其信贷使用度产生限制，而如何改良信用评估体系，让更多信用资质信息纳入银行服务系统是金融科技发展的一个重头项目。区块链技术正好提供了一个可以跳出人为局限的技术方案，这或将成为金融科技发展过程中前所未有的机遇。例如，通过政府、企业和金融机构共同构建的供应链金融平台，能够在企业授权的前提下，真实可信地共享小微企业的经营数据，

这大大降低了银行前期尽职调查的成本，同时降低了信用风险，智能合约还能实现智能放贷、智能收取利息和智能风控等，进而助力金融更好地服务实体经济。

（三）区块链技术的应用能够显著降低金融应用成本

区块链的信息格式统一，可以减少不可避免的失误带来的损耗，同时可以避免电子信息与纸质信息转化带来的浪费；联盟链建立后，客户只需要授权即可共享信息，减少经验不足带来的时间损耗；使用智能合约增加约束力，则可以减少转账时间长带来的资金损耗。传统资金到账大约需要5个工作日，其中涉及放款机构内部流程、银行转账流程等，利用区块链可避免这种资金使用效率低的问题，实现即时到账。

（四）区块链技术的出现和应用为信息保护提供新屏障

当前，随着经济的不断增长，随之产生的数据信息也呈几何级增长，形成了海量信息。通常，信息可以分为共享信息、专有信息、私密信息。共享信息要求在进行共享时保持其真实性，因此就必须维护其权威性；专有信息强调的重点在于归属性，因此必须维护其知识产权；私密信息强调的是可靠性和安全性，因此需要维护其安全。互联网的发展在一定程度上促进了信息的产生和传播，但同时也存在一些欠缺，即难以证明共享信息的真伪性、难以维护专有信息的知识产权、难以维护私密信息的安全性。也正是基于这些原因，互联网平台上诸如伪造共享信息进行诈骗、盗用私密信息进行诈骗的事情频频发生。信息得不到很好的保护，在损害了民众利益的同时，也在很大程度上影响了金融服务在民众中的普及。区块链的分布式功能，通过构建分布式数据库系统和参与者共识协议，保护数据的完整性。区块链的时间戳功能通过生成一定时间段的信息区块链及区块链间首尾相连的数据链，使形成的数据具有可追本溯源、可逐笔验证、不可随意更改、不可伪造的特点；每个参与者在生成信息区块时加盖时间戳，能够证明原创性和所有权的归属问题。区块链的非对称加密功能对保护信息的私密性具有重要作用。

在探索了区块链可能解决的问题后，再来看看区块链在具体金融行业的应用。区块链最早受到银行业的关注，主要集中在支付领域。传统支付系统依靠中心化方式，如跨境支付 SWIFT 系统需要各银行之间进行交互，流程长、效率低、交易成本高。采用区块链技术的支付系统能实现资金实时清算，显著提升效率和降低交易成本。花旗银行和瑞士银行等一批国际银行已开展区块链坍缩实验和进行技术储备（见表6-3）。其中最有活力的是40多家国际银行组成的区块链联盟组织 R3CEV，该组织致力于打造一个开源、通用的分布式账本。各银行希望利用区块链技术，在不需要中心节点的情况下，构建银行之间的互信关系，打造扁平化的支付系统，突破现有的跨境支付系统之间的割裂状况和额度限制，以提升支付效率并降低交易成本。

表 6-3　区块链技术在部分银行的应用现状

金融机构	发展情况
R3CEV	40 多家国际银行组成的区块链联盟组织
巴克莱银行	首家实验 R3CEV 区块链联盟的分布式账本的组织
花旗银行	已经开发了 3 条区块链，并在其中试运行花旗币
荷兰银行	探索使用区块链技术提升支付和金融交易的速度并降低成本
瑞士银行	在伦敦开设专门的研究机构，致力于金融业区块链技术的应用研究

在证券行业，区块链的技术应用实例主要集中在私募股权领域，比较典型的应用包括 Linq 平台和 Overstock 平台等。以 Linq 为例，这是纳斯达克于 2015 年年末推出的基于区块链技术的金融服务平台和私人股权管理平台。该平台的核心优势在于通过提供不可篡改且可永久保存数据的区块链技术，解决以人工处理方式进行股权交易时可能产生的可篡改和数据错误等问题。区块链技术在证券行业的应用现状如表 6-4 所示。

表 6-4　区块链技术在证券行业的应用现状

项目	发展情况
Linq	Linq 是纳斯达克推出的基于区块链技术的金融服务平台和私人股权管理平台，2015 年 12 月 Linq 完成了首个基于区块链的私募股权交易
Overstock	Overstock 已正式运营去中心化股票市场，并获得美国证券交易委员会批准在区块链中发行数字股票
Bitshares	Bitshares 在开源的比特币协议之上，设计了比特股协议，实现了多种形态数字资产的去中心化交易平台
Coinsilium	区块链投资公司 Coinsilium 在伦敦 ISDX 交易所 IPO（首次公开募股），成为世界上第一家成功上市的区块链技术公司
Swarm	Swarm 是基于区块链技术的去中心化众筹平台
SETLcoin	高盛以比特币区块链为蓝本，开发了通过加密货币进行证券交易结算的系统 SETLcoin，并已将基于区块链技术设计的交易结算系统申请专利

（五）普惠金融在引进区块链技术过程中不可忽视的问题

区块链技术在金融领域的应用，提供了一种新角度下的、适用于资产权益证明的发放与流通环节的新型解决方案，目前来看并未对金融领域生产关系产生颠覆性的影响。由于区块链技术本身还未成熟，目前普惠金融引进区块链技术的过程中存在的一些问题不可忽视。

一是技术角度，其交易性能、存储容量、计算资源消耗、安全性等方面都无法直接匹配目前各类业务需求。例如，前期美国 The DAO 众筹项目智能合约被攻击，损失市值超过 6000 万美元的以太币，虽然后续社区采取了以太坊硬分叉来保护投资者的财产，但整个事件如果发生在传统金融行业将是致命的打击。为解决上述问题，衍生出了联盟链、私有链、侧链这些架构，以及 PoW、PoS、DPoS 等一系列共识机制，这些都是新兴技术发展初期的通病，体现为技术版本更新快、标准五花八门，其发展成熟至逐步统一需要相当长一段时间的市场检验。

二是业务场景落地还需时日。区块链技术之所以是颠覆性的变革，主要体现在它对业务系统的改造往往是底层平台级的，特别是和金融系统底层架构的融合，这是一项巨大且复杂的工程，相当于核心系统再开发，其耗费的人力成本、物力成本和项目风险都比较高。因此，我们看到目前市场上除了比较稳定的比特币体系，其他区块链项目绝大部分均属于概念验证阶段，尚无大规模应用。

三是监管方同样面临巨大挑战，需要尽早介入，同步制定相关法规，同时将技术规则纳入监管体系，以确保整体行业健康有序地发展。区块链作为新型技术，尚处于不断发展的阶段，因此需要监管部门根据技术的发展不断创新监管理念，针对基于区块链技术的产品和模式可能出现的监管漏洞，及时调整和完善相关法律，这无疑加大了监管难度。

三、全球普惠金融的未来

在普惠金融的问题上，资金需求方往往希望低成本地获得金融服务，而资金供给方则希望高回报地提供金融资源，这就形成了"普惠金融的悖论"。但是，如果能够以发展的眼光看问题，就会发现市场竞争的加剧和交易成本的下降通常能够使金融市场以更加温和、持久的"帕累托改进"方式扩张。

2018 年世界银行发布的《全球普惠金融指数报告》表明：全球账户拥有率持续提升，已有 68.52% 的成年人至少拥有一个储值交易账户；数字支付的使用率快速增长，全球有 52.26% 的成年人在过去一年中至少使用过一次基于账户的数字支付方式；正规储蓄的使用率出现小幅下降；正规借贷的使用率维持基本不变；财务应变能力的下降幅度较大。但与此同时，世界上仍有约 17 亿名成年人没有获得最基础的金融服务，且几乎全部生活在发展中国家；全球账户拥有者中 19.52%为非活跃用户；不同国家、人群间的金融服务差距广泛存在，以账户拥有率为例，高收入国家和中等收入国家间的差距达到了 28.40%，女性和男性间存在 7.42%的差距。

普惠金融未来主要有以下五大趋势。

第一，普惠金融制度基础将逐步健全完善。随着国家对普惠金融的提倡及重视，针对互联网金融的法律支付和监管政策将逐步完善，普惠金融监测指标体系有望从局部到整体得到建立。随着经济发展的动力转换、技术进步和政策支持的叠加效应，普惠金融发展的外部环境不断优化，特别是随着供给侧结构性改革的推进，普惠金融将成为金融机构特别是中小金融机构实施差异化战略转型的蓝海。

第二，金融科技特别是大数据及区块链技术将成为普惠金融发展的重要手段，大力赋能普惠金融。数字技术的升级和应用，让信息采集、风险识别、用户管理等变得更准确和易获取，降低了运营成本，同时让风险定价更加科学化。互联网技术和移动互联网技术的应用则彻底改变了传统信贷行业的地域限制，让金融资源可以在全国甚至全球范围内得到最优化的配置，让普惠金融的规模化成为现实。

第三，消费金融未来有很大发展空间。普惠金融面向的农民、城镇低收入人群等收入虽低，但是在租房、结婚、家电、装修等方面的消费是刚性需求，大众参与途径与门槛获得提升后，消费金融在这些市场将有很大的增长空间。

第四，普惠金融产品不断创新。当前，在基本金融服务需求已经基本保障，创新金融产品和服务手段如何拓展普惠金融供给的广度、深度，将是普惠金融发展的主题。

第五，普惠金融走向平台化、综合化。现在普惠金融的综合化内涵比较单薄，如利用农业保险、小额信用保证等，为农民、农民企业、农村合作社担保放贷，和整个生产流通的环节密切相关。未来应该是把价值链条的每个环节打开，相关机构、市场主体，包括金融机构和非金融机构、科技公司和非科技公司，共同寻找每个环节上自己最能够实现专业化的领域来全方位合作，不断打造包括征信、风控、信贷、支付、保险等在内的金融生态闭环。

第七章
区块链与金融风险管理现代化

对于金融风险，历来就有管理。现在我们要在探讨一般金融风险管理的基础上，探讨区块链怎样助力金融风险管理现代化，区块链在其中发挥了什么样的作用？而要探讨金融风险及金融风险管理，就需要从探讨一般风险入手。

第一节 传统金融的风险类型

要了解传统金融的风险类型，首先要了解风险。风险是一种比较普遍的现象，是客观存在、经常发生的。人们对风险的界定还不尽统一；而对于风险类型的划分，也有着不同的理解。

一、研究者对风险的认知

现代意义上的风险，其涵义日益复杂，而不同的学科领域往往赋予风险以不同的涵义。目前，学术界尚未对风险的涵义达成高度统一的意见。鉴于不同的学者对风险一词有着不同的理解和认知，且各个学者的研究专长领域以及研究风险的角度各不相同，所以对风险的内涵有着不同的诠释。

认知之一：风险是事件未来可能结果发生的不确定性。A.H.Mowbray (1995) 称风险为不确定性[①]；C.A.Williams (1985) 将风险定义为在给定的条件和某一特定的时期，未来结果的变动[②]；March & Shapira 认为风险是事物可能结果的不确定性，可由收益分布的方差测度。这种认知的特点是：将风险与结果的不确定性紧密联系。

认知之二：风险是损失发生的不确定性。J.S.Rosenb（1972）将风险定义为

[①] 林勋亮，徐辉. 知识创新成果转化风险效应及其利益机制分析[J]. 广东社会科学，2011（1）：36-38.
[②] 谭志成，彭松. EPC 项目财务风险管理[J]. 经济视角，2011（4）：34-35.

损失的不确定性；F.G.Crane（1984）认为风险意味着未来损失的不确定性。[①]朱淑珍（2002）在总结各种风险描述的基础上，把风险定义为：风险是指在一定条件下和一定时期内，由于各种结果发生的不确定性而导致行为主体遭受损失的大小以及这种损失发生可能性的大小，风险是一个二位概念，风险以损失发生的大小与损失发生的概率两个指标进行衡量。这种认知的特点是认为风险与损失密切相关。

认知之三：利用不确定性的随机性特征来定义风险。风险的不确定性包括模糊性与随机性两类。模糊性的不确定性，主要取决于风险本身所固有的模糊属性，要采用模糊数学的方法来刻画与研究；而随机性的不确定性，主要是由于风险外部的多因性（即各种随机因素的影响）造成的必然反映，要采用概率论与数理统计的方法来刻画与研究。这种认知以不确定性的随机性来定义风险，与上述两种认知有一定的不同。

认知之四：风险是由风险构成要素相互作用的结果。风险因素、风险事件和风险结果是风险的基本构成要素，风险因素是风险形成的必要条件，是风险产生和存在的前提。风险事件是外界环境变量发生预料未及的变动从而导致风险结果的事件。它是风险存在的充分条件，在整个风险中占据核心地位。风险事件是连接风险因素与风险结果的桥梁，是风险由可能性转化为现实性的媒介。根据风险的形成机理，郭晓亭、蒲勇健等（2004）将风险定义为：风险是在一定时间内，以相应的风险因素为必要条件，以相应的风险事件为充分条件，有关行为主体承受相应的风险结果的可能性。[②]这种认知把风险与各种相关因素联系起来进行考察，能给人一定的启发。

笔者认为：狭义的风险，可以指个体或群体的人，利益、财产或名誉受到损失/损伤，健康或生命受到威胁；也可以指社会组织、国家和社会遭受的不利于正常发展的冲击和破坏。广义的风险，则指与人民福祉、社会稳定、国家昌盛等相违背的显在或潜在的比较大的不利因素。

自然的原因和社会的原因，都可能引发或造成风险；风险的发生总是与人、与生命相关。在没人居住没有生命存在的地方，山洪、泥石流、地震、龙卷风已经发生或即将发生，都不称其为风险。另外，有些风险可测，例如天气预报可以预测灾难性的天气可能造成的风险；有些风险则不可测，或者说人类目前还没有达到可以预测某些风险的水平。

德国著名社会学家乌尔里希·贝克多年前就提出，人类社会进入了风险社

[①] 孔刚，李倩. 现代企业领导者领导风险及其防范探究[J]. 经济与管理，2009（2）：23-25.
[②] 郭晓婷，蒲勇健. 风险概念及其数量刻画[J]. 数量经济技术经济研究，2004（2）：15-17.

会。其主要特征是：人类面临着威胁其生存的由工业社会所制造的风险。也就是说，风险社会的风险是由社会制造出来的；而这种风险又威胁着人类自身的生存。人类自从进入了风险社会以后，这样的风险愈益增加，可谓频频发生。从这个角度进行考察，金融风险中的一部分又属于社会自己制造的风险。

二、金融风险及相关风险

金融风险即指与金融有关的风险，金融市场风险、金融机构风险、金融产品风险、金融体系风险等都涵盖其中，也可以说，所有可能致使金融机构或金融企业发生财务损失的风险都可成为金融风险（值得一提的是：广义的金融风险同时考虑上侧风险和下侧风险，如 ISO31000 风险管理标准中对风险的定义"不确定性对目标的影响"。很多机构和从业者同时使用广义的金融风险定义和狭义的金融风险定义，体现了要驾驭风险而非被动规避风险这一风险管理题中应有之意）。传统的金融风险种类繁多。金融领域中的放贷、交易、投资、资金流通等各个环节、各个方面都会存在风险，包括市场风险、信用风险、流动性风险、操作风险等。除此以外还会有其他一系列的风险，例如技术风险、舆情风险等。

（一）金融本身的风险

1．市场风险

市场风险是指交易头寸、投资组合或衍生工具由于市场价格因素的不利变动而可能遭受的损失。广义的市场风险则是指市场价格因素的波动可能带来的收益或损失。市场风险与利率、汇率、股票、债券、商品等市场行情的变动息息相关，因此市场风险可以分为利率风险、汇率风险、证券投资风险和大宗商品风险等。其中证券投资风险又分为系统性风险（也称不可分散风险）和非系统性风险两种。系统性风险是影响所有资产的、不能通过资产组合而消除的风险。这部分风险是由那些影响整个市场的风险因素所引起的。这些因素包括宏观经济形势的变动、国家经济政策的变动、财税改革等。更具体而言，经济方面的有利率、现行汇率、通货膨胀、宏观经济政策与货币政策、能源危机、经济周期循环等；政治方面的有政权更选、战争冲突等；社会方面的有体制变革、所有制改造等。它们对市场上所有的股票持有者都有影响，无法通过分散投资来加以消除，它们是个别企业或行业所不能控制的，是社会、经济、政治大系统内的一些因素所造成的，影响着绝大多数企业的运营，所以投资者无论如何选择投资组合都无济于事。

2. 信用风险

信用风险有几层含义：狭义的信用风险是指债务人或交易对手方未能履行合约义务，导致给债权人或交易对手带来损失的风险，或者是金融市场中资产的信用质量发生变动，导致给资产持有人带来损失的风险。广义的信用风险是指，由于金融市场中资产信用质量变动而给资产持有人带来损失或收益的可能性。丧失信用者，可以是借款人、证券发行人或交易对手方。他们不愿履行合约义务或者无力履行合约义务，由此就会构成违约，使银行方、投资方或交易对手方程度不等地遭受损失。不愿履行承诺者的行为，属于怀有恶意的违约或毁约；无力履行承诺，虽然并不怀有恶意，但其行为客观上也构成了失信。银行面临的风险主要是信用风险，即由于交易对手不履行或不全履行承诺而形成的风险。这种风险大量存在于贷款中，从而形成坏账；但也经常发生在担保、租赁和证券期货投资等业务中。履约和违约等状态还会影响金融市场中与信用挂钩的金融产品，从而给这些金融产品的持有者或者交易者带来影响。

3. 流动性风险

2009年银监会（现为银保监会）印发的《商业银行流动性风险管理指引》中将流动性风险定义为：流动性风险指商业银行虽然有清偿能力，但无法及时获得充足资金或无法以合理成本及时获得充足资金以应对资产增长或支付到期债务的风险。流动性风险可以细分为资产流动性风险和负债流动性风险。前者是指：资产头寸无法轻易退出和变现，在市场深度不足或者市场崩溃时若要退出和变现，要么无法实现，要么虽能实现但要接受较大的折损，受此影响，无法偿付到期的负债，无法向需要者放贷，无法满足自身的投融资需要，由此给商业银行带来了资金风险，更重要的是带来了自身的信誉风险。后者是指：商业银行以往的融资尤其是存款资金，随内部和外部因素的变化而产生不规则的波动，或者根本不再能够融资来偿还债务，使商业银行遭到冲击，由此引发一定程度的损失并由此构成风险。风险将使商业银行无奈地、被动地作出资产负债调整，造成的损失可致使银行进入破产清算的绝境。

4. 操作风险

巴塞尔委员会将操作风险定义为：内部流程的不完善或失效、人力、系统以及外部事件所导致的风险。该定义涵盖了内部经营事件、外部欺诈、安全漏洞、监管影响、自然灾害以及部分法律风险，但它不包括战略和信誉风险。英国银行家协会将操作风险分为人力风险、流程风险、系统风险和外部风险。巴塞尔委员会将操作风险事件分为七种类型：内部欺诈、外部欺诈、雇佣政策和工作场所安全、客户、产品与业务操守、实体资产破坏、业务中断和系统失败、执行、交割和流程管理。①还可将操作风险损失事件按照八种业务类型——公司金融、交易与销售、零售银行、商业银行、支付与结算、机构服务与托管、资产管理、零售经纪——进行分类。例如,"乌龙指"事件就可以归入操作风险的范畴。"乌龙指"事件是指股票/期货的交易员、操盘手在交易时,不慎摁错键盘,从而在交易品种、价格、数量、时间、买进卖出等方面出现差错。2013年8月16日上午的A股暴涨,源于光大证券自营盘70亿的"乌龙指"。早盘多数时间以横盘震荡为主,11点05分左右金融、地产、石油等股均出现了诡异的直线飙升,沪指盘中一度暴涨100余点,涨幅达到5%,大爆发仅仅持续了两分钟左右,随后沪指虽有回落但升势不改,午盘的几分钟金融股全面暴动,沪指飙升冲上半年线。②涉及70亿元的"乌龙指",造成了股市的剧烈震荡,风险不可谓不小。当然,股市中的散户也可能发生"乌龙指"现象,造成的只是个人投资风险,一般来说不至于给整个金融市场造成巨大风险。

(二)与金融密切相关的风险

1. 经济次生风险

资本具有逐利的本能,而且往往没有底线。我们并不一概反对资本逐利;但倘若任由资本逐利,特定主体就很可能沦为资本的奴隶。在特定情况下,一场资本狂欢的盛宴之后,留给全社会的,将是价值观倒退的"烂摊子"。这就是经济次生风险。这种风险既可能对金融市场乃至实体经济造成严重不良影响,同时也可能严重污染社会风气。对此不能等闲视之。

2. 法律法规政策风险

法律法规风险也是现代金融企业面临的巨大挑战之一,法律法规风险是指由于企业对于法律法规的无知、忽略或误解,从而作出错误的行为,导致其承担不利的法律责任以及单方权益丧失的可能性。它贯穿企业经营的各个领域和各个阶段,具有极强的隐秘性。在现代市场经济中,法律法规风险同运营风险、市场风险、战略风险、财务风险一样成为企业风险管理的重点所在,有效识别、评估、防控法律法规风险已成现代企业不可或缺的生存能力。③

政策风险主要包括反向性政策风险和突变性政策风险。反向性政策风险是指市场在一定时期内,由于政策导向与金融业务发展方向不一致而产生的风险。

---

① 陆静. 金融风险管理[M]. 北京:中国人民大学出版社,2015,14.
② 陈国湧. A股暴涨内幕 光大证券自营盘70亿乌龙指[EB/OL](2013-08-16).
③ 戴娜娜. 企业法律风险防范[J]. 魅力中国,2019,(21):78.

当金融业务运行状况与国家调整政策不相容时，这种风险就会加大，各级政府之间的政策差异也会导致政策风险。突变性政策风险是指，管理层政策口径发生突变而给金融业务造成的风险。国内外政治经济形势的突变会加大金融业务的政策风险。

从金融市场整体来看，还存在着金融领域犯罪行为引起的风险。不法分子中有人在资本市场中实施违法犯罪的"圈钱""套利"行为，有人设置庞氏骗局引诱投资者上当受骗（而且屡屡得手），有人进行洗钱活动，有人进行金融传销，有人从内部通过"老鼠仓"行为有意识地向有关对象进行利益输送，如此等等，不一而足。这些行为、活动已经触犯刑法，有关行为人将受到法律的制裁，其行为、活动所造成的风险，是不言而喻的。

3. 技术风险

"技术仅是一种手段，它本身并无善恶。一切取决于人从中造出什么，它为什么目的而服务于人，人将其置于什么条件之下。"[①]技术风险伴随技术创新而产生，一方面，从风险概率的角度来理解，技术风险是指技术发展的不确定性因素导致相关主体利益损失和损害的可能性，即客观意义上的技术风险；另一方面，从人们的主观判断角度来理解，技术风险是指人们对一项创新技术可能产生的不利影响的认知与判断。核技术、生物技术、空间技术和化学技术所造成的财产和人员损失，比起自然灾害、交通事故、局部冲突与战争以及煤矿事故等所造成的损失要小得多。到目前为止，转基因技术还没有危害人类生存的明显证据，却被认为是有可能引发人类毁灭性灾难的技术。[②]金融风险中的技术风险是指随着金融信息系统的不断复杂化，在金融业务和活动开展的过程中，由金融信息系统所引发或产生损失的风险。在很多场合，技术风险被视作操作风险的一部分。

4. 声誉风险和舆情风险

根据巴塞尔委员会2010年12月发布的第三版巴塞尔协议的定义，声誉风险 是利益相关方，包括顾客、债权人和交易对手等，提出负面评价而对银行的经营能力、发展客户能力产生负面影响的风险。中国银保监会2021年2月8日发布的《银行保险机构声誉风险管理办法（试行）》指出：声誉风险是指由银行保险机构行为、从业人员行为或外部事件等，导致利益相关方、社会公众、媒体等对银行保险机构形成负面评价，从而损害其品牌价值，不利其正常经营，

---

① [德]雅斯贝尔斯.历史的起源和目标[M]，北京：华夏出版社，1989，142.
② 闫坤如. 对技术风险的主体信念度分析[J]. 学术研究，2014，(2)：9-12.

甚至影响到市场稳定和社会稳定的风险。声誉事件是指引发银行保险机构声誉明显受损的相关行为或活动。《办法》还指出,"银行保险机构应建立声誉风险监测机制,充分考虑与信用风险、保险风险、市场风险、流动性风险、操作风险、国别风险、利率风险、战略风险、信息科技风险以及其他风险的关联性,及时发现和识别声誉风险。"

更广义的,对于全市场而言,存在与金融密切相关或由金融引起的舆情风险。比如由P2P网贷所引起的金融风险。因为涉及的投资者众多,而吸资融资者又常常设置了庞氏骗局,最后,吸资融资者自己"跑路"而投资者血本无归。人数众多的投资者常常通过微信群交流信息、商量对策、发泄情绪。我们知道情绪是舆情的构成部分(舆情的另外两个构成部分是意见——公开发表的和没有公开发表的——和态度)。情绪是舆情中最难把握和引导的部分。个人和群体的情绪在表露以后,会引起他人的强烈共鸣,由此产生相互感染和传染。公众的情绪一旦被引爆,在特定条件下会形成舆情风险。舆情风险即造成社会及群体心理震荡的舆情大起大落。现实的投融资风险与相应的舆情风险相叠加,就会因被放大而产生倍增和共振效应,由此会造成人心和社会不稳定。金融风险常常会引发舆情风险,而舆情风险往往会加剧金融风险。P2P网贷平台上的挤兑现象,从一个角度看,它是金融风险;但是从另一个角度看,它又是舆情风险。在这种情况下,金融风险和舆情风险完全融合在一起并发生共振了。因此,对舆情风险的危机性质和危机后果不能小觑。

三、风险管理及金融风险管理

风险管理这一术语,由美国的Snider(1991)和Gallagher(1956)分别提出,之后在金融、经济、保险、医疗及工程等各领域迅速发展,现已形成相应理论和方法体系。金融经济领域与此相关的成果数度获诺贝尔经济学奖(Arrow, 1972;Markowitz, 1990;Merton和Scholes, 1997;Engle, 2003)。国际标准组织在ISO 31000:2009《风险管理标准》中将风险定义为"不确定性对目标的影响",影响可为正面或负面。这与风险社会理论中偏负面的风险有所不同。风险管理被定义为"针对风险领导和控制组织的协同行动"。笔者认为:狭义风险管理即"避害",广义风险管理即"趋利避害"。"避害"就是避免受到侵害、损害。如果能这样,也就达到了风险管理的目的和目标了。"趋利避害",趋向有利的一面,避开有害的一面,即驾驭风险、与风险共舞之意。无论是狭义的风险管理还是广义的风险管理,都并不是容易做到的,这里涉及对风险的研判分析和做出规避风险的决策。如果研判分析出错,风险管理也就会跟着出错;在错误的研判分析的基础上所做出的决策也不可能是正确的。

第二节　金融互联网化的新风险

自20世纪90年代中后期起，我国开始出现金融互联网化的趋势，传统金融逐渐向互联网化的金融转变。与传统金融相比，金融互联网化最主要的革新表现在于金融业务逐步实现了电子化和网络化，传统金融业与新兴互联网实现了融合。2012年，"互联网金融"概念首次被提出；2013年是互联网金融元年。金融互联网化逐渐成为现实存在。互联网金融在带来重大利好的同时，也给金融业带来了各种风险，包括潜在风险。

一、互联网金融是传统金融机构与互联网的有机结合

互联网金融是指基于互联网和移动通信技术完成金融业务的一种新型的金融模式。它同传统金融的最大不同在于：金融业务活动是通过（移动）互联网完成的。电子银行、网上银行、手机银行等都属于互联网金融的范畴。互联网金融是互联网技术和金融业联姻所形成的产物。在其背后起支撑作用的，有数据处理技术、通信技术、移动互联技术、大数据技术、人工智能技术等。互联网金融，改变了传统的金融业态，孕育了新的金融工具，培育了新的金融产品，改变了金融原有的经营方式，提升了金融服务的效率，扩大了金融服务的边界。总之，相比于传统金融，互联网金融成就了一种新的金融范式。

互联网金融模型的原型首次出现在20世纪90年代。1995年10月，全球第一家互联网银行——亚特兰大美国安全第一网络银行（SFNB）正式开业。SFNB被认为是互联网金融发展历史上的一个标志性事件。从那时起，互联网金融逐渐在一些国家和地区（如欧洲和日本）出现。到目前为止，学者们通常将互联网金融发展分为三个阶段。第一阶段始于互联网技术和互联网应用程序的出现。金融业使用互联网为客户提供金融产品和服务，这个阶段实际上是互联网金融的萌芽时期。第二阶段是从20世纪90年代中期到2010年，这是互联网金融的探索时期。利用技术优势，互联网企业将业务触角不断向传统金融行业延伸，并开始与金融机构进行融合，逐渐形成了相对专业的互联网金融业态。第三阶段自2010年起至今，各种互联网金融机构不断涌现，互联网金融加速发展。从全球范围看，许多互联网公司，风险投资和非金融机构正在进入金融领域，互联网技术尤其是移动互联网和移动通信技术的发展，为金融消费者

提供越来越多的产品和服务。[①]

互联网的本质是"开放、平等、协作、分享"。互联网金融不仅体现了互联网的特性，而且反映了公众和平台对金融的参与。过去只能通过中介完成的金融交易，现在可以立即通过互联网平台完成。互联网金融一方面削弱了对专业的要求，另一方面也提高了金融交易的效率，降低了金融交易的成本。

互联网金融所提供和满足的正是传统金融所无法覆盖的碎片化需求，因此具有利基市场的长尾需求特征。此外，互联网金融弥补了传统金融的不足，拓宽了传统金融模式下的市场边界。一则，交易双方基于互联网平台进行交易，可以节约交易过程中的信息成本、搜寻成本和合约成本，因此，互联网金融一定程度上降低了金融消费者的综合成本和机构运营成本；二则，由于互联网金融水平的分工模式，互联网金融机构的组织结构相对简单，便于决策，不仅灵活有效，而且从根本上提高了效率。可以说，互联网金融与普惠金融一样具有可获得性的本质特点。

近年来，中国的互联网金融在某些领域取得了长足的进步，以下从几个方面简要说明我国互联网金融发展的基本情况。[②]

一是进入规范发展阶段。我国互联网金融的快速发展带来了一些不规范的问题，自2017年开始，国务院就开展了互联网金融的专项整治工作，行业风险案件高发、频发势头已经得到初步遏制，进一步优化了行业的发展环境。

二是网上银行业务表现出色。目前，网上银行业务已成为全国银行业务的旗舰，占全国银行业务的70%，其便利性和安全性得到了消费者的认可。当然，不仅银行提供了网络服务，保险和基金等许多其他行业也加入了网络服务大军。

三是业务众多，包括第三方支付、互联网保险业务、基金销售、股权融资等。

四是"鲶鱼效应"突出。互联网金融的快速发展带动了传统金融的转型和创新，两者相互促进，共同推动了我国金融业的长足发展，促进了我国经济的创新升级。

二、互联网在金融领域将自己的优越性发挥到极致

互联网有着"开放、平等、协作、分享"的精髓。互联网金融同样体现了这些精髓。相比传统金融，互联网金融显现出很大的优势。因此，互联网金融与传统金融的区别不仅仅在于金融业务所采用的媒介和手段不同，更为重要的

---

① 孙国茂. 互联网金融：本质、现状与趋势[J]. 理论学刊，2015，（3）：44-57.
② 李奕蒙. 互联网金融的业态现状和发展思考[J]. 中国国际财经，2018，（3）：231-232.

是存在方式和思维方式的迥异。互联网金融，使得金融业务的透明度更高、金融消费者和投资者参与度更高，金融消费者和投资者与金融企业之间的互动性更强，金融业务的中间成本更低，业务操作的效率更高、效果更好。

有学者指出：可以通过互联网技术手段，最终让金融机构离开资金融通过程中曾经的主导地位，因为互联网的分享、公开、透明等理念让资金在各主体之间的流转会非常直接、自由，而且违约率低，金融中介的作用会不断弱化，从而使得金融机构日益沦落为从属的服务性中介地位，不再是金融资源调配的核心主导地位。也就是说，互联网金融模式是一种努力尝试摆脱金融中介的行为。[①]

三、互联网带来了许多新的金融风险

（一）信用风险

信用风险被认为是互联网金融首要的和主要的风险，又是难以避免的常见风险。一般而言，面对面的交易，诚信度相对较高；而人与人不见面情况下的交易，诚信度就会大打折扣。互相知道对方身份且知根知底的交易，诚信度相对较高；而互相不了解甚至处于匿名状态的交易，诚信度相对较低。而互联网金融为互不了解对方底细甚至隔空对话式的交易提供了可能性。这里存在两个问题：一是某些互联网金融企业在披露自身资质和相关佐证材料时不讲诚信，炮制虚假信息，使其客户上当受骗；二是金融企业对客户征信情况不了解，也无法了解得很清楚。存在于线上虚拟环境中的交易，交易双方的信息存在严重的不对称性。比如，P2P网络信贷模式中，线上人员在对借款人情况进行核查的过程中，只能查询到借款人是否有质押贷款，并不清楚借款人的履约风险，也不清楚借款人的履约能力和履约意愿（且这两项会随时间变化而动态演进），甚至不得不面对借款人提供虚假资料进行借款等问题。同时，投资人对P2P网络平台的资质背景和项目状况不了解，资金投入之后，倘若平台发生经营亏损或本身就是网络诈骗平台，难免存在平台"卷款跑路"因而无法如期兑现的安全隐患。

进而言之，上述信用风险的一部分来源于欺诈或诈骗风险（即从一开始就是以欺诈或诈骗为目的的交易行为）。我国的征信体系建设至今仍不甚完善，社会诚信体系仍然不够健全，极少数企业和个人就会钻空子，甚至铤而走险、以身试法，进行逆向选择和实施欺诈行为，给社会带来一定的风险。这就增加了

---

① 谢平．迎接互联网金融模式的机遇和挑战[N]．21世纪经济报道．2012-09-01．

发生欺诈或诈骗风险的概率。一些企业全无诚信意识，不讲道德底线，惯于投机取巧，制作假账、偷税漏税、拖欠账款、空壳经营等情况屡见不鲜。一些金融机构本身也有类似情况。在互联网金融领域，不讲诚信的企业钻空子的机会更多。互联网金融中的网贷，主要针对有小额资金需求的客户群体放贷，其中有些不讲诚信的申请了贷款的客户到期不还贷，实际上侵占了另一部分客户的利益，从而形成了金融风险乃至社会风险。

（二）技术安全风险与信息安全风险

互联网金融是互联网向金融业延伸的结果，同时也是互联网时代金融业务合乎逻辑的发展，互联网是它的依托，因此，计算机和互联网系统固有的风险，也就可能构成互联网金融的风险。其一，计算机和网络系统风险。互联网的安全风险源于计算机网络系统，如受到病毒的侵害，遭到黑客的攻击，系统本身崩溃，等等，都足以形成风险。这些风险因素同样会出现在互联网金融领域。由于在互联网金融的场域中，交易运行的载体是计算机网络，计算机中保留了所有交易记录。黑客往往设法入侵和攻击计算机信息存储系统，一旦得手，将构成巨大的金融风险。其二，技术选择与支持风险。传统金融企业开展互联网金融业务，必须就网络金融技术解决方案做出选择。而这类方案本身是否存在设计缺陷，这是一个不容忽视的问题。如果技术设计存在问题，就会在业务运营中酿成风险。如果操作者进行了误操作，同样可能造成互联网金融的技术风险。互联网还会放大风险、加速风险的传播。进一步的问题是：金融信息系统有着很强的专业性，技术要求高，金融企业内部的技术部门通常不可能解决金融信息系统中的一切问题，往往有赖于外部市场提供的技术服务。而企业外部技术支持部分存在的风险具有不可控性（如外包风险等）。

信息安全风险主要是指由于信息泄露或被不法分子窃取所造成的风险。在这方面，互联网本身存在的风险就比较多；而在互联网金融领域，信息安全风险有增无减。其一，企业信息存在被泄、被盗的可能性。其二，投资者、交易人的个人信息也存在被泄、被盗的可能性。个人信息中的相当一部分涉及个人隐私。参与互联网金融业务的相关方，提供相应的基本信息并在此基础上达成协议，是进行交易的必备条件，信息收集与传递是交易的基本前提。如果信息管理工作出现问题，或者出现技术漏洞，就有可能给违法犯罪分子带来可乘之机，利用网络交易的流动性造成资金额外损失，违法犯罪分子还可能窃取客户信息来盗取其银行资产，或给客户造成其他方面的影响。

（三）各类涉法风险

一部分互联网金融企业在业务中存在着打"擦边球"的现象，游走在"合法"和"非法"之间的地带，随时可能触碰"非法金融活动""非法吸收公众存款"或"非法集资"的高压线。某些高风险、高收益理财项目的经营者，隐瞒重要信息，对消费者构成欺诈，将投资者的资金用于个人挥霍甚而卷款"蒸发"的事件时有发生。一部分人进行高智商犯罪，或是窃取金融消费者和投资者的个人信息进行违法活动（对客户个人造成风险），或是内部人员贩卖客户个人信息以从中获利（对客户个人和互联网金融企业造成风险）。互联网金融领域中的网络借贷行业比较乱，开始时基本处于无门槛、无标准、无监管的状态。一些P2P违规发行理财产品，信息不透明，风险高且不可控，这方面造成风险的案例不在少数。在我国，互联网金融兴起的时间较短，相关法律法规和政策规定很难在短时间内悉数出台，对互联网金融行业中出现的许多情况，尚无法从法律和政策中找到处理的办法和依据，而近年来互联网金融方面的违法犯罪案件增多。

互联网金融领域的乱象，已经引起国家层面的高度重视。2016年上半年以来，《互联网金融风险专项整治工作实施方案》《网络借贷信息中介机构业务活动管理暂行办法》（以下简称《办法》）先后发布。《办法》以负面清单形式划定了业务边界，明确提出12项禁止行为，并要求备案登记。经过整治，互联网金融领域大案要案频发的势头已经得到遏制。但对"打擦边球"现象应保持高度警惕。

与上面所述内容密切相关的是政府监管缺位风险。涉法风险中的相当一部分，应该交由司法机关去依法处理；而还有一些案件，则应该由金融监管部门去处理。然而现在的情况是：在某些场合，金融监管部门对互联网金融监管，常常苦于没有监管的依据，或者是有监管依据但监管不到位、未尽责。这就使得涉法风险依然有存在的空间。

互联网所营造的空间被称作虚拟空间，其重要特点之一是"亦真亦虚"。对作为虚拟空间的互联网进行管理的难度，甚于对现实世界的管理难度。管理现实世界行之有效的办法，在管理虚拟世界时常常失效、失灵。而且互联网金融中的一些事件，常常会通过互联网发酵成舆情危机，一发而不可收。有研究者指出：与传统的金融行业相比，互联网金融本身更加灵活，其在很大程度上就是利用传统金融监管的空白和不足，很容易导致监管失灵。互联网金融利用互联网这一技术手段能够实现极为便捷的操作，而互联网创新往往来自于对规制的挑战和倒逼（如网约车兴起的案例），故对于金融监管本身就有极大的抵制，加上互联网金融符合普惠金融的发展目标，因此，对互联网金融的管制就会引起一定的舆论风波，并使得互联网金融企业具有先天的道德优势和舆论优势。这些都会造成互联网金融监管失灵状况成为常态。[1]

（四）认知性风险

认知性风险是由金融消费者、投资者的认知偏差所引起的风险。由于特定主体的认知支配着其行为，因此认知偏差往往造成行为偏差，其中的极端者很可能造成相应的风险。更具体而言，这是由互联网金融行业的主要消费群体"长尾客户"所形成的。由于金融的特性，传统金融服务对象大都为"中高端人群"，互联网金融以其便利、成本低廉等特性服务了传统金融领域之外的人群，称为"长尾客户"。"长尾客户"对金融整体呈现出认知偏差，且具有风险识别和承受能力较弱的特性，极易出现个体与集体非理性从众现象。[2]

（五）流动性风险

互联网技术的普及及盛行，使随之而起的互联网金融相对于传统金融的业务模式发生了巨变。在人类社会生活中，互联网有着极强的渗透性。唯其如此，互联网金融可以实现快速融通资金。而互联网金融平台通常会给付较之传统金融企业更高的收益和补贴。在资本金保障不足和企业盈利能力有限的情况下，即使只涉足存款协议、短期票据等领域，依然存在很高的流动性风险。[3]此外，手机支付、第三方支付、网银支付等前所未有的支付模式出现，使得对互联网金融企业流动性资金的管理难度增大。如果对此管理不善，那么资金链断裂的可能性是经常存在的，由这种风险会引发连锁反应和更大的风险。而互联网金融企业大量使用数据模型和计量模型，会使流动性方面的波动加大，进一步的问题是由资金分配不合理形成两个极端：或大量过剩，或严重短缺，流动性资金风险由此生成。比如，债券转让成网络金融信贷时，由于开标方式不同，大额资金分解成为小额资金、长期贷款分解成为短期贷款过程中，都会造成流动性资金过剩或短缺，继而引发流动性资金风险。[4]互联网的高效、实时、快速传输的特性，将放大此风险，使之更具突发性、瞬时性、紧迫性、危害性。

---

[1] 郑亚宁. 新时期互联网金融风险分析及防范探究[J]. 经济视野，2017，(24)：115.
[2] 杜敏君，张可欣. 新形势下我国互联网金融的风险整治及发展对策研究[J]. 营销界，2019，(50)：9-10.
[3] 许芳芳. 新经济下互联网金融的风险隐患与防范措施[J]. 财会学习，2017，(16)：214-215.
[4] 孙燕云，李思. 新形势下互联网金融风险的规制路径探索[J]. 产业与科技论坛，2018，17（17）：242-243.

（六）操作风险

如同传统金融和传统金融机构，操作风险也是互联网金融和互联网金融机构的重大风险之一。操作风险亦可分为人力风险、流程风险、系统风险和外部风险等类别，还可以像巴塞尔协议一样分为七种事件类型和八种业务类型。这里仅以人力风险为例来分析：我们知道，互联网金融的准入门槛比较低（对企业员工和金融消费者、投资者来说都是如此），进行实际操作的员工的风险意识相对弱化。与此相联系，由操作失误形成风险的概率必然有所增加。当然，客观地说，员工的操作失误并不完全是员工本身的问题引起的。由于互联网金融对互联网技术有着依赖性，这部分技术经常会使进行实操的员工面对不曾遇到过的问题、无法解决的问题。网络交易技术中的如下几方面问题，都可能使负责实际操作的员工因出错而造成风险：软件设计中存在隐患，计算机防护系统的性能不强，程序中存在不易觉察的漏洞等。

（七）声誉风险

互联网具有擅长进行信息流动和传播的天性，能在瞬间实现信息的大范围、远距离传播，且能产生覆盖面广、穿透性强、影响力大的传播效果，形成某种舆论和舆情。如果是关于特定主体的负面舆论和舆情，那么对它来说就会构成舆情风险，直接毁其声誉。互联网金融企业一旦出现本身形象方面的负面信息，通过网络传播就会形成对企业的某种杀伤力，严重影响企业商誉，造成企业声誉方面的极大风险，大幅度、大面积损害企业的社会评价。对此类风险造成的危害，不可低估。

（八）互联网金融业务风险

互联网金融业务方面的风险具体如下：

行业主体风险。传统金融业的市场准入和监管要求较高，对行业主体的要求不仅明确而且严格（对主体经营资格要求和资质要求都是比较高的），申领金融牌照必不可少，经营只能在经批准的范围内按相关规则和规范进行。正因为如此，传统金融业一般不存在整体性行业风险。但互联网金融的情况不是这样的，准入规则和标准欠缺，个别企业资质不全、实力不足、鱼龙混杂。在互联网金融平台上，每年都有许多新面孔，但其中为数不少的企业续存时间短暂，平均寿命不长，多如匆匆过客。这从一个方面说明该行业存在着极大的风险性。而对行业整体而言，以P2P网贷为例，2020年11月27日，中国银行保险监督管理委员会首席律师刘福寿称，我国的P2P平台已经在该年11月中旬正式清零。可见，P2P网贷这一业态全行业都存在整体行业风险。

投资主体风险。对于投资者来说，互联网金融的门槛相对较低。很多投资主体本身的能力不足、判断力不强，且缺乏风险意识和自我保护意识。很多互联网金融企业为了谋求迅速发展，以高回报引诱投资者投入资金；而众多的公众为高回报所诱惑，踊跃投资，但其中存在的潜在风险极大。而一旦互联网金融企业出现资金链断裂现象，而投资者又出现要求赎回本金的"羊群效应"且相互挤兑，原有的潜在风险就会演化成现实风险。

四、互联网金融特有的风险[①]

（一）信息技术风险

信息技术风险是互联网金融独特的、突出的风险。一是身份识别、信息泄露、信息处理等技术风险。二是重大技术程序失败及可能引发的金融基础设施风险。三是基于程序技术的操作风险。客户个人信息的保密及资金账户的安全对互联网技术提出了更高的要求。平台一旦受到黑客攻击、网络保护有漏洞或感染病毒时，客户信息有可能被大规模泄露，资金被盗用或者系统瘫痪。2014年韩国发生了大规模的客户资料信息泄露事件，涉及1亿条信息、1500名客户。2015年5月发生的第三方支付"支付宝"大面积故障，导致上亿名客户无法实现资金支付和转移。

（二）"长尾"风险与传染风险

互联网金融突出的特点就是"长尾"效应，可在边际成本接近零的情况下服务客户，极大地扩展了金融服务的边界和市场。互联网金融的广泛性、规模性导致风险的负外部性加强，人数巨大的消费者利益侵犯与权益保护问题凸显。同时，互联网独有的开放性、传播速度快等特点，会扩大风险的传染性和破坏性。互联网金融具有高技术性带来的操作风险和高联动性带来的传染风险。传染风险或者风险传染在传统金融行业和传统金融机构中也存在，但互联网金融风险传播点多、线杂、面广，信息量庞大，互动性、即时性、自主性传播特点突出，"病毒性传播"特征明显，速度快、波及广、影响大，呈现"网格化、动态时、全方位、综合性、立体式"态势，聚合分化特征凸显。互联网金融风险爆发和传播突发性明显，易被发酵，信息传播呈现几何级裂变。

[①] 丁玉，卢国彬. 互联网金融：本质、风险及监管路径[J]. 金融发展研究，2016，(10)：38-42.

五、加大维护金融安全和防范金融风险的力度

从国家层面说，维护金融安全是治国理政过程中的大事。从社会成员层面说，金融关系到各类主体的切身利益，维护金融安全、防范金融风险的重要性不言而喻。当今时代，随着互联网技术和"互联网+金融"产业的发展，影响、制约金融活动的因素趋于复杂，传统金融和传统金融分析手段或已难以适应这样的发展，区块链介入金融风险防控恰逢其时。构建基于区块链可信大数据人工智能的面向国家金融安全和金融风险防范的金融情报学，借助区块链和情报分析来维护金融安全和防控金融风险，既是金融领域的迫切期望，也是区块链技术和情报学理论与实践发展的内在需要。

维护金融安全和防范金融风险已成为国家战略。党的十八大以来，习总书记就金融工作做出一系列重大部署，2014年将金融安全作为总体国家安全观的重要组成部分；2017年提出"切实把维护金融安全作为治国理政的一件大事"；党的十九大报告要求"守住不发生系统性金融风险的底线"；2019年2月22日，习总书记在主持中共中央政治局举行的第十三次集体学习时发表讲话说，金融安全是国家安全的重要组成部分，要防范化解金融风险。可见，维护金融安全和防范金融风险是国家战略层面的一件大事。

第三节 区块链降低金融市场风险

一、区块链在降低金融市场风险方面的特征

区块链"是分布式数据存储、点对点传输、共识机制、加密算法等计算机技术在互联网时代的创新应用模式"，是"一种由多方共同维护，使用密码学保证传输和访问安全，能够实现数据一致存储、难以篡改、防止抵赖的技术体系"。基于区块链信息系统的大数据，是可信的大数据；基于区块链信息系统的人工智能，是可信的人工智能；基于区块链、大数据、人工智能的金融情报分析，是可信的金融（大数据）情报分析。今天的金融情报分析，应当是基于区块链可信大数据和可信人工智能的面向国家金融安全和金融风险防控的情报分析。当然，需要说明的是，这里的"可信"并非绝对，而是代表了人类对数据、信息和情报的一种崇高理想和探索追求。区块链并不是万灵药，但区块链以其技术特征和其他技术结合起来协同发挥作用，则可以在很大程度上帮助提高链上数据和信息的可信度。例如，如果数据上链之前就是虚假的，那么区块链技术

本身解决不了这个问题。但是可以联合其他技术，尽可能削弱虚假数据和信息的影响；并且由于它具有可追溯性和不可篡改性，至少可以追踪上链之后造假的情况。因此实际上可以通过技术+人性激励与流程规制（如责任制）来尽可能地保障数据和信息的可信度。区块链作为新型应用模式、技术体系，加上对人类生产关系的变革，反映了人类对于可信的数据和信息的一种矢志不渝的追求。

二、金融危机的教训

金融危机的一个重要原因可能不是模型不灵验，而在于数据不完整、不准确、不完善、质量低劣，"数据孤岛""信息孤岛"问题严重，由此导致用于预测风险的模型不准确或未能及时、准确地预测风险和预警危机。而区块链有利于解决上述客观存在的痛点问题。区块链是解决数据信息可信问题的一种可行的方案，区块链+人类生产关系和流程规制协同更是提供了颇有前途的解决方案。作为一种自带同步的分布式账本和数据库的技术，区块链的诸多技术特性，既有利于提高数据的准确性和可信度，也有利于提高数据的全面性和完整性。这于维护金融安全和防范金融风险大有裨益。[①]

三、区块链具有一系列明显可以惠及金融风险防范的优势

一是为较好地解决"数据孤岛""信息孤岛"问题提供技术支持。链上用分布式账本保持同步，数据供全链共享，可有效解决数据和信息"孤岛"问题。金融情报工作由此受到直接影响——不仅要以中心为情报源，而且要以各个节点为情报源（这与非区块链条件下的情况殊异）。区块链技术的分布式账本特征有利于数据同步，有利于各个节点共同分享数据和信息资源，因而"数据孤岛""信息孤岛"也就失去了存在基础。

二是有利于确保数据和信息的可靠性和可信度。链上数据不可篡改，须由多方共同见证，且国家法律认可链上电子存证；数据可追溯（追溯源头、追溯时间戳），而虚假数据和虚假信息是经不起追溯的（一经追溯就会原形毕露）；智能合约依靠"铁面无私"的计算机及其程序来约束不诚信行为；区块链上建立起来的信任与相互之间是否熟识无关（数据源的提供者甚至彼此不需要见过面）。所有这些，无疑是治理虚假数据和信息及不诚信行为的良方妙药。

三是在激励机制的作用下多方共同参与和积极维护数据和信息的质量及价

[①] 丁晓蔚，苏新宁．基于区块链可信大数据人工智能的金融安全情报分析[J]．情报学报，2019，38，（12）：1297-1309．

值。各个节点对于链上的数据和信息充分重视，这对于金融情报所需的准确数据和信息的获得，在此基础上形成具有较高价值含量的情报，以及可信金融情报的形成和发生作用，其影响是不言而喻的。

基于区块链可信大数据和可信人工智能的金融风险防范的优胜之处。[①]其一，可以避免"垃圾进、垃圾出"。

原因很简单，毕竟输出受制于输入。基于区块链的可信金融大数据、可信人工智能金融情报分析，可有效避免"垃圾进"（进入系统和模型的数据是可信的，且事先进行过严格的筛选、清洗、识别、把关，因而数据是相对优质的），从而从根本上杜绝"垃圾出"。

其二，可望有效防范"黑天鹅"和"灰犀牛"事件。

基于区块链的可信金融大数据、可信人工智能金融情报分析，能更好地预见风险，特别是防范"黑天鹅"与"灰犀牛"事件。"'黑天鹅'事件，是小概率而影响巨大的事件，而'灰犀牛'则比喻大概率且影响巨大的潜在危机。"[②]在大数据出现以前，人们对于如同"黑天鹅""灰犀牛"那样神秘莫测的事件以及稍稍复杂一些的规律和因果关系，常常难以认知和把握。众所周知，在大数据环境中，当然并不能轻而易举地预测"黑天鹅""灰犀牛"事件，也不能毫不费力地捕捉到事物之间的复杂因果关系和认知事物的客观规律（捕捉到的更多是相关性关系）；但是，如果能满足一定条件，则可以捕捉到事物之间真正的因果关系，发现并把握事物的客观规律，甚至在预测"黑天鹅""灰犀牛"事件方面进行有效探索。从应用角度进行考察，捕捉到与金融相关的事物之间的因果关系和相应金融规律，有利于进行金融风险预测和作出科学决策，有助于富于成效地防范金融风险。在实践中，在很多情况下，捕捉到因果关系及发现并把握相应规律总是具有相当的重要性。

在金融行业中，始终存在一个棘手的问题，即对"黑天鹅"和"灰犀牛"风险难以预测。其中的一个原因是确实没有获得这方面的数据和信息；另一个原因则是数据和信息摆在那里，但是由于"数据孤岛""信息孤岛"问题客观存在，有关人士并没有意识到别的孤岛上数据和信息的存在，当然更不可能从数据和信息的联系中有所发现。试图在不全面、不完整、不充分、不连通、不匹配、不（完全）正确、不（完全）真实、不同步、不及时的数据和信息的基础上，预警金融风险、防控金融危机、维护金融安全，这是不可能如愿以偿的。

---

① 丁晓蔚，苏新宁. 基于区块链可信大数据人工智能的金融安全情报分析[J]. 情报学报，2019，38，（12）：1297-1309.

② 潘嘉恒. 黑天鹅和灰犀牛[N]. 江苏经济报，2020-09-05.

"黑天鹅"事件和"灰犀牛"事件,在爆发前不会一点没有迹象和端倪,但人的感觉器官不易觉察,也很容易在无意间忽视了。再则,对于"未知的未知"的"黑天鹅"和"灰犀牛"风险,用传统的"用历史预测未来"的方法无法获得预期效果。但是,这并不意味着事先毫无征兆;通过专注于发掘相应数据、从中见微知著、发现蛛丝马迹的情报分析方法(如信号分析法等),当是可以感知异常和预测风险的。而这就对数据和信息的全面性、完整性和连通性及更进一步的可信性提出了要求。令人欣慰的是,金融市场参与主体为了尽可能高地追求长期稳定盈利,尽可能好地防范金融风险,总是在追求更多的数据、更广的数据源、更大的数据集、更完整的数据库、更强大的算力、更大更复杂的模型、更实时的风险预警技术等。而区块链技术则为这些进步提供了支撑性的底层可信平台和框架。

其三,突破大数据时代数据和信息的局限。

即使是大数据时代,数据和信息的局限性仍然存在。纯数据统计显而易见存在如下问题:其一,数据量虽大,但大都是历史数据,而维护金融安全和防控金融风险更需要的是具有前瞻性的情报;其二,数据量虽大,但仅能覆盖已知风险,而未能覆盖、不能形成从中可推出未知风险的情报;其三,数据量虽大,但因是高维、高噪稀疏,从而没有形成指向目标明确和价值含量颇高的金融情报。

鉴于2008年世界金融危机的教训,近年来金融监管和风险管理界的理念是在纯数据统计之外,补充注入来自大数据之外的人类智慧,即"专家智慧"

"对未知风险的洞见"或基于对行为金融中人性及人与人之间相互作用理解的"经验知识"。这从情报学的角度看,是将人工的情报分析提升到机器智能的情报分析,又将机器智能的情报分析提升到机器智能与人类智慧相结合的情报分析。

对于上文提及的数据、信息的局限性,拟采用以智慧为特征的情报分析(大数据+计算型)的方法来加以规避。以智慧为特征、内核的情报体系,应是一个覆盖风险管理各阶段、完整体现情报价值的过程体系,包含通过识别、感知、收集、传输、互联、序化、分析、挖掘和过滤等一系列情报行为和情报工作环节,将数据抽象为信息,将信息提炼为知识,将知识升华为智慧。这一情报体系的成功构建和有效运行,需要在充分理解和梳理智慧金融信息资源的基础上,从风险管理情报活动本身出发,建构以业务为导向的情报工作模型和情报体系研究框架。

而无论人类智慧还是机器智能,实际上都对可信数据和信息提出了根本性的要求。随着5G时代的到来,以及人类算力和驾驭数据能力的不断增长,政府应该像推动 5G 发展一样，推动重构金融信息基础设施的建设。这一基础设施应建立在可信大数据和可信人工智能的基础之上。我们的观点是：新型可信金融信息基础设施架构就是基于区块链的可信大数据、可信人工智能的架构。如果能够基于可信大数据和可信人工智能进行金融建模和金融情报分析，或许可以比先前更好地预测"黑天鹅""灰犀牛"风险，能够更好地管理类似"黑天鹅""灰犀牛"风险的风险。2008 年的世界金融经济危机已经过去十年有余，如果再次发生的话，人类可以做得更好一些吗？我们相信，基于新型可信金融信息基础设施架构，如果情报学者能从情报学的角度积极有为地介入对金融风险的研究，并运用情报分析方法进行深入思考和探索，那么，防范金融风险和金融危机，将多一份学术智慧和多一种切入角度。经过人类的共同努力，应能比 2008 年的那一次处理得更好一些。

第四节　区块链降低金融信用风险

区块链技术因其独有的数据不可篡改、可追溯、可追责、无法抵赖、各节点之间形成共识机制、智能合约、交易留有时间戳等技术特征，能够促进社会信用体系建设，也正因为如此，区块链可以降低金融信用风险。

一、通过区块链技术降低金融信用风险

2018 年 11 月 26 日，在海南举行的海上丝绸之路金融高峰论坛上，中信证券股份有限公司执行总经理刘延冰曾表示，通过大数据技术和区块链的加密技术，相关的金融机构可以获取更多的个人信息，从而形成个性化的数据库，数据库的建立以及充分的回溯可以对个人的征信进行更深刻、更精准的刻画，这样可以降低整个金融行业的信用风险。[①]

麦肯锡报告中把区块链技术称为继蒸汽机、电力、信息和互联网后的第五轮颠覆性革命浪潮的关键技术。同时，区块链的全网记账和全民维护特点也使得区块链技术被称为金融信用发展史上继实物信用、贵金属信用、央行纸币信用后的第四个里程碑。[②]区块链技术，以往发展势头迅猛，未来发展前景远大，其中不可忽视的原因是，它构建了链上诚信系统。这是通过区块链技术可以降低金融信用风险的原因所在。

---

① 中信证券刘延冰：利用区块链等技术可降低金融行业信用风险[EB/OL]（2018-11-27）[2020-04-25]．
② 冯文芳，申风平．区块链：对传统金融的颠覆[J]．甘肃社会科学，2017（5）：239-244．

有这样一种说法：区块链技术是"创造信任"的机器。这一说法不无道理。链上原本无信任可言，但区块链能在任意节点之间确立共识机制，而不必担忧原始数据被人为增删或篡改。区块链技术基于节点之间通过协商达成的共识、合约，共同进行维护，实现了在机器与机器之间建立信任关系，让技术来背书而不是让个人或机构来出具信用证明。这样，系统就能自动、安全地进行可信的数据交换。在此过程中，区块链技术的共识机制充分发挥了作用。链上的每个节点，无须刻意建立信任关系便可放心地交换数据。此节点无法欺骗其他节点。一旦有节点恶意欺骗系统，便会遭到其他节点的抵制。这种共识机制是区块链与生俱来的重要特点之一。在链上，无须信任单个节点，却可以信任整个系统，其中，是共识机制在发挥重要作用。不仅如此，在链上，各节点之间相互约定的条件一旦达成，网络便能自动形成并执行智能合约。"所谓智能合约是指区块链上用计算机语言而非法律语言记录的合约，通过计算机系统自动执行，无需第三方，当约定条件被触及，交易就会发生。如果约定资产在链上（比如数字货币），则会自动转入交易对方名下；如果在链下（比如公寓），账目上的变动也会记录在链。智能合约被期待降低整个交易过程的成本，可应用在包括贷款、财产传承、资本市场等领域。"[①]计算机及计算机系统不可能存在爽约的主观意愿，也不可能存在挖坑坑人的不良心术。由刻板的计算机及计算机系统自动执行智能合约，这无异于为各节点强化了信用保障。

二、区块链给金融信用机制带来了根本性变革

在金融活动中，有关各方须诚实守信、相互信任。人们之间的相互信任，是一切金融活动的基础；离开了信任，金融将寸步难行。当今社会，由于普遍存在各种各样的借贷关系的原因而被称为信用社会。就此而论，金融的核心就在于信用的建立。传统信用依靠"中心"而建立，如央行、各级各类商业银行和有关征信管理部门（当然也可能是面向特定交易的第三方中介、见证或担保人，例如支付宝等，为了行文方便，下面以银行为例，暂不做更细的区分），或者全局或局部的"中心"。从某种意义上说，银行即信用中介，也是特定的信用中心。作为中介和信用中心，银行将资金需求者和资金盈余者对接。如果没有银行在中间所起的作用，在互不相识的人们之间，没有相互信任可言，那么又怎么可能完成资金和价值的交换和转移呢？但是传统银行的传统信用的建立，是存在弊端的。银行为资金需求者和资金盈余者之间的信任背书，这对银行来

[①] qukuailianren，视角 | 区块链用于证券市场？欧盟指出多项风险[EB/OL]（2019-06-13）[2020-04-25].

说是一种很大的风险。区块链技术为解决信用问题提供了新角度、新思路、新方法。区块链技术从根本上改变了"中心化"的信用模式，采用的是一套基于在各节点之间创造信用的做法。在各节点事先达成集体共识的基础上，用数据区块代替了对"中心"的依赖，实现了数据传输中对数据的自我证明，而不再是依赖中心进行信息验证，借助于机器建立信任关系，通过机器和技术而不是通过"中心"来为信用背书。由区块链技术支撑的信用，甚至可以通过所有节点参与的"全网记账"方式建立全球的信用，且每一笔交易都留有时间戳，因而更增加了可信度。区块链技术支撑的信用，可谓人类社会信用发展中的一次革命，让此前不可想象的价值交换变成了现实，让传统的金融交易活动改变了方式。①

二、区块链给金融信用机制带来了根本性变革

在金融活动中，有关各方须诚实守信、相互信任。人们之间的相互信任，是一切金融活动的基础；离开了信任，金融将寸步难行。当今社会，由于普遍存在各种各样的借贷关系的原因而被称为信用社会。就此而论，金融的核心就在于信用的建立。传统信用依靠"中心"而建立，如央行、各级各类商业银行和有关征信管理部门（当然也可能是面向特定交易的第三方中介、见证或担保人，例如支付宝等，为了行文方便，下面以银行为例，暂不做更细的区分），或者全局或局部的"中心"。从某种意义上说，银行即信用中介，也是特定的信用中心。作为中介和信用中心，银行将资金需求者和资金盈余者对接。如果没有银行在中间所起的作用，在互不相识的人们之间，没有相互信任可言，那么又怎么可能完成资金和价值的交换和转移呢？但是传统银行的传统信用的建立，是存在弊端的。银行为资金需求者和资金盈余者之间的信任背书，这对银行来说是一种很大的风险。区块链技术为解决信用问题提供了新角度、新思路、新方法。区块链技术从根本上改变了"中心化"的信用模式，采用的是一套基于在各节点之间创造信用的做法。在各节点事先达成集体共识的基础上，用数据区块代替了对"中心"的依赖，实现了数据传输中对数据的自我证明，而不再是依赖中心进行信息验证，借助于机器建立信任关系，通过机器和技术而不是通过"中心"来为信用背书。由区块链技术支撑的信用，甚至可以通过所有节点参与的"全网记账"方式建立全球的信用，且每一笔交易都留有时间戳，因而更增加了可信度。区块链技术支撑的信用，可谓人类社会信用发展中的一次

---

① 冯文芳，申风平. 区块链：对传统金融的颠覆[J]. 甘肃社会科学，2017，(5)：239-244.

革命，让此前不可想象的价值交换变成了现实，让传统的金融交易活动改变了方式。[1]

四、金融领域长期存在的信用难题有望借助区块链得到解决

解决了信用难题，金融领域的资产管理等业务将变得更为便捷、安全。但往往难就难在信用问题不易解决，而且长期以来一直如此。

以资产管理业务为例，传统金融资产管理，通常是借助于第三方机构来进行的，须对资产进行确认并在此基础上进行管理。其间，由于人为参与而致使存在的可操作的方式、可变通的因素都比较多。一旦出现人为的故意篡改和操控（往往怀有恶意）、由责任心缺失造成的疏漏、由疏忽造成的记录错误或统计错误时，在相关的资产管理中可能会产生程度不等的失实、虚假的数据，不仅会给资产管理带来困扰，而且有可能会造成资产管理风险。

而区块链技术则有望让金融企业摆脱上述困境。在金融领域中，由区块链提供的技术条件，有望使以往的基于中心化的信任转变为社会公信（多边公信）。我们知道，区块链技术本质上是一种分布式的加密数据存储方式，使用加密技术、链式结构加上激励机制和共识算法等手段，保证链上数据不能篡改、可以追溯。在链上，每一个节点都能方便地获得完整的数据记录，并据此对资产及其所有者进行确权、授权；不仅如此，还可以进行实时监控。这将极大地有利于链上信用机制的建立和发展。区块链的此项功能，被广泛地应用于进行资产公证、企业审计、知识产权保护和域名管理中。对于某些需要永久性存储的记录，区块链也显现出了自己的强项：一旦记入，便可永久保存。这方面的功能适用于无偿期的股权交易等场景。

正如某些学者所指出的那样，金融的本质是货币和信用，货币是金融的血液，金融的核心就是为了建立信用，金融中介在资金的短缺者和资金的盈余者之间搭建了一个桥梁，金融中介是金融的基础，货币的支付职能是形成信用的条件。基于密码学的区块链技术的去中心化去除了金融中介，在大幅提升资本市场和金融中介效率的同时，重新定义了信用、货币、支付职能等体现金融本质的概念，而且从金融信息基础架构、征信管理、金融监管、产品服务体系等方面都可能引起重构和颠覆。[2]

---

[1] 冯文芳，申风平. 区块链：对传统金融的颠覆[J]. 甘肃社会科学，2017，(5)：239-244.
[2] 冯文芳，申风平. 区块链：对传统金融的颠覆[J]. 甘肃社会科学，2017，(5)：239-244.

五、基于区块链技术的算法信任

对于金融而言,记账至关重要,甚至往往成为核心问题(账本与信用密不可分,甚至成为特定主体信用的最重要体现之一)。但传统的记账方法已经不能完全适应人类社会中越来越复杂的经济活动了;当然更不可能防范和解决有人在账本上作假、做手脚的问题。

区块链技术的分布式账本这一本质特点,为互联网时代陌生人之间建立信任提供了问题解决方案。区块链技术解决了关于记账的如下三个重要问题,即"由谁记""如何记""怎么存"。

先说"由谁记"。记账的主体并不是人,而是机器,经由事先设计的软件程序实施自动化、智能化记账;各个节点均可过问甚至参与记账的过程,从而一改以往会计单方面记账的做法,更加安全也更加高效。从客观方面来说,当今时代相比于以往,交易量猛增,人工记账已经难以胜任,依靠计算机软件和智能化程序记账,才能够适应现实需要。

再说"怎么记"。与区块链技术特征相适配,采用分布式的记账方法,各个节点对记账都有所监督,任何人想要在记账过程中掺假,都不可能得逞。

最后说"怎么存"。以数据区块方式存在的账本,被自动打上了既抹不去也改不了的时间戳,被保存在谁都无力也无法篡改的公链上,可谓"一劳永逸"。这样,既可以解决前面提到过的"双花"问题,又可以实现交易数据的全程可查询、可追溯。基于此,区块链技术将能建构一种建立在数理和技术基础之上的、基于数字算法的安全可靠且不可篡改的算法信任。

六、新经济面临的信任危机和区块链在解决信任危机中的作用

在互联网时代,随着经济形态不断发生演化,出现了共享经济等新的业态,及以用户、平台、数据和信用为代表的新经济。新经济依靠平台扩张,使数据成为资源、信用成为资产,用户参与创造了价值。在实体经济中,劳动创造价值;在虚拟经济中,交易创造价值;在数字经济中,用户创造价值。这些都对传统理论提出了新的挑战,也带来了新的机遇。但普通人也遭遇了自资本主义发展至今所出现的新的信任危机,例如,在虚拟网络中,如何信任另一个无法进行面对面交易的个体。在区块链问世之前,互联网金融就已经走上了去中介化的道路。以淘宝为例,它为互不相识的双方的交易设计了支付宝,依靠第三方来帮助解决交易双方的信任问题。

区块链技术的核心在于,通过分布式记账、加密算法、点对点传输等技术,

确保数据不可篡改且可追溯,从而解决互联网数字世界中陌生人之间的信任难题。区块链技术看似解决的只是技术问题,其实是从深层次上解决了陌生人之间的信任问题,是基于分布式账本和计算机代码建立起来的信任,基于不可篡改技术建立起来的信任,是基于各节点共同参与和进行监督建立起来的信任,是基于智能合约和共识机制建立起来的信任。区块链所处的环境,在某种意义上尚缺乏信任,信任关系有待进一步完善,相互之间的信任信息有待传递。这样的重任需要区块链担当。在由互联网构成的虚拟世界中,陌生人之间的交往较之先前有所增加;但人与人之间的相互信任关系仍然没有达到理想的程度。有鉴于此,怎样在当下完善可信机制,是一个亟待进一步解决的难题。而区块链技术正是要在这样一个社会诚信机制尚不健全的现实条件下着力打造一种新的信任机制。

第五节 区块链降低金融欺诈风险

最近若干年,大数据、区块链、人工智能、云计算等先进数字技术一路高歌猛进,已经与金融业深度融合,使金融业发生了深刻的变化。展现出巨大魅力的金融科技,降低了金融市场存在的信息不对称现象,在发展多层次的金融市场方面做出了突出的和重要的贡献。但是,金融科技也衍生出不少新的问题,利用先进技术进行金融欺诈是其中之一,数字化金融欺诈造成的风险并未消除。

由于金融与互联网相交叉、相融合,现实生活中的金融欺诈行为呈现出与互联网紧密联系的高智商、高科技的新特点。能有效对付传统金融遇到的欺诈手段的方法,已经不再行之有效。金融业务大量地在线上进行,可以用于欺诈的方法和工具从无到有、从少到多、迭代升级,金融欺诈愈来愈呈现专业化、系统化、隐蔽化的趋势,反金融欺诈难度越来越大。

一、近年来金融欺诈的突出特点

(一)越来越专业化

随着数字化技术不断发展、水平不断提升,金融欺诈的手段也在不断更新、升级。金融欺诈的方式,最初为盗号、盗刷等,手段比较低级,后逐渐演变发展到今天的高度专业化行为;从成本较高、获利较少的大范围撒网式的欺诈,转向成本相对较低、获利相对较多的精准化欺诈;使用数字金融、区块链网络、人工智能等新型概念,辅之以网络传销、网购退款、金融理财、虚拟货币等各种时尚名目和新型手段，使数字化金融欺诈极具欺骗性、诱惑力，对此加以识别的难度不断加大。

数字化金融欺诈，已经渗透到金融业务的诸多环节之中，采用多种手段，体现出很强的场景感和场景适应性。主要分类如表7-1所示。以P2P网贷业为例。在账户注册阶段，进行金融欺诈者隐瞒或者伪造身份注册，抑或冒用他人身份注册，抑或进行自动化垃圾注册等；在登录账户阶段，进行金融欺诈者的金融账号频频出现盗用或冒用他人账号或进行异常共享等违法犯罪行为；在贷款申请阶段，进行金融欺诈者提供的是虚假的信息、绕过严格的审核程序骗取贷款或者申请标准的贷款；在交易支付阶段，进行金融欺诈者常常恶意拖欠贷款，逾期不还或利用非法信用卡进行交易。[1]

表7-1 数字化金融欺诈主要分类

分类	具体内容
欺诈场景	支付平台、电子商务、个人保险、小额借贷、供应链金融、消费金融
欺诈主体	第一方欺诈、第三方欺诈、同行业欺诈、合作方欺诈、内部欺诈
欺诈行为	直接盗取、虚假资料、虚假身份、垃圾注册、退款套现、拖库撞库、规避监管、信息反爬
产业组成	应用开发、黑客攻击、钓鱼交易、个信批发、直接诈骗、推广营销、网络洗钱

*资料来源：郝光昊.数字化欺诈与金融科技反欺诈的应用[J].税务与经济，2019，（6）：40-47.

（二）越来越系统化

同传统的金融欺诈行为相比，数字化金融欺诈通常是有组织（系团伙行为，一般并不是个人单枪匹马所为）、形成了规模（而不是小打小闹的）、系统化程度比较高（而不是零敲碎打的）的诈骗。基于数字化的金融欺诈系统，信息源、协作方、实施方形成了利益共同体，共同进退、分工合作、协调配合，甚为默契。一些欺诈金额巨大的案件，多人参与其中，而且已经形成犯罪产业链，造成了严重的、恶劣的社会影响。

有研究者指出："数字化金融欺诈产业链主要包括开发制作、批发零售、诈骗实施、洗钱销赃四大环节，进而又可细分为软件开发、硬件制作、网络黑客、钓鱼零售、域名贩子、个信批发、银行卡盗用、电话卡盗用、身份证盗用、电话诈骗、短信群发、在线推广、现金取现、电商平台购物、黄赌毒网站等多项具体分工。"[2]可以说，金融诈骗的系统化程度已经达到令人震惊的程度。

---

[1] 郝光昊.数字化欺诈与金融科技反欺诈的应用[J].税务与经济，2019，（6）：40-47.
[2] 数字金融反欺诈白皮书[R].京东金融研究院，2018-05-31.

（三）越来越隐蔽化

基于数字化的金融欺诈是借助于数字化技术在虚拟空间中实现的。我们知道，数字化技术往往能够以自己的虚拟特性而使金融欺诈变得更为隐蔽和更加难以识别；特定主体在虚拟空间中进行欺诈，就更容易得逞。说金融欺诈变得越来越隐蔽化，主要是指：一是移动化的交易环境，使交易突破了空间的阻隔，地域的经常变动更利于违法犯罪分子隐蔽作案、实施金融欺诈。二是行为人的匿迹化更具有隐蔽欺诈的便利条件。数字化金融欺诈常常以盗号盗刷、冒用身份的方式实施犯罪，打一枪换一个地方，不易追踪、不易寻觅。更有甚者，有的行为人还使用了安全加密手段和信息隐匿技术实现自身行踪的隐匿化。对此，仅靠传统的反金融欺诈方法手段已经远远不够了。

二、区块链在反金融欺诈方面凸显的优势

在京东《数字金融反欺诈白皮书》中，研究者们系统梳理了八个金融场景中识别、打击欺诈行为的实践，这八个场景应用涉及网络支付、网购运费险、网络借贷、网络营销、供应链金融、消费金融、手机银行、生猪保险等领域，可谓对金融欺诈和反欺诈的全景式覆盖。在反欺诈实践中，一般是区块链、大数据、人工智能、物联网等多种技术融合发挥作用。下面我们结合具体场景讨论基于区块链可信大数据人工智能的优势。

（一）借助于基于区块链可信大数据人工智能提高反金融欺诈的效率

传统的反金融欺诈，须投入大量的人力、物力、财力，用人工手动操作，人力的成本高，治理的效率低。而如果要反的是采用了高科技手段的金融欺诈行为（这类行为涉及的是具有交易快捷、行为隐蔽、不易侦破特点的金融违法犯罪活动），传统的反金融欺诈手段就更难以制胜，而采用基于区块链可信大数据人工智能应对金融欺诈，则效率可望大幅度提升。

原因之一是："得益于大数据技术的发展，尤其是数据传感体系、网络通信体系、传感适配体系、智能识别体系及软硬件资源接入系统，金融系统对结构化、半结构化、非结构化的海量数据的智能化识别、定位、跟踪、接入、传输、信号转换、监控、初步处理和管理成为可能，因此风控服务商能够凭借多种信息来源以获取用户数据，如浏览记录、通讯记录、信息往来、历史订单以及社交平台的个人资料等；同时运用新数据存储和处理技术，主要是优化提效的分布式文件系统（DFS）、异构数据的数据融合技术、数据组织技术和大数据建模

技术。监管方可以从信息中总结用户特征，并构建模型进行客群画像，有效辨识出具有潜在欺诈风险的高危用户，从而实现反欺诈的目的。"[1]在金融企业采用以上高科技手段以后，进行金融诈骗者，将被置于由各种技术手段构成的严密的监控之中，原形毕露、无可逃遁。

金融企业针对利用借贷进行的金融欺诈，可从基于区块链可信大数据人工智能中的大数据征信寻求帮助。监控借贷中的风险，应抓好如下环节：放贷前，要先展开一系列的调查，以了解借贷者的相关情况并对其个人信息的真伪、偿还贷款能力的有无和强弱做出评估。放贷后，密切关注借贷者进行的经济活动和发生的经济行为（甚至包括生活和社交行为），注意发现有无异动（如有异动，要立即保持高度警觉，并确定预案；将即时数据充实到借贷者的征信记录之中。在贷款即将到期时，提醒借贷者还清所有贷款，与社会征信系统保持密切联系。在对用户海量数据的掌握、挖掘、分析中融入人工智能技术的成分，以便提高反金融欺诈的效率。

（二）借助于基于区块链可信大数据人工智能提升反金融欺诈的质量

提升反金融欺诈的质量，重要的是提高这项工作的精准度。金融企业以往也反金融欺诈，但是情况的复杂程度、工作的艰难程度和工作的获效程度远不如今天。彼时违法犯罪者的金融欺诈手段相对单一；而反金融欺诈的方法手段也较为简单，没有构建多层次、全息性的用户画像这一说。

在金融科技的帮助下，反金融欺诈有望达到精准化的程度。基于时序分析和算法建立起来的模型，对进行金融欺诈的犯罪嫌疑人的行为大数据加以分析，并融入了深度学习的成果，旨在实现对金融欺诈的精确预判，可以预警可能发生的金融欺诈行为。在交易完成后，就有关信息进行全面查验核对，对是否存在潜在的欺诈风险进行检测。互联网金融平台对客户信息真实程度的查验核对的严格程度，远高于一般的互联网平台。客户不仅需要提供身份证号码，而且需要到营业厅，当场当面进行实名认证和征信识别（包括提交身份证供查验，提供人脸识别进行比对，甚至还会涉及语音识别、指纹识别和虹膜识别等相关识别技术。[2]由于一系列先进技术充分发挥了作用，金融欺诈的实施空间缩小，反金融欺诈的效率和质量有所提升。

在上述两点中，区块链至少可发挥如下作用。一是可以从分享欺诈与反欺诈案件入手，加强各机构之间的信息交流效率，在保障数据安全和数据隐私的前提下实现行业内数据的互联互通，各机构共同打击欺诈行为，甚至构建一个

---

[1] 黄克捷，陈俊清，叶宗睿. 应用大数据技术 加强金融交易反欺诈[J]. 中国城市金融，2015，(2)：42-44.
[2] 鲁统波. 大数据反欺诈在银行互联网金融创新业务中的应用[J]. 金融电子化，2016，(1)：91-92.

反欺诈联盟。二是利用区块链技术的特征，建立唯一可识别身份，防止身份冒用。三是在金融机构进行"了解你的客户"（KYC）操作时，将不良纪录客户的数据储存在区块链中。客户信息及交易记录不仅可以随时更新，而且，在客户信息保护法规的框架下，如果能实现客户信息和交易纪录的自动化加密关联共享，金融机构之间能省去许多 KYC 的重复工作。金融机构也可以通过分析和监测在共享的分布式帐本内客户交易行为的异常状态，及时发现并消除欺诈行为。共享的信息还包括黑白灰名单、多头借贷等。四是确保反欺诈大数据的质量和可信度，构建基于区块链可信大数据人工智能的金融反欺诈信息基础设施。五是研发对客户过往借贷、投保和交易信息记录的智能合约，通过智能合约来界定客户是否具有借贷或投保资格及可借贷或投保的金额。通过区块链技术，可望从源头上杜绝骗贷、骗保、骗赔等行为的发生。六是一旦需要走诉讼等法律程序，有链上可信数据，可大大简化电子证据存证、取证的流程，简化电子证据的认定程序，降低电子证据真实性的认定难度，大大提升纠纷排解和损失挽回的效率和成效，有利于资金高效流转。

三、充分发挥基于区块链可信大数据人工智能在反金融欺诈中的作用

（一）发挥基于区块链可信大数据采集在反金融欺诈中的作用

先说发挥数据采集在反金融欺诈中的作用。

数据采集最便捷的方法是在客户到金融企业的营业厅办理相关手续时采集基本信息。这时，客户往往为开通某种服务、办理某种手续而按规制必须提供个人的相应信息。这些信息中往往包含客户的个人隐私，金融企业负有为之保密的责任。金融企业在向客户采集这些信息时，必须向客户做出承诺：除本企业与客户约定的业务外，不另作他用，也不会外泄。金融企业在使用这些信息时，须事先得到客户的授权。金融企业必须切实履行这些承诺。

除此以外，金融机构出于反金融欺诈的需要，也可以审慎地从金融服务客户端和网上公开信息中查找、抓取相关信息。不忽视蛛丝马迹，占有尽可能多、尽可能准的信息，并加以挖掘、整合、分析，在客户信息与诸多相关因素的联系中有所发现——具备了以上条件，使用金融科技反金融欺诈就具备了坚实的基础。当然，采集客户相关信息和数据，必须严格遵守法律法规的规定和监管的要求，不可侵害客户的隐私权；使用客户相关隐私信息和数据，必须得到用户的授权；采集、使用客户隐私信息和数据的手段和程序必须合法合规。所采集的数据和信息大致如下：基本情况（姓名、性别、年龄、健康状况等），形貌

特征，文化程度，现在职业，住所地址，婚姻和财产情况，征信历史记录以及其他相关信息等。采集的数据将自动形成相应的实时报告，这是系统做的事情；人工做的事情是，整理数据信息并使之进入数据分析平台以作为反金融欺诈的决策参考。

在构建基于区块链可信大数据人工智能的可信反欺诈基础设施的基础上，建立反金融欺诈的数据库（甚至可以说，数据库也是底层基础设施的一部分，采集可信大数据这一步骤就是在构建基础设施）。在数据库中，数据信息既有广度也有深度，涉及多个维度。据此对客户进行画像，对存在金融欺诈潜在风险的重点客户予以重点关注、加以密切注视。

建立基于区块链可信大数据人工智能反金融欺诈系统。该系统搜集的数据信息涵盖内外两部分。搜集外部数据信息是指，进入有关的网站（如天眼查、中国裁判文书网等）搜集相关信息，只要愿意下功夫，就可以从这些网站获得许多有价值的信息；通过各类公开的数据库搜集相关信息，各类数据库包括黑名单库、失信名单库（"老赖"信息即在其中）、高危账号库，以及可从中获得特定客户信息的其他数据库（包括地理位置库）等。除此以外，不可忽视网上的交易记录信息库、网上社交平台信息库、移动设备信息库等。对从上述各类数据库获得的信息进行梳理、整合、分析和深度挖掘，将大有收获，极大地有利于对特定客户的金融行为进行交叉式的覆盖、检测和识别。上述各类数据库，是大数据时代才有的可共享的宝贵信息资源，应当充分利用。有了从上述数据库获得的信息，以及特定客户在本金融企业办理开户手续时登记的个人信息（性别、年龄、职业、文化程度、家庭地址、婚姻状况、手机号码等），就具备了为特定客户进行画像的条件，预测预警其可能的金融欺诈行为也就有了可能性。在形成特定客户的画像后，可结合分析其共用 IP 地址、通讯记录、交易记录、行动轨迹记录（手机业务服务商掌握）等，形成关于特定客户的横向关系图谱，确定是否有团伙进行金融欺诈迹象并提早进行预防。

搜集内部数据信息是指，通过有关服务商提供的技术手段，如人工智能技术（机器学习技术、核心算法等），从自动行为模式学习转换到对异常、异动自动进行检测。目前常用的是"设备指纹"技术，[①]旨在通过收集来自客户端的大量多维信息，为人工智能设备生成独立且唯一的 ID 创造条件，并进一步执行收集内部数据的任务。"设备指纹"具有可进行有针对性的跟踪分析的功能。金融

[①] 人的指纹千变万化，具有唯一性，可以作为人的身份标识。同时人的姓名、身份证号、相貌特征也可以作为唯一的身份标识。对于设备而言，其也可以有用于识别的特征，比如设备的唯一序列号、设备的生产 ID 等。简单来讲，设备指纹（Device Fingerprinting）是指可以唯一标识出该设备的设备特征或者独特的设备标识。

企业可借此提高反金融欺诈的能力。

采集可信大数据、保障数据质量至关重要。伴随着人类社会的交易、借贷行为日渐线上化趋势，欺诈和反欺诈的攻防战已经愈演愈烈，伪造信息、冒用身份、恶意逾期、多头借贷等欺诈行为比比皆是。国内信用体系建设的滞后，基础数据采集的过程复杂、加工工具技术的深度不足以及大众群体的普及度都不如人意，更由此造成了数据滥用、未经清洗分析的"脏"数据直接被使用等情况，反而使小概率的欺诈风险无限放大。

"原始数据脏、大数据产品贵、功能单一"，已经成为业内顽疾，也是反欺诈大数据行业最大的痛点。DMChain 基于反欺诈的应用现状，已规范出黑名单数据标签共享、多头借贷数据标签共享、二次开发收益共享、评级机制等开源工具的发布、使用规则，将以部署智能合约执行的形式确保反欺诈大数据工具和真实数据的正向共享。生态群的成功构建将在降低社会信用成本、减少欺诈损失、完善信用体系等多方面发挥重要作用。[1]

（二）发挥基于区块链可信大数据分析在反金融欺诈中的作用

数据分析是指用适当的统计分析方法对收集来的大量数据进行分析，将它们加以汇总和理解并消化，以求最大化地开发数据的功能，发挥数据的作用。数据分析是为了提取有用信息和形成结论而对数据加以详细研究和概括总结的过程。[2]进行数据分析，理解数据和消化数据是其中的重要环节。反金融欺诈的科技金融平台的数据分析，发挥着大脑和核心的作用。

进行数据分析，要点和关键是研究、发现数据之间的联系。如果发现不了数据之间的联系，那么数据就只能是一团乱麻（乱码），其价值将被淹没并因而无从体现。在进行数据分析的过程中，要在甄别数据真实程度的基础上，依据真实的数据信息展开分析（如果所依据的是虚假数据或掺杂虚假成分的数据，那么数据分析的结果也只能是虚假的），分析数据之间的关联性，特别是注意和发现此数据与彼数据间的因果联系（找到数据与数据之间的关联性，那么数据也就活起来了）。

在进行数据分析的过程中，重要的是将机器分析与人工分析结合起来。通过机器分析数据，可采用数据分析引擎模型（包括业务规则模型和机器学习模型两种，而机器学习模型又可分为神经网络模型和随机森林模型等）。机器进行的数据分析，有人工的数据分析所不及之处，其突出功能是：对海量数据进行

---

[1] 东方网. 建立反欺诈大数据生态群 DMChain 区块链发起反欺诈攻防战[EB/OL]. （2017-08-24）[2021-10-07].
[2] 陶皖. 云计算与大数据[M]. 西安：西安电子科技大学出版社，2017：44.

分析处理，发现某些数据的特殊性和数据之间的联系；其对数据快速分析处理的能力也是人工所不及的。但是对数据进行的人工分析也是不可或缺的，进行金融欺诈的行为人行为的蛛丝马迹，有时要靠人工去发现。当然，能够发现蛛丝马迹的人，必须具有慧眼，具备职业敏感性。另外，对涉及金融欺诈行为人内心世界、心理活动内容的数据，也需要通过人工分析提供帮助。还有，涉及行为人诡异行为的数据分析，有赖于对行为人社会关系的分析解读，这也不是机器所进行的数据分析所能取代和胜任的。

信息孤岛、数据孤岛是反欺诈大数据分析中的难题。甚至，有些信息孤岛、数据孤岛难题是人为造成的。以黑白灰名单为例，黑白灰名单一定程度上是金融机构的比较优势，故金融机构没有动机和意愿来分享全部原始数据。这就有赖于某种激励机制的设计。因此，构建基于区块链可信大数据人工智能的分布式金融反欺诈联盟（特别是行业数据信息共享激励机制）至关重要。以借贷为例，传统上，金融机构都是基于历史还款信息、征信数据和第三方的通用征信分来做贷前反欺诈的，仍存在数据维度缺乏、数据量较少等情况，需要融合多方数据联合建模才能构建更加精准的反欺诈模型。[①]目前，信贷风控需要通过多个数据源采集数据，进行准入决策、逻辑回归、风险评估等运算，通过隐私计算，可以在不泄露各方原始数据的前提下进行分布式模型推断或者训练，有效降低多头信贷、欺诈等风险。这一过程中隐私保护和数据安全是不可忽视的重要环节，可以有效解决合作中数据隐私与特征变量融合矛盾，在双方或多方合作中线上保障特征变量交换时的信息安全，做到数据可用不可见、数据不动模型动等，并辅之以基于区块链通证的激励机制。在数据隐私计算和数据安全算法的保障下，在数据共享激励机制的作用下，链上数据即时可用，链上每增加一条数据，都能对提升反欺诈算法和模型的效果。

（三）基于区块链可信大数据人工智能的反金融欺诈应对机制

需要有**基于区块链可信大数据人工智能的**反金融欺诈系统应对此类犯罪活动。这种系统的功能是：对金融欺诈行为进行有效识别；在此基础上，对这类行为进行有效反制，提供反制所需要的措施和手段。目标是保护客户的资金安全，使其利益不受损失，避免金融本身的风险和由此产生的舆情风险，守住金融安全的底线，确保不发生系统性金融风险。

基于区块链可信大数据人工智能的反金融欺诈应对机制，从流程上说，分为事中干预和后续改进两个阶段。反金融欺诈的事中干预具体是指：在通过上

---

① 链门户. 未来25年看隐私计算与区块链[EB/OL].（2021-08-10）[2021-10-07].

述努力、捕捉到特定主体（行为人）金融欺诈行为的线索和迹象时，及时发出预警，并通过技术手段阻止金融欺诈行为，包括通过金融科技反金融欺诈系统精准地识别风险用户，对其可疑的交易进行拦截，必要时甚至冻结有金融欺诈行为者的账号；停止为被列入失信者黑名单和高风险用户提供金融服务（包括接受其贷款申请）。

在金融欺诈事件发生后，应考虑如何进行改进，包括发现原有系统中的漏洞和缺陷，及时加以改进和弥补。其中有些涉及制度设计，有些涉及软件系统设计，有些涉及内部人员素质。从外部情况来看，如何构建和完善反金融欺诈生态系统，是一个重大命题，不是某一家金融企业单独就能完成的，有赖于国家层面的顶层设计和行业层面的宏观设计。

第六节 区块链降低洗钱风险

反洗钱是金融风险管理和金融风险管理现代化的题中应有之义。目前，反洗钱工作存在着一定的困难。具体而言，洗钱活动往往被行为人操作成貌似合法化，这导致一些金融机构并不能及时发现其中的端倪。从国际上的情况来看，洗钱活动相当猖獗。据国际货币基金组织估计，全球每年非法洗钱的金额总数相当于全世界各国国内生产总值的2%。在经济全球化的洪流中，洗钱有恶性发展的趋势。洗钱活动已经在各国产生了恶劣的影响，但反洗钱工作的难度也在增加。洗钱活动往往是跨国实施的，亟待各国进行联手行动。将区块链技术用于反洗钱是当务之急。

一、对洗钱和反洗钱加以正确认识

1988年出台的《联合国禁毒公约》第3条第1款将洗钱定义为："（一）明知财产得自按本款（a）项确定的任何犯罪或参与此种犯罪的行为，为了隐瞒或掩饰该财产的非法来源，或为了协助任何涉及此种犯罪的人逃避其行为的法律后果而转换或转让该财产；（二）明知财产得自按本款（a）项确定的任何犯罪或参与此种犯罪的行为，隐瞒或掩饰该财产的真实性质、来源、所在地、处置、转移相关的权利或所有权"。这是最早得到国际上认可的正式定义。[①]这一定义紧紧抓住了洗钱的如下关键点：(1) 财产的来源不具备合法性（为犯罪所得）；(2) 行为人对财产的非法来源进行了隐瞒（不隐瞒会被依法查处）；(3) 行为人

---

① 孙森，韩光林. 关于洗钱与反洗钱监管的研究综述[J]. 金融理论与实践，2011（8）：91-92.

想方设法,力图改变财产的非法性质。此后1995年的《联合国禁止洗钱法律范本》对洗钱作了如下界定:"直接或间接参加来自于犯罪收益的财产的交易,接受、拥有、隐匿、掩盖、处理犯罪收益财产或将犯罪收益财产带入所在国;明知或者有理由表明财产来自于非法活动或者间接非法活动变现而来,没有合理的理由,不采取合理的步骤确认财产是否来自于非法活动或者直接或间接从非法活动变现而来"。

巴塞尔银行监管委员会于1988年对洗钱所作的界定为"银行和其他金融机构可能在无意中被用作转移或储存来自犯罪收益的中介。犯罪分子及其同伙利用银行系统付款和将资金从一个账户转入另一个账户,掩盖资金的来源和受益人以及通过保管设施保存银行票据,这些行为一般称为洗钱"。[①]这是从监管者的角度对洗钱行为进行的界定。它着重于陈述洗钱行为如何发生、怎么构成。这当然也是一种定义方式(称为发生定义)。

《中华人民共和国刑法》第191条对洗钱犯罪做出如下规定:第一百九十一条【洗钱罪】为掩饰、隐瞒毒品犯罪、黑社会性质的组织犯罪、恐怖活动犯罪、走私犯罪、贪污贿赂犯罪、破坏金融管理秩序犯罪、金融诈骗犯罪的所得及其产生的收益的来源和性质,有下列行为之一的,没收实施以上犯罪的所得及其产生的收益,处五年以下有期徒刑或者拘役,并处或者单处罚金;情节严重的,处五年以上十年以下有期徒刑,并处罚金:

(一)提供资金帐户的;
(二)将财产转换为现金、金融票据、有价证券的;
(三)通过转帐或者其他支付结算方式转移资金的;
(四)跨境转移资产的;
(五)以其他方法掩饰、隐瞒犯罪所得及其收益的来源和性质的。

单位犯前款罪的,对单位判处罚金,并对其直接负责的主管人员和其他直接责任人员,依照前款的规定处罚。

这段文字对洗钱犯罪进行了明确的规定。洗钱犯罪的要件包括(1)行为人知悉资金/财产为非法所得;(2)行为中有掩饰、隐瞒非法所得的情节;(3)在金融活动中实施了如下行为:提供资金账户,协助将财产转换为现金或金融票据,通过转帐或其他结算方式协助资金转移,协助将资金汇往境外,等等。应该说,规定得很清楚,陈述得很到位。

---

① 孙森,韩光林. 关于洗钱与反洗钱监管的研究综述[J]. 金融理论与实践, 2011 (8): 91-92.

二、国际国内在反洗钱方面进行的努力

行为人的洗钱行为往往具有国际性质。为打击跨国的洗钱行为，国际上成立了相应机构，如反洗钱金融行动特别工作组（Financial Action Task Force on Money Laundering，FATF）。这是迄今为止在反洗钱和反恐融资领域最具影响力的国际性组织，其成员国遍布各大洲的世界主要金融中心。我国正式加入该组织的时间是 2007 年。1990 年，FATF 提出了《40 条建议》（2004 年 10 月修正），内容涵盖反洗钱和反恐融资两大块，就法律体系、金融机构和非金融行业和职业应采取的措施、反洗钱和反恐融资体系中的制度性措施和其他必要措施、国际合作等内容进行了阐述和规定，由此构建了反洗钱的较为完整的框架体系，成为国际反洗钱方面的核心文件。在 2001 年 9 月 11 日美国的袭击事件之后，金融行动工作组扩大了其任务范围，并重新确定了其重点，以便更着重地处理恐怖主义金融问题。2001 年 10 月，金融行动工作组发布了"关于恐怖主义金融的 8 项特别建议"，为各国制定具体标准，以减少通过洗钱为恐怖主义融资。2004 年还增加了针对恐怖分子和犯罪分子跨国境运输现金问题的"1 项特别建议"。金融行动工作组还鼓励各国政府设立专门的金融情报机构，专门处理可采取行动的金融情报机构要求处理恐怖主义融资和洗钱的情报。最近，金融行动特别工作组推动成立了类似中东和北非金融行动特别工作组这样的区域性金融行动特别工作组，该工作组于 2004 年启动，旨在促进各项建议的执行和遵守，并解决各地缘政治区域的地方问题。

1995 年，埃格蒙特集团（Egmont Group）在比利时布鲁塞尔埃格蒙特－阿森伯格宫成立。此为由相关国家的金融情报中心（FIU）成立的非正式组织。该集团颁布了倡议声明、指南、指引、最优做法、解释等重要文件，现已成为各国家金融情报中心（FIU）交换反洗钱情报的主要通道。作为一个由 167 个金融情报机构组成的联合机构，埃格蒙特工作组为安全交流专门知识和金融情报以打击洗钱和资助恐怖主义提供了一个平台。这一点尤其重要，因为金融情报机构在合作和支持国家和国际反恐融资努力方面处于独特地位，是根据全球反洗钱和反恐融资标准在国内和国际上分享金融信息的可靠门户。为国际反洗钱和反恐融资提供支持：包括通过应用技术来扩大金融情报信息的交流并使之系统化，提高这些组织人员的专门知识和能力，并促进金融情报机构之间更好的交流。

国际反洗钱法律制度已经形成。联合国颁发了以反洗钱为主要内容的法律文件《与犯罪收益有关的洗钱、没收和国际合作示范法》（1999 年），巴塞尔银行监管委员会颁发了《关于防止犯罪分子利用银行系统洗钱的声明》（1998 年）。

在我国国内,《中华人民共和国刑法》和《中华人民共和国中国人民银行法》都包含了打击洗钱行为的内容。《中华人民共和国反洗钱法》,中国人民银行制定、颁行的《金融机构反洗钱规定》《人民币大额和可疑交易支付报告管理办法》和《金融机构大额和可疑外汇资金交易报告管理办法》等,则更是关于严惩和打击洗钱行为的专门性的法律法规。对于反洗钱来说,并不是无法可依;现在的问题是:怎样严格执法(这是一个相当重要和严峻的问题)。

三、当前反洗钱工作中存在的问题解析

我国的大部分金融企业对反洗钱工作比较重视,也取得了一定的成绩;但在这项工作中,也存着不少问题,有些还相当严重,主要问题如下。[①]

(一)由认识不端正引起的问题

一些金融机构对反洗钱工作的重要性、紧迫性认识不充分、不到位,甚至思想认识不够端正。调查发现:董事会、监事会等高级管理层对反洗钱工作的认识很不够,甚至严重不到位,由此引发了一系列问题:配备人员素质参差不齐,履职权力受限;人员缺乏监管资源;境外中资银行受处罚严重,这是将国内问题延伸到了国外;我国一部分金融企业的境外机构在合规管理和风险防控方面存在不少缺陷;很多金融机构的内部管理未能与海外金融机构的制度相匹配、相对接;既缺乏合规意识,也缺乏责任心(极端案例:某机构在 2013 年检查中被查出的问题,到 2016 年才整改,结果,检查部门就按 2016 年查出的问题来处罚)。

(二)由监管不到位引起的问题

海外机构反洗钱内控与合规管理不到位。总部在客户实名制、可疑交易报告、名单监控、客户尽职调查和日常账户管理、对境内外分支机构管理等方面都存在缺陷,结果是监管形同虚设,未能发挥应有作用。靠那些不到位的监管,无法主动识别、主动防范洗钱行为。监管以防控反洗钱风险为本和对反洗钱实现全程有效监管的精髓和要义,尚未融入到金融机构的制度之中。

(三)由制度不健全引起的问题

为数不少的金融机构对洗钱违法行为缺乏严格、明确的监管制度,反洗钱风险管理存在明显的盲区和短板。在一些方面,尚存在监管制度缺失;而在另

[①] 这部分内容参考了吴素纺. 当前反洗钱形势及面临的问题探析[J]. 北方金融,2020(2):89-91.

一些方面，则存在有制度却不遵守或不严格执行的情况。例如，缺乏有效的机制来保证董事会及时了解反洗钱合规制度和风险管理的情况，有些金融机构尚未建立反洗钱合规制度——这些都属于制度缺失；而反洗钱业务条线和稽核审计防线也未能筑牢。前台、中台和后台应成为三道牢固的防线，结果却是每道防线都没有得到制度上的保障，且其间分工模糊、职责不明。部分业务部门无进入相应系统（特别是核心信息系统）的权限，致使监管工作在一定程度上落空。

而我国金融机构的境内外分支机构、合作机构在管理制度上存在漏洞。很多金融机构内部存在着重业务、轻合规现象。在反洗钱方面，自身考核不严格、管理不到位。

（四）由措施不落实引起的问题

反洗钱风险评估和控制措施明显滞后。评估机构的设置存在为应付检查而设、平时仅为摆设的现象。

法人机构客户尽职调查和账户管理不到位。对客户身份的初次识别、持续识别和重新识别极不规范；客户开户时提供的信息不完整，而金融机构的核对工作马虎了事，以致客户的身份信息在客户信息管理系统、核心业务系统和反洗钱监测系统不一致，相关系统没有将客户的身份信息列为必填项，身份证件过期自动提示功能不完善。存在匿名账户、假冒账户、冒用他人姓名等现象，使打击洗钱违法行为增加了难度。

义务机构监测分析和报告工作存在缺陷。有些义务机构所作的反洗钱交易监测分析未覆盖所有业务，未能针对业务特点、客户特点逐步完善监测指标；可疑交易报告工作流程不完善、不详尽；可疑交易系统初次分析和持续分析都存在不足；异常交易的排除理由不合理，可疑交易的报告理由不充分（甚至出现常识性错误）；非银行类、支付类机构的报告与行业的洗钱风险严重不符；零报告机构普遍存在（有的金融机构自成立以来就没有报送过可疑交易报告）。

对已经进入黑名单的人员的监控存在明显不足。监控名单库在收录人员名单时有所遗漏、滞后，名单显得不够完整。有的未将"红通"名单上的人员、被通缉的对象列为监控对象，没有对反洗钱黑名单开展全天候监控或者对新涉及名单开展回溯性调查，大部分机构主要依靠外部系统，自己开发系统还比较薄弱。

义务机构之间交易信息传递不完整。银、证、保资金通过第三方支付流转以后，只能看到第三方的名字，看不到交易对手的名字。

（五）由比特币等虚拟货币引起的问题

如前所述，区块链技术原先是支撑金融领域中比特币等虚拟货币的底层技术，就其本质而言，是基于密码学的数据区块，是分布式的数据存储方式。在区块链的空间中，记账为分布式的系统。区块链技术相比于互联网，有着很大的不同：前者用数据区块取代了后者对中心服务器的依赖，并通过所有节点以共同的数据传输方式用以进行自我证明。由于链上各节点存在和传输的数据都在各节点的众目睽睽之下，且计算机会按程序依规则进行关于活动是否有效的自动判断；正因为如此，对于整个链上的数据和基于数据进行的交易，无须进行关于诚信方面的特别验证和认证。交易的一方不需要通过公开自己身份和提供身份信息的方式取信于另一方；接收方也不需要知悉对方所发送的身份信息和关于交易资金的来源信息，就可以放心大胆地进行交易。这就意味着，在区块链的空间中，违法犯罪的行为人在洗钱方面发生了下面提到的新变化。为了适应区块链技术给反洗钱工作带来的变化，2016年欧盟修改完善了反洗钱指令，要求"数字货币交换平台和托管钱包提供商"在交易时，应对客户进行尽职调查，以消除其匿名性。2017年1月以来，我国央行约谈三大比特币平台负责人，敦促其自查整顿，启动了对中国三大主要比特币交易平台的联合综合执法检查，加快推出《比特币交易平台管理办法》《比特币反洗钱规范》两个文件。

基于区块链技术的数字货币交易，在知晓客户信息方面确实存在难度，唯一可以追溯的是IP地址，不过，IP地址是很容易被篡改的，Winsock函数库支持Stockpot的选项HPHDRINCL，用户可以自定义IP，除此之外，还可以使用远程代理上网方式，以及利用计算机记录容易修改的特点，修改系统时间使交易与IP记录断联。可见，利用区块链技术在全球范围内交易数字货币，只要在相关网站下载安装客户端，获得数字地址，在交易时直接输入数字地址，P2P网络确认就可以完成交易。很多交易都是匿名交易，根本无法了解交易对方的身份信息、资金来源信息，无法构成洗钱罪"明知"的认定要件，无法锁定犯罪嫌疑人，对反洗钱工作带来了洗钱罪主体认定的全新挑战。[1]

---

[1] 犯罪故意中"明知"的判断，应当结合被告人的认知能力，接触他人犯罪所得及其收益的情况，犯罪所得及其收益的种类、数额，犯罪所得及其收益的转换、转移方式以及被告人的供述等主、客观因素进行认定。具有下列情形之一的，可以认定被告人明知系犯罪所得及其收益，但有证据证明确实不知道的除外：(1) 知道他人从事犯罪活动，协助转换或者转移财物的；(2) 没有正当理由，通过非法途径协助转换或者转移财物的；(3) 没有正当理由，以明显低于市场的价格收购财物的；(4) 没有正当理由，协助转换或者转移财物，收取明显高于市场的"手续费"的；(5) 没有正当理由，协助他人将巨额现金散存于多个银行账户或者在不同银行账户之间频繁划转的；(6) 协助近亲属或者其他关系密切的人转换或者转移与其职业或者财产状况明显不符的财物的；(7) 其他可以认定行为人明知的情形。须注意的是：被告人将洗钱罪的某一上游犯罪的犯罪所得及其收益误认为本罪其他上游犯罪范围内的其他犯罪所得及其收益的，属于具体的事实认识错误中的对象错误，不影响洗钱罪"明知"的认定。

除了上述对洗钱罪主体认定的挑战之外，比特币等虚拟货币还对洗钱罪行为认定带来挑战：《刑法》规定洗钱罪必不可少的构成要件是掩饰、隐瞒上游犯罪所得及其产生的收益来源和性质。违法犯罪的行为人为达到掩饰、隐瞒的目的，往往会采取各种手段。2009年最高人民法院《关于审理洗钱等刑事案件具体应用法律若干问题的解释》规定，"具有下列情形之一的，可以认定为刑法第一百九十一条第一款第（五）项规定的'以其他方法掩饰、隐瞒犯罪所得及其收益来源和性质'：通过典当、租赁、买卖、投资等方式，协助转移、转换犯罪所得及其收益的；通过与商场、饭店、娱乐场所等现金密集型场所的经营收入相混合的方式，协助转移、转换犯罪所得及其收益的；通过虚构交易、虚设债权债务、虚假担保、虚报收入等方式，协助将犯罪所得及其收益转换为"合法"财物的；通过买卖彩票、奖券等方式，协助转换犯罪所得及其收益的；通过赌博方式，协助将犯罪所得及其收益转换为赌博收益的；协助将犯罪所得及其收益携带、运输或者邮寄出入境的；通过前述规定以外的方式协助转移、转换犯罪所得及其收益的。"以上文字，对"以其他方法掩饰、隐瞒犯罪所得及其收益来源和性质"的界定，相当清楚。但规定中的收益多为现金或可以折合成现金的财物。

到目前为止，我国央行仍未认定数字货币为法定货币。因此，基于区块链技术的数字货币不属于现金、金融票据、有价证券，也没有传统的资金账户，无法构成洗钱罪客体要件。[①]

正是在这一点上，对反洗钱工作构成了严峻的挑战。

总之，存在问题比较多，致使反洗钱工作的进度、质量和效率大受影响。

四、借助于区块链开展反洗钱工作

反洗钱工作存在的一部分难点，可从区块链技术那里寻求帮助、从中获益；当然，区块链并不是万能的，解决反洗钱工作中存在的有些问题，有待多方通力合作。

（一）构建基于区块链可信大数据人工智能的可信反洗钱基础设施，通过信息共享与互通，增强对行为人洗钱行为的识别力

由于隐私保护和市场竞争等原因，目前监管部门和各反洗钱义务机构之间、各反洗钱义务机构相互间尚未形成客户信息共享机制。多个义务机构对同一客

---

① 范拓源. 区块链技术对全球反洗钱的挑战[J]. 科技与法律，2017（03）：19-24+61.

户均需开展身份识别，投入成本高，验证渠道单一，而且识别结果往往不统一。不法分子利用义务机构数据孤岛的漏洞，进行跨机构、跨区域的资金转移，增加了义务机构可疑交易监测的难度。[①]如果放任"数据孤岛""信息孤岛"存在，不能打破信息割据和数据割据的严重现象，关于洗钱行为人和嫌犯的数据及信息，就没有办法共享，就没有办法形成关于行为人的完整画像。因此，"数据孤岛""信息孤岛"的存在是反洗钱工作中的一大障碍。在"孤岛"中，数据与数据之间、信息与信息之间、数据与信息之间的联系被切断，由研究关系切入探寻事物规律的可能性被阻断。由此形成的对于洗钱行为人和嫌犯的判断无疑将存在这样那样的问题。大数据如果分散存在于各个"数据孤岛""信息孤岛"上，则不能算是真正的大数据，这样的大数据也不可能真正发挥其大数据的效能。有研究者指出：在区块链的情境中，"在保证反洗钱交易数据保密性的情形下，适宜采用联盟链的方式，参与方以互通协议的方式形成区块链联盟，并依据情况实现有条件的信息共享和交互。对于不同情形的可疑预警应设定不同级别的信息共享权限，在保密与共享之间寻求信息安全上的平衡；其次利用区块链技术去中心化、平台化、自我管理、集体维护的特点，形成一个区块链反洗钱信息跨平台的建设系统，避免因多方参与引发混乱的情形。"[②]一方面，基于区块链可信大数据人工智能构建分布式隐私安全多方计算平台的可信反洗钱基础设施，在保护数据隐私和数据安全及保密的前提下，在保障各方数据产权和利益的前提下，可打破"数据孤岛"和"信息孤岛"，鼓励共享客户身份信息和交易信息，并将监管纳入链上以赋能实时穿透式监管，可大大提升尽职调查的成效，大大提升对恶意客户、账户及交易的防控能力，大大提升反洗钱体系的效能和治理能力。另一方面，通过优化设计激励机制和奖惩机制，使得各参与方在权利平等的基础上，共建、共享、共治、共赢。从采集流转到分析计算，数据的全生命周期在链上形成闭环，通过对数据贡献方的激励和奖惩实现对数据质量的把控。鼓励数据分析产品的创造，将数据真正流通起来，真正激活数据。提升客户身份识别的效率和准确度，提升可疑交易预测和识别的准确性。

（二）构建基于区块链可信大数据人工智能的可信反洗钱基础设施，实现弹性预警管控，提升管理效率

在此过程中，一方面要充分发挥区块链技术的作用；另一方面要提高使用

[①] 中国人民银行反洗钱局课题组. 区块链技术在反洗钱工作中的应用前景研究[J]. 金融电子化，2020（10）：11-13.

[②] 廖丹. 基于区块链框架下反洗钱监测管理的探索[J]. 现代经济信息，2019（24）：66+68.

技术者的素养和责任心。技术是供人使用的。技术再先进，使用技术的人素养很低、责任心很差，也仍然会出现这样那样的问题。就此而论，借助于区块链技术努力推动对洗钱行为的预警管控工作提升效率，对人的主观能动性的因素不能忽略。从对洗钱行为管理不力、不到位的情况来看，没有充分发挥区块链技术的功能作用，固然是一个重要原因；一部分人员素质低、责任心差，则是另一个重要原因。另外，光靠金融机构开展反洗钱工作，是远远不够的。必须通过扩展抵达反洗钱报送平台的路径，让各行各业、各界群众广泛参与反洗钱工作，持续进行反洗钱的人民战争。

借助于区块链技术，提升对洗钱行为的全面预警控制水平，可进行以下操作：

（1）进行基于区块链技术的反洗钱平台建设。每家机构都应生成相应的加密区块，将经过分析处理的各类交易数据、信息放入相应区块，并形成数据区块链条。对于上链的信息，单方面修改不被允许；如果需要修改，须经各个节点一致同意。交易数据的真实、安全，由此而得到了切实保障。

（2）审慎地验证客户身份。引入区块链电子加密与生物识别双因子技术，将两者结合起来对客户身份进行仔细验证，确保客户信息是真实的；将认证通过的客户信息打包成区块，提交至私有链网络。私有链各节点收到该区块信息后，超过一半的节点验证通过，该区块才能获准通过并被放到链上。各私有链内部经过客户信息的登记认证并增加到私有区块链上后，会以联盟链接的单节点形式再次把该区块信息增加到整个联盟链网络中去。

（3）对交易环节的监控。客户全部交易信息（包括交易金额、交易笔数、交易标的、交易时间、交易账户等）都会在私有链网络上进行广播，并发送至所有节点，同步保持在区块链和各个机构节点的本地账本中。当交易完成时，相关机构以联盟链节点的身份把该区块上交至联盟链网络中并进行广播，同步更新联盟链的节点本地账本。全部交易信息充分公开、透明。这样，基于区块链技术，就实现了反洗钱及时预警和全程管控，使反洗钱管理工作的效率有所提升。[①]

第七节　区块链与操作风险、技术风险及可编程风控

下面要讨论的是区块链对操作风险和技术风险的影响，以及区块链在可编

---

① 这部分内容参考了廖丹. 基于区块链框架下反洗钱监测管理的探索[J]. 现代经济信息，2019（24）：66+68.

程风控中的应用。迄今为止,学界在这些方面的研究成果甚少,业界人士发表了少量论文进行过探索。现结合这些成果进行综合论述。①

一、区块链与操作风险

(一)出现操作风险的可能性是存在的

应该说,区块链作为先进技术,是有利于降低金融操作风险并提高金融工作效率的。

以清算和结算为例。此为证券交易系统的核心,在证券行业中自然居于重要位置。但清算、结算效率低下,这在业内是尽人皆知的事实,也是世界各国金融市场面临的普遍性难题。现实情况是:结算过程耗时多、周期长,账户的信息和结算的指令时有所变。这些无疑增加了用于沟通和人工干预的时间成本和人力资源成本。

而更为棘手的问题是:交易结算过程中常常会冒出来自于操作的风险。由于交易系统出现错误,或经营管理失误等其他人为原因而造成的潜在损失,统称为操作风险。操作风险涉及范围大,几乎涉及银行内部的所有部门。②

这客观上是由于结算工作涉及与各个方面相关的数据,涉及面广、数据量大,几乎在数据处理的各个环节(生成、接受、分发和拆分),无论输入还是输出数据,都可能存在风险。机器处理会出现机器处理的差错,人工处理会出现人工处理的差错;还有这样的情况,即人工在驾驭机器和与机器紧密联系的先进技术时,也经常会出现一些差错,而且技术越先进,出现差错的概率越高。以上各类风险,均属于操作风险。

(二)区块链技术有利于降低操作风险

还以结算和清算为例。区块链的重要技术特点之一是:"可以简化交易后的结算和清算流程,减少和消除交易错误,简化中后台职能,缩短结算时间,实现净额结算并降低对手方信用风险,显著提高资本市场运行效率。基于建立分工明确、责任清晰、运转安全、机制灵活的中央集中托管结算已成国际共识,托管结算正在加速集中。在证券行业结算清算中采取具有中心化特权属性的分布式区块链技术,使监管者拥有处置的特权,在登记托管的特定情况下,有依

---

① 洗钱罪侵犯的是复杂客体,既侵犯了金融秩序,又侵犯了社会经济管理秩序,还侵犯了国家正常的金融管理活动及外汇管理的相关规定。

② 徐晓飞. 区块链金融的风险评估与管理[J]. 现代管理科学,2018(10):33-35+54.

法暂缓交收、拒绝交收已达成的交易的特权。"在这里，降低双方信用风险与自身降低操作风险间接相关（属于间接有利于减少风险）；而简化交易后的结算和清算流程，是大大有利于降低操作风险之举；减少和消除交易错误，无异于在为直接减少和消除操作风险创造条件；简化中后台职能，能产生防操作风险的良效。可见，在区块链介入结算和清算以后，是有利于降低操作风险的。

二、区块链与技术风险

对于区块链可能造成的技术风险，必须做两面观。

（一）区块链可降低技术风险

这是因为：

其一，业务模式的简化可以带来信息系统的简化，从而降低技术风险。区块链给很多领域的业务模式带来了变革和简化，以前述结算和清算为例，区块链可以简化交易后的结算和清算流程，减少和消除交易错误，简化中后台职能，缩短结算时间，实现净额结算并降低对手方信用风险，显著提高资本市场运行效率。这里，业务模式、业务流程、业务逻辑的简化能够给系统架构和软件程序带来的简化是显而易见的。因区块链"交易即结算"，有些原本需要的软件功能模块现在都已经不再需要。而信息系统的技术风险很大程度上与软件复杂度和功能复杂度有很大关系。现在软件复杂度和功能复杂度降低了，技术风险也可相应降低。此外，在区块链上，各个节点与中心之间形成了与在互联网场景中不同的新型关系。这种关系被概括为区域"中心化"。其要义在于：中心的支配权、决策权有所下降；各节点的知情权、参与权有所提升。甚至在比特币等部分公链应用中，是完全去中心化的。在某些应用场景中，这代表着业务模式、业务流程、业务逻辑的简化，这对于避免技术风险是很有好处的。其二，区块链系统的技术特点之一为"系统内嵌一定的冗余"，这一点可降低技术风险。但分布式系统和去中心化系统肯定比单系统和中心化系统更为复杂，需要面对和解决的问题更多，这又将相对增加技术风险。因此，从中心化系统 vs 去中心化系统这个角度而言，区块链系统实质上将一部分技术风险置换为另一部分技术风险了。

其三，区块链可以确保链上数据准确、信息准确。数据和信息不准确，是交易中的最大现实障碍和隐性障碍。区块链技术可以保障链上的数据和信息都是准确的。因为，数据和信息在链上充分透明；一旦不准确，链上的各个节点都可能发现并指出。这其实是降低技术风险的重要内容之一。区块链可确保免受不诚信的困扰。区块链上的信息不可篡改、可以追溯，且每笔交易都留有时间戳，这就保证了数据和信息的诚信度。链上的共识机制，以形成共识为行事规范，实际上充分发挥了各节点的监督作用。而智能合约，则依靠刻板的机器和程序，对存在不履约图谋的有关主体构成了制约。所有这些，都使得在链上这个规定情景中，不讲诚信者寸步难行，讲诚信者利益得到了充分保障。从技术方面说，这正好有利于降低由这样那样的技术所带来的风险，或避免落入由某些技术可能构成的陷阱。

（二）区块链隐藏着潜在的技术风险

根据 PeckShield 发布的《数字货币反洗钱暨 DeFi 行业安全报告——2021 上半年报告》，截至 2021 年 6 月 30 日，2021 年上半年虚拟货币行业共发生重大安全事件 1375 起，共计损失逾 142.4 亿美元。8 月 10 日晚间，跨链去中心化金融平台保利网络（PolyNetwork）宣布遭黑客攻击，造成包括以太坊、比特币在内共计价值超 6.1 亿美元的虚拟货币被盗。攻击最早发生于 8 月 10 日 17 时 55 分，在短短 34 分钟的时间里，保利网络各类资产代理合约一共向黑客地址发起 17 笔转账，转走了市值人民币近 40 亿元的虚拟货币。一场数十亿元的黑客攻击，一边是漏洞频出的交易平台，一边是无数受害的用户。漩涡之中，此次事件不过是虚拟货币交易乱象中的一个缩影。据成都链安技术团队分析，本次攻击事件发生的主要原因是，合约权限的管理逻辑存在漏洞，从而合约中的大量代币被套取出来。有业内人士表示，这可能是迄今为止全球虚拟货币史上最大规模的盗窃案，损失超过了 Mt.Gox 事件（744408 枚比特币被盗，当时总价值约为 4 亿美元）以及 2018 年的 Coincheck 案（当时总价值约为 5.34 亿美元）。

没有任何一项技术是 100%安全的，技术本身可能存在缺陷和漏洞。在区块链技术中使用了密码学算法原理。在一般情况下，这应该是比较安全可靠的。但密码学有两个前置性的条件：算法所使用的随机数能确保安全；密钥也是安全的（未泄露）。如果在两个前置性条件中有一个出现问题，区块链的安全就难以得到保障，密码算法的安全功能将不复存在。而在以上两个方面出现问题，并非绝无可能。前一方面主要涉及随机数的质量，高质量的随机数必须具备"不可预测性"。而一般软件系统中所使用的伪随机数发生器所产生的伪随机数序列，存在一定的可预测性，如用于区块链中的加密算法，可能存在安全风险。后一方面主要涉及秘钥全生命周期管理流程，包括秘钥生成、存管、使用、找回、销毁等步骤中的秘钥安全。这些步骤完全可能存在安全隐患，并成为整个系统安全的短板，事实上，这类安全事件早已多次出现，给用户带来惨重损失。

进而言之，区块链依据的密码算法本身绝不存在瑕疵乃至漏洞，这也是没法绝对保证的。而如果存在瑕疵乃至漏洞，虽然暂时不一定暴露出来，但作为一种隐患，对区块链系统构成的风险一旦爆发，将是颠覆性的。即便算法本身不存在纰漏或漏洞，如若攻击一方掌握了量子计算那样的先进算力，也能撕开防守一方的口子。

在公链系统中，区块链的分布式共识机制存在着被"51%攻击"的风险。该情形不仅较容易发生在区块链系统参与节点不多的初期，也可能在参与节点较多的中后期。即便理论上中后期外部攻击的成本如某些学者断言相当高昂，但当算力赚取的Token（如比特币）价格下跌，矿工激励减少或算法自动减少奖励到让挖矿者发现攻击比遵守共识算法更有利可图时，矿工也会铤而走险，不惜耗费巨大算力去攻击系统。2018年5月和2020年1月，美国比特币黄金（Bitcoin Gold）交易所两次遭到恶意矿工51%攻击而损失惨重，这就是典型例证。[1]

智能合约如同所有软件程序一样，都有可能存在有意或者无意的漏洞和缺陷。这一点，已经在层出不穷的智能合约漏洞事件中表现得淋漓尽致。其中有意植入的漏洞和缺陷，主要源自软件开发者或应用者的道德风险。此外，当金融市场中大量交易对手方都采用智能合约进行交易，自动触发、刚性运行、循环执行、不可篡改，实际上将形成一种机器与机器自动交易"对战"的局面，在风险来临时，有可能形成"亚马逊森林蝴蝶"效应和多米诺骨牌连锁反应，或将导致风险的骤然放大、爆发、失控，由此导致金融市场的践踏危机。先前，金融市场中发生过这种由量化模型自动交易"对战"形成正反馈循环所导致的践踏危机。[2]因此，对于金融行业中运行的智能合约，应制定监管标准和测评机制，以确保其可靠性和安全性。

三、区块链形成可编程风控

（一）区块链具有可编程的技术特点

区块链技术可以提供相应的脚本代码系统，支持使用者创建并应用智能合约，共享链上数据和信息等。这些应用都是可以编程的。而区块链技术的底层技术框架有着普适性。

经过考察可以发现：区块链技术发展历程中的三个阶段都和可编程密切相关。区块链技术是伴随着比特币的出现而产生很大影响的，区块链1.0 模式以可编程数字加密货币体系为主要特征，莱特币以及以太币等数字货币也是在此基础上产生的。可以说，离开了可编程，就不会有一系列的数字货币。区块链

---

[1] 陈斌彬.区块链金融的技术风险及其监管[J].福建江夏学院学报，2021，11（04）：23-33.

[2] Khandani A E, Lo A W. What happened to the quants in August 2007? Evidence from factors and transactions data[J]. Journal of Financial Markets，2011，14（1）：1-46.

技术使得此类数字货币在支付过程中不需要作为中心的权威机构参与，发挥了区块链技术去中心化的特点，同时也降低了支付成本。区块链技术对传统金融市场有着重要的影响。区块链 2.0 模式以可编程金融系统为主要特征。在比特币项目成功落地之后，区块链很好地解决了智能合约中的技术难题，使得可编程的智能合约技术在金融领域得到广泛的应用。区块链 3.0 模式以可编程社会为主要特征。区块链技术一直被认为是互联网技术后的又一大技术革新，对互联网也产生了根本的影响，随着区块链技术的快速发展，目前，区块链技术已经开始应用于智慧农业、物联网、医疗、供应链等领域。[①]

图 7-1 意在说明，在区块链的整个工作流程中，在每一个环节上都是可以编程的。图 7-2 用来说明，在区块链的整个架构的各个部分都是可以编程的。图 7-3 旨在说明，区块链的各个区块也都是可以编程的。图 7-4 从区块结构来考察，也是可以编程的。

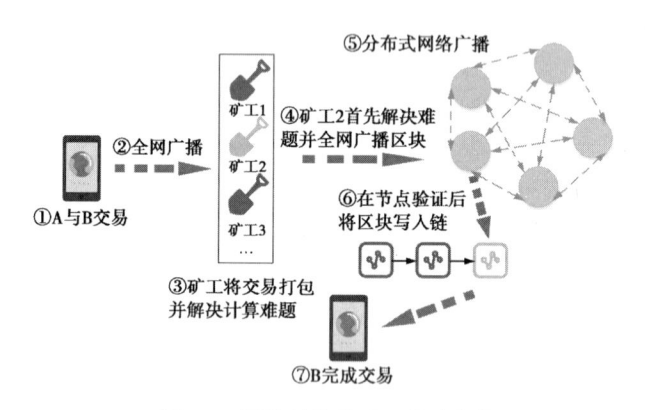

图 7-1　区块链块生成工作流程[②]

图 7-2　区块链网络架构[③]

[①] 袁勇，王飞跃. 区块链技术发展现状与展望[J]. 自动化学报，2016，第 42 卷（4）：481-494.

[②] 曹傧，林亮，李云，等. 区块链研究综述[J]. 重庆邮电大学学报（自然科学版），2020，32（1）：1-14.

[③] 曹傧，林亮，李云，等. 区块链研究综述[J]. 重庆邮电大学学报（自然科学版），2020，32（1）：1-14.

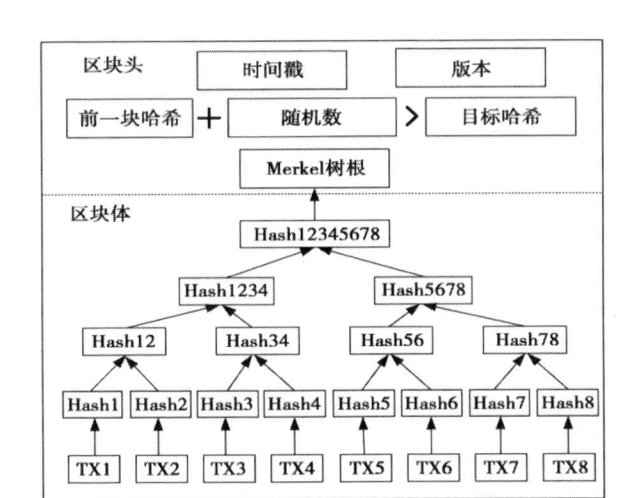

图 7-3　数据区块结构[①]

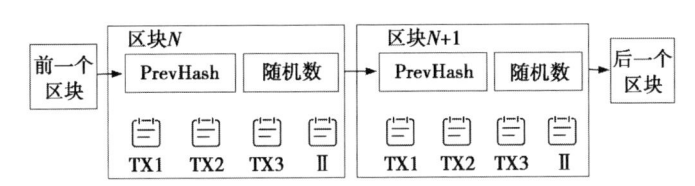

图 7-4　区块链式结构[②]

（二）以智能合约为例考察将区块链用于风控

智能合约集中体现了区块链所特有的功能和特色，是一种充分体现智能化特点的合约。智能化特点表现在，合约形成后由机器按计算机程序去执行。其存在的基础是加密货币和区块链技术，是在可信的环境中执行的，标的是数字化了的资产。有研究者指出："特定语言（DSL）具有领域问题表达能力强、抽象层次高、语言精练等特点，从而能方便使用者高效地建立领域模型。区块链技术具有去中心化、数据有序、可编程和安全可信等特点。为智能合约设计简单易用的描述语言和构建普适性的系统执行模型是将智能合约推广应用的前提条件。"[③]从这里可以看出，可编程是区块链的特点之一。为智能合约编程，往往采用简单易用的描述语言，而所要构建的是具有普适性的系统执行模型。

"可编程的智能合约具有三个方面的技术优势：PSL 简单易用，具有良好的扩展性；采用 RPC 通信，交易通道易于实现多语言、多平台的兼容；构建的可

---
① 曹傧，林亮，李云，等. 区块链研究综述[J]. 重庆邮电大学学报（自然科学版），2020，32（1）：1-14.
② 曹傧，林亮，李云，等. 区块链研究综述[J]. 重庆邮电大学学报（自然科学版），2020，32（1）：1-14.
③ 朱忠宁. 基于 DSL 和区块链技术的可编程智能合约设计与实现[D]. 华南理工大学，2017.

编程智能合约系统框架具有普适性，易于扩展。"[1]具有上述显著特点的可编程智能合约因此而得到广泛应用。

在基于区块链可信大数据人工智能的下一代数字金融基础设施的基础上，金融系统中的信息孤岛和数据孤岛将被连通，金融大数据将是可信的，金融人工智能将是可信的。"可信"是指与不全面、不完整、不充分、不连通、不匹配、不（完全）正确、不（完全）真实、不同步、不及时等相反的情况，即包括但不限于数据和信息是全面、充分、准确、统一一致的，是相互联系而非相互割裂的，处于一种质地优良的状态。区块链带来可信大数据，可信大数据又带来可信人工智能。由可编程智能合约驱动运转的可信的数据和可信的模型，还包括可信的系统、可信的流程、可信的管理等，是高质量风控的关键。

---

[1] 朱忠宁. 基于 DSL 和区块链技术的可编程智能合约设计与实现[D]，华南理工大学，2017.

第八章

区块链促进金融监管现代化

2008年的金融危机危及全球，至今仍是金融风险、金融安全和金融监管方面极具价值的研究样本。当时，危机最早起源于美国房地产泡沫破裂，后扩大为次贷危机、华尔街股灾及金融危机，最后又升级为经济危机，并发展成为席卷全球的经济海啸，在有些地方甚至酿成社会危机，至今都没有完全消除后遗症。

此次金融危机的原因很多，从数据和信息角度看，数据不完整、不完善、不准确、支离破碎、不可信、不充分是危机的因由之一；"数据孤岛""信息孤岛"则妨碍了金融风险情报分析和金融危机预警，从一个方面助长了危机。从模型和方法角度看，数据质量影响模型质量（GIGO，垃圾进、垃圾出）。人类智慧和机器智能未能高效融合也是无力预警风险和抵制危机的重要原因之一。[①] 金融经济学家的共识是金融监管失灵了，对金融监管的信念崩塌了，从而引起了长达十年的金融监管体系重构。今天，区块链、大数据、人工智能融合创新驱动的金融信息学和金融安全情报分析为金融风险防控提供了全新思路。笔者呼吁构建基于区块链可信大数据人工智能的下一代数字金融基础设施、体系架构、计算范式和融合创新孵化平台，在此基础上进一步提出基于区块链可信大数据人工智能的新型金融大数据情报分析的理念。基于新型数字金融基础设施架构，基于可信大数据和可信人工智能驱动的新型金融安全情报分析，人类有望在防控金融风险、预警金融危机、维护金融安全、实现高效金融监管等方面做得比以前更好、更优。[②]

第一节 我国当前金融监管的主要方法

金融监管是政府通过特定的机构，如中央银行、证券交易委员会等对金融

[①] 丁晓蔚，苏新宁.基于区块链可信大数据人工智能的金融安全情报分析[J]. 情报学报，2019, 38（12）：1297-1309.

[②] 丁晓蔚. 金融大数据情报分析：以量化投资为例[J]. 江苏社会科学，2020（03）：121-128.

交易行为主体进行的某种限制或规定。其本质是一种具有特定内涵和特征的政府规制行为，属于政府相关部门行使其职能的行为。[①]金融监管的主体是政府的相关职能部门，监管客体是金融机构的各类金融活动。监管的依据是相关法律法规和政策。金融监管可以分成金融监督与金融管理。金融监督指金融主管部门对金融机构实施的全面性、经常性的检查和督促，并以此促进金融机构依法稳健地经营和发展。金融管理指金融主管部门依法对金融机构及其经营活动实施的领导、组织、协调和控制等一系列的活动。[②]其中，前者是后者的基础和前提，后者是前者所要实现的目标。如果监督不得力、不到位，那么，管理就不可能精准和有效。反过来，管理也要靠检查和督促，两者形成闭环。当前金融监管的主要方法有：依据法律进行的监管；遵照政策进行的监管；借助金融行业协会进行的监管（但这方面的监管作用尚未得到充分发挥，还有很大的提升空间）；等等。也还可以有别的分类法，比如分成公告监管、规范监管、实体监管。下面分别进行论述。

一、金融监管的类型和方法

（一）金融监管的类型

金融监管可以有多种划分方法，在这里划分为微观审慎监管和宏观审慎监管两大类。

1. 微观审慎监管

微观审慎的著名格言是："要保证金融稳定，只须保证每一个金融机构是健全的。"微观审慎的监管，作为金融监管的基石，对金融市场中的金融消费者、投资者、储户等的切身利益、合法权益更为关注，让他们从金融监管中感受到自己所受到的保护。当然这种保护，离不开宏观审慎监管所奠定的总体基础和提供的总体条件。

对各国的微观审慎监管的职权归属进行考察，我们可以发现：情况各异。英国实行集中监管体制，在英格兰银行下设审慎监管局（PRA），负责微观审慎监管。英国证券业务微观审慎监管也归审慎监管局管辖。PRA 微观审慎监管的目的是：判断金融企业的安全性和稳健性，并采取恰当的行动；制定金融企业核心监管规则；核准金融企业须经审批的经营活动；监督金融企业守法并执法；

[①] 陆雄文. 管理学大辞典.上海辞书出版社，2013 年.
[②] 同上.

批准个人在金融企业中行使职权。[1][2]美国在对金融监管进行改革后,对不同的行业仍然实行分行业监管。对银行、保险、证券行业而言,它们各自都有对之进行监管的核心机构。这些核心机构负责对相应行业内的金融机构进行微观审慎监管。从我国的现有情况来看,证监会和银保监会都要对金融行业进行微观审慎监管。

2. 宏观审慎监管

1979年6月,在巴塞尔银行监管委员会的前身Cooke委员会的一份非公开文件中,"宏观审慎监管"一词被首次提及。[3]该文件就宏观审慎监管指出:对于国家整体的监管体系而言,不应该仍然像传统的微观审慎监管一样,仅仅关注单个金融机构的经营状况,金融体系整体的发展状况也需要从宏观视角加以关注和监管。这类监管方式的转变,是和微观经济研究向宏观经济研究进行转变的大背景相适应的。宏观审慎监管着眼于抑制金融体系内的顺周期特征,防范系统性风险,维护金融稳定与安全,减少金融危机对经济和社会的冲击和震荡,最终维护经济和社会的稳定与安全。在2008年全球金融危机后,宏观审慎监管特别关注各金融市场参与主体之间的相关性和关联度(在危机时,各资产的相关性倾向于趋近1;当市场恶化时,所有市场参与主体倾向于同时收紧或退出,则市场将发生严重挤兑,更加加剧危机的严重后果),重视其面临的共同风险敞口,重视系统性风险和系统性重要金融机构。

有研究者指出:对宏观审慎监管的主要内容,大体可以从时间维度和横截面维度两个不同的角度进行解读。基于时间维度,宏观审慎监管的监管工具大体可以分为基于资本的监管(逆周期资本缓冲CCyBer、动态准备金要求、时变杠杆比率等),基于信贷控制的监管工具(贷款价值比率LTV、贷款收入比例LTI、债务收入比DSTI等),以及基于流动性的监管工具(流动性覆盖比率LCR、净稳定融资比例NSFR等)。[4]综上可以看出,不同性质的宏观金融监管工具可以从不同的角度防控金融行业的系统性风险。另一方面,基于宏观金融监管的横截面维度分析,大致可以将金融监管划分为事前避免、事中防范和事后处置三个阶段,各个阶段的主要监管任务不尽相同。在事前金融监管阶段,金融监

---

[1] 马其家. 论新时期我国金融监管体制的调整——以我国证券市场行政监管权的重配与协调为视角[J]. 政法论丛, 2016(06): 112-120.

[2] 刘迎霜. 论我国中央银行金融监管职能的法制化: 以宏观审慎监管为视角[J]. 当代法学, 2014, 28(3): 120-128.

[3] 杜朝运, 林航. 强化我国金融宏观审慎监管的思考[J]. 经济与管理评论, 2012, 28(01): 101-105.

[4] 张天顶, 张宇. 宏观审慎监管、系统性风险及国内外金融监管实践及启示[J]. 证券市场导报, 2018(04): 61-68+78.

管机构的首要任务是以"结构性分离"的方式从根本上防止经营规模过大、业务过于复杂的金融集团的出现，更要预防其垄断金融行业的某种金融产品的情况。在金融监管过程进行的中间阶段，政府金融监管部门的主要任务就渐渐转变为提高金融领域各个金融企业信息披露的要求并提高金融企业吸收损失、最大程度上降低经营风险的能力。最后到金融监管的事后处置阶段时，金融监管部门往往需要依据之前设立的有效的风险处置制度框架进行处置，金融监管部门需要采取适当的处置方式并避免系统性风险，最为重要的是，金融监管机构需要保护金融消费者、投资者的合法权益。[1]

（二）金融监管的方法

关于金融监管所采用的方法，也可以有多种表述，在这里分为公告监管、规范监管、实体监管三大类。

1. 公告监管[2]

公告监管即由作为监管对象的金融企业依法依规向政府监管部门提交和社会公布其相关重要信息这样一种监管方式。对政府监管部门而言，采用这种监管方法时，对金融企业的经营并不进行直接监督，只要求它们按照规定的格式及内容，定期将经营状况、营业结果报政府主管部门并予以公告。金融企业的组织形式、运营规范、资金运作、经营状况等，均由其实行自我管理，政府监管部门不加以干预。

金融企业的公告内容包括企业财务报表、关于最低资本金与保证金的规定、关于偿付能力标准的规定等。通过公告接受监管，金融企业的经营状况由其自身进行判断，也便于社会公众做出判断。这种由政府监管部门和社会公众相结合的监管方式，既有利于公众参与金融监管，又使作为监管对象的金融企业获得了比较宽松的、有利于其自由发展的外部条件和营商环境。

但是不能不指出的是：金融企业接受监管的主动程度和自觉程度不一，公告信息的真实程度和充分程度不一，公告的时效性和及时性存在缺陷。由此出现的情况是：它们与社会公众之间存在信息不对称。这就给社会公众对企业实际的经营状况进行判断和做出决断带来了程度不等的困难；而如果金融企业对不正当经营的情况不予公告、不实公告或不及时公告，公众对此也只能徒唤奈何。因此，公告监管其实是金融监管中最起码和最宽松的监管方式。

---

[1] 张天顶，张宇. 宏观审慎监管、系统性风险及国内外金融监管实践及启示[J]. 证券市场导报，2018（04）：61-68+78.

[2] 赖春晖. 区块链在金融监管领域的应用与实践[J]. 杭州金融研修学院学报，2018（06）：18-22.

2. 规范监管[①]

规范监管，也被称为准则监管。它是这样一种监管方式：政府主管部门就金融企业的经营制定一定的准则并规定必须严格遵守这些准则。政府监管部门进行规范监管，对金融企业的经营有一系列明确规范，对诸如最低资本金、资产负债表的审核、资本金的运用，对违反法律法规行为的处罚等，都做出了严格的规范性规定；但对金融企业和有关机构内部的业务经营、财务管理、人事安排等，则不加干预。

这种监管方法重在对金融企业和相关机构经营的形式合法性进行监管，较之公告监管的方法更具有力度，也更具有可操作性。但是，如果监管不涉及金融企业在经营方面的实质性内容，且仅仅依靠基本准则，则不易收到监管的强效和实效。

3. 实体监管[②]

实体监管是指政府金融监管部门运用法律赋予的权力和依照国家制订的金融监督管理规则，对包括金融企业和有关机构在内的金融市场进行全方位和全过程的监督管理。这种监管的依据是有关法律法规和政策规定，属于刚性的监管。

从过程来说，实体监管可以分为三个阶段：第一阶段，是对金融企业在创设时进行的监管，也就是核发金融许可证时所实行的监管，只对经严格审查具备条件和资格的监管对象发放许可证。第二阶段，是对处于续存期的金融企业所进行的监管，涉及监管对象的经营内容、活动和状况，这是实体监管的核心部分。第三阶段，是对进入破产和清算流程后的金融企业实施的监管。

实体监管是政府金融监管部门在国家立法的基础上，通过相应行政手段对金融企业进行的监管，体现出很强的强制性。从实际情况来看，它无疑比前两种监管来得严格，也更具体和有效。

二、金融监管的国际发展及中国的历史沿革与现状

为了研究中国的金融监管现代化，有必要了解国际金融监管的发展历程及中国金融监管的历史沿革与发展现状。这样有利于将国际金融监管作为中国金融监管的横向参照系，也有利于在中国金融监管自身发展的纵向参照系中找到历史方位和未来的发展路径。

[①] 赖春晖. 区块链在金融监管领域的应用与实践[J]. 杭州金融研修学院学报，2018（06）：18-22.
[②] 赖春晖.区块链在金融监管领域的应用与实践[J].杭州金融研修学院学报,2018(06):18-22.

（一）金融危机以来全球金融监管的发展[①]

全球金融危机爆发后，在2009年的G20峰会上，国际金融监管界人士商定对监管框架进行改革。限于篇幅，下面概述其要点。

一是增资本、降杠杆和金融顺周期性。（1）在巴塞尔协议III下提高资本数量和质量：它解决了监管资本的定义和构成，扩大了风险应对覆盖面，增补非基于风险的杠杆比率，并限制了银行可通过应用自建模型而获得的资本释放，增加了资本缓冲，例如逆周期资本缓冲和资本保全缓冲以及对系统性重要银行的资本附加费。协议实施已基本按计划推进，到截至2017年，所有健康指标都显著高于危机前。（2）降低杠杆的顺周期性：使用逆周期资本缓冲（CCyB）。会计规则也相应变化，前瞻性拨备是特别有效的工具。资本保全缓冲和杠杆率在周期上行时应更具约束力并限制资产负债表扩张。监管还允许在危机时期使用资本保全缓冲。测量表明，银行信贷顺周期性已下降。（3）用压力测试评估资本充足度：压力测试已成银行监管核心。（4）降低非银部门的杠杆：对保险公司偿付能力监管有所改进（如欧盟实施Solvency II），但仍缺全球统一规范。证券融资也受国际金融稳定委员会（FSB）2014年非中央清算证券融资交易折价（Haircut）框架限制。并表监管有助降低非银金融机构杠杆，但尚未得到充分实施。

二是控制资金错配并解决流动性和货币风险。（1）协议III银行流动性框架。2015年开始实施流动性覆盖比率（LCR)，2018年开始实施净稳定融资比率（NSFR)。所有协议成员国都已实施LCR。NSFR要求更高，故尚未完成实施。目前流动性缓冲有所增加，银行持有高流动性现金和政府证券占总资产中份额增加。（2）非银流动性。货币市场共同基金新估值指南降低了挤兑风险。主要投资公司或市政债券的美国机构货币市场基金已转向市值计价法。

三是加强对大型互联机构的监管。国际货币基金组织（IMF）与FSB和国际清算银行（BIS）共同制定系统性机构标准和G-SIBs名单，取得显著成功。G-SIBs使用规模、相互关联度、现成替代品的缺乏度、全球（跨司法辖区）活动度和复杂性等指标来确定。另外，许多国家已学习G-SIB方法并为国内系统重要性银行（D-SIB）制定框架。据测量，如今系统性机构增加了资本缓冲，银行系统集中度略有下降，系统重要性未增加。但尚未实现更大的银行业竞争。

四是更好地监管复杂的金融系统。（1）强化监管和扩大监管范围。将银行

[①] 此处参阅了国际货币基金组织货币及资本市场部.全球金融稳定报告，2018年10月. 全球金融危机十年后的监管改革：回顾与展望. 国际标准书号：9781484375594. 刊号：1729-701X. 发布日期：2018年10月10日. DOI: https://doi.org/10.5089/9781484375594.082. 网址：https://www.elibrary.imf.org/view/books/082/25319-9781484375594-en/ch002.xml.

活动转移到表外来监管套利的动机已被削弱,漏洞已被堵住。系统性风险监测已被扩大到包括影子银行。证券化监管框架被全面修订,参与机构须减少不透明度和复杂性。CCP已获重大进展,所有标准化的场外交易合同在2012年年底前在CCP进行清算。信用评级机构改革仍受公认的激励问题羁绊。(2)应对系统性风险的宏观审慎方法。大多数国家都建立了系统性监督机构。大多数情况下,该角色被分配给中央银行;中央银行以外的委员会是第二大普遍的组织形式。

五是治理和薪酬被作为对风险进行总体控制的手段。监管已扩大到公司治理的各方面。

六是全面改革系统性金融机构处置机制框架。FSB通过的《金融机构有效处置制度的关键属性》为监管部门提供基准,使之能迅速处置无法存续的系统性金融机构。总损失吸收能力(TLAC)标准是一个重要里程碑。实施工作进展顺利,加拿大、瑞典、瑞士、英国和美国等国已实施TLAC。但非银机构处置制度仍缺位,跨境处置仍是难题。

(二)改革开放以来中国金融监管发展轨迹及启示[①]

1. 对改革开放以来中国金融发展轨迹的概括

金融业是金融监管的对象和内容。正确、深刻地认识金融业的发展变化,是做好金融监管工作的前提条件。

有研究者论析了改革开放以来中国金融的变革与发展[②],认为在以下八个方面出现了巨大变化:从资产属性角度看,金融资产规模扩张并发生了结构性变化;从融资机制角度看,金融资产实现了规模扩张与结构变化;从财富管理角度看,居民的金融资产结构发生了很大变化;从金融业态的角度看,出现了从单一到多元的变化;从金融风险结构看,呈现出从资本不足风险到透明度风险;从金融的开放与国际化角度看,允许进行全方位试错式探索;从金融监管模式看,经历了从"大一统"到"分业监管"再到"双柱"功能监管的变化;从中国金融的未来看,将建成现代金融体系和展现大国金融风范。这是对过去40年金融发展变化的准确概括。金融监管的展开,必须面对这样的事实和基于现有的基础。

2. 改革开放以来中国金融监管的发展轨迹

改革开放以来,中国的金融监管无论在制度层面还是在操作层面,都有了很大的变化和发展。这是改革开放和改革不断深化的结果,是金融市场各部分

---

① 这部分系综合各方面文献写成,在此特别说明。
② 吴晓求. 改革开放四十年:中国金融的变革与发展,《经济理论与经济管理》2018年第11期。

互作用的结果,也是区块链、大数据、人工智能等先进技术深度融入金融业的结果。改革开放以来中国金融监管的发展,大致经历了如下三个阶段。[1][2]

第一阶段:"大一统"金融监管模式,从改革开放初期到1992年。改革开放的大幕拉开以后,伴随着金融体制改革的步伐,保险公司等金融企业逐渐恢复,金融监管制度开始了初步的改革探索。1985年,中国人民银行正式履行监管职能,对金融业务进行集中统一监管。对于股票市场的监管是通过在央行金融监管司下设一个证券专项办公室来进行的。[3]

第二阶段:"分业监管"时代,从1992年到2017年。1992年10月党的十四大决定建立社会主义市场经济体制,此后经济社会发生了巨大而深刻的变化。国内原有的金融格局及监管制度与市场经济体制不相适应,出现了阶段性的混乱,金融业风险频现。

有鉴于此,1992年10月,国务院证券委员会(简称国务院证券委)和中国证券监督管理委员会(简称中国证监会)宣告成立。[4]股票市场的建立和发展,客观上推动了中国金融的市场化改革和结构上的变化。[5]

1993年12月,国务院发布《关于金融体制改革的决定》,提出对保险业、证券业、银行业、信托业实行分业经营和分业管理。这标志着统一监管的模式终止运行,分业管理的理念和做法开始形成。

1997年,亚洲金融危机爆发。针对中国金融体系暴露出来的问题,1997年11月第一次全国金融工作会议提出对金融业实行分业监管,确定成立证监会、保监会,由"两会"各自负责证券业和保险业的监管。1998年4月,国务院证券委员会合并进中国证券监督管理委员会(此前,已将上海、深圳证券交易所和原由央行监管的证券经营机构统一划归中国证监会监管),至此形成了集中统一的全国证券(期货)监管体制。1998年11月18日,中国保监会成立。而中国人民银行则保留了专门负责对银行业、信托业监管的职责,从而体现出了实行分业监管的新思路。2003年4月,银监会正式成立并接管央行的银行监管职能。由此,"一行三会"的分业监管模式和体系正式形成。由先前的统一监管发展为分业监管,是一种前进中的探索。客观地说,分业监管在细分监管对象和

---

① 巴曙松,吴丽利. 改革开放四十年来中国金融监管模式变革的逻辑与实践. https://www.sohu.com/a/282338940_481741.

② 吴晓求. 改革开放四十年:中国金融的变革与发展[J]. 经济理论与经济管理,2018(11):5-30.

③ 吴晓求. 改革开放四十年:中国金融的变革与发展[J]. 经济理论与经济管理,2018(11):5-30.

④ 百度百科. 中国证券监督管理委员会. https://baike.baidu.com/item/%E4%B8%AD%E5%9B%BD%E8%AF%81%E5%88%B8%E7%9B%91%E7%9D%A3%E7%AE%A1%E7%90%86%E5%A7%94%E5%91%98%E4%BC%9A/638213?fr=kg_qa.

⑤ 吴晓求. 改革开放四十年:中国金融的变革与发展[J]. 经济理论与经济管理,2018(11):5-30.

有针对性地防范金融风险方面发挥了一定的积极作用，但"分治"不易协调的弊端也是存在的。

第三阶段："双柱"功能监管时代，从2017年至今。中共十八大后中国进入了中国特色社会主义新时代，对金融监管提出了新的目标要求。2017年11月8日正式成立了国务院金融稳定发展委员会（简称"金稳会"）。该会作为国务院的议事机构，负有围绕金融稳定和改革发展等重要问题进行统筹协调的责任。

2018年3月，中共中央印发题为《深化党和国家机构改革》的重要文件，决定对金融监管国家机构进行调整：组建中国银行保险监督管理委员会（系国务院直属事业单位），负责依法监管银行业和保险业。至此，"一委"和"一行两会"形成的新的金融监管架构面世。这是新时代党和国家在金融监管方面采取的一项重要举措，标志着"双柱"功能监管模式的发轫。所谓"双柱"功能监管模式，是指央行行使宏观审慎监管职责，银保监会（侧重于监管以银行为主的金融机构行为以及机构内风险的生成指标和生成源）和证监会（侧重于监管市场不确定性及透明度）共同履行微观审慎监管职能，两者既有重点又相互衔接的基于功能监管的金融监管模式。[①]

党的十九大报告要求"健全货币政策和宏观审慎政策双支柱调控框架"。有研究者指出：宏观层面，由中国人民银行负责货币政策（致力于实现币值稳定）和宏观审慎（致力于实现金融稳定）"双支柱"，同时也在一定程度上参与审慎监管。微观层面，由银保监会、证监会负责具体的监管措施落实，这是"双支柱"的"柱础"。金融监管的"双支柱＋柱础"模式基本成型。[②] 2020年10月发布的《中华人民共和国中国人民银行法（修订草案征求意见稿）》，主要包括将"促进金融服务实体经济"明确写入立法、建立货币政策和宏观审慎政策双支柱调控框架（增加宏观审慎目标作为央行两大核心政策目标之一）、提出落实《巴塞尔协议Ⅲ》、首提数字人民币并为发行数字货币提供法律依据等内容。[③]

《"十三五"规划纲要》中的金融监管框架改革目标：一是加强统一监管、宏观审慎监管；二是强化功能监管；三是切实保护金融消费者合法权益。《"十四五"规划和2035远景目标》则指出：建设现代中央银行制度，稳妥推进数字货币研发，实现利率市场化；构建金融有效支持实体经济的体制机制，提升金融科技水平，增强金融普惠性；深化国有商业银行改革，支持中小银行和农村

[①] 吴晓求. 改革开放四十年：中国金融的变革与发展[J]. 经济理论与经济管理，2018（11）：5-30.

[②] 国信证券研究所金融团队.【研报】双支柱之础：新金融监管体系详解. https://www.sohu.com/a/228846694_460385.

[③]【热点关注】为金融改革提供法律保障——商业银行法、中国人民银行法迎来大修. https://www.financialnews.com.cn/zgjrj/202012/t20201230_208767.html.

信用社持续健康发展；完善现代金融监管体系，对违法违规行为零容忍。这些改革理念和目标设定，与上文分析的国际金融监管改革的方向是一致的。

2018年11月27日，中国人民银行等三机构联合印发《关于完善系统重要性金融机构监管的指导意见》，坚持宏观审慎管理与微观审慎监管相结合的监管理念，明确系统重要性金融机构监管的政策导向，引导大型金融机构稳健经营，防范系统性金融风险。[①]"服务实体经济、防控金融风险、深化金融改革"是《指导意见》的总主题。中国人民银行、银保监会2020年12月发布了《系统重要性银行评估办法》，2021年10月发布了《系统重要性银行附加监管规定（试行）》，明确了附加资本和附加杠杆率等指标和恢复与处置计划、风险数据加总和风险报告及公司治理等审慎监管要求。2021年10月29日，中国人民银行等三机构联合发布《全球系统重要性银行总损失吸收能力管理办法》，规定中国的全球系统性重要银行（G-SIBs）须于2025年1月1日实施TLAC监管。该措施符合国际金融监管改革的最新实践，对中国银行参与全球竞争具有积极意义。[②]

综上，从"大一统"的监管模式，到基于"分业经营、分业管理"的具有条条特征的平面化监管模式，再到宏微监管的"双柱"功能监管模式，既意味着金融监管基础的重大变化，也意味着金融监管理念的进步，是改革开放40年来中国金融发展和变革的缩影。[③]

3. 对金融各业监管的简要分述

其一，对银行业金融机构的监管。[④][⑤]

一是完善银行资本监管制度。银监会于2004年发布《商业银行资本充足率管理办法》，于2012年借鉴巴塞尔协议Ⅱ、Ⅲ，结合我国实际发布了新的《商业银行资本管理办法（试行）》。

二是完善流动性监管标准。2005年，银监会印发《商业银行风险监管核心指标（试行）》，此后引进了同业市场负债比例、存款集中度比例等流动性指标。2009年，银监会制定《商业银行流动性风险管理指引》（系首个专门的流动性风险监管规章），初步确立流动性风险监管制度框架。2014年初，银监会发布我国首个《商业银行流动性管理办法（试行）》，后于2018年修订。

---

① 刘璐. 区域系统重要性金融机构的恢复和处置计划探析[J]. 区域金融研究，2019（03）：45-49.
② 重磅！"中国版"TLAC监管规则来了. https://m.thepaper.cn/baijiahao_15150355.
③ 吴晓求. 改革开放四十年：中国金融的变革与发展[J]. 经济理论与经济管理，2018（11）：5-30.
④ 在开放中不断提升监管质效 中国金融监管体系更趋健全 访国务院参事、银保监会原副主席王兆星. http://news.10jqka.com.cn/20211222/c635319654.shtml.
⑤ 金融法律监管年度报告（2021）：银行业篇. https://www.sohu.com/a/446533505_825373.

三是完善全面风险管理体系。银监会 2016 年发布了《银行业金融机构全面风险管理指引》，规定"银行业金融机构应建立全面风险管理体系，采取定性和定量相结合的方法，识别、计量、评估、监测、报告、控制或缓释所承担的各类风险"。[①]

四是加强银行业公司治理监管。2004 年，银监会印发《中国银行、中国建设银行公司治理改革与监管指引》，2006 年印发修订后的《国有商业银行公司治理及相关监管指引》，2013 年印发《商业银行公司治理指引》，2021 年银保监会制定《银行保险机构公司治理准则》，借鉴《二十国集团/经合组织公司治理原则》，并首次对国有机构党的领导与公司治理有机融合提出要求。2020 年 6 月，新疆阿勒泰银保监分局首开对股东处罚的先例。2020 年 7 月，银保监会首次公开通报重大违法违规股东名单，体现了银保监会整治银行业股东股权乱象以及惩戒股东违法行为的决心。[②] 2020 年 12 月，银保监会发布《商业银行理财子公司理财产品销售管理暂行办法（征求意见稿）》，规范理财产品销售行为，规定代销机构仅包含银行业金融机构和银行理财子公司，并提出评级为四级以上的理财产品原则上需要在营业网点销售。[③]

五是探索机构监管与功能监管的有机结合。各监管部门开始尝试运用功能监管理念，探索更有效的监管协调和合作机制。2018 年金融监管机构改革和《关于规范金融机构资产管理业务的指导意见》落地后，我国的金融监管网进一步织密织牢。

六是坚决打好防范化解金融风险攻坚战。按照"稳定大局、统筹协调、分类施策、精准拆弹"方针，遵循市场化、法治化原则，采取了"防风险、治乱象、补短板"系列措施，防范化解金融风险取得重要阶段性成就。[④]对包商银行的全额减记 65 亿元二级资本债、破产清算等处置措施，既体现了保障储户权益的理念，又体现了打破刚兑、防范道德风险的决心。《反洗钱法》修订工作于 2020 年启动，而 2020 年以来央行反洗钱处罚力度显著提高，2020 年前 4 个月累计处罚金额已超 2019 年全年。[⑤]

七是支持持牌消费类金融机构发展。2020 年 11 月，《中国银保监会办公厅

[①] 金融企业全面风险管理的监管要求. https://zhuanlan.zhihu.com/p/443092007.

[②] 金融法律监管年度报告（2021）：银行业篇. https://www.sohu.com/a/446533505_825373.

[③] 金融法律监管年度报告(2021). https://www.fangdalaw.com/wp-content/uploads/2021/02/%E9%87%91%E8%9E%8D%E6%B3%95%E5%BE%8B%E7%9B%91%E7%AE%A1%E5%B9%B4%E5%BA%A6%E6%8A%A5%E5%91%8A2021-CN-web.pdf.

[④] 在开放中不断提升监管质效 中国金融监管体系更趋健全 访国务院参事、银保监会原副主席王兆星. http://news.10jqka.com.cn/20211222/c635319654.shtml.

[⑤] 金融法律监管年度报告（2021）：银行业篇. https://www.sohu.com/a/446533505_825373.

关于促进消费金融公司和汽车金融公司增强可持续发展能力、提升金融服务质效的通知》发布并将拨备覆盖率从150%降至130%，另支持在银行间市场发行二级资本债。①

八是高度注重金融消费者保护及信息安全保护。2020年6月，银保监会印发的《关于开展银行业保险业市场乱象整治"回头看"工作的通知》中将金融机构未采取有效措施保护客户信息安全，违规泄露、滥用客户信息等列为整治重点。2020年9月，中国人民银行发布《金融消费者权益保护实施办法》首次将金融消费者保护专门规定提升到部门规章的法律位阶，此外，陆续出台《个人金融信息保护技术规范》《金融数据安全数据安全分级指南》等规章制度。2020年10月央行对三家国有大行的6家分支机构侵害消费者金融信息行为进行了重罚，开出千万级罚单。② 中国银行"原油宝"暴雷事件，也导致中行因销售管理不合规、未履行投资者适当性义务等原因被罚。

2020年10月发布了《中华人民共和国商业银行法（修改建议稿）》。新设或充实后的四个章节涵盖公司治理、资本与风险管理、客户权益保护、风险处置与市场退出等内容，并纳入"服务实体经济""防范化解金融风险"等提法，充分体现了最新政策导向。③

《外资银行管理条例》于2006年实施后，于2019年迎来修订，至此中外资银行许可条件及业务范围等已基本趋于一致。当然，在"加强跨境风险监管、阻断风险跨境传染"等方面，仍存监管差异性。外资银行有效发挥"鲶鱼效应"，促进了我国银行经营和治理水平的提升。2020年末发布的《中国银保监会信托公司行政许可事项实施办法》取消了外资金融机构入股信托公司必须拥有至少10亿美元总资产的要求。④

其二，对证券业金融机构的监管。

2020年3月1日实施的新《证券法》完善了资本市场多项重大的基础性制度：以科创板改革为"试验田"，全面推行证券发行注册制；从重大事项披露、权益变动披露、短线交易等方面提高上市公司信息披露要求；调整对证券服务机构的监管方式，从资格审批改为备案；大幅提高证券违法违规成本，2020年末通过的《刑法修正案（十一）》更大幅提高证券违法犯罪的惩戒力度；通过先

---

① 金融法律监管年度报告（2021）：银行业篇. https://www.sohu.com/a/446533505_825373.
② 金融法律监管年度报告（2021）：银行业篇. https://www.sohu.com/a/446533505_825373.
③ 为金融改革提供法律保障——商业银行法、中国人民银行法迎大修. https://www.financialnews.com.cn/zgjrj/202012/t20201230_208767.html.
④ 金融法律监管年度报告（2021）：银行业篇. https://www.sohu.com/a/446533505_825373.

行赔付、证券纠纷代表人诉讼等手段加大投资者保护力度。[①]

2019年实施的《证券公司股权管理规定》将证券公司分为专业类和综合类，要求综合类证券公司的主要股东和控股股东具备更高管控水平及风险补偿能力。2020年7月，证监会发布并实施《关于修改〈证券公司分类监管规定〉的决定》，证监会按照审慎监管、分类监管原则，对不同类别证券公司规定不同的风控指标标准和风险资本准备计算比例，进行针对性监管资源配置。[②]

2018年11月5日，科创板和注册制试点启动。2020年3月1日，发改委及证监会同步发文，要求企业债券由核准制转变为注册制。2020年4月27日，中央全面深化改革委员会第十三次会议审议通过了《创业板改革并试点注册制总体实施方案》。6月12日，证监会发布《创业板首次公开发行股票注册管理办法（试行）》等法规，创业板改革和注册制试点启动。[③]试点注册制三年来，已形成从科创板到创业板并将再扩展到全市场的"三步走"改革节奏。[④]

2018年新增的《证券公司投资银行类业务内部控制指引》《关于加强注册制下中介机构投资银行业务廉洁从业监管的意见（征求意见稿）》等法规，将监管内容从业务层面渗透到内部管理，实行全方位监管。2021年6月，证监会发布《证券发行上市保荐业务管理办法》，对违规者的处罚力度明显加强。2021年7月，证监会发布《关于注册制下督促证券公司从事投行业务归位尽责的指导意见》加大监管问责力度，坚持"申报即担责"原则，即使项目收到现场检查或督导通知后撤回，依然会被依法核查。[⑤]2021年2月5日，证监会发布《监管规则适用指引——关于申请首发上市企业股东信息披露》，强调提高拟上市企业股权结构的透明度，明确中介机构对股东信息的核查责任。2020年至2021年共发布及修订了17项投行业务相关法律法规，合计超过以往17年的总数。

2016年6月16日，证监会发布了《证券公司风险控制指标管理办法》及配套风控指标计算标准，完善了以净资本和流动性为核心的证券公司风控指标体系。2016年12月30日，证券业协会发布了《证券公司全面风险管理规范》。2020年1月23日，证监会发布《证券公司风险控制指标计算标准规定》（2020年6月1日施行），规定：（1）鼓励价值投资，对证券公司投资政策性金融债、指数基金、成分股等适度"松绑"。（2）有针对性地强化资本约束，防范突出风险点。重点规制股票质押、私募资产管理、私募基金托管等高风险业务，并对

[①] 金融法律监管年度报告（2021）：证券业篇. https://www.sohu.com/a/446533505_825373.
[②] 证监会发布《关于修改<证券公司分类监管规定>的决定》. https://baijiahao.baidu.com/s?id=1671835415209931107.
[③] 2020年中国金融十件大事. https://www.sohu.com/a/442750353_120250635.
[④] 从科创板、创业板到主板，注册制改革三步攻坚. https://baijiahao.baidu.com/s?id=1681261462428640002.
[⑤] 从监管处罚探讨投行业务合规问题. https://www.sohu.com/a/494952140_121167884.

高杠杆、高集中度资管产品，以及第一大股东高比例质押等，进一步优化计算标准。（3）提升指标体系完备性，结合"资管新规"及近年来推出的沪伦通、科创板、信用衍生品、股指期权等新业务，明确风控指标计算标准，实现对证券公司业务和风险的全覆盖。①2021年10月15日，证券业协会发布了《证券公司声誉风险管理指引》，要求进一步完善全面风险管理。

"强监管、零容忍"是监管主旋律。2020年，证监会开展专项整治，打击"股市黑嘴""非法荐股""场外配资""黑ＡＰＰ"等违法活动，针对上市公司财务造假进行专项治理，并联合最高检发布了12宗证券违法犯罪典型案例（包括操纵市场、内幕交易、传播证券交易虚假信息等）。最高院亦要求全国法院以"零容忍"的态度依法从严惩处证券、期货犯罪。②2020年末，五洋债券欺诈发行案判决，引起社会较大反响。

《期货和衍生品法》已通过"一读"和"二读"，有望在2022年"三读"后正式发布。其中明确将衍生品交易纳入了法律的调整范围。③

新《证券法》明确将资产管理产品纳入证券范围监管。2020年7月，证监会发布《公开募集证券投资基金管理人监督管理办法（征求意见稿）》及配套规则，首次对公募资管提出统一的监管框架，要求商业银行理财子公司开展公募基金业务须得到证监会核准（但仍由证监会、银保监会双线负责）。2020年4月，证监会发布了《证券基金投资咨询业务管理办法（征求意见稿）》，明确证券投资顾问、基金投资顾问及发布证券研究报告三块业务牌照统一归口证监会。还特别提出，提供人工智能投顾的投资咨询机构应向证监会报告有关技术方案、模型参数、投资逻辑等信息和资料。2020年8月，《公开募集证券投资基金销售机构监督管理办法》落地，对独立基金销售机构的设立、变更和运营合规提出严格要求，明确将私募股权类基金排除在独立基金销售机构可代销的范围之外。2020年4月《关于推进基础设施领域不动产投资信托基金（REITs）试点相关工作的通知》开启基础设施领域不动产投资信托基金试点，随后颁布系列规定推动公募REITs监管体系迅速形成和落地。④对私募证券基金行业的监管体系，由法律1部（《中华人民共和国证券投资基金法》）+部门规章6部（《证券期货投资者适当性管理办法》和《关于加强私募投资基金监管的若干规定》

---

① 证监会发布《证券公司风险控制指标计算标准规定》. https://baijiahao.baidu.com/s?id=1656512118876987226.
② 金融法律监管年度报告（2021）：证券业篇. https://www.sohu.com/a/446252065_825373.
③ 资金总量突破1.2万亿!《期货法》有望2022年到来, 衍生品交易将明确监管. https://finance.ifeng.com/c/8BjMKWp2Qwl.
④ 金融法律监管年度报告（2021）. https://www.fangdalaw.com/wp-content/uploads/2021/02/%E9%87%91%E8%9E%8D%E6%B3%95%E5%BE%8B%E7%9B%91%E7%AE%A1%E5%B9%B4%E5%BA%A6%E6%8A%A5%E5%91%8A2021-CN-web.pdf.

等)+自律规则构成。①

在对外开放方面,分别自 2020 年 1 月 1 日、4 月 1 日、12 月 1 日起,取消期货公司、基金管理公司、证券公司外资股比限制。2020 年 6 月,证监会依法核准摩根大通期货为我国首家外资全资控股期货公司。②证监会于 2020 年 8 月批准贝莱德设立首家外资独资公募基金管理公司。③2020 年 11 月,国家外汇管理局宣布将分别扩大上海、北京和深圳三地合格境内有限合伙(QDLP)/投资企业(QDIE)试点规模,进一步满足境内投资者全球配置资产的需求。

其三,对保险业金融机构的监管。

改革开放以来保险业发展经历了如下几个阶段:④(1)初步发展阶段(1978—1997)。1979 年 4 月,国务院在批转《中国人民银行分行行长会议纪要》中明确提出要开展保险业务。同年 11 月,中国人民银行召开全国保险工作会议,决定恢复国内保险业务。一批保险公司得以重开或新建。1985 年 3 月,国务院颁布《保险企业管理暂行条例》。1995 年 6 月 30 日,第八届全国人大常委会第十四次会议通过《中华人民共和国保险法》。中国人民银行于 1996 年 2 月、1996 年 7 月、1997 年 11 月先后颁布《保险代理人暂行规定》《保险管理暂行规定》《保险代理人管理规定(试行)》。我国保险业监管体系建设初步建成。(2)分业监管阶段(1998—2012)。1997 年亚洲金融危机爆发后,同年 11 月,中央召开首次全国金融工作会议,决定对金融业实行分业监管,成立保监会。2005 年,保监会和证监会联合发布《保险机构投资者股票投资管理暂行办法》,保险资金获准直接入市。同年 6 月,《国务院关于保险业改革发展的若干意见》发布,险资投资范围不断拓展,保险业迎来黄金年代,但也为后来的乱象埋下了伏笔。2008 年金融危机爆发后,我国保监会扭转保险行业发展与监管思路,从做大做强转变为风险防范。(3)相对自由阶段(2012—2018)。《中国保监会关于保险资产管理公司开展资产管理产品业务试点有关问题的通知》于 2013 年 2 月出台。2014 年,《国务院关于加快发展现代保险服务业的若干意见》发布,保险业新一轮改革开始。2015 年,保险业"宽监管"模式不断推进。各种创新使保险业务无序发展;分业监管体制造成监管"真空地带"。2015 年 7 月,宝能系以"万能险"为武器,动用各种资管产品以高杠杆敌意收购万科。

---

① 私募证券基金行业近 4 年监管处罚透视. https://zhuanlan.zhihu.com/p/385297355.
② 2020 年中国金融十件大事. https://www.sohu.com/a/442750353_120250635.
③ 金融法律监管年度报告(2021). https://www.fangdalaw.com/wp-content/uploads/2021/02/%E9%87%91%E8%9E%8D%E6%B3%95%E5%BE%8B%E7%9B%91%E7%AE%A1%E5%B9%B4%E5%BA%A6%E6%8A%A5E5%91%8A2021-CN-web.pdf.
④ 我国保险业监管发展历程与未来展望. https://www.sohu.com/a/226330814_480400.

2017年保监会印发《中国保监会关于进一步加强保险业风险防控工作的通知》，强调保险监管的要务是"强监管、补短板、堵漏洞、防风险"，宣告保险业野蛮扩张时期的结束。（4）混业监管阶段（2018—）。2017年第五次全国金融工作会议指出：要加强金融监管协调，针对突出问题加强协调，强化综合监管，突出功能监管和行为监管，要求通过加强混业监管解决分业监管的不足和空白等问题。在整治乱象进程中，2018年2月23日，保监会接管安邦集团。2018年4月8日银保监会正式成立，是我国金融监管由分业到混业迈出的重要一步。

在对保险业的监管中，有如下要点：

一是大力支持险资入市，对接实体经济融资需求。2020年7月银保监会发布《关于优化保险公司权益类资产配置监管有关事项的通知》，将先前的"一刀切"30%调整为按偿付水平分档的差异化监管，最高可达上季末总资产的45%。《保险资产管理产品管理暂行办法》及其配套细则相继落地，还确定了保险资管产品的私募性质，衔接了资管新规的部分要求。[1]

二是加强风险管理、风险化解和风险处置，打好防范化解金融风险攻坚战。继2018年接管处置安邦后，银保监会于2020年7月宣布接管"明天系"六家机构。银保监会2021年发布的《保险集团公司监督管理办法》第三十六条规定：保险集团公司应建立全面风险管理体系及科学有效的风险预警机制，有效识别、计量、评估、监测和控制集团总体风险，包括但不限于：（一）一般风险，包括保险风险、信用风险、市场风险、流动性风险、操作风险、声誉风险、战略风险等；（二）特有风险，包括风险传染、组织结构不透明风险、集中度风险、非保险领域风险等。[2]

三是加强公司治理。《健全银行业保险业公司治理三年行动方案（2020—2022）》提出：股权关系不清、股东行为失范是银行业保险业市场乱象丛生的根源。2020年监管的主要任务之一则是深入整治股权与关联交易乱象，同时着力完善大股东行为约束机制。

四是建立全新保险代理人体系。《保险代理人监管规定》自2021年1月1日起施行，替代《保险专业代理机构监管规定》等多个文件。新规首次明确了统一的保险代理人监管制度，将专业代理机构、兼业代理机构及个人保险代理人纳入一部法规监管。随后银保监会发布《关于发展独立个人保险代理人有关事项的通知》，为制度落地明确了更多规范细节。

---

[1] 金融法律监管年度报告（2021）．https://www.fangdalaw.com/wp-content/uploads/2021/02/%E9%87%91%E8%9E%8D%E6%B3%95%E5%BE%8B%E7%9B%91%E7%AE%A1%E5%B9%B4%E5%BA%A6%E6%8A%A5%E5%91%8A2021-CN-web.pdf．

[2] 金融企业全面风险管理的监管要求．https://zhuanlan.zhihu.com/p/443092007．

五是扩大对外开放。2019年修订的《外资保险公司管理条例》首次允许在华设立外资保险公司及境外金融机构入股外资保险公司。2021年3月19日年底银保监会发布《关于修改<中华人民共和国外资保险公司管理条例实施细则>的决定》，旨在明确上述两类机构的准入条件。目前境内外资再保险牌照数量已超过中资。①2020年6月19日，友邦保险上海分公司改建为独资人身保险公司，名为"友邦人寿保险有限公司"，此系中国首家外商独资人身保险公司。②

其四，对互联网金融和金融科技板块的监管。

自2020年始，金融科技监管全面升级。从机构监管、行为监管转向功能监管的思路更加明晰，"功能监管"力度加强。监管不再限于形式上的金融与科技牌照区分，强调只要从事同类金融业务，都应在现行法律法规框架下接受监管，遵循同等的牌照资质、业务规则和风险管理要求。③2020年11月，银保监会指出部分银行与科技公司合作的联合贷款产品本质与银行信贷产品相同，《商业银行互联网贷款管理暂行办法》《网络小额贷款业务管理暂行办法（征求意见稿）》相继公布，对网络贷款加以规范。P2P网贷在2020年11月中旬清零。2020年12月7日，银保监会发布的《互联网保险业务监管办法》规定：互联网保险业务应由依法设立的保险机构开展，其他机构和个人不得开展互联网保险业务。非保险机构不得开展互联网保险业务。同时还规定互联网企业代理保险业务应获得经营保险代理业务许可；如无业务许可，不能直接从事有关业务，否则将构成非法金融活动。先前保险机构与第三方网络平台的引流合作模式成为历史。2020年8月，监管部门发布了《关于实施〈公开募集证券投资基金销售机构监督管理办法〉的规定》，规定第三方网络平台作为从事信息技术系统服务的基金服务机构，应向证监会备案。其角色仅限于信息技术服务，不得介入基金销售业务任何环节。对于第三方互联网平台存款，金融管理部门已及时出台文件规范。2021年1月，银保监会、中国人民银行印发通知，明确商业银行不得通过非自营网络平台开展定期存款业务。2021年5月，银保监会发布《理财公司理财产品销售管理暂行办法》，规定：未经许可，任何非金融机构和个人不得代销理财产品。全国人大于2021年6月通过《中华人民共和国数据安全法》，于2021年8月通过《中华人民共和国个人信息保护法》。2020年2月和9月，中国人民银行分别发布《个人金融信息保护技术规范》和经修订的《金融消费者权益保护实施办法》。后者在2016年版本基础上进行修订，新增"法律责任"条款，

---

① 金融企业全面风险管理的监管要求. https://zhuanlan.zhihu.com/p/443092007.
② 2020年中国金融十件大事. https://www.sohu.com/a/442750353_120250635.
③ 金融法律监管年度报告（2021）：金融科技篇. https://www.sohu.com/a/445805388_825373.

对违法机构和人员实行"双罚制",使违法成本大幅提高。2021年9月,"一行两会一局"联合中央网信办、最高法、最高检等部门联合发布《关于进一步防范和处置虚拟货币交易炒作风险的通知》,要求建立健全应对虚拟货币交易炒作风险的工作机制。国家发改委等11部委同步发布《关于整治虚拟货币"挖矿"活动的通知》。此外,中国版金融科技"监管沙盒"不断铺开。个人信息和隐私保护、数据安全、数据资产、数据主权、平台金融科技公司、金融科技等已成金融监管全新课题。

其五,对金融控股公司的监管。

2020年9月13日国务院印发《关于实施金融控股公司准入管理的决定》,同时中国人民银行《金融控股公司监督管理试行办法》正式出台,并于2020年11月1日实施。两文件的颁行意味着中国建立了对金融控股公司进行监管的制度框架,填补了这方面的法律制度空白。《金控办法》遵循宏观审慎管理理念,按全面、持续、穿透的原则,对股东资质、资金来源及运用、股权结构、关联交易等提出了较为细致的监管要求,实施准入和经营行为监管,从制度上隔离实业板块与金融板块,有利于有效遏制过度投资金融机构、监管套利、脱实向虚等,有利于防范化解关联性等金融风险。[1][2]

综上,在新时代,金融必须更好地服务于实体经济和共同富裕;金融监管必须在总体国家安全观主导下防止发生系统性金融风险,同时兼顾金融发展和金融安全两个重要方面,依法进行金融监管和推进金融监管现代化。这已经成为新时代金融监管的重要指导思想。

3. 从改革开放以来中国金融及其监管中得到的启示

启示一:妥善处理坚守传统精髓和与时俱进调整的关系。

事实上,改革开放以来的金融业发展很快、变化很大。面对并非一成不变的监管对象和监管内容,监管理念和监管方法必须与之相适应。从集中统一监管的单一模式,到"一行三会"的分业监管模式,再到"一委"和"一行两会"共同负责的新监管模式,体现出在监管对象和监管内容变化的情况下对金融监管所作的调整。这是很可取的。

从目前的情况来看,证监会和银保监会要更好地履行微观审慎监管的职能,有必要对其现有的监管职能进行适当调整。例如,现行的《中华人民共和国证券法》对证监会的监管职责规定如下:依法对证券市场实行监督管理,维护证

---

[1] 金控监管办法出炉 从制度隔离实业板块与金融板块. https://baijiahao.baidu.com/s?id=1677713410061673830.
[2] 郑联盛,胡滨. 金融监管强化略放缓,数字服务监管骤加强——2020年度中国金融监管回顾与展望. http://mp.cnfol.com/26119/article/1614333615-139689272.html.

券市场秩序，保障其合法运行。实践中，我国证监会更是一个全能监管主体，既是证券市场的监管主体，也是证券市场的发展主体。在新时代，证监会作为负有微观审慎监管重任的机构，其监管职责应当是：制定证券行业监管规则；坚持功能监管理念，监测各个从事证券投资业务的金融企业的安全性；审批或核准金融企业从事的证券业务和证券经营活动；监督金融企业遵守法律法规，处罚相关违法行为等。[①]这样，就厘清了该机构在微观审慎监管中的角色身份和功能作用，有利于它更好地履职尽责。下文中我们将提到另一种思路，即可将监管的事情更多地交给区块链（与大数据、人工智能融合创新后）去做，而监管部门则可以解放出来，将比较多的精力投入到支持金融业的发展之中。

启示二：妥善处理借鉴西方经验和坚持中国特色的关系。

在全球化的洪流中，经济金融发展不可能与世界隔绝。在金融监管中批判性借鉴西方的成功经验是题中应有之义。但西方的金融监管并不总是成功的和领先的（2008年的全球金融危机就是一个明证，当前我国数字人民币的阶段性领先则是另一个明证）。这种借鉴必须顾及中国的国情，体现道路自信和方向自信，以坚持中国特色的金融监管为必要条件。

启示三：妥善处理金融实践创新和金融监管规制的关系。

金融实践创新受到区块链、大数据、人工智能等先进技术的驱动，目的是为了更好地服务于实体经济和共同富裕。金融创新有着永恒的、不竭的动力。对金融创新进行监管，既要保护守正的创新，又要对不守正的创新加以严格规制。

需要说明的是，我们的总体认知和态度是：国内外有不少打着创新名号的"创新"，如数字金融"创新"、区块链金融"创新"、新金融"创新"等，而虚拟货币、去中心化金融 DeFi 等即在此列。对金融创新应进行认真的分析、鉴别，分清哪些是守正的创新，哪些是并不守正的所谓创新（伪"创新"）。必须明白这样一个道理：并非只要与"创新"沾边，就一概都是好的，就定然是名副其实的创新，只有那些符合中国国情、合法合规的金融创新才值得肯定。

第二节 传统金融监管存在的问题与不足

传统金融监管存在的问题与不足，有些是在初始阶段就已存在的，有些则是随着时代的进步（特别是科学技术的发展）而凸显出来的，有些还是全世界都在应对的难题和挑战。对存在问题和不足进行梳理（由于篇幅所限，只能有

---

① 马其家. 论新时期我国金融监管体制的调整——以我国证券市场行政监管权的重配与协调为视角[J]. 政法论丛，2016（06）：112-120.

所侧重），是为了更好地探索前行。值得一提的是，近年来，我国金融监管已有长足进步，有些方面甚至还走在世界前列。如 2003 年人民银行开始引入贷款价值比（Loan-to-Value，简称 LTV）要求，也就是最低首付比，来稳定房地产金融，当时这个工具的使用是很有前瞻性的，2008 年金融危机以来，很多国家学我国，开始用这个工具来调控房地产金融。① 当前，我国数字人民币在国际上占据先发优势，显示出在数字金融领域，我国有望打破旧的全球金融格局和均衡，实现后来居上、弯道超车。假以时日，我国必能成为国际金融监管界的规则制定者和引领者，为国际金融监管贡献中国经验、中国方案和中国智慧。这些都是值得充分肯定的。下面列述中国传统金融监管中存在的问题和不足。

一、理念、理论和法律制度层面的相对滞后

（一）按图索骥的监管理念有待改变

我国 P2P 网贷出现了许多问题，但较早并没有受到有力监管，原因之一是没有法律条文，不知道该由谁去监管和如何进行监管。监管主要看对象的名字，是银行就由银保监会监管，是券商就由证监会监管。面对 P2P，就不知道怎么监管了。笔者将此称为按图索骥式的金融监管。对 P2P，因图上所无而没法"索骥"，金融监管无从进行。因此，监管理念有待提升，按规则监管和按原则监管都不能满足监管需要。②③

此外，传统监管多采用事后监管、事后追责、对一旦违法违规造成重大损失或造成重大社会影响者进行秋后算账的模式，缺乏规划性、前瞻性和预防性，往往陷入被动招架、应接不暇、疲于奔命的境地。往往在弱监管和强监管两种极端之间来回跳跃，在"一放就乱、一管就死"的周期中循环往复。

更进一步，传统监管犹如"盲盒"和"黑盒子"，不知道下一次"黑天鹅"事件将在哪里出现，风险就像始终悬在头上的达摩克利斯之剑。这就涉及金融活动、内控合规和风险管理等从根本上是否可信（数据、模型、算法、流程、操作和管理等可信）的问题。如果这些都不可信，那么监管部门对风险的认知实际上跟盲人摸象没有区别，更不要说预见了。以银行为例，从渤海银行 28 亿元存款"罗生门"④ 到浦发银行涉嫌挪用储户存款，这些银行近年来频发违法违

---

① 李波：健全宏观审慎政策框架 构建现代金融监管体系．https://www.weiyangx.com/386770.html．
② 南方周末．中国式金融监管"三人谈"．https://baijiahao.baidu.com/s?id=1683480160681908931
③ 盛安琪，耿献辉．基于区块链技术的金融科技监管路径研究[J]．科学管理研究，2019，37（05）：157-161.DOI:10.19445/j.cnki.15-1103/g3.2019.05.027．
④ 渤海银行一分行储户 28 亿元存款"不知情"下遭质押担保 警方已介入调查[N]．江西晨报，2021-10-23．

规案件、频收罚单，已凸显不小的风险隐患。

（二）金融监管理论还有很大提升空间

有待形成明确可量化的宏观审慎政策目标，有待形成科学有效的宏观审慎政策传导机制，提高宏观审慎政策执行的效率和有效性，建立全覆盖的金融风险监测预警体系，重点加强对加杠杆行为、债务及金融周期的监测，有针对性地创设政策工具，做好重点领域的宏观审慎管理，逐步将主要的、重要的、有系统性影响的金融活动、金融机构、金融市场和金融基础设施纳入宏观审慎管理。[①]围绕上述内容，应该深入进行理论探索，为相应金融监管提供强有力的理论支撑。以上所列方面，即使在国际上，也还是有不少待解的难题，比如对于系统重要性金融机构，实际上"大到不能倒"（Too Big to Fail）问题很难得到解决，除非有更创新的理论和方法。此外，有待对金融科技和互联网金融的机理和理论更深度地理解。令人遗憾的是：P2P 网贷可能是解决小微企业融资难、融资贵问题的一个有价值的探索方向，但是由于对其机理还未能深刻理解，只能先清零了之。此外，对于双峰理论，有研究者指出："双峰理论对金融机构的监管设计，只能监管资产端风险,无法控制资金端风险,当金融风险爆发,资产端的风险会向投资者转移。"[②]其实这些问题在理论上还是很有探讨价值的。

（三）与金融监管有关的法律法规和政策日渐显出不足

在数字金融时代，金融创新（守正的和非守正的）不断涌现。当前，在国际上，数字金融包含了传统金融拥抱新金融的创新探索，以及独立平行发展甚至与传统金融对立的新金融（比特币、以太坊、Libra/Diem、DeFi、NFT 等）"创新"探索两大板块；在国内，传统金融在拥抱新金融方面进行了创新探索。区块链、大数据、人工智能等先进信息技术深度融入金融，并已形成对金融业发生了深刻影响的金融科技，使金融实现了颠覆式创新。这些先进技术融合创新，使金融服务达到先前不可能有的深度和广度，提高了自动化和智能化程度，开拓了创新的模式和业态，最终指向提升效率和优化效果。其中，区块链技术触动了金融的根本（信任和信用），也正因此，比特币从一开始被发明出来就被赋予重建一套货币体系的"野心"，大量区块链金融"创新"涉及对现有金融业态的入侵和颠覆。

当前，我国金融监管中原有的盲点未能被现有监管政策、制度覆盖，而与新

---

① 李波：健全宏观审慎政策框架 构建现代金融监管体系. https://www.weiyangx.com/386770.html.
② 盛安琪，耿献辉. 基于区块链技术的金融科技监管路径研究[J]. 科学管理研究，2019，37（05）：157-161.DOI:10.19445/j.cnki.15-1103/g3.2019.05.027.

业态相联系的新的监管盲点又相继出现。在这种情况下，金融监管显得比较被动。相关监管部门制定创新性的金融政策、制度，更新速度相对迟缓（从法律法规制度制定的严谨性来看，这当然是正确的，但这也反映了创新与规制之间天然的矛盾，这一点还将在下文详述），以致无法和当今社会中迅猛发展的金融业现状完全适应。再则，金融监管在执行的力度方面也存在着欠缺。已有的法律法规在有些地方没有执行到位，也是一个有待于引起高度注意的问题。无论是规则监管还是原则监管，都难以应对不断变化的金融科技创新，不能满足监管需要。

此外，在我国目前的金融监管体系中，基于不同的金融监管内容划分成不同的金融监管部门（证券监管和银行保险监管）。进行这样的划分，好处是监管职责较为分明，便于厘清责任，而且体现出了专业性和专门性。从一个角度看，可谓脉络清楚、线条分明。然而实际上，证券监督和银行保险监督所监管的内容在相当程度上是存在着紧密关联性的。再则，在金融市场上实际存在混业经营的情况，但金融管理模式却是分业进行的，两者之间形成了结构性的矛盾，现有的监管方式，在需要共同监管时，会出现互相推诿和扯皮现象（因监管方不止一个，所以对金融业务的监管有时无法达成或不易达成一致的标准和意见，或者为了达成一致的意见需要花费大量的时间、精力）。不同金融监管部门对具有交叉性的复合金融产品进行监管，不同的监管部门从自己的视角，往往得出不同的监管结果。这样的交叉监管，使每一个监管部门都会觉得勉为其难，而监管的重叠、缺位和互相矛盾，不仅使得监管效率低下，而且会因监管结论存在矛盾而受人诟病。在需要分别监管时，又可能会因为监管对象所涉内容不易界定而形成"三不管"空档，从而不利于统一、协调监管。

二、监管方式和工具技术层面的明显滞后

（一）金融监管体系存在壁垒影响监管效率

监管方式方面存在的一个突出问题是：监管者与被监管者之间存在壁垒，不同监管部门之间也存在壁垒。

考察分业监管模式，不难看到各个金融监管部门之间存在一定的壁垒，存在程度不等的相互隔绝现象。各金融监管部门，一方面各自拥有很多信息，拥有相关大数据；另一方面往往又各自成为"信息孤岛""数据孤岛"。"孤岛"与"孤岛"之间存在着人为的阻隔。这是信息时代金融监管工作中的大忌。此外，各金融监管部门需要对同一家金融公司分别拥有一套独立完整的监管体系，这在某种程度上就可能导致监管体系重复建设，程度不等地造成金融监管资源浪费，并且导致金融监管效率低下。有待建立跨部门协同机制、加强监管协作与

信息共享、形成监管合力。实际上,"监管真空"和"监管重叠"同时存在。

现有的金融监管强调得比较多的是上对下的监督管理,"下"(属于下级的金融企业、机构部门、社会公众)的参与性不易得到充分体现,其积极性很少得到调动。而如果离开了"下"的参与、配合和积极性及主观能动性的充分发挥,金融监管就很难做到全覆盖和体现互动式,就很难实现高效监管(甚至可能连数据真实性都无法保证)。但如果在金融监管中引入了区块链技术,这方面的困境有望在很大程度上得以改观。

(二)对金融控股公司的监管存在缺失现象

监管方式方面存在的另一个突出问题是:对金融控股公司的监管存在缺失现象。

金融控股公司是指:在同一控制权下,所属的受监管实体至少明显地在从事两种以上银行、证券和保险业务。同时每类业务的监管资本要求不同。[1]金融控股公司是从事多元化经营的金融企业集团。在国际实践中,金融控股公司主要有三种模式:以美国为代表的纯粹型金融控股公司、以英国为代表的事业型金融控股公司和以德国为代表的全能银行模式。[2][3]金融控股公司已逐渐成为全球金融业的一种主流选择。早在2006年,我国央行就提出稳步推进金融业综合经营试点。近年来我国的金融控股公司得到了较大发展,并渐成金融企业综合经营的一种主要形式。

说对金融控股公司存在监管缺失,理由如下:

首先是因为存在监管方面的欠缺。金融控股公司的模式是:集团在控股上是混业的,而法人在经营上是分业的。这与我国分业经营的规定并不违背,但金融控股公司在金融市场上无疑有着更大的影响力。[4]而我国到目前为止,对这样的在金融市场上更具影响力的金融控股公司在监管方面存在欠缺处。直到2020年9月,在国务院发布《关于实施金融控股公司准入管理的决定》和中国人民银行正式发布《金融控股公司监督管理试行办法》后,方开始实施监管,带有"应急补缺"意味,但仍存在立法层次较低、全面监管力度不够、配套细则有待出台、多头重复监管、退出处置机制缺位等问题。[5]

---

[1] 郭仕祥. 我国金融控股公司的模式选择[D]. 天津:天津财经大学,2010.

[2] 国家金融与发展实验室副主任 曾刚. 金控公司监管应遵循"统一规制、分类监管"原则-.《21世纪经济报道》. 2018-08-04.

[3] 赵鹂. 互联网金融控股公司的风险及监管[J]. 当代金融家,2018(09).

[4] 严琳煜. 浅析我国金融监管存在的问题及对策[J]. 中国集体经济,2018(07):103-104.

[5] 王康,朱锦强. 中国金融控股公司监管及优化对策研究——基于中美比较的视角[J]. 中央财经大学学报,

其次是因为金融控股公司存在着很大的风险。在这类公司内部，即使是分业经营，各业之间的关系也相当复杂，且不同交易之间的关联性甚强。由于对此所作的监管投入不足、监管不到位，因而存在着很大的风险。一是存在着资本安全风险。母公司与子公司往往吃的是一口锅里的饭，相互持股、关系复杂。其结果是导致资本被重复计算，致使无论母公司还是子公司，抗风险能力都有所削弱。二是存在着利益冲突风险。金融控股公司各子公司之间乃至子公司和总公司之间，都可能存在实际利益的冲突，如果处理不当，会给集团利益造成损失。①三是存在着内部交易风险。母公司的各个金融机构之间进行的内部关联交易，看似可以减少经营成本，然而实际上会使不同公司的经营状况相互干扰、相互影响，导致集团总体利益受损。四是存在着监管套利风险。一般说来，金融控股公司拥有比较多的存在交叉性的金融产品，往往会走上钻"不同金融监管部门监管标准存在差异"空子的道路，选择接受对自己最有利的监管，以谋取不应得到的额外利益。②

最后是因为现行金融监管体系对金融控股公司的监管准备不足、缺乏经验。现行金融监管体系全面覆盖了包括银行、证券及保险在内的各领域、各行业。但是由于金融控股公司出现得较晚，相对来说是比较新的企业形式，因此金融监管部门对这一形式的金融企业的监管显得准备明显不足，且缺乏管理经验。而且"一行两会"对混业型的金融控股公司分别实施监管，客观上也无法发现和治理上面提到的一些风险（一是其中有些风险相当隐蔽，二是即使发现了也不宜越权、越界进行治理）。

（三）金融监管技术和信息系统有待改进提升

这方面的问题，既涉及监管工具又涉及监管技术，当然也涉及激励动机、视野和格局。在预期丰厚回报的激励下，金融企业应用区块链可信大数据、可信人工智能等先进技术的积极性颇高。道高一尺魔高一丈，金融监管部门的先进技术"武器装备"通常要相对弱一些，无法进行高效和高质量的监测、预警和监管。

具体地说，金融监管技术和信息系统大致存在以下问题：

一是缺乏总体规划和总体布局。

我国金融监管的信息系统，在发展中缺乏总体规划和总体布局，已有的各

2021（12）：34-44.DOI:10.19681/j.cnki.jcufe.2021.12.003.
① 谢群. 我国金融控股公司的风险及监管问题浅析[J]. 科技信息（科学教研），2007（31）：453-454.
② 严琳煜. 浅析我国金融监管存在的问题及对策[J]. 中国集体经济，2018（07）：103-104.

种系统以邻为壑、孤立存在，使用的技术手段不一、开发的平台多样，而且经常相互不兼容。①②这就使得各种系统自立门户，信息无法共享，形成了前文提到的一个个"数据孤岛""信息孤岛"，系统集成、整合难以实现，从而严重影响了监管的及时性和有效性。这个实际上是普遍难题，国际大银行和大金融集团公司亦面临同样的挑战。

二是监管数据的质量难以保证。

数据准备、报送、采集、处理、分析的全生命周期是非常容易出错的漫长流程。各种因素（其中影响操作人的因素包括动机、态度、素质、水平等）都会导致数据的质量（包括但不限于数据和信息是全面、充分、准确、统一一致的，是相互联系而非相互割裂，处于一种质地优良的状态）受到侵害。除差错会直接损害数据质量之外，数据在统计口径、采集途径、时间维度、空间维度等不一致，也会带来数据处理和分析时的困难和挑战。如若数据量小，尚可逐一核对对账；但如若数据量极大，进入大数据领域，则只能依赖机器辅助进行自动化核对对账。而计算机程序在编写时，也是容易引入差错的。例如，对10亿条数据进行自动处理的程序，因无法一一人工核验所有输出结果，故实际上很难判定程序完全正确。很多实际运行的软件，只能保证大多数时候正确。《经济学人》在对2008年金融危机进行反思时曾指出，混乱的金融行业IT系统是一个被忽视的危机原因。事实上，直到今天，银行业数据也不能保证完全可信。

三是科学分析方法和手段缺失。

目前的人工智能还只是弱人工智能。无论是在宏观审慎监管还是系统性金融风险预警等方面，分析方法和手段还有较多局限性，对复杂金融系统和复杂金融风险的量化认知还处于初级阶段。即便引入像深度学习这样的近10年来人工智能领域的旗舰技术，也面临模型不易解释和理解、存在安全性风险、不稳定等问题。更深层次的问题是，金融风险和金融危机本质上根源于人性，而人性属于人文社会科学范畴，不像自科科学和工程技术那样易于量化建模、分析判断、预测决策。对人性的建模研究，应该说刚刚起步。

三、金融监管中客观条件不足

（一）复合型人才短缺且获得现成人才和组织在岗培训都有很大难度

拥有学科交叉（至少需涵盖金融、法律、计算机或信息等学科，若细分则

---

① 郭锦，马明光. 西方的银行监管对我国监管体系的启示[J]. 西南金融，2005（07）：38-39.
② 许传华. 我国金融风险预警的制度性障碍及其改进对策[J]. 湖北社会科学，2011（06）：84-86.

还有区块链、大数据、人工智能等专业方向）背景的复合型人才，极其匮乏。这类人才靠高等学校培养，目前看来还有很大的难度，不太现实。组织金融监管部门工作人员在岗学习，也有诸多困难，最主要的是师资也不易解决。而且，这样的人才需求实际与互联网"大厂"等的大数据、人工智能、区块链、金融科技等岗位人才需求处于竞争位置。人才匮乏问题在很大程度上已成为金融监管现代化的瓶颈。

（二）监管与创新间的矛盾使对金融创新的有效监管难以实施

在这方面，笔者的见解是：

其一，金融创新的突破性与金融监管的滞后性之间存在着矛盾

永不停息的金融创新（守正的和非守正的）总是不断地对金融监管提出新的挑战。金融监管思考这些问题，并将思考成果制度化需要一个程序化的过程，需要较长的时间。

现代金融史就是一部金融创新史。金融史上的期权和金融衍生品就是金融创新的典型案例，相应的 Black-Sholes 期权定价理论还获得了诺贝尔经济学奖。互联网金融时代的 P2P 网贷有一定的创新之处，即用移动互联网来降低融资服务的成本和风险，提升效率和体验，为传统银行所不能覆盖的长尾客户提供融资服务，因而一度被视为解决小微企业融资难度大、融资成本高等难题的有效途径。比特币作为一种创新探索，试图解决传统金融的痛点难题，是区块链技术的成功落地应用。按中本聪的设计，其经济体能增加信任度、透明度、公平性、金融可获得性。很多创新本身就来源于对监管陈规的规避或挑战。

其二，金融监管与金融创新之间的相辅相成关系常被忽略。

金融监管与金融创新之间存在着相辅相成的关系，但却常被忽略。金融监管部门往往不善于处理金融监管与金融创新之间相辅相成的关系。过于宽松的金融监管政策无法对金融创新进行有效的监管，但过度严苛的金融监管政策则可能会抑制金融创新的平稳发展，金融创新被压制可能会导致一些创新的金融产品因为得不到良好的发展而夭折。[1] 依赖于金融创新，金融业才能得以纵深化并得到可持续发展，而只有适度的金融监管措施才能在保证金融创新活力的同时对金融企业进行合理有效的监管。金融监管部门只有实行合理适度的金融监管举措，才有利于创造良好的金融创新大环境。在此背景下，优良的金融创新产品才可能被创造出来，同时良好的金融监管大环境也能让创新的金融产品平稳发展。总之，为了鼓励金融创新的发展、避免金融企业因创新而受过度

---

[1] 刘春香. 金融创新过程及其经济分析[D]. 湘潭大学，2002.

压制，监管机构应对金融创新采取适度宽松而又极其审慎的态度。[1]

其三，创新和监管间的矛盾很难在短期内解决，须以创新应对创新、用科技应对科技。

创新和监管之间的矛盾客观存在。数字金融时代，金融创新（守正的创新和不守正的创新）层出不穷，很难预测，而且一开始往往超越人们的固有认知，其机理和风险只能在运行一段时间后，方能被理解和发现。因此往往只能是亡羊补牢。要跳出这个框框，只能用创新应对创新、用科技应对科技。只有提升监管的思维层级和技术高度，才能形成对伪创新的"照妖镜"和降维打击。"监管沙盒"和"以链治链"等就是这方面的有益探索。

（三）信息不对称加之社会诚信基础相对薄弱影响金融监管

金融企业和金融监管部门信息不对称：金融企业相对于金融监管部门是弱势群体，但在利益的驱使下，金融企业往往有动机作假并进行监管套利，同时降低合规成本，从而在市场竞争中赢得优势地位，实现劣币驱逐良币。而监管部门又依赖数据和信息报送，如果数据和信息报送不及时、不可信，则会导致监管部门在错误的监管时间做出错误的监管决策和行动。[2]而且，监管的强制性和单向性会更加助长信息不对称困局；[3]金融企业和投资者个人信息不对称：投资者个人相对金融企业往往属于弱势群体，但金融企业也面临"薅羊毛"黑色产业等网络诈骗的严峻挑战。

从更底层的社会诚信视角来看，目前我国金融监管部门已经采用一些比较先进的技术手段。但这些手段要发挥作用，前提是：监管对象所提交的包括会计数据、原始凭证在内的各种资料是真实的、准确的，客观地反映了其经营业务活动，一言以蔽之，监管对象是讲诚信的，其基本资料是可信的。但毋庸讳言，我国的社会诚信体系还没有达到较高水平，社会诚信基础相对薄弱，监管对象提供数据、凭证时进行隐瞒甚至欺骗的情况时有发生。在此基础上进行的监管，很难保证是行之有效的。而且，从目前的情况来看，杜绝会计作假和信息失真，也还没有绝对有效的办法。

让我们在更广阔的范围内考察社会诚信基础问题。司法诚信问题已成为商业和金融稳定运行的最大干扰和障碍。从民商事领域的经济纠纷及相关诉讼的

---

[1] 戚业敏. 新常态下我国金融监管问题探讨[J]. 内蒙古财经大学学报，2016，14（04）：23-26.

[2] 盛安琪, 耿献辉. 基于区块链技术的金融科技监管路径研究[J]. 科学管理研究，2019，37（05）：157-161.DOI:10.19445/j.cnki.15-1103/g3.2019.05.027.

[3] 陆岷峰, 周军煜. 金融治理体系和治理能力现代化中的治理科技研究[J]. 广西社会科学，2021（02）：121-127.

情况来看，即使看起来非常简单的借贷关系，都会产生大量虚假证据、虚假事实、虚假陈述甚至虚假诉讼。基层法院案多人少，法官的判断可能被干扰或左右。而且还可能需要持续多年才能迎来迟到的正义。可见，受到社会诚信问题影响的民商事经济纠纷可能因错判漏判和久拖不决而造成微观经济金融风险，而微观经济金融风险集聚可能导致宏观经济金融风险。以上所涉诚信缺失，不可能对金融监管毫无影响。

综上所述，我国金融监管中存在的问题，有些有待通过改进顶层设计，从法律、法规、政策等方面进行调整优化，以此来谋求相当一部分问题的解决；有些则有待引入区块链技术（当然也还包括与大数据、人工智能等技术融合创新）来加以改进和改善。以下主要讨论区块链促进金融监管现代化的问题。

第三节 区块链赋能金融监管现代化

数字金融时代，区块链与大数据、人工智能等信息技术融合创新赋能金融监管，监管科技同样将迎来诸多颠覆性的创新。金融监管和监管科技本身应注重顶层设计、全局性规划和系统性优化，对金融创新进行前瞻性的引导和规制（而传统上金融监管多滞后于金融创新）。创新的科技带来创新的金融监管理念、理论、方法、模式、流程、实践等，应籍此机遇调整适配金融监管，将调整适配后的金融监管理念、理论、方法、模式、流程、实践等加载到全新的信息系统之上，采用金融监管系统和信息系统"双系统"联合设计、联合创新、联合优化的新进路。金融监管科技需要具备全球视野，将国际上的金融监管科技"创新"看作我们的"创新沙盒"，对其中的创新探索进行跟踪、研究和借鉴，并最终实现超越和引领。

一、区块链赋能金融可信监管

（一）借助于区块链可实现金融活动信息和金融监管信息实时对称

人所共知，当前人类社会正处于信息大爆炸的时代，信息无处不在；但人们要想从海量信息中获得有用信息，往往需要做苦苦寻觅的工作。对任何主体来说，管理好信息都是一件十分重要的事情。想要把金融监管工作做好，就要将与此有关的信息和数据处理好、使用好、管理好。在金融监管中，离不开数据和信息报送。无论是宏观审慎监管，还是微观审慎监管，无论是公告监管，还是规范监管，亦或是实体监管，本质都离不开数据和信息自下而上报送的及时性和可信性。从某种意义上可以说，迈过信息和数据处理、使用、管理这道坎（其中包括解决信息不对称问题），金融监管工作方才有望做好。利用区块链技术，可望消除金融监管中信息不对称的问题（金融企业和金融监管部门信息不对称、金融企业和投资者个人信息不对称）。金融活动信息不对称和金融监管信息不对称都严重影响了金融监管的效能和质量。如果信息不对称的问题不能很好解决，那么高效能、高质量的金融监管又从何谈起？那么，防控金融风险和维护金融稳定与安全就只能是一种奢望。

中国建设银行副行长黄毅认为：金融业目前已经成为对信息技术发展高度敏感的行业之一。当前时代背景下快速发展的大数据、云计算、区块链、人工智能等技术必然会促进金融领域的变化，这一次又一次的科技进步都必然会对我国金融领域产生重大的甚至革命性的影响。区块链等新兴的金融科技可能可以从根本上解决信息不对称的难题。[1]因为从本质上说，区块链是一种分布式账本，是具有可信性的公共总账。链上的所有数据和信息，全链皆知，并不为特定人或特定机构掌控，而由链上各节点共同掌控，无人可以垄断；链上数据和信息不能篡改；只要是在链上，任何人都可核查账本、查阅信息，理论上就知情权而论是完全平等的（当然在联盟链的具体实现中，可能存在不同的认证和权限；此外，如何既做到隐私保护，又能兼顾监管需求，这是前沿研究领域）；总账由链上各节点共建、共享、共管，并且共同维护和更新。因此可以说，在区块链上，各个节点都能及时地了解链上的信息。各个节点在共享链上信息方面义务和权利是等同的（如前所述，监管链与一般区块链存在差异，有其特殊性，比如，监管节点可能须有类似"超级节点"那样的特权，监管链应考虑与业务链的互操作，等等）。这样的机制保证了数据和信息（包括金融监管数据和信息）的实时对称，而这又是宏观审慎监管、微观审慎监管、公告监管、规范监管、实体监管等金融监管活动至关重要的基础。

（二）借助区块链可解决金融活动中的信用难题

如前文所述，借助于区块链可实现金融活动信息和金融监管信息实时对称，解决信息不对称问题。其实"实时对称"已包含了"可信"，但区块链可助力解决金融中的信用难题从而赋能金融监管这一点，值得进一步具体阐释。

区块链技术触动了金融的根本，即信任和信用。倘说互联网传输的是信息和数据的话，那么，区块链网络传输的则是信任和价值。区块链思维是比互联网思维更高层级的思维。如果说第一次工业革命的蒸汽时代将人类手工劳动层

---

[1] 刘慧. 金融科技为金融业高质量发展提供新机遇. 中国经济时报. 2018-02-01.

面的部分工作转交给机器完成，人工智能将人类智能层面的部分工作转交给机器完成，那么区块链则将属于人性层面的部分内容转交给了机器。原先需要人际信任（如建立在面对面基础上的信任）或借助第三方中介增信才能进行的交易，现在两个从未谋面、完全无信任基础的陌生人之间即可进行。智能合约倡导"Code is the LAW"，即从靠人管理到用代码管理，从而将人类情绪、意愿等不稳定、不易预测、不易控制的可能干扰合约履行的心理因素强行抑制。有时道德制约失灵，而法律惩戒成本太高、效率太低，那么将共识、契约、法规、制度、流程等写入智能合约代码令公众遵行，或许是一条可取（至少是值得探索）的新进路。

由此，区块链技术有可能通过将部分金融风险（信用风险和部分操作风险）转化为技术风险的方式，改变金融风险的产生机理、构成成分和传播机制。[1]限于篇幅，此处不赘述，详情请参见第七章《区块链与金融风险管理现代化》。

二、区块链赋能可编程嵌入式监管和动态实时穿透式监管

数字金融时代，金融监管应与数字金融相适应，对金融监管理念、理论、方法、模式、流程、实践等进行重构以发挥创新科技优长，实行可编程嵌入式监管和动态实时穿透式监管。

（一）区块链赋能可编程嵌入式监管

数字金融2.0（此处用2.0来代表下一代，数字金融2.0即下一代数字金融，是全体金融人和金融科技人通过努力奋斗要实现的目标）世界的金融软件，其编程开发语言操作的对象是"资产"，而"资产"应该原生地、原子地自带主动风控和合规逻辑，否则就不能成为完整的合法合规的"资产"。风控和合规应下沉到"资产"层级，风控合规应是内嵌的、自激的、主动的，而不应是外部的、他激的和被动的。这和传统的编程开发语言不一样，在传统的编程开发语言中，操作的对象是比特（如C/C++等语言）和数据/数组（如Python等语言）。数据结构被抽象出来，作为组织、表征和处理操作对象的范式（同时，算法也被抽象为通过计算机解决某些样版问题的范式），减轻开发人员的工作负担。但是，用这些传统语言编程开发出来的"资产"，无法自发地控制自己的行为，往往会成为金融世界里的"问题资产"和"惹祸资产"。数字金融2.0世界中的创新金融业务、模式、产品、流程设计者和开发者，应遵守全新公约和守则（即金融

---

[1] 丁晓蔚. 从互联网金融到数字金融：发展态势、技术特征与设计理念[J]. 南京大学学报（哲学人文社会科学版），2021，44（6）：6-24.

业务、模式、产品、流程被设计开发出来之时本就应该自带完善的风控合规，"资产"应该是负责任的，主动"不作恶"），而不应将利润留给自己、风险损失让他人或社会承担。这方面的典型范例是数字人民币，根据央行白皮书，数字人民币可加载智能合约可编程功能，这就为未来原生地、原子地、内嵌地、自激地、主动地监测和防控资金的非法或违规使用（以及其他商业场景），带来了无限想象力。更进一步，应秉持金融（监管）系统与信息系统"双系统"联合设计、联合创新、联合优化的思路，将风险看作一种"资源"，研究优化风险这种"资源"在全系统中的最优化配置。金融风险管理的拓扑结构可基于可编程、嵌入式、自风控合规的"云-管-端"优化配置。①微观风险管控可在"资产"层级自发主动完成，中观风险管控可部署在企业、行业和地区层级，宏观风险管控则可更聚焦防控风险的集聚、传染和彼此共振，以此来防控系统性金融风险并维护金融稳定与安全。

（二）区块链赋能动态实时穿透式监管

数字金融时代，与其等待报送，不如适时甚至实时主动直接获取。2020年，央行、银保监会均提出支持区块链在数字监管和风险防控中的应用。区块链技术具有与金融监管天然融合的特性。欧科云链集团首席研究员李炼炫对《经济参考报》记者表示，每一个交易记录都会被存储在区块链上，不仅保障了数据的安全合规，同时便于监管部门追溯交易历史纪录。②

传统金融中监管方和被监管方是独立的和对立的，监管方从外部对被监管方进行监管。而在数字金融时代，在监管科技的加持下，监管方和被监管方在同一个系统和环境中，甚至是在同一个网络上的不同权限的节点。同时，在"端"部配置的风控合规智能合约代码，能够实时地进行监管监测、异常报警、异常上报、监管干预（如暂停交易、禁止交易、取消交易、交易回滚）等操作。这就将监管前置到事前和事中实时监管，自动侦测和拦截可疑交易，智能甄别和分流处置高风险的交易，从源头上确保金融交易合法合规、真实可信、风险可控。值得一提的是，可进一步实现"交易即结算即监管"，改变传统监管"事前报批、事后核验、秋后算账"的模式。在数字金融2.0的世界，事前、事中、事后监管合并成瞬间实时监管。此外，面向金融业务的金融智能合约语言，强调金融业务+风控合规原子化，将令金融产品更具备自解释性，更有利于穿透层层包装和嵌套，最终真正实现动态实时穿透式监管。实质上，可探索采用区块链

---

① 丁晓蔚. 从互联网金融到数字金融：发展态势、技术特征与设计理念[J]. 南京大学学报（哲学人文社会科学版），2021，44（6）：6-24.

② 区块链加速赋能金融监管 实现全方位实时穿透式监管, https://baijiahao.baidu.com/s?id=1667167400235384767.

与大数据和人工智能融合创新技术，将微观审慎监管与宏观审慎监管打通并融合起来。

三、区块链赋能数据驱动金融监管

（一）区块链赋能可信大数据和可信人工智能为金融监管提供关键底层支撑

数字金融是非常强调数据 Data 的金融，是（大）数据驱动和融入了人工智能的金融，对可信数据的依赖程度比传统金融要高得多。区块链比大数据和人工智能更底层、更基础。区块链有着利于取信于人的技术特征，所以基于区块链的大数据成为可信大数据，人工智能成为可信人工智能。而区块链技术则为这些进步提供了支撑性的底层可信平台和框架。

区块链与大数据和人工智能融合创新，构成全新基础设施，其网络层、数据层、计算层均确保可信。基于区块链可信大数据人工智能的下一代数字金融监管基础设施、体系架构、计算范式，将给金融监管带来革命性变革，或许能比先前更好地预警和防控"黑天鹅""灰犀牛"风险，维护金融稳定与安全。在此，基于区块链可信大数据人工智能的基础设施为金融监管提供关键底层支撑。

高效能、高质量的金融监管离不开（大）数据。无论宏观审慎监管，还是微观审慎监管；无论公告监管，还是规范监管，抑或是实体监管；无论等待报送，还是主动获取，都离不开（大）数据。金融市场参与主体为了尽可能高地追求长期稳定盈利，尽可能好地防范金融风险，开展了武器装备竞赛。它们总是在追求更多的数据、更广的数据源、更大的数据集、更完整的数据库、更强大的算力、更大更复杂的模型、更实时的风险预警技术等。道高一尺，魔高一丈。在"猫捉老鼠"的博弈中，金融监管部门必须直面挑战，同样拥抱更多的数据、更广的数据源、更大的数据集、更完整的数据库、更强大的算力、更大更复杂的模型、更实时的风险预警技术、更智能和完善的金融情报分析（如尽可能发现金融风险和金融犯罪的蛛丝马迹、尽可能挖掘具有前瞻性的情报等）和监管技术等。

（二）区块链赋能数据驱动为金融监管提供直接支撑

把沉睡的数据唤醒，实现数据驱动，对金融企业和金融监管来说都是一件大事。

2017 年 12 月 8 日，习近平总书记在中共中央政治局第二次集体学习时提出，要"构建以数据为关键要素的数字经济""实施国家大数据战略，加快建设数字中国"[①]"数字经济时代，数据将成为一种新型资产和生产要素，为我国经济发展注入新动力，并影响未来的财富分配。"[②]

首先，数据要真正成为全新生产要素和全新生产力，应不能无限可复制（而传统上，以比特形态存在的数据恰恰是可无限复制的），应能鉴权和确权（而传统上，以比特形态存在的数据恰恰是所有权、管理权、查阅权、使用权、收益权不能清晰区分的），应能流转和定价，特别是通过交易来定价（而传统上，以比特形态存在的数据恰恰很难定价）。也就是说，首先数据要能够资产化，即要实现"数据资产化"（数字金融的一大精髓），然后又要实现"资产数字化"（这是数字金融的又一精髓）。而这些正是区块链和数字金融（及其核心数字资产）的优长。这是因为，数字金融发轫于数字身份和数字货币，然后从数字货币演进到数字资产和数字金融。以比特币为代表的数字货币之所以能成功，正是因为它历史性地成功攻克了以数字和比特信息形态存在的价值如何防止无限复制、如何防止"双花(Double Spending)"等难题。同样的技术原理可从数字货币推及数字资产。NFT（非同质化通证）具备不可分割、不可替代、独一无二、不可复制、可编程等特点，可作为数据资产化和资产数字化的容器。遵从ERC721/ERC1155协议标准可用智能合约对数据进行代码封装，为其鉴权和确权，并对所有权、管理权、查阅权、使用权、收益权实施精准分配，可助力交易和流转，还可赋能精细权益追踪和利益分配并为精准定价（至少包含未来现金流折现法、成本法和交易法等基础定价方法以及各种更高阶的定价理论）奠定基础。[③]

其次，要能打破部门壁垒、机构壁垒、行业壁垒和"数据孤岛""信息孤岛"。基于区块链可信大数据的分布式人工智能范式（如联邦学习等技术）可以做到"数据不动模型动"，将沉睡在各部门的数据真正唤醒、激活并充分发挥其价值。

复次，要能够兼顾隐私保护和监管大数据分析需求。数字金融2.0将致力于研究在不牺牲隐私保护前提下的更好的大数据、更好的人工智能、更好的金融监管。零知识证明、同态加密、安全多方计算、联邦学习、其他数据隐私保护技术等，可以做到"数据可用不可见"，让数据在隐私保护前提下助力更智慧、更高效能、更高质量的监管。

最后，也需要格外重视数据安全风险和其他技术风险。数据安全风险和其他技术风险应该上升为金融监管的重要方面，也应成为金融监管科技创新的关

[①] 习近平主持中共中央政治局第二次集体学习并讲话. http://www.gov.cn/xinwen/2017-12/09/content_5245520.htm.
[②] 刘禹希. 区块链技术在金融行业应用路径研究. 企业科技与发展. 2021年第9期.
[③] 丁晓蔚. 从互联网金融到数字金融：发展态势、技术特征与设计理念[J]. 南京大学学报（哲学人文社会科学版），2021，44（6）：6-24.

键前提条件和门槛。

从数据生产和存证、数据鉴权和确权、数据定价和流通，到数据交易和风险对冲、数据安全和隐私保护、数据消费和增值、数据分析和处理，再到数据治理和监管等，区块链及相关延伸扩展技术在其中都能发挥巨大作用。值得一提的是，它们也是元宇宙的基石，为在元宇宙中构建公平高效的经济系统（及身份系统和社会系统）并将这些系统与物理现实世界互联互通、融合联动奠定基础。数字身份→数字货币→数字资产→数字金融→数字经济→数字社会→数字中国→数字星球→数字世界(元宇宙)，这些概念在本质内涵上能够逻辑自洽、一脉相承、统一贯通。更进而言之，数字孪生和数字世界（元宇宙）可助力构建可重复实验，助力构建虚拟监管沙盒（可能比实体监管沙盒效果更优），助力构建金融风险动态演进和金融监管政策法规制定的沙盘推演，并通过最优化技术得出最优风险应对和监管政策法规的决策方案、系统参数、敏感系数等，然后通过样本外检验理论和方法对上述最优决策方案、系统参数、敏感系数等进行样本外检验和测试，最终实现"精准规划""精准施策"和"精准监管"。[①]

综上，要使数据要素成为第五大生产要素，真正激活数据并使之成为生产力，这是数字金融的真谛。数字金融的价值在于，因"资产数字化"和"数据资产化"激活了更多要素，因而可以在高层次上服务于实体经济和共同富裕。这是由数据激活的、充满活力的金融，也是金融监管所要面对的全新的金融。所有这些，都是金融监管所要面对的新的情况、新的课题，也是新的机遇。与此相对应，金融监管有许多调整和适配的工作要做。

四、区块链赋能金融监管新生态

（一）区块链使金融信息传播和管理生态发生实质性改变

区块链能促进多方信任协作。区块链技术可实现监管部门之间的数据共享，解决多方信任协作问题。原有生态中的"中心化"格局被打破。链上各个节点的重要性和实际地位的提升必然会有所体现，中心对各个节点的支配关系必然有所减弱。这是区块链的重要技术特性之一。对于金融信息传播和管理生态来说，中心与各个节点的内部关系也已经有所改变（区块链提倡去中心化或多中心化，但在监管链中，因情况特殊，可能会有一定的"中心"，但是其权限特殊，并不等于传统意义上的绝对的中心）。也就是说，就拓扑结构而言，原来的等级

---

① 丁晓蔚. 从互联网金融到数字金融：发展态势、技术特征与设计理念[J]. 南京大学学报（哲学人文社会科学版），2021，44（6）：6-24.

森严的多层级监管结构被转变为共建、共享、共管的分布式扁平监管结构。在存在多个不同垂直监管体系的多头监管场景中，原先的多套多层级并行监管架构现在可都纳入同一套分布式扁平监管架构。因此，先前惯于通过中心来进行的强制单向管理，须向重视充分发挥各个节点的作用和积极性、重视平等对话沟通的扁平化管理转变。虽然这种拓扑结构和管理模式的转变，给传统的金融监管理念、理论、方法、实践、流程等带来全方位的震动和挑战，而且其在金融监管这样以权威为支撑的场景中的实践效果尚有争议，但不失为一项有意义的探索。

（二）区块链通过催生出新的人性认知改变金融监管的生态

区块链应用在金融领域，本质上是金融+科技，更是人性+科技；而扩展到更广泛的应用领域，则更是如此。数字货币就是尝试用信息技术去解决人性信任的问题。为什么区块链首先应用在金融上？因为信任是金融的本质，区块链是构建信任的技术。如果说互联网传输数据和信息，那么区块链则传输信任、信用和价值。相比互联网和移动互联网给金融带来的载体变化，区块链因触及了金融的本质才真正使金融业产生革命性的跳变和阶跃。同时，区块链在技术层面快速发展，新的科技手段会影响并在一定程度上推动重构人类生产、生活、社会、法律、道德、伦理体系，甚至催生出一种新的人性认知。

金融的本质是人性。以比特币为例，区块链中的共识机制、工作量证明机制、（惩恶扬善）激励机制等，都是科技不够人性来补，都是通过人性方面的精巧构思和创新设计来解决科技尚不能完全解决的问题，体现了人性+科技联合应用、联合建模、联合优化以解决金融、经济、社会痛点难题的精神。这就铸就了区块链思维。而区块链精神在于，不光通过加密算法、时间戳、链式结构等底层基础设施来剥夺参与者违约和作恶的机会，通过内嵌信任、将信任夯实为基础设施来使得参与者可以没有后顾之忧，而且还通过构建一套激励体系和经济系统来对参与者进行阻恶扬善，引导参与者积极参与、快乐协作并为生态圈的共建、共享、共治、共赢作出贡献。

综上，应用区块链，既可以应用其纯技术的一面，也可以应用"区块链思维"和"区块链精神"，并构建相应解决方案、平台和生态圈。将区块链技术、思维、精神应用于金融监管，可望构建成生机盎然的如下金融监管生态圈：监管对象主动配合支持、主动自证清白、主动自监管；监管主体柔性引导、包容审慎、正向激励、公平公正惩罚；"猫鼠和谐共生"。我国的金融监管部门实际上有监管和发展两项目标和责任，或许，可以将监管的事情更多地交给区块链（与大数据、人工智能融合创新后）去做，而监管部门则可以解放出来，将更多的精力投入发展之中。

（四）区块链本身会给金融监管生态带来或大或小的风险

值得一提的是，区块链也会对金融监管现代化带来一些新的问题，甚至隐含新的风险，对此不能不加以重视。就此而论，它本身应该也是监管的对象。

除虚拟货币、ICO、DeFi 等可能带来金融诈骗、非法集资、非法发行证券、金融传销、非法洗钱等金融犯罪风险之外，从金融科技角度来看，区块链所带来的信用风险和操作风险全部或部分向算法/机器/技术风险的转化，使全面风险管理框架中的技术风险上升为最重要的风险之一。越是依赖技术，信息系统安全风险就可能越大，需要研究解决的问题就越多。比如，量化金融是会发生互激循环、追涨杀跌以及共振践踏的，[①]在一个充斥着智能合约、量化模型、算法"机器人"的金融世界中，可能在某些特殊时刻触发出更大金融风险；在极端情况下，甚至将可能触发系统性金融风险。更多关于风险的讨论和分析，可详见第七章《区块链与金融风险管理现代化》。这些都为数字金融时代的金融信息与情报学研究提供了大量宝贵的研究课题和方向。创新的金融科技带来创新的监管科技，推动形成"监管沙盒"和"以链治链"等机制。在"以链治链"机制中，前述一系列区块链的优长，可被应用来监管区块链金融创新本身。在"监管沙盒"中，可在沙盒中构建前述生态圈以测试、验证和孵化创新应用。

综上，本节中无论是监管注重顶层设计、前瞻性规划、全局性优化，金融（监管）系统和信息系统联合设计、联合创新、联合优化，走有中国特色的新路、将国际上的监管科技创新看作我们的"创新沙盒"，把握"数据资产化"和"资产数字化"特征，还是确保金融活动信息和金融监管信息实时对称，解决金融活动中的信用难题，监管前置到事中实时监管，交易即结算即监管，动态实时穿透式监管，可编程嵌入式主动自监管，数据驱动金融和金融监管，应用区块链技术、思维和精神构建"猫鼠和谐共生"的金融监管生态圈，等等，都将有利于扭转以往长期存在、难以解决的金融监管滞后于金融创新实践的局面。

第四节 区块链倒逼金融监管现代化

区块链（当然还包括大数据和人工智能等先进技术）融入金融业以后，极大地改变了金融业态和金融生态，同时也为金融监管提供了先进的思维、技术和工具。此为对金融监管现代化所发挥的助推作用。这是问题的一个方面。另

[①] Khandani A E, Lo A W. What happened to the quants in August 2007？: Evidence from factors and transactions data[R]. National Bureau of Economic Research，2008.

一方面，区块链等先进技术还使未能在金融监管中与时俱进的监管者、继续沿用传统的金融监管思维和方法而不加改变者，变得寸步难行。区块链既能助推金融业和金融监管，也能成为"麻烦制造者"，给金融系统带来风险，影响金融稳定和金融安全。这就构成了客观上的倒逼金融监管及其现代化之势。监管沙盒由此应运而生。它是监管金融创新的有效方法，将是我们讨论的又一重点。此外，虚拟货币有所谓金融"创新"之称，然而实际上由此引发的金融风险和舆情风险往往会互相传染和发生共振，故本节中我们还将讨论金融监管现代化与媒介化治理之间的关系。

一、监管沙盒降低金融创新风险

区块链等先进技术深度融入金融业后，金融业的创新频度加快、步幅加大、风险剧增。从数字货币到数字金融（包括 DeFi 等），传统金融产品和服务在区块链新金融世界中都能找到平行的产品和服务，例如，去中心化交易所有 UniSwap 等，去中心化银行和借贷有 Compound 等，去中心化资产证券化有 Centrifuge 等。在所谓金融"创新"层出不穷、此起彼伏的情势下，监管沙盒（Regulatory Sandbox）由英国政府于 2015 年 5 月首次提出，其目的在于为新兴的金融科技创新提供比较广阔的空间。[①] 提出后，即受到新加坡、中国香港和澳大利亚等许多国家和地区的关注和追随。近年来，监管沙盒在中国越来越受到研究者们的密切关注，就此展开的研究正在逐渐深入。不少研究者认为：监管沙盒对于控制金融科技条件下的新的金融风险，对于维护金融安全前提下的金融创新（安全—创新），具有重要的现实意义和应用价值。

（一）监管沙盒是监管金融创新的有效方法

1. 区块链等先进技术使金融监管面临两难困境

对包括区块链在内的金融科技的监管，是金融监管中新的课题。一直以来，政府主管部门对金融科技的监管本着发展与规范兼顾的思路，在实践中不断吸取相关教训以不断改进金融监管。以互联网金融为例，在移动互联的技术条件下，互联网金融得以崛起并迅速发展。互联网金融在呈现各种优越性的同时，也带来了各种乱象。因此到 2016 年，国家对互联网金融的监管态度逐渐从"促进发展"转变为"规范发展"。即便国家已经关注到规范监管的重要性，也仍然

[①] 李丹. 金融科技"监管沙盒"试点应用[J]. 中国金融家，2020（03）：91-92.

未能避免互联网金融领域（尤其是 P2P 网贷爆雷等）引发的"一地鸡毛"。①

就其本质而言，创新与风险总是相伴相生的，创新难免会有风险，这既是金融科技发展中的两难，同时也是金融监管必须面对的经常性的困境。可以这样说：金融科技使金融始终面临着"两难困境"：一方面是金融需要创新，科技有利于创新（能否完全禁止创新、完全禁止科技入侵金融？回答是不能，因为数字化时代，先进科技给金融、经济、传播、人文、社会等领域带来颠覆式创新，已是不可阻挡的时代大趋势，回避只会带来落后），但创新又很容易出错和因出错而带来不同程度的风险；另一方面，金融安全须得维护，风险防控不能懈怠，对容易引发风险的金融科技不能放任不管。

如何避免"一管就死，一放就乱"？如何避免"先等危机形成，再事后监管、秋后算账"？如何避免"一刀切"？区块链等新兴金融科技既给金融风险防控、金融稳定与安全带来挑战，也给金融监管理念、理论、思维、实践、方法等带来全新挑战。

2. 英国金融行为监管局（FCA）首先推出监管沙盒制度

英国金融行为监管局（FCA）在 2015 年 5 月 11 日推出了监管沙盒制度。在有关文件中提到：监管沙盒的目的是创造一个"安全空间"，企业可以在其中放心测试金融创新产品、服务、商业模式和交付机制，而不用立即承担那些根据现行法律法规通常会招致的监管后果。翌年 6 月，英国政府的监管沙盒制度开始正式运营。此新生事物甫一面世，立即受到世界各国的关注。多个国家纷纷进行效仿，新加坡、香港、澳大利亚等国家和地区已依据各自的情况开展监管沙盒机制尝试，其中新加坡版监管沙盒更加积极灵活，甚至推出了"快捷沙盒模式"（Sandbox Express）。

英国政府出台监管沙盒制度，有其相应的背景：一些金融科技公司研发的重点方向就是逃避监管，这些技术不是人工智能、大数据、物联网和云计算，而是区块链技术（比如通过代币进行融资，而不是通过严格监管的正常证券市场进行融资）；正规金融机构害怕竞争，不愿开放数据接口和业务场景，反而构筑技术壁垒，阻碍新技术进入主流市场；监管机构对新科技十分陌生，更不知道如何监管。②以上三种倒逼性因素构成了英国出台监管沙盒制度的深层次原因。

监管沙盒作为一种监管工具，不失为破解金融创新与金融风险防控之间上述两难困境的较好方法。其宗旨是促进金融科技企业之间的良性有效竞争，降

---

① 任绍敏. 监管沙盒机制可破解金融科技创新与风险的两难题[EB/OL]（2020-03-05）[2021-02-20].http://finance.sina.com.cn/money/bank/bank_hydt/2020-03-05/doc-iimxxstf6529124.shtml.

② 区块链技术对监管沙盒有什么作用，http://www.elecfans.com/blockchain/1151312.html.

低企业创新成本和准入门槛，帮助企业验证自己的模式、顺利融资并获得创新成功，并且鼓励传统金融企业创新大发展，同时也试图激发金融市场活力（通过为金融市场提供更多创新服务和产品）并保障金融投资者/消费者/储户/用户的权益，最终提升全体金融投资者/消费者/储户/用户的福祉。对于英国金融行为监管局（FCA）以及进行测试的企业而言，这是一项新的市场与监管实验，也是金融科技领域的重要监管创新。[①]从世界各国的实践来看，监管沙盒大致有以下特征：一是它提供一个缩小版的真实市场和宽松版的包容性监管环境（本质是豁免机制）；二是它将传统的被动监管提升为主动监管、静态监管提升为动态监管、事后监管提升为事前监管。[②]它的监管理念是在监管者、企业/创新者、投资者/消费者/储户/用户几方互动实验中将风险识别、暴露和展示出来，使得监管者有机会在实验阶段就提前研究对策（好比程序设计中的 Debug 环境和软件工程中的测试环境）；三是特别注重投资者/消费者/储户/用户保护，如确保参与测试的投资者/消费者/储户/用户明确知情且自愿，通过预设赔偿资金储备保障对他们的赔付（若发生不当损失），特别重视动态信息公开和沟通交流等。

根据目前英国、新加坡、澳大利亚等国家监管沙盒机制的实践，可发现监管沙盒的运行遵循一定流程。[③]首先，须综合考虑本国基本国情设立专门的监管沙盒主管机构并制定符合基本国情和金融市场发展前景规划的测试准入条件，明确参与测试的金融科技企业需满足监管沙盒主管机构指定的各项条件，在申请获得批准后方可参与其中。其次，在测试过程中，参与测试者须根据测试前制定的方案对新产品或新业务展开测试，监管机构进行动态性全程监管；如参与测试者在测试过程中出现了损害金融消费者权益等情况，监管机构有权勒令参与测试者中止测试。最后，在测试期限届满之后，如无任何须延期测试的情形发生，则项目可顺利退出测试并可继续完成后续的评估反馈流程。[④]

3．中国进行的监管沙盒机制试点

2019 年 8 月，我国央行发布了《金融科技（FinTech）发展规划（2019—2021年）》，并试图完成对金融科技监管的顶层设计。央行于此次首次提出在多个城市开展金融科技试点业务，推进监管沙盒项目落地，同时也表明了我国金融监管机构对金融科技企业技术创新带来的风险给予的适当的容忍度，更体现了我

[①] Arner D W，Barberis J N，Buckley R P，et al. FinTech，RegTech and the Reconceptualization of Financial Regulation[J]. Northwestern journal of international law and business，2016，37（3）．

[②] 李丹. 金融科技"监管沙盒"试点应用[J]. 中国金融家，2020（03）：91-92.

[③] 黄震，张夏明. 监管沙盒的国际探索进展与中国引进优化研究[J]. 金融监管研究，2018（04）：21-39.

[④] 李昊. 监管沙盒的国际实践、效果分析及我国推行的路径选择[J]. 南方金融，2019（07）：3-10.

区块链再造传统金融

国金融监管当局积极探索柔性金融监管模式的决心。①

2019年12月5日，中国人民银行宣布支持在北京市率先开展金融科技创新监管试点，探索构建符合我国国情、与国际接轨的金融科技创新监管工具，引导持牌金融机构在依法合规、保护消费者权益的前提下，运用现代信息技术赋能金融提质增效，营造守正、安全、普惠、开放的金融科技创新发展环境。当日下午，北京市地方金融监督管理局披露，北京市在全国率先启动金融科技创新监管试点，探索构建包容审慎的中国版"监管沙箱"，运用信息公开、产品公示、共同监督等柔性管理方式，引导持牌金融机构在依法合规、保护消费者权益的前提下，推动金融科技守正创新，赋能金融服务提质增效，营造安全、普惠、开放的金融科技发展环境。②中国版"监管沙箱"的特色是仅对持牌机构开放。

2020年4月30日，中国人民银行宣布，支持在上海市、重庆市、深圳市、河北雄安新区、杭州市、苏州市六市（区）扩大金融科技创新监管试点，引导持牌金融机构、科技公司申请创新测试，在依法合规、保护消费者权益的前提下探索运用现代信息技术手段赋能金融"惠民利企"，纾解小微民营企业融资难融资贵、普惠金融。③其特色是允许科技公司申请创新测试，但仍需要满足技术安全等方面的准入要求，并且金融创新应用场景仍需由持牌金融机构提供。

2021年9月28日，中国人民银行营业管理部和深圳中心支行分别发布公告称，辖内已有金融科技创新监管工具创新应用完成测试。作为首批"出盒"的4个创新应用（中国工商银行申请的"基于物联网的物品溯源认证管理与供应链金融"、中国银行申请的"基于区块链的产业金融服务"、中信百信银行申请的"AIBank Inside产品"均已上线运行超过6个月，而百行征信有限公司申请的"百行征信信用普惠服务"也已在测试中），它承载着里程碑式的关键意义，标志着我国金融科技创新监管工具在机制构建上跑完了"最后一公里"，形成了完整的工作闭环。全国已累计公示119个创新应用。上述创新应用顺利"出盒"与否，主要依据《中国金融科技创新监管工具白皮书》《金融科技创新应用测试规范》等规则，由创新应用测试机构提出测试结束申请，完成全面评价后方可对外推广应用。④

---

① 任绍敏. 监管沙盒机制可破解金融科技创新与风险的两难题[EB/OL]（2020-03-05）[2021-02-20].http://finance.sina.com.cn/money/bank/bank_hydt/2020-03-05/doc-iimxxstf6529124.shtml.

② 21世纪经济报道. 落地了！中国正式启动金融科技"监管沙箱".http://finance.sina.com.cn/money/bank/bank_hydt/2019-12-05/doc-iihnzhfz3889477.shtml.

③ 何飞. 中国版监管沙盒加速推进. http://cj.takungpao.com/columnist/text/2020/0430/196471.html.

④ 金卡生活.【热评】从"入"到"出"中国版"监管沙盒"闭环形成. https://xw.qq.com/partner/vivoscreen/20210930A065M0/20210930A065M000?isNews=1.

（二）区块链亦能赋能监管沙盒

区块链能赋能金融监管现代化，自然也能赋能监管沙盒。监管沙盒可有两种，一种是如上所述的实体监管沙盒，另一种是虚拟监管沙盒。实体监管沙盒既然是一个缩小版的真实市场和宽松版的包容性监管环境，那么前述"确保金融活动信息和金融监管信息实时对称""解决金融活动中的信用难题""监管前置到事中实时监管""交易即结算即监管""动态实时穿透式监管""可编程嵌入式主动自监管""数据驱动金融和金融监管""应用区块链技术、思维和精神，构建'猫鼠和谐共生'的金融监管生态圈"等区块链赋能金融监管和监管科技的技术和手段，就都依然有效且有益。应打造构建于基于区块链可信大数据人工智能的下一代数字金融监管基础设施、体系架构、计算范式之上的监管沙盒。该"链上沙盒"可望实现数据可信、平等沟通、信息对称、精准监测、精准评估、及时反馈、柔性引导、公平公正公开、和谐生态圈等美好而充满想象力的监管环境。以数据可信为例，它是其他各美好特征的关键基石。例如，未来我国监管沙盒可探索尝试借鉴新加坡的 Sandbox Express 机制，对金融创新进行分级分类管理，对于相对简单和安全的创新适用简化快捷流程。这里，该分级分类管理机制的关键基石就是数据可信。进而言之，可构建"监管科技监管沙盒"，在监管沙盒中测试监管科技，在测试环境中让"猫"和"老鼠"各显身手、对抗比试。应对监管科技也制定标准，鼓励监管科技方面的创新活动和创新产品供给，鼓励监管科技创新进入沙盒进行测试，因为新型的"老鼠"只有在监管沙盒中才有（当然，有很多本就见不得光的"恶鼠"本身就不愿进到监管沙盒进行测试，例如本身用意就是非法集资、金融诈骗、金融传销的某些代币融资活动，对于这些"恶鼠"就得采用冒烟指数或更先进的监管技术到广大民间去挖掘蛛丝马迹并侦测和捕捉），新型监管科技可以在沙盒测试的过程中与各种最新的"老鼠"过招比试。

对于虚拟监管沙盒，数字孪生和数字世界（元宇宙）技术可助力构建虚拟监管沙盒，其可能比实体监管沙盒更佳，有望实现可重复实验、可反复改进测试、可最优化等功能，将人文社会科学研究部分转化为自然科学和工程技术范畴的研究。还可实现时间加速，即"天上一日、人间一年"的效果。这些是当前的前沿研究领域。

二、区块链金融监管与媒介化治理

从 P2P 网贷暴雷潮，到比特币和 ICO 兴起又被禁，由某些金融"创新"引发的金融风险和舆情风险往往会互相传染和发生共振，故此处我们也将讨论金融监管现代化与媒介化治理之间的关系。当今社会，万物皆媒，"人人皆记者"，已经进入到媒介化社会。媒介化治理成了社会治理的重要手段。所谓媒介化治理，是指特定主体在很大程度上运用媒介参与社会治理并在其过程中充分发挥媒介特有作用的治理。媒介化治理，本质上是通过传播事实信息和意见观念及提供服务的方式、全方位融入和影响社会生活而实现的。媒介借助于技术赋权，通过传播信息和意见观念及提供服务的过程形成相应社会治理效应。推进金融监管现代化，可向媒介化治理借力。

（一）金融风险视角：防止金融风险与舆情风险协同共振、互相叠加

金融风险往往与舆情风险相伴而生。自媒体时代，在金融危机时刻，由于人人手中都有"麦克风"，都有"发声器"，因而舆情易生成、易传播、易扩散、易放大、易被引爆，进而会造成社会震荡。因此，要管控金融风险，就要特别警惕金融风险和舆情风险协同共振、互相叠加。从金融风险角度来讲，要管控风险，既要注意金融风险，也要注意舆情风险，防止两种风险相互传染、相互倍增、共振及叠加。

要化解金融风险事件中的舆情风险，仅靠政府金融监管部门的力量是远远不够的，还必须向新闻媒体借力，从而使金融监管的力量和新闻媒体的力量形成合力。要将使人心向和使人心聚的事情，交给新闻媒体去做；将化解舆情危机的工作，交给新闻媒体去做。可改变以往仅对金融风险自身进行风控建模的惯例，构建金融风险与舆情风险联合建模、联合分析、联合预警、联合防控、联合管理的理论、方法、工具、流程。媒介化治理可望助力金融监管，助力防控系统性金融风险，助力维护金融稳定与安全。

（二）金融创新视角：对于金融创新的舆论引导体现包容审慎的监管原则

金融监管部门对于金融创新既包容又监管，对于貌似金融创新而实际不合法、不合规的金融活动，则须通过新闻媒体进行舆论引导。这其实就体现了媒介化治理的精髓。

以虚拟货币为例，金融监管和舆论引导应同时兼顾两个方面：既要警惕、监控、防范虚拟货币所带来的金融风险（这里的风险指的是利用虚拟货币搞金融诈骗、非法集资、非法发行证券、金融传销、非法洗钱等金融犯罪或过度投机导致人们倾家荡产等）和与此相联系的舆情风险；又要鼓励创新，注意不致因防范金融风险而扼杀金融创新。这里的金融创新指的是：虚拟货币后面的区块链技术本身，特别是分布式账本技术等所代表的创新。不可因过于简单的监管而扼杀了金融科技创新。

狭义的舆情风险管理旨在通过相应手段"避害";而广义的舆情风险管理则包含对舆论和舆情的引导,并通过引导发挥"趋利"功能,增强公众的正向情绪,形成公众的正向诉求。防范虚拟货币风险是一件具有一定复杂性的事情。从表面上看,这是虚拟货币等投机造成的风险,此为风险的来源。其风险和破坏的一面是金融诈骗、非法集资、非法发行证券、金融传销、非法洗钱、过度投机、金融泡沫等——这是不可不防的金融风险。但问题又并不如此简单。虚拟货币底层所涉及的区块链和分布式账本技术,正好又是金融科技的创新点。

应该说,在以虚拟货币为代表的区块链金融面前,传统的金融风险管理和舆情风险管理遇到了挑战。虚拟货币犹如"双头兽",一头是创新和永生,另一头是风险和毁灭。两种完全不同的属性,竟然集于同一个事物。这就对金融监管和舆论引导提出了极高的要求。无论是狭义舆情风险管理还是广义舆情风险管理,都应十分重视对金融舆情的监测。只有持有现代的风险管理观,即从狭义和广义的角度进行引导和管理,才可以将表面的比特币风险和内在含有的区块链创新成分区分开来,做到通过舆论引导帮助防范特定领域的特定风险及与此相关的舆情风险,但又不因简单化的防范风险而扼杀其中包含的创新成分。在对虚拟货币的管理和对相应舆情的引导上,政府的金融监管部门和主流新闻媒体做得还是相当不错的。这就为复杂金融事件的金融监管、风险防范和舆论引导提供了诸多有益启示。①

(三)金融监管部门的舆论引导和监管意图通过新闻媒体去实现

仍以虚拟货币为例。虚拟货币和区块链之间有着千丝万缕的联系。人所共知,虚拟货币不是真正的货币,但它又在世界上的许多国家存在。比如,比特币属于虚拟货币,它是区块链技术在金融领域中的最初运用。在中国,虚拟货币也曾经"火"过。2017年9月,中国人民银行等七部委联合发布重要公告全面叫停境内融资代币。对虚拟货币作取消处理,这是一个比较棘手的问题,发生舆情风险的可能性是存在的。金融监管部门在对虚拟货币进行的治理中,借力新闻媒体以此助推金融监管,从一个侧面反映出金融监管和媒介化治理达到的水平。

1. 新闻媒体在金融事件中的合适时机发声

很重要的是,新闻媒体要把握好发声的时间节点。

有研究者指出:"网络舆论危机的形成,体现了网民'理性'和'非理性'

---

① 丁晓蔚,高淑萍. 虚拟货币:金融及舆情风险管理探讨[J]. 现代传播(中国传媒大学学报),2018,40(01):133-139.

言论相互交织的特点，在逻辑上具体包括利益表达逻辑、逼迫回应逻辑、群体极化逻辑、抗争动员逻辑以及情感宣泄逻辑等。"①对虚拟货币处理不当，极易酿成金融风险和舆情风险及两种风险的叠加。而网民中的因此而利益受损者会通过意见表达、态度表露、情绪宣泄形成相应舆论和舆情危机。正是由于"网民'理性'和'非理性'言论相互交织的特点"，使新闻媒体的舆论引导显得特别重要。②

在中国关于虚拟货币舆情运行中，有几个重要的时间节点。新闻媒体在这些当发声的时间节点上都及时发了声，充分体现出信息公开和舆论引导在金融监管和媒介化治理中的重要性。

第一个时间节点：七部委联合发布重要公告全面叫停境内融资代币之时。

2017年9月4日的公告无异于宣布即将终止虚拟货币的生命。在此时间节点上，新闻媒体不仅要传播公告的内容，而且必须向公众宣达虚拟货币隐藏的危害。有媒体在报道中揭示了虚拟货币的如下弊端："比特币等虚拟货币，因可匿名、不受国界限制、不易追踪等特性，常被不法分子利用，沦为洗钱、贩毒、走私、非法集资等违法犯罪活动的工具，③变成不法分子从事各种犯罪活动的暗道。这样一种在充分提供信息的基础上实事求是地列数虚拟货币危害的方式，是公众能够接受的。新闻媒体还让术业有专攻的专家们发声。专家们认为：比特币正日益成为各类违法犯罪活动的"帮凶"，潜藏社会风险。比如，近期多方渠道反映，比特币在所谓的"暗网"（DarkWeb）世界作为支付工具大行其道。④"暗网"指只能用特殊软件或特殊授权才能访问的网络，通过使用非常规的服务器地址、网络传输协议并层层加密的方式，使得网络通信双方的位置、身份等信息难以追踪。"暗网"中充斥着各类严重违法犯罪活动。⑤比特币发明的初衷之一就是躲避监管，具有匿名性、跨境流动便利等特征，已成为"地下经济"的首选工具。⑥这样的发声切中肯綮，很有说服力。

第二个时间节点：比特币中国等交易平台即将关闭的信息披露之时（9月15日）。

---

① 戈思聪. 加强P2P网络信贷政府监管的对策研究[D]. 上海交通大学，2019.
② 陈相雨. 政府网络舆论危机形成的中国逻辑及其治理——一种基于网民视角的分析[J]. 阅江学刊，2013，5（05）：95-102.
③ 付彪. 打击"虚拟货币"新式传销须下猛药[N]. 焦作日报，2017-12-13(011).
④ 丁晓蔚，高淑萍. 虚拟货币：金融及舆情风险管理探讨[J]. 现代传播（中国传媒大学学报），2018，40（01）：133-139.
⑤ 王观. 虚拟货币交易缘何叫停. 人民日报. 2017-10-15.
⑥ 许婷. 虚拟货币交易平台或将迎来更严监管. 金融时报. 2017-09-13.

这时，比特币中国等虚拟货币交易平台即将关闭的信息刚刚披露，新闻媒体迅即跟进加以解读。《人民日报》旗下的"侠客岛"于16日凌晨刊出专文《中国为何突然关停比特币交易平台？》（后又作为其机构的博文播发），解释中国出于何因关停比特币交易平台。该文既列述了乱象，又揭示了事情的本质，颇具解释力。而《人民日报》记者王观，在报道《虚拟货币交易缘何叫停/各类所谓"币"的交易平台并无合法依据》（9月20日刊发）中，援引了中国政法大学互联网金融法律研究院院长李爱君、亚太未来金融研究院执行院长杜艳的观点，有相当权威性和说服力。①

第三个时间节点：海南警方告破欧亚币骗局大案之时（9月20日）。此案本身具有震撼性和冲击力，在大范围内引起轰动效应在意料之中。一时之间，传统媒体、新媒体纷纷转载、转发消息，达到了广为告知的目的。

第四个时间节点：比特币中国等交易平台正式关闭之时（9月30日）。"火"了数年，比特币中国等交易平台终于要"熄火"了。这将是一个历史性的时刻。新华社旗下的媒体和经济日报社密集发声，计有《虚拟货币的归宿在哪？》（2017年9月21日《经济参考报》刊出）、《虚拟货币的"前世今生"》（新华视频2017年9月21日播出）、《理性对待虚拟货币投资：正确引导投资者心态》（2017年9月25日《经济日报》）、《对虚拟货币隐匿犯罪"零容忍"》（2017年10月4日新华时评）等文面世。②

总之，在每一个关键性的时间节点，新闻媒体都及时发声，有利于形成推动金融监管的舆论，按照先发制人、先声夺人的原理，抢先占领公众心灵空间，从而使金融监管工作始终处于主动地位，充分体现了媒介化治理的精髓。

2. 新闻媒体在金融事件中当发声时发恰当之声

对于叫停虚拟货币交易平台，有人对此是心存疑惑的：封杀虚拟货币交易，那么，我们应该怎样对待与之密切相关的区块链技术及与之紧密关联的金融科技？比特币是区块链的公认的第一个应用，各国都在积极探索中。诸多国家在为比特币和区块链提供宽松合宜的监管环境方面进行努力，意在鼓励数字货币和区块链行业的健康发展。这其实也就给金融界和新闻传播界人士共同出了一个必答题。新闻传播界人士须回答的是：在舆论和舆情引导中，如何引导公众正确认知和看待虚拟货币与区块链技术和金融科技的关系？对此重要问题，新闻媒体要进行理性思考，发出理性的声音。有记者经过深入调查采访和自己的

---

① "数字经济与政府监管"国际学术研讨会成功召开[J]. 财经法学，2018（04）：2+161.
② 丁晓蔚，高淑萍. 虚拟货币：金融及舆情风险管理探讨[J]. 现代传播（中国传媒大学学报），2018，40（01）：133-139.

冷静思考，就此做了释疑解惑的工作。一篇报道引述了中国人民银行货币政策委员会秘书长温信祥的如下建议："虚拟货币作为金融科技领域的新事物，要把握对其监管的时机和程度。既要注重防范风险，又要建立合法合规、创新友好的监管环境。"[1]该专家对虚拟货币作了两面观，所说道理令人信服。而《人民日报》记者王观则在报道中揭示了相应监管路径："未来中国金融科技监管要注重微观功能监管和宏观审慎管理相结合，'穿透式监管'不仅流行于大资管圈，更在于金融科技，目的都是实现监管全覆盖，避免监管空白。"[2]实行"穿透式监管"当能妥善解决金融科技中出现的新问题。这样的新闻报道和舆情引导收到了不错的效果，与金融监管形成了合力。

（四）区块链亦能赋能媒介化治理

值得一提的是，区块链亦能反过来赋能媒介化治理，从而助推金融监管现代化。

应将基于区块链可信大数据人工智能的下一代数字金融基础设施，扩展延伸至下一代数字传播，打造基于区块链可信大数据人工智能的下一代数字传播信息基础设施。基于区块链可抑制风险事件管控过程中出现的虚假信息、虚假新闻、谣言等扰动信息，进一步保障可信传播和可信大数据。通过应用区块链思维和精神，可惩恶扬善、科学治理，治理与经济激励联动，鼓励公众积极主动参与各项媒介化治理事业。在可信大数据人工智能基础上运行大数据舆情（风险）监测、突发事件感知、舆论态势感知、热点发现、意见领袖发现等模型和算法，实现更高效的智慧媒介化治理目标。

以谣言治理为例，基于区块链构筑的上述可信数字传播基础设施可使虚假的金融信息和关于金融的谣言传播受阻，并提供可信媒介化治理。借助于区块链进行可信数字传播建设（使不可信信息受限从而寸步难行），这对于治理谣言更具有防御性的意义。区块链的分布式数字账本的本质和可溯源、无法篡改、多节点参与验证等技术特征，有利于金融信息传播可信机制的建设。链上可信机制的确立，有赖于如下三个条件：对信源可信性的评估，对信息可靠性的深究，对内容真实性的多节点验证。

---

[1] 温信祥，陈曦. 如何监管数字货币[J]. 中国金融，2017（17）：20-22.
[2] 周艾琳. 币圈≠链圈 区块链金融实践在路上. 第一财经日报. 2017-09-04.

第九章

区块链与"一带一路"发展

2006年2月底,我国大陆的外汇储备(总额为8537亿美元)超过日本,成为全球第一。2010年,我国的经济总量超过日本,成为仅次于美国的世界第二大经济体。2013年9月和10月,我国分别提出共建"丝绸之路经济带"和"21世纪海上丝绸之路"(简称"一带一路")的重大倡议。我国参与国际分工、全球资源分配的程度不断加深,影响力不断提升。在高科技迅猛发展的浪潮下,全球都在积极拥抱高科技或被高科技所影响。区块链作为前沿科技之一,正被很多国家高度关注,尤其是经济发展良好的国家,如美国、英国、德国等,我国则走在区块链发展的前列。2019年10月24日后,我国将区块链上升为国家战略,2020年4月20日又作为"新基建"之一。新加坡、马来西亚、菲律宾等东南亚及其他"一带一路"沿线国家,都在基于区块链的支付系统、将区块链技术引入供应链金融业务等方面做了大量的尝试与有效的应用,区块链在"一带一路"沿线国家的发展如火如荼。

第一节 "一带一路"发展迅速

"一带一路"倡议自提出以来,由点成线、由线到面,从基础设施到民生改善、从贸易往来到文化交流,"一带一路"沿线国家在各个方面都取得了长足的发展。

一、"一带一路"倡议的提出

丝绸之路,始于西汉,张骞从长安,经由哈萨克斯坦的中亚国家、阿富汗、伊朗、伊拉克、叙利亚,最终到达罗马,全长6440千米,被认为是连接亚欧大陆的古代东西方文明的交汇之路。这条丝绸之路为"西北丝绸之路"。实际上,还有"西南丝绸之路",以及向北以蒙古高原为起点,向西经过天山北麓再到中亚的"草原丝绸之路"和向南以扬州、杭州、泉州及广州等沿海城市为起点,向南经过南洋到达阿拉伯海、非洲东海岸的"海上丝绸之路"。

"丝绸之路经济带"将新疆定位为"丝绸之路经济带核心区",构建面向中亚、南亚、西亚等陆上战略合作经济带;"21世纪海上丝绸之路"将福建定位为"21世纪海上丝绸之路核心区",构建面向南海、太平洋和印度洋的海上战略合作经济带。以上经济带分别发挥新疆和福建的独特区位优势,形成重要的经贸、物流、文化等中心。

二、"一带一路"带动的发展

"丝绸之路经济带"和"21世纪海上丝绸之路"旨在基于古丝绸之路,努力构建我国与"一带一路"沿线国家的经济合作关系。倡议自发出以来,"一带一路"建设已取得重大成就,我国先后与136个国家建立了友好合作关系,与沿线53个国家建立了734对国际友好城市,我国在"一带一路"沿线国家甚至国际上的影响力大幅提升。随着世界格局重塑进程不断加快,在全球科技发展迅速的背景下,区块链技术得到广泛关注。

中国一带一路网官方的数据显示,截至2019年7月底,我国"一带一路"在各方面都硕果累累,在"五通"方面尤其如此。

(一)政策沟通,国际共识持续扩大

1. 合作协议

我国政府已与136个国家、30个国际组织签署了195份政府间的合作协议,商签范围由亚欧地区延伸至非洲、拉丁美洲、西欧等地区。"一带一路"合作理念在多个联合国文件中得到正面评价。

2. 规划对接

"一带一路"倡议还与各国、各区域和全球层面的发展规划和倡议进行对接,其中包括与联合国、非洲联盟、东南亚国家联盟、欧洲联盟、欧亚经济联盟、拉丁美洲和加勒比国家共同体等提出的规划和倡议。哈萨克斯坦"光明之路"、印度尼西亚"全球海洋支点"、俄罗斯"欧亚经济联盟"、匈牙利"向东开放"、蒙古国"发展之路"、菲律宾"大建特建计划"等与之对接,推动与合作基础坚实、合作体量较大、合作意愿强烈的国家联合制定合作规划。

3．高峰论坛

关于共建"一带一路"倡议的广泛国际共识，突出体现在"一带一路"国际合作高峰论坛上。

第一届论坛。2017年5月，29国国家的元首和政府首脑出席，1600多名外宾参会，形成五大类279项务实成果。

第二届论坛。2019年4月，38国国家的元首和政府首脑出席，6000多名外宾参会，形成六大类283项建设性成果。

与第一届论坛相比，第二届论坛的规模更大、内容更丰富、参与国家更多、成果更丰硕。

（二）设施联通，标志性项目取得实质性进展

铁路、港口和管道等领域的一大批重要基础设施项目正在亚洲、欧洲、非洲等地推进。参与国提出的六大经济走廊正在稳步建设。

1．重大项目

聚焦"六廊六路多国多港"主骨架，推动一批标志性项目取得实质性进展。

（1）铁路方面。

中老铁路、中泰铁路、雅万高铁、匈塞铁路等扎实推进。随着中老铁路的建设，老挝将从陆锁国转变为陆联国。新建的蒙巴萨—内罗毕铁路将肯尼亚最大港口和首都之间的交通时间从10个小时缩短到4个小时，亚的斯亚贝巴—吉布提铁路则将两地间的交通时间从7天缩短到12个小时。

（2）港口方面。

瓜达尔港、汉班托塔港、比雷埃夫斯港、哈利法港等建设工作进展顺利。

（3）航空方面。

空中丝绸之路建设加快，已与126个国家和地区签署了双边政府间航空运输协定。航空运输协议下新航线的开通使交通运输更为便捷。

（4）能源方面。

加大能源资源、通信设施合作力度，中俄原油管道、中国—中亚天然气管道保持稳定运营，中缅油气管道全线贯通。

2．经济走廊

六大经济走廊都取得了重要进展。以中巴经济走廊为例，截至2018年年底，走廊框架下已启动或建成项目19个，总投资达200亿美元。能源领域已投产运营项目7个，总装机340万千瓦，可满足860万户家庭的用电需求。

3. 中欧班列

截至 2019 年 6 月底，中欧班列累计开行数量近 1.7 万列，国内开行城市达 62 个，境外达到 16 个国家的 53 个城市。回程班列基本实现"去一回一"（已达 99%），综合重箱率达 88%。2011—2018 年中欧班列开行数量如图 9-1 所示。

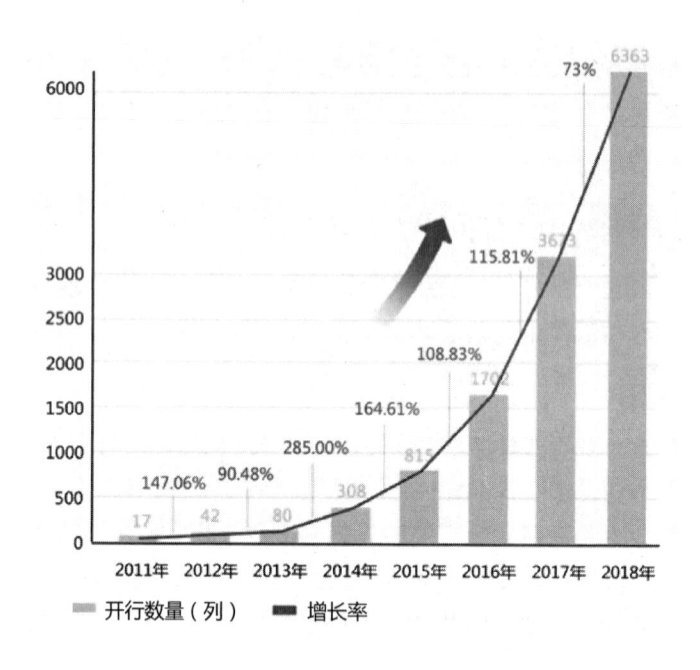

图 9-1　2011—2018 年中欧班列开行数量

资料来源：中国一带一路网、大陆桥物流联盟公共信息平台数据

（三）贸易畅通，经贸投资合作不断扩大

1. 贸易投资

2013—2018 年，中国与"一带一路"沿线国家的货物贸易量已超过 6 万亿美元，对沿线国家直接投资额约 900 亿美元，如图 9-2 所示。

中国与"一带一路"沿线国家贸易额占外贸总额的比重逐年提升，由 2013 年的 25%提升到 2018 年的 27.4%，如图 9-3 所示。

中国与 50 多个"一带一路"沿线国家签署双边投资协定，促进双向投资升级。

图 9-2　2013—2018 年中国对沿线国家贸易额及增长率

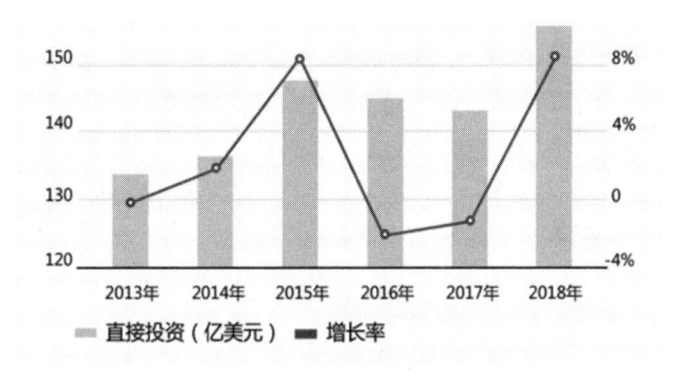

图 9-3　2013—2018 年中国对沿线国家直接投资情况

2．进口博览会

中国国际进口博览会成功举办，共有 172 个国家（地区）和国际组织参加，3617 家企业参展，80 多万人进馆洽谈采购，成交总额超过 578 亿美元。

3．境外合作园区

为推动境外合作园区的建设，中国各类企业遵循市场化、法治化的原则，自主赴沿线国家共建合作园区，为沿线国家创造了新的税收源和就业渠道。例如，中白工业园、中埃苏伊士经贸合作区、中阿（联酋）产能合作园区。2013—2018 年，中国和 24 个国家建立了 82 个经贸合作区和工业园区，总投资超过 280 亿美元，有来自世界各地近 4000 家企业进驻，为当地创造了 244000 个就业岗位。《"一带一路"税收合作倡议》已发布，"一带一路"税收征管合作机制即将成立，以进一步促进贸易和投资便利化，改善营商环境。

（四）资金融通，建设多元化投融资体系

1. 资金保障

为了能给"一带一路"建设项目提供充足、安全的资金保障，设立了丝路基金、发起成立了亚洲基础设施投资银行（Asian Infrastructure Investment Bank，简称亚投行），并推动各类银行和保险机构等为"一带一路"建设项目提供资金支持。

截至 2019 年 6 月底，中国出口信用保险公司已在"一带一路"沿线国家累计实现保额约 7704 亿美元，支付赔款约 28.7 亿美元；丝路基金实际出资额近 100 亿美元。

2. 人民币国际化

中国已经与 21 个沿线国家建立双边本币互换安排，与 7 个沿线国家建立了人民币清算安排，与 35 个沿线国家的金融监管当局签署了合作文件。人民币国际支付、交易、投资、储备等功能稳步提高，人民币跨境支付系统（CIPS）业务范围已经覆盖 60 多个沿线国家和地区。

（五）民心相通，人文交流合作不断深入

教育、科技、文化、旅游、新闻媒体、智库等民间交流与合作进一步加强。到 2020 年，中国与"一带一路"沿线国家双向游客数量预计将超过 8500 万人，旅游收入将达到约 1100 亿美元。为促进"一带一路"合作伙伴之间的文化交流，丝绸之路国际剧院联盟、丝绸之路国际博物馆联盟、丝绸之路国际艺术节联盟、丝绸之路国际图书馆联盟、丝绸之路国际美术馆联盟已经落地。"一带一路"智库合作网络已成立并为"一带一路"建言献策。

1. 人文交流

与沿线国家互办音乐节、电影节、艺术节、文物展、图书展等各类活动，合作开展图书、广播、影视精品等创作、互译和互播。

（1）建立新闻合作联盟。

积极推进"一带一路"新闻合作联盟的建设，联盟理事会由来自 25 个国家的 40 家主流媒体组成。

（2）构建合作的网络。

丝绸之路沿线民间组织合作网络成员达 300 余家，成为推动民间友好合作的重要平台。

(3) 设立港澳奖学金。

香港和澳门特别行政区分别设立与共建"一带一路"相关的奖学金。

2. 科技创新合作

科技创新合作主要从以下三个方面开展，如图9-4所示。

图 9-4 科技创新合作

3. 对外援助

自从举办首届高峰论坛以来，中国已经向沿线的发展中国家提供了价值20亿元的紧急粮食援助，并向南南合作援助基金增资了10亿美元，同时在沿线国家实施了"幸福家园""爱心助困""康边医"等项目各100个。

"一带"重点关注亚欧大陆的互联互通，"一路"则着眼于亚洲、非洲、美洲和欧洲经济体之间的海上联通。在陆上联通方面，主要依托国际大通道，以经济产业合作园区为平台，共同打造新亚欧大陆桥、中蒙俄、中国—中亚—西亚、中国—中南半岛经济等走廊；海上联通方面，以重点港口为节点，建设顺畅、安全、高效的运输大通道。中巴、孟中印缅两个经济走廊与"一带一路"的陆上和海上部分都有紧密联系。

通过重振古丝绸之路精神，"一带一路"合作旨在为世界经济提供新的增长点，并为国际经济合作拓展新空间。"一带一路"合作主要侧重于基础设施建设，通过双边、三边和多边合作，在五个优先领域加强硬联通和软联通。

一方面，"一带一路"有望成为全球最大的区域合作平台。"一带"是一条陆上通道，它是指丝绸之路经济带，从中国贯通欧洲，延伸至北部的斯堪的纳维亚地区。"一路"指"海上丝绸之路"，亦即航线，从中国直至威尼斯。"一带一路"覆盖了全世界65%的人口、三分之一的GDP、四分之一的货物与服务流通，这正是"一带一路"的核心：一条潜在的贸易路线。

第二节 "一带一路"发展中的金融支持

"一带一路"倡议自提出以来，发展迅速、成果斐然，政策沟通、设施联通、贸易畅通、资金融通和民心相通的"五通"建设取得明显进展，从倡议到实现，"一带一路"已经成为全球规模最大、最受关注的公共产品。为了能给"一带一路"的建设项目提供充足、安全的资金保障，我国金融机构始终围绕推动构建长期、稳定、可持续、风险可控的多元化融资体系，已经初具规模、主要的金融支持平台就有以下七个：①亚投行；②丝路基金；③中欧共同投资基金；④中国—欧亚经济合作基金；⑤亚洲区域合作专项资金；⑥中国—东盟海上合作基金；⑦中国—东盟投资合作基金。其中，丝路基金资本金已达 800 亿美元，亚投行资本金为 1000 亿美元。

一、亚投行

2014 年 10 月 24 日，亚投行在北京签约成立。它是一个政府间性质的亚洲区域多边开发机构，重点支持基础设施建设，总部设在北京，成立宗旨是为了促进亚洲区域的建设互联互通化和经济一体化的进程，并且加强中国及其他亚洲国家和地区的合作，是首个由中国倡议设立的多边金融机构。2014 年 10 月 24 日，包括中国、印度、新加坡等在内 21 个首批意向创始成员国的财长和授权代表在北京签约，共同决定成立亚投行。亚投行的建立，将弥补亚洲发展中国家在基础设施投资领域存在的巨大缺口，减少亚洲区内资金外流。该行成为中国向全亚洲进行资本输出的战略性平台。

二、丝路基金

2014 年 12 月 29 日，丝路基金在北京注册成立。它作为单边金融机构，完全由中国出资，初期设计规模为 400 亿美元，首期资本金为 100 亿美元，由中国外汇储备（出资 65 亿美元）、中国投资有限责任公司（出资 15 亿美元）、中国进出口银行（出资 15 亿美元）、国家开发银行（出资 5 亿美元）共同出资，依照《中华人民共和国公司法》，按照市场化、国际化、专业化原则设立的中长期开发投资基金，重点是在"一带一路"倡议发展进程中寻找投资机会并提供相应的投融资服务。

丝路基金与亚投行之间的不同：丝路基金由于其类似私募基金的属性，主要吸纳有资金且想投资的主体加入，且股权投资可能占更大比重；而亚投行是政府间的亚洲区域多边开发机构，各成员国都要出资，且以贷款业务为主。丝路基金定位为中长期的开发投资基金，重点是在"一带一路"倡议发展进程中寻找投资机会并提供相应的投融资服务，以促进中国与相关国家的经贸合作及互联互通。丝路基金将为"一带一路"沿线国基础设施建设、资源开发、产业合作等有关项目提供投融资支持。

三、中欧共同投资基金

2018 年 7 月 16 日，在第二十次中国欧盟领导人会晤期间，丝路基金与欧洲投资基金签署《关于中欧共同投资基金首单项目落地与继续深化合作的谅解备忘录》（以下简称《备忘录》），宣布中欧共同投资基金投入实质性运作。

《备忘录》的主要内容是，丝路基金与欧洲投资基金已正式设立中欧基金，并完成对首支子基金"凯辉并购基金二期（Cathay Midcap II）"的投资，该子基金致力于推动中国和欧洲企业的合作，发挥协同效应并形成价值增值。

此前，丝路基金与欧洲投资基金已签署《中欧共同投资基金共同投资协议》。中欧共同投资基金投资规模为 5 亿欧元，丝路基金与欧洲投资基金等比例出资并共同进行投资决策。中欧共同投资基金遵循市场化原则，主要投资欧洲私募基金和风险投资基金，投向对中欧合作具有促进作用、并且商业前景较好的中小企业，促进"一带一路"倡议与欧洲投资计划相对接，实现互利共赢。

据介绍，欧洲投资基金隶属欧洲投资银行集团，主要任务是通过风险投资和担保等方式，为中小型企业提供资金支持，是落实欧洲投资计划的主要机构之一。欧洲投资计划又称"容克计划"，是欧盟发展战略的重要组成部分，旨在撬动公共和私人资金，促进就业、经济增长和投资。

四、中国—欧亚经济合作基金

（一）成立背景

2013 年 11 月，李克强总理在上海合作组织成员国总理第十二次会议上，提出"中方愿设立面向本组织成员国、观察员国、对话伙伴国等欧亚国家的中国—欧亚经济合作基金，欢迎各方参加"的倡议。

2014 年 9 月，习近平主席出席上海合作组织杜尚别峰会，宣布中国—欧亚经济合作基金启动。

（二）基金使命

中国—欧亚经济合作基金是深入推进国家"一带一路"倡议的重要股权投资平台之一。中国—欧亚经济合作基金以深化上海合作组织区域经济合作、推动丝绸之路经济带建设、提升中国与欧亚地区国家经济合作水平为己任，全力支持中国企业"走出去"，促进区域内产业资本与金融资本的密切合作。

（三）主要发起人

主要发起人为中国进出口银行和中国银行。

（四）发展理念

基金突出共同发展理念，以"共商、共建、共享"为原则，对接欧亚地区各国发展需要，积极履行企业社会责任，打造地区内开发性股权投资机构。

基金坚持专业性和商业可持续，保证基金资金安全和合理收益，作为财务投资者，坚持价值投资理念，与被投企业共同实现价值增长。

基金积极探索投资模式创新，根据地区特点，综合利用各种政策、金融和经贸工具，充实企业资本金、改善财务结构、提升企业融资能力，协助企业改善治理，跨境延展产业链，为被投企业提供全方位金融支持。

基金加强对外同业合作，积极建立与国际金融机构和本地区投资机构的联系，与相关机构共同推进合作项目实施。

（五）基金文化

专业、敬业、合作、创新。

（六）基金规模

基金首期规模为10亿美元，最终扩展至50亿美元，分期实施。

（七）组织架构

中国—欧亚经济合作基金采取有限合伙制。有限合伙人出资，普通合伙人负责基金运营和管理。普通合伙人公司负责管理基金日常经营业务。欧亚发展（北京）投资顾问有限公司受托为中国—欧亚经济合作基金日常投资和运营管理提供顾问服务。

（八）投资理念

秉持中长期价值投资理念，通过投资企业或项目，适度参与被投资企业的管理，以基金在欧亚地区的专注，为企业提供金融、经贸、市场和管理等方面的增值服务，帮助企业在欧亚地区更好地发展与成长，同时实现基金合理投资收益。

（九）投资地域

中国—欧亚经济合作基金由主要投资于上海合作组织成员国、观察员国和对话伙伴国，逐步扩展到丝绸之路经济带域内国家。

（十）投资行业

中国—欧亚经济合作基金主要投资于能源资源及其加工业、农业开发、物流、基础设施建设、新一代信息技术、制造业等欧亚地区优先发展的行业。

（十一）投资模式

中国—欧亚经济合作基金可根据项目特点和被投企业需要，采用普通股、优先股、可转换债券、夹层融资、过桥性质融资、高级别债券等方式进行投资。

（十二）投资流程

项目搜索、确定投资意向、签署框架协议、开展尽职调查、签署投资协议、投后管理及投资退出。

五、亚洲区域合作专项资金

2004年，亚洲区域专项合作资金（简称亚专资）宣布设立，主要用于资助亚洲区域的合作，为增强我国参与亚洲区域合作、深化与周边国家睦邻友好发挥了重要作用。

六、中国—东盟海上合作基金

2011年，中国—东盟海上合作基金正式宣布设立。它旨在开拓双方海上务实合作，积累政治互信。目前，该基金已经确定了一批重要合作项目。随着21世纪"海上丝绸之路"倡议的提出，该基金也被赋予了新的历史使命，必将在建设中国—东盟海洋伙伴关系过程中发挥更加重要的作用。

七、中国—东盟投资合作基金

中国—东盟投资合作基金是经中华人民共和国国务院批准成立，并已通过中华人民共和国国家发展和改革委员会核准的离岸股权投资基金，由中国进出口银行作为主发行人，连同国内外多家投资机构共同出资成立。其主要投资于东盟地区的基础设施、能源和自然资源等领域，具体包括交通运输、电力、可再生资源、公共事业、电信基础设施、管道储运、公益设施、矿产、石油天然气、林木等。

（一）背景

中国—东盟投资合作基金是专注投资东盟地区的大型股权投资基金。其募集的一期规模为10亿美元，目标总规模为100亿美元。

截至2013年年底，其已完成在柬埔寨、老挝、马来西亚、菲律宾、新加坡、泰国和印尼的九项投资。

（二）投资

1. 商业策略

中国—东盟投资合作基金的投资团队对潜在投资项目进行尽职调查，内容包括行业吸引力及增长潜力、企业的财务表现和竞争力、项目的可持续发展能力、企业和项目的环保贡献及社会责任等方面。

基金帮助企业及项目实施有效的商业模式，为其提供增值服务。

基金的具体投资策略如下：单笔投资额通常介于5千万美元至1.5亿美元；希望与其他战略投资者实现共同投资；采用多元化的投资形式，包括股权、准股权及其他相关形式；不谋求企业控股权，持股比例小于50%；可投资非上市公司与上市公司；绿地投资与褐地投资相结合。

2. 社会责任

中国—东盟投资合作基金遵守所投资区域的法律法规，采用国际上社会环境管理系统中的高标准来规范旗下投资项目的社会责任，并遵循多种国际通行的反腐败和反洗钱政策。

中国—东盟投资合作基金的被投资公司需要采用世界银行所倡导的环境和社会准则。

综上所述，"一带一路"发展中的金融支持已有很多，而且还在持续增加。截至 2018 年年底，已有 28 个国家核准了《"一带一路"融资指导原则》。世界银行、亚洲基础设施投资银行、亚洲开发银行、新开发银行、欧洲复兴开发银行、欧洲投资银行和非洲开发银行等多边开发银行参与了"一带一路"投融资合作。丝路基金已支持 28 个项目，承诺资金 110 亿美元。中国在首届高峰论坛宣布的 3800 亿元人民币专项贷款已经做出相应安排。在丝路基金和欧洲投资基金的合作下，中欧共同投资基金于 2017 年 7 月启动并已完成首次筹资。通过双边合作建立的中非发展基金等共同融资机制也参与了"一带一路"有关融资。

第三节 区块链在"一带一路"发展中的应用

区块链对"一带一路"各国的合作有大的价值，最根本原理在于区块链本身是一种大规模强协作的组织方法，更是一种目前最强的信任机制。如果在各国政府的协调支持下，大规模地应用区块链技术，显然能够促进"一带一路"国家的合作。

一、共享公链的初步尝试已经开始

虽然可以从联盟链入手，但各国之间不同于国内，需要实现自由进出，最适合的还是公链，也只有公链才可能让沿线各国能有足够的信任加入。最开放也就最有吸引力。如果未来各国能同意创建一条共享公链，将沿线国家之间的贸易往来的各方面业务上链，那必然能够实现重大价值。

共享公链最重要的就是实现各国贸易数据的多方互通。一次上链、各国通行，就不需要在每个国家都办理通关手续，所有手续都在链上实现，所有费用都在链上缴纳。公链的信任机制可使各国政府机构信任链上数据，这样能大大减轻各国相关机构的工作压力，减少贸易环节和降低贸易成本，更能大大节省时间，实现去中介化和点对点贸易。而在辅助环节，所有物流交通数据也上链，就可以如国内电商快递那样监控物流。而整个链上数据就可以传输到各国中央数据智能管理系统，开放透明可扩展，从而实现"一带一路"整体经济贸易效益的极大提升。

这种共享公链的初始尝试已经开始，如新加坡目前打造的跨境区块链联盟链平台 OTB（Open Trade Blockchain），试图联盟"一带一路"国家海关，将海关数据上链，实现贸易文件交换。当然，目前只是小规模的试行。真正的大潮，一是要由中国发起，二是公链的技术，特别是主网容量和处理速度 TPS，都需要大幅度提高，但前景已经很明显。

二、贸易投资便利化推动地区经济一体化

世界银行研究显示，通过加强基础设施联通，"一带一路"合作将显著减少货运时间和贸易成本。预计全球货运时长平均缩短 1.2%至 2.5%，总贸易成本降低 1.1%至 2.2%。"一带一路"经济体货运时间缩短 1.7%至 3.2%，贸易成本降低 1.5%至 2.8%。其中，经济走廊沿线国家获益最大，货运时间最多可缩短 11.9%，贸易成本最多可降低 10.2%。

货运时间和贸易成本的缩短和降低相应地拉动了"一带一路"经济体间的贸易增长。研究显示，"一带一路"经济走廊建设能促进"一带一路"经济体间出口增加 4.6%，如果进一步降低通关延误，出口将增加 7.2%。此外，缔结有效的贸易协定和扩大市场准入将放大"一带一路"基础设施项目对贸易的提振作用，出口总额将提升 11.2%至 12.9%，如贸易合作与改善基础设施得到协同推进，这一数字还会更高。兰德公司针对不同的运输模式，分析验证了改善交通互联互通对出口额的影响，其中铁路联通的加强对贸易的促进作用最大。

根据肯尼亚北部走廊交通运输协调署的报告，随着物流成本降低 10%至 40%，蒙巴萨港口 2018 年前 9 个月货物吞吐量从 2017 年同期的 2270 万吨上升至 2320 万吨，中转货物量增加了 40.1%。铁路不仅为肯尼亚创造了更多的商业机会，还加强了它与其他东非内陆国的经济联系。作为东非各国进出口主要交通枢纽之一，肯尼亚有望借此发展成区域物流和制造中心。

有证据表明，改善基础设施互联互通还有助于拉动投资。世界银行研究显示，"一带一路"交通网络建设将使"一带一路"国家吸引的外国直接投资增加 4.97%，"一带一路"国家之间的外国直接投资将增加 4.36%。其中，东亚太平洋地区预计增加 6.25%，欧洲和中亚地区预计增加 4.7%，中东和北非地区预计增加 3.37%，南亚预计增加 5.19%，撒哈拉以南非洲地区预计增加 7.47%。未加入"一带一路"的国家也将受益于区域经济一体化水平提升的外溢效应，特别是在非洲，一些国家吸引的外国直接投资有望增加 3.98%，带来 0.13%的 GDP 增长。

第四节 法定数字货币助推"一带一路"金融发展

中国的法定数字货币已于 2020 年 5 月率先在苏州应用。除苏州之外，深圳、雄安和成都三个试点城市，也将陆续开始使用法定数字货币。

法定数字货币的主要功能是替代流通中现金（M0），并不替代 M1（M0＋企业活期存款）与 M2（M1+企业定期存款+居民储蓄存款+其他存款等准货币）。法定数字货币的多种优势，将不断显现出来。随着"一带一路"沿线国家经贸合作的不断加深，法定数字货币将在"一带一路"沿线国家得到推广应用，这将大大带动"一带一路"的金融发展。

一、增强贸易和投资自由化、便利化

开放、包容、联动的世界经济符合各国利益，"一带一路"合作应继续坚定支持多边主义，维护以世界贸易组织为核心、以规则为基础的多边贸易体制，促进自由开放的贸易和投资。

为此，促进贸易畅通应继续成为未来"一带一路"合作的重点之一。笔者认为应该鼓励合作伙伴建立自贸安排，降低贸易成本，消除边境上和边境后的贸易投资壁垒，创造良好的营商环境，促进构建开放型世界经济。考虑到数字科技在促进贸易和投资方面的变革性作用，笔者建议各国进一步利用数字经济和电子商务的潜能，实现更加强劲的经济增长。

二、加强硬联通及促进软联通

软联通是全面互联互通不可分割的一部分，是基础设施硬联通的基础。笔者认为，虽然设施联通对促进经济增长作用显著，但由于各国在规则、标准、法律法规和海关程序等方面的差异，其潜力尚未完全释放。有鉴于此，应以各国法律法规为基础，在上述领域加强协调统一，采用国际上广泛接受的规则、惯例、技术标准和最佳实践，进一步加强软联通。海关合作可减少跨国贸易的时间、成本和不确定性，这是贸易便利化的关键内容之一。笔者还认为，应鼓励合作伙伴在边境清关、信息互换、简化海关和过境手续等方面提高通关便利化水平。

加强监管和标准的协调统一也是合作重点之一。笔者鼓励合作伙伴在基础设施、设备、贸易、环境和金融等领域推动信息互换、标准互认。

旅行便利化有助于促进跨境人员流动。笔者注意到蒙古国在机场开通"一带一路"便捷通道，建议进一步推广该做法，促进合作伙伴之间的人员流动。

三、推进项目合作取得更多务实成果

推进务实项目合作对"一带一路"合作取得更多务实成果至关重要。

作为传统双边合作的有益补充，应进一步拓展有不同国家实质参与的第三方市场合作，打造更广泛的伙伴关系，加强各施所长的专业合作，建设更好的项目。中法在2015年首次提出的"一带一路"第三方市场合作声明近期被广泛接受并形成势头。第三方市场合作有望为各国参与"一带一路"带来更大的灵活性和更广阔的空间。借助各国在产能、项目实施和先进技术方面的比较优势，有关合作可以为项目实施国提供高效率、高性价比、高质量的解决方案，造福项目所在国，尤其是发展中国家。

"一带一路"合作应重视项目质量，使其对发展的促进作用达到最优效果。笔者呼吁各方努力建设高质量、可靠、抗风险、可持续包括环境可持续的基础设施，确保基础设施项目价格合理、包容可及、广泛受益，推动发展中国家的工业化进程。

四、加强产业合作及促进非洲工业化

产业合作是"一带一路"合作的重要组成部分，可将基础设施互联互通在工业化和经济增长方面的催化效应转化为切实成果。近年来，一大批工业园区已经建成并取得积极成果。笔者认识到发展中国家的工业化需求，建议通过进一步加强产业合作和开展能力建设，帮助发展中国家融入并提高在全球产业链、价值链和供应链中的地位，促进发展中国家实现可持续的工业化，为经济长期发展提供动力，解决发展中的赤字问题。

鉴于新工业革命对提升生产力和竞争力的深远影响，笔者建议产业合作应抓住新工业革命特别是新兴数字经济的机遇，从科技创新中获益。在此方面，有必要加强全球数字基础设施互联互通，帮助发展中国家开展能力建设，缩小数字鸿沟，打造数字丝绸之路。

五、扩大和利用多元化融资渠道

多项研究强调了基础设施投资存在的缺口，扩大项目融资支持十分重要。

作为传统融资来源，公共投资在基础设施投资方面的作用难以取代。同时，为了给项目提供长期、可持续的金融支持，吸引多边开发银行、国际和本地金融机构及私营企业参与，通过共同融资、公私合营等方式进行投资也非常重要。关于高质量务实合作的内容对加强国际融资支持不可或缺。具体为：确保项目的经济、社会、财政、金融和环境可持续性符合当地法律法规，采用普遍接受的国际规则和标准；通过成立"一带一路"绿色发展国际联盟、落实《巴黎协定》和加强绿色融资包括发行绿色债券等，打造绿色丝绸之路，实现生态可持续发展；打造廉洁丝绸之路，以"零容忍"的态度、"零漏洞"的制度、"零障碍"的合作，根除腐败行为。

应鼓励金融机构提供更多创新型融资模式、渠道、工具和服务，包括加强风险管控和保险，推动更多可融资的项目。基础设施项目具有资本集中度高、初始成本高、流动性差、资产生命周期长的特点，前期难以形成正向现金流，项目进入实施阶段后方能产生稳定现金流。笔者认为，应该鼓励金融监管机构支持金融行业将基础设施作为独立资产类别，这有利于撬动更多私人资本进行基础设施投资。

已有28个国家认可了《"一带一路"融资指导原则》，鼓励更多国家加入。同时，鼓励多边发展机构和其他国际机构加强对互联互通项目的支持，并与"一带一路"合作伙伴分享经验。

第五节　法定数字货币促进人民币国际化

数字货币分为法定数字货币和私人数字货币，中国人民银行发行的数字货币是法定数字货币，采用双层运营体系：上层为中国人民银行向商业银行或金融机构发行数字货币（中心化的）；下层为商业银行或金融机构向普通居民投放数字货币（去中心化的），下层是基于区块链技术的，是一种稳定币。与Libra相比，法定数字货币具有一定的优势，或将成为"一带一路"沿线国家贸易结算的标配，将逐步渗透到国际金融和贸易的结算体系当中，以及成为一些经济体的储备货币。这会让各大经济体的货物贸易结算变得更加高效，贸易量持续增长。

人民币国际化是市场驱动和水到渠成的市场化过程。人民币国际化的功能主要体现在国际支付和结算方面，可自由使用货币将是其最终的方向。推动人民币国际化的工作中，法定数字货币将起到作用，具体有以下几点。①坚持市场驱动。法定数字货币的使用有利于消除限制人民币使用的障碍，推动更高水平的贸易投资便利化。②推动国内金融市场双向开放。法定数字货币更加便于境外投资者使用人民币投资境内债券和股票。③引导离岸人民币市场健康发展。法定数字货币的使用有利于提升人民币可自由使用的水平，促进离岸与在岸市场良性互动、深度整合。④完善宏观审慎监管。就监管而言，法定数字货币具有传统货币无法相比的优势，可以达到穿透式监管，有利于清晰地监管资金的流向、防范跨境资金流动风险。

一、人民币国际化的现状

2015年12月1日，人民币加入SDR（特别提款权）后，国际货币地位得到初步奠定，金融市场开放、资本项目可兑换也在有序推进。人民币已连续8年成为中国第二大国际收付货币，以及全球第五大支付货币、第三大贸易融资货币、第八大外汇交易货币、第六大储备货币。《2019年人民币国际化报告》的数据显示，截至2019年6月，全球已有60多个央行或货币当局将人民币作为外汇储备货币、242个国家和地区与中国发生跨境人民币收付、270多家银行开展跨境人民币业务。

（一）跨境贸易人民币结算

1. 结算规模和占比均平稳上升

2018年，跨境贸易人民币结算业务累计5.11万亿元，较上年增加7500亿元，同比增长17.2%。跨境贸易人民币结算占中国货物及服务贸易总额的14.9%，较上年增加1%。

2. 货物贸易为主及服务贸易增加

2018年，货物贸易人民币结算累计3.66万亿元，同比增长11.9%，占跨境贸易人民币结算总额的71.6%，占比创2013年以来最低水平。服务贸易人民币结算累计1.45万亿元，同比增加33%，占跨境贸易人民币结算总额的28.4%。

3. 跨境人民币结算收略大于付

2018年，我国跨境人民币结算收付金额合计15.85万亿元，较上年大增72.5%，收付比为0.98，收支基本平衡。

（二）人民币金融交易

1. 人民币直接投资

近年来，对外投资总体保持平稳，人民币ODI呈现大幅增长态势；2018年人民币外商直接投资的规模（1.86万亿）创历史新高，同比大增57.6%。

2. 人民币证券投资

2018年，国际债券和票据存量小幅增加，同比增加42.02亿美元，增幅为4.07%；2018年，我国股票市场大幅下跌，股市融资同比下降41.9%，股市融资功能减弱，但对外开放市场取得新突破，对外资机构的限制措施大幅减少。

3. 人民币境外信贷

2018年，境内金融机构人民币境外贷款余额达5075.30亿元，同比增长1.14%。新增人民币境外贷款57.27亿元，同比增加9.78亿元。人民币境外贷款占金融机构贷款总额的比重为0.37%，与上年基本持平。

4. 人民币外汇交易

2018年，我国银行间外汇市场成交量保持稳步增长，全年成交达225.4万亿元人民币，同比增长23.9%。境外机构成交量（含外币拆借）达88751.7亿元，同比增长70.3%。

2018年，人民币外汇即期交易量超过1万亿元人民币。其中，美元是最主要的交易币种，其次是欧元、日元。人民币与其他非国际储备货币的交易量较小。其中，俄罗斯卢布、马来西亚林吉特、新西兰元、南非兰特是交易量较大的货种。

（三）全球外汇储备中的人民币

2017年3月，国际货币基金组织发布的官方外汇储备货币构成中首次扩展了货币范围，将人民币外汇储备单独列出。截至2018年年底，人民币的全球外汇储备规模增至2027.9亿美元，同比增加793.17亿美元，在外汇储备中占比1.89%，较上年增长53.66%。

2018年，中国人民银行与英国、澳大利亚、巴基斯坦、哈萨克斯坦、白俄罗斯、乌克兰、马来西亚、印度尼西亚、南非等国央行续签了双边本币互换协议，并与日本、尼日利亚两个国家的央行新签署了双边货币互换协议。截至2018年年底，中国人民银行已与38个国家和地区的央行或货币当局签署了双边本币互换协议，协议总规模达36787亿元人民币。

二、载体上，"一带一路"避免了数字货币与美元的冲突

随着中国经济发展水平的不断提高，尤其在国际贸易和投资中扮演着越来越重要的角色，人民币在国际流通中的使用需求不断增强，使人民币国际化的程度有所提高，但由于美元、欧元、英镑、日元和瑞士法郎等长期主导世界货币地位、金融基础设施需要不断完善等历史原因，决定了人民币国际化的路程将是一个漫长、曲折的过程。在当前国际形势有利美元走强的情况下，努力将中美贸易差额控制在合理范围内，进而将人民币兑美元的汇率控制在合理均衡水平上，显得尤为重要。而"一带一路"经济带为防止中美贸易逆差扩大、避

免人民币与美元的冲突，提供了一个窗口期。同时，有关各国都处在争取让自己本国的货币成为世界货币的激烈竞争中，数字货币成为一种利器。在这个赛跑中，中国的法定数字货币抢占了先机。随着"一带一路"的不断深入推进，各国与中国的融合将不断加深，贸易、投资等规模将不断加大，数字货币必将引导人民币更多地在"一带一路"沿线国家和亚洲地区使用，在避免与美元正面冲突的同时，加快人民币国际化的步伐。

三、技术上，法定数字货币具备"世界货币"所需的条件

法定数字货币的设计满足了世界货币所需的条件，这将大大有利于人民币的国际化。对比 Libra 币可以发现，两者在安全性、架构、理念等方面十分相似。不同的是，法定数字货币在保有 Libra 币优点的同时，针对 Libra 币很难成为世界货币的设计缺陷，做出了相对较优的选择。

（一）基本优势

1. 与法币可自由兑换

法定数字货币与法币可以按照 1:1 自由兑换，支持连接中央银行。就此而言，全球至今极少有数字货币可以在银行直接兑换法币，大多数是通过交易平台（币币交易）兑换法币。例如，你手里有比特币（BTC），就可以把比特币（BTC）兑换成以太币（ETH），然后把以太币（ETH）存在币赢网变现。市场上，声称可以在银行直接兑换法币的数字货币多为传销。

2. 采用双层运营体系

法定数字货币采用中央银行和商业银行的双层运营体系（早期称作双层投放体系，上层是中央银行对商业银行或金融机构，下层是商业银行或金融机构对普通居民），从而可以适应国际上各主权国家现有的货币体系。

3. 交易的安全性高

目前，我国央行推出的数字货币采用双层运营体系，下层是基于区块链技术推出的全新加密电子货币体系，使安全性得到了充分的保障。

4. 法定数字货币是主权货币

我国央行的数字货币是全球第一大主权货币，是纸质人民货币的替代，可以确保现有的货币（理论）体系依然发挥作用。①主权货币是主权国家或地区政府发行的货币（如中国政府发行的人民币）。②世界货币是一种货币影响力的

概念，即其能够在世界范围内（或大多数国家）流通、兑换、贮藏、作为价值尺度进行标价等，如美元、英镑、欧元、瑞士法郎、加元等。③世界货币一定是主权货币，大多数主权货币不是世界货币。

（二）特殊优势

我国的法定数字货币，不仅具有所有数字货币所具有的交易速度快、交易成本低等优势，还具有一般法定数字货币所不可比拟的独特优势。

1. 币值稳定

中国在 2006 年 2 月底，仅大陆的外汇储备就超过了日本，成为全球第一并保持至今。自从 2011 年 1 月（29316.74 亿美元）以来，外汇储备长期在 3 万亿美元左右。外汇储备的主要作用之一，就是可以干预外汇市场，稳定本币汇率。中国强大的经济实力和巨量的外汇储备，使人民币的币值更加坚挺。

2. 法定数字货币支持双离线支付

实物货币都可以不需要网络、点对点支付，但绝大多数数字货币不支持离线支付。法定数字货币支持双离线支付，即交易双方可以在都没有网络的情况下，进行点对点的支付交易。有关统计数据显示，全球现有手机的总量超过 80 亿部（其中智能手机约有 33 亿部），但也有约 30 亿人无法上网，手机仅是个通话工具；目前全球约有 11 亿人没有身份信息（俗称的"黑户"）；不少人在海外不能开银行账户。

法定数字货币的双离线支付功能，让这些没有身份信息或不能上网的人都能享受到金融服务。小额支付是不需要绑定身份信息的，只需要一个手机号就可以注册、使用法定数字货币的转账支付交易，这意味着所有的"黑户"都可以凭借一个手机享受到法定数字货币支付的快捷和方便的服务。

法定数字货币的双离线支付功能，使它不再是现有货币的数字化，而是 M0 的替代，使交易环节对账户的依赖程度大为降低，从而大大有利于人民币的流通和国际化。

四、功能上，法定数字货币将从各个方面促进人民币国际化

从货币的功能角度来看，无论是支付功能、投融资功能、储备货币功能、计价货币功能，还是双边货币合作，法定数字货币都凸显出其优势，在"一带一路"倡议的不断落地中，必将在其沿线国家中促进人民币的国际化。

（一）法定数字货币将增强人民币支付货币功能

随着"一带一路"倡议得到更多国家的响应及金融、贸易、旅游、文化等交往的不断深入，必将扩大中国与"一带一路"沿线国家的交易量，带动人民币和数字人民币在"一带一路"沿线国家中的使用。反过来，法定数字货币的支付快捷、低成本等各种优势，将有更多国家的市场主体乐于接受人民币进行支付结算，必将大大减少、逐步消除人民币在更多国家使用的障碍，推动涉外贸易、投资规模的持续扩大，加快人民币在"一带一路"沿线国家的覆盖和（跨境）支付的使用量，大大推进人民币国际化。

对我国国内而言，粤港澳大湾区、海南自由贸易港、自贸区将成为使用法定数字货币进行跨境支付的新的增长点。

（二）法定数字货币将深化人民币投融资货币功能

随着我国金融市场双向开放的广度和深度不断拓展、人民币跨境使用政策覆盖越来越多的"一带一路"沿线国家、中国债券纳入全球重要指数、境外主体投资国内金融市场渠道的不断完善（如"沪深港通""债券通"等），以及粤港澳大湾区金融市场互联互通的有序推进，法定数字货币的优势将在"一带一路"沿线国家的投融资领域得到充分发挥，在快速推动"一带一路"沿线国家的投融资规模的同时，也将不断深化人民币投融资货币功能，促进人民币国际化。

（三）法定数字货币将强化人民币储备货币功能

2015年12月1日，国际货币基金组织正式宣布，人民币自2016年10月1日起，加入特别提款权，此后人民币的国际地位不断提升。人民币被越来越多的国家和地区的央行或货币当局作为储备货币，对外的货币合作得到持续加深。随着中国法定数字货币在"一带一路"沿线国家的落地应用，有望明显提升"一带一路"沿线国家的央行或货币当局持有人民币储备资产的意愿，不断强化人民币储备货币功能，促进人民币国际化。

（四）法定数字货币将不断发展人民币计价货币功能

法定数字货币在"一带一路"沿线国家的大量使用，必将进一步增强人民币在政府涉外管理、统计、核算中的计价职能，钢铁、石油、水泥、铁矿石等大宗产品交易以我国境内期货价格作为定价基准逐步增强，发展成熟的期货市场陆续引入境外交易者，进一步增强人民币计价货币功能，促进人民币国际化。

（五）法定数字货币将继续推动双边货币合作

在"一带一路"沿线国家大量使用法定数字货币，促使我国央行与"一带一路"沿线国家的央行或货币当局开展更多的货币合作，优化我国的货币合作框架，推动"一带一路"沿线国家金融机构提供更多的人民币产品和服务，进一步发挥双边货币合作在便利双边贸易和投资、维护金融稳定方面的积极作用。

因此，从功能上来看，法定数字货币将从各个方面促进人民币国际化，不仅能增强人民币的支付货币功能、投融资和交易货币功能、计价货币功能，还能提升人民币的储备货币功能。

五、结果上，有力推动国际贸易清结算体系重塑

在数字化时代，不仅需要改变个人支付方式，企业间、国家间的支付结算方式也需要重塑。企业在开展国际贸易外汇结算时，会面临是两国货币直接支付结算，还是以美元为中间价结算的问题。在人民币跨境支付系统（CIPS）上线之前，人民币跨境清算高度依赖美国的 SWIFT（环球同业银行金融电讯协会）系统和 CHIPS（纽约清算所银行同业支付系统）。SWIFT 成立于 1973 年，为金融机构提供安全报文交换服务与接口软件，覆盖 200 余个国家，拥有近万名直接与间接会员。目前，SWIFT 系统每日结算额达到 5 万亿至 6 万亿美元，全年结算额约 2000 万亿美元。

CHIPS 于 1970 年建立，由纽约清算所协会经营，主要进行跨国美元交易的清算，处理全球九成以上的国际美元交易。SWIFT 系统和 CHIPS 汇集了全球大部分银行，以其高效、可靠、低廉和完善的服务，在促进世界贸易的发展、加速全球范围内的货币流通和国际金融结算、促进国际金融业务的现代化和规范化方面发挥了积极的作用。

高度依赖 SWIFT 系统和 CHIPS 存在一定风险。首先，SWIFT 系统和 CHIPS 正逐渐沦为美国行使全球霸权、进行长臂管辖的金融工具。从历史上看，美国借助 SWIFT 系统和 CHIPS 发动了数次金融战争。2006 年，美国财政部通过对 SWIFT 系统和 CHIPS 的数据库进行分析，发现欧洲商业银行与伊朗存在资金往来，美国随即以资助恐怖主义为借口，要求欧洲 100 多家银行冻结伊朗客户的资金，并威胁将为伊朗提供金融服务的银行列入黑名单。随后，全球绝大部分银行断绝了和伊朗金融机构的所有业务往来，伊朗的对外金融渠道几乎被彻底切断。

2014 年，乌克兰危机中，美国除了联合沙特将石油价格腰斩，还威胁将俄

罗斯排除在 SWIFT 系统之外，随后俄罗斯卢布大幅贬值，经济受到严重负面影响。其次，SWIFT 是过时的、效率低下的、成本极高的支付系统。SWIFT 系统自成立以来，技术更新缓慢，效率比较低下，国际电汇通常需要 3~5 个工作日才能到账，大额汇款通常需要纸质单据，难以有效处理大规模交易。同时，SWIFT 系统通常按结算量的万分之一收取费用，凭借垄断平台获得了巨额利润。

综上所述，在当前数字化浪潮的大趋势下，仍然依赖技术更新缓慢、安全性难以保证的 SWIFT 系统和 CHIPS 满足交易的需求。在大数据平台、区块链技术的驱动之下，构建一个清结算速度更快、成本更低的清结算网络已经成为当前许多国家的共识。区块链技术具有去中心化、信息不可篡改、集体维护、可靠数据库等特点，在清结算方面有着透明、安全、可信的天然优势。目前，全球已有 24 个国家政府投入并建设分布式记账系统，超过 90 个跨国企业加入不同的区块链联盟中。日本、俄罗斯等国也正在研究建设类似 SWIFT 系统的国际加密货币支付网络来取代 SWIFT 系统，越来越多的金融机构和区块链平台正在通过区块链赋能跨境支付，绕开 SWIFT 系统和 CHIPS，提高清结算效率、降低清结算成本，促进贸易成交、提高贸易量。这说明了我国为何要积极研发、大力发展并在全球投放数字货币，也为"一带一路"沿线国家的金融贸易结算带来了更大的益处。

第十章 区块链与金融治理现代化

2019年10月31日，十九届四中全会通过了《中共中央关于坚持和完善中国特色社会主义制度　推进国家治理体系和治理能力现代化若干重大问题的决定》（以下简称《决定》）。《决定》要求：到中国共产党成立一百年时，在各方面制度更加成熟更加定型上取得明显成效；到2035年，各方面制度更加完善，基本实现国家治理体系和治理能力现代化；到新中国成立一百年时，全面实现国家治理体系和治理能力现代化，使中国特色社会主义制度更加巩固、优越性充分展现。这就向各级党组织、各级政府机关及相关部门提出了治理现代化的重要目标和重大历史任务。金融治理是国家治理的重要构成部分；治理现代化，同样也是金融治理所要达到的境界。而区块链等先进科技将可助力金融治理现代化，为推进国家治理体系和治理能力现代化贡献金融+科技的力量。

第一节　中国国内金融治理及参与国际金融治理现状

随着改革开放不断深入，我国经济实力和综合国力有了很大提升，金融业有了很大发展；但从全局情况来看，尚需进一步推动国内金融治理现代化；要深度融入全球金融治理体系并成为规则制定者和引领者，为全球金融治理提供中国智慧和中国方案，须在与此有关的各个方面进行努力。

一、中国国内金融治理现状两面观

（一）金融治理受到重视并得到加强

十九届四中全会以后，国务院金融稳定发展委员会于2019年11月28日召开第十次会议，提出改进金融治理。此前，银保监会副主席梁涛在出席国际金融论坛（IFF）第16届全球年会时指出：要进一步增强金融业的治理能力。

此话有如下内涵：坚决防止发生系统性金融风险；高度重视防范金融风险在金融市场

和同业网络中的传播；深入推进金融供给侧结构性改革；提高服务实体经济的能力；进一步提高金融机构的公司治理水平；进一步加强合规建设；持续提升监管能力，加强金融监管；加强国际合作。这表明：金融治理受到了相关主管部门高层的高度重视，且在实际工作中得到了加强。

（二）金融治理缺憾举隅

1. 金融治理在体系完善性和治理协调性方面尚有欠缺

金融治理是体系性的治理。金融治理体系是国家治理体系中的一个重要构成部分，涵盖金融体系顶层设计、金融活动参与者（金融机构等）、金融市场、金融监管以及金融法律法规和政策制度等诸多内容，是一个完整且内部紧密耦合的系统。金融治理对治理对象、治理内容和负责治理的部门要全面覆盖，显现出系统性和完善性。各治理主管部门之间要相互衔接、相互配合，显现出良好的协调性。但从现况来看，金融治理体系还不够完善。一些应有的规章制度还没有建立起来。对与治理现代化要求之间存在的差距不容忽视。在现有金融治理中，协调性方面的欠缺主要有：多个部门之间有分工但分工不够明确，难免出现该治理的内容和机构无人问津或治理不到位的现象；也会出现同一对象接受多个部门治理而又治理口径不一的情况。

2. 金融机构的内控合规和风险管理成为金融治理中的软肋

金融机构的内控合规和风险管理，是金融治理的重要内容。在金融治理中，金融机构进行内控合规和风险管理，既需监管部门积极介入，也需金融机构自身做好相应工作。金融的本质是风险，金融机构的本质是经营、管理、转移、转化风险。合规、内控，从不同条线和层面切入，最终都以直接或间接的形式指向风险管理。以银行业为例，根据《银行业金融机构全面风险管理指引》，金融机构面临各类风险，包括信用风险、市场风险、流动性风险、操作风险、国别风险、银行账户利率风险、声誉风险、战略风险、信息科技风险以及其他风险。外部风险中的信用风险和市场风险，包括利率风险、证券价格风险、汇率风险、大宗商品价格风险等，都不是金融机构本身所能掌控的，但需要有效应对。内部风险有操作风险、法律合规风险、系统遭黑客袭击的风险、客户个人隐私信息泄露风险、员工监守自盗带来的风险等。可见金融机构内部的风险点颇多。而有些金融机构内部隐含着很大风险却又缺乏内部有效治理和管控。金融机构风险管理大体存在风险管理体系体制不完善，风险管理理念、方法、技术落后（包括数据不可信、模型不可信、信息系统不到位、数据驱动的风控尚存欠缺、科学性和系统性不够、工具手段较落后、预判性研究不足等问题），内部控制和合规机制不足甚至欠缺，监督管理并不到位等问题。有研究者指出：我国金融机构的治理风险集中表现在：（1）内部人控制。这是金融机构权力失衡的表现，是产权关系不明、内部治理结构低效与内部监督制度不健全的产物。（2）信用风险。金融机构是巨额货币资金集散地，易滋生犯罪，如资金诈骗、贪污受贿等非法活动，存在严重犯罪风险和信用风险。（3）非公允关联交易。不公允的关联交易隐藏着巨大风险，严重影响了金融机构安全、稳健运行，迫切需要对金融机构的关联交易进行严格规范。[1]

更进一步，从金融治理的全局层面来看，金融机构的内控合规和风险管理，犹如"盲盒"和"黑盒子"，不知道下一次"黑天鹅"事件将在哪里出现。这就涉及内控合规和风险管理从根本上是否可信的问题。除了数据、模型和算法层面的可信，还有流程、操作和管理等方面的可信。个别银行进行的"暗箱操作"使金融机构的信誉受到极大损害。近期的负面典型案例有：作为渤海银行一分行的储户的山禾药业、恒生制药，其28亿元存款，在不知情的情况下被用于为华业石化南京有限公司提供票据融资担保。由于华业石化未能如期偿还其中一笔到期债务，"担保方"山禾药业、恒生制药公司账户下约5亿元人民币被银行划扣。[2]此外，最近还有浦发银行也卷入了涉嫌挪用储户存款等负面舆情。虽然最终还需法律给出公正裁决和公正结论，但是该行近年来频发违法违规案件、频收罚单，已凸显不小的风险隐患。这些银行之所为，使它们还有什么可信性可言呢？问题的严重之处在于：个别银行的失信行为使行业信誉严重受损，使整个行业为它付出了信誉代价。值得一提的是，这种传统中心化金融机构的"不可信"也正是区块链、比特币、区块链新金融得以兴盛的原因之一。

3. 对某些重大危机和风险事件的处理是对金融治理的严峻考验

金融领域常会出现一些对经济社会发展产生负面影响的严重事件。这些事件对金融治理构成严重挑战，是对金融治理水平的检验。

P2P网贷是前几年恶性金融事件频发的领域。一些P2P网贷平台非法集资、设置庞氏骗局，行为人卷款"跑路"，致使投资者血本无归，受到很大伤害。在某些时段、某些地区，P2P网贷事件甚至形成了很大的金融风潮和舆情风潮，造成了社会震荡。

e租宝从事互联网理财业务，平台产品收益率在9%～14.6%之间，高于各

---

[1] 王千. 中国金融机构治理风险的现状分析与对策选择[J]. 郑州大学学报（哲学社会科学版），2010（6）：85-89.
[2] 渤海银行一分行储户28亿元存款"不知情"下遭质押担保 警方已介入调查[N]. 江西晨报，2021-10-23.

大银行的理财收益。该公司成立于2014年2月25日,注册资本1亿元,在两年不到的时间里,交易量突破730亿元,投资人数约为490万。至2015年12月9日,e租宝暂停运营,共有71.57万投资人未收回本息,人均待收金额为9.83万元,待收金额超过千万元的有170多人。e租宝非法集资案的受害投资人,遍布全国31个省市区,涵盖了大陆所有省份。①e租宝不是孤例。中晋系、快鹿、鑫利源、东虹桥金融在线、钱宝等,也都形成了极大的金融风险。在此类平台上,非法经营者设置了庞氏骗局。出借人所面临的投资风险及平台所固有的经营风险,是主要风险。这些风险和舆情风险及该类金融风险事件的其他衍生风险相叠加,造成了严重的社会震荡。如何防范这些风险,是金融治理中的难点。虽然P2P网贷业务现在已经清零,但其留下的教训还是应该加以反思和研究的。

二、中国与国际金融治理

(一)中国在全球金融治理体系中的角色身份尚未达到但必将达到理想状态

一国的金融业在国际金融治理体系中的角色身份,是和其实际地位联系在一起的。能否从追随者、参与者成长为引领者、主导者(规则制定者),决定了能否在与其他国家和地区的经济、金融博弈中实现本国金融利益不受损害且实现利益最大化。

改革开放以来,中国逐渐融入全球金融治理体系之中。这是中国融入经济全球化大潮的必然结果。中国已成为国际货币基金组织、金融稳定理事会、国际清算银行及下属机构等全球多个专业性金融治理机构的成员。中国的政府部门、政府官员、行业协会、行业专家、金融机构、专业性服务机构、金融交易所等,代表中国的有关方面和机构与上述机构建立了密切的联系。对于全球金融治理的主要国际规则,如《巴塞尔协议 III》《证券监管目标和原则》《金融市场基础设施原则》等,中国也都有所遵行。但这并不意味着中国已成为全球金融治理的引领者,中国经济崛起并不意味着中国在全球金融治理中也已经崛起。随着中国逐渐成长为世界上最大的经济体,在世界金融治理体系中,中国也将从追随者、参与者成长为引领者、主导者(规则制定者)。

---

① 丁晓蔚,高淑萍.互联网金融典型事件舆情研究——基于对e租宝、中晋系等事件舆情大数据的分析[J].编辑之友,2016(12):36-42.

（二）数字金融时代，中国在国际金融治理体系中的话语权和影响力将不断增大

国际金融治理规则的制订过程，其实是话语权的较量过程。而拥有较大话语权，这是一国在国际金融治理领域有实力的重要体现。一国在国际金融治理领域中地位如何，一个重要的衡量标准是，该国政府及金融业在国际金融治理领域是否拥有话语权，发表的意见是否受重视、被采纳，提出的主张产生了多大影响力。更具体地说则是：在国际金融治理领域中，是否能参与到国际金融治理规则的制定、修订工作中去，能否在其中发挥举足轻重的作用。

以往，我国不具备参与制定国际金融治理规则的足够强的能力，在国际金融治理中并不拥有话语权和话语主导权。一个严酷的事实是：二战以来，始终由某些发达国家制定国际金融规则，其他各国只能按此执行。有权制定规则的发达国家，不仅对制定规则的程序驾轻就熟，而且擅长于在制定规则的过程中融入自身利益。从某种意义上说，掌握了制定规则的话语权就相当于掌握了经济利益的某种分配权。作为在国际金融规则制定中的既得利益者和可望进一步获利者，西方某些发达国家当然不希望中国凭借自身的经济实力参与到规则的制定中去，甚至会设障阻碍，以维护原有的利益分配格局。

最近若干年来，中国经济发展迅速，综合国力不断上升。中国已成为全球第一大贸易国和第二大经济体，外汇储备居世界首位。但目前我国在国际金融中的话语权（包括在国际金融治理格局中的话语权）仍然有限。我国的金融组织在国际金融市场上的话语权较小且影响力不足，在国际市场上围绕定价权展现的能力有所欠缺，在国际金融治理中常受制于西方发达国家。当西方某些发达国家在国际金融市场上和国际金融治理范围内发布对我不利的言论和实施对我不利的行动时，采取的应对措施存在明显不足。

对我国来说，由经济实力转变为参与国际金融治理的能力，在国际社会中推广并使之接受中国智慧和中国方案，尚有待努力。从一个方面说，有待更多优秀金融治理专业人才脱颖而出。而我国在培养和储备能参与国际金融治理的优秀金融专业人才及积累相应经验方面，仍然存在不足。专业人才供需之间的矛盾突出。我国在金融治理方面积累了一些经验，但相比于国际金融市场，国内的金融市场还不够发达，国内的金融治理还不够完善，以国内的金融发展经验和金融治理经验还不足以从容应对国际金融发展和国际金融治理问题。中国相关机构和金融人才加入国际金融治理相关组织的时间不长、占比很低，且总体而言，改变金融治理规则的能力确实有限。[1]

---

[1] 易波. 中国参与国际金融治理的路径研究[J]. 贵州社会科学, 2016, (12): 126-130.

另一方面，Old Money 时代的世界金融格局业已成熟，版图业已固化。只有另起炉灶开辟全新主战场并且借助科技的力量带来颠覆性创新，才能打破既有格局和固化的圈层。5G/6G 和高铁是中国科技创新驱动弯道超车、后来居上的典型案例。区块链、大数据、人工智能融合创新赋能的数字金融将是又一个打破旧格局的主战场。在这方面，目前居世界前列、占据先发优势的数字人民币将只是一个开端。

第二节　对我国金融治理中主要问题的研讨

由于种种原因，我国当前在金融治理中还存在着较多问题。正视并解决这些问题，是今后很长一段时间内的重要任务。现就主要问题进行分析。

一、缺乏顶层设计、全局规划和系统性优化及科学理论、方法和工具

存在"一管就死，一放就乱""一刀切""明显滞后"等问题，经常处于被动、消极、迟滞应对和疲于奔命、捉襟见肘的状态。

金融治理和治理现代化是一项系统工程，需要就此进行全面考量和通盘考虑并进行周密的顶层设计、全局规划和系统性优化。传统金融存在诸多不足，这就决定了它无法满足当今时代对金融的要求。正确认知和评判传统金融的不足，才能号准脉并将基于区块链可信大数据人工智能的下一代金融建立在坚实的科学基础之上。但从目前的情况来看，关于金融治理和治理现代化的顶层设计相对缺乏。举例来说，传统金融存在如下六大不足：可信程度不高、存在较多安全隐患、保护客户隐私不力、温度和情怀欠缺、智慧成分不足、尚未达到高能高效，但这些还没有进入到顶层设计的系统范围之内。

从 P2P（互联网借贷平台）暴雷潮到股灾和熔断，到比特币和 ICO（首次币发行）一度兴盛，到包商银行破产，再到蚂蚁金服的高杠杆，此起彼伏的无数案例印证了金融市场上危及社会稳定的风险的存在，同时也证明金融监管部门防控金融不安全、不稳定因素的不易和疲于应对、疲于奔命。互联网金融时代的 P2P 网贷有一定的创新之处，即用（移动）互联网来降低融资服务的成本和风险，提升效率和体验，为传统银行所不能覆盖的长尾客户提供融资服务，因而一度被视为解决小微企业融资难度大、融资成本高等难题的有效途径。P2P 网贷创新失败的深层次原因，一是缺乏系统化的规划设计、系统性顶层设计，以

及创新的无规划性和随机性，使得这样一项原本有望探索解决中小企业融资难问题的创新，变成了某些人用来套利的工具；二是在本该进行信息系统和金融系统联合设计、联合创新、联合优化的部位，发生了缺位现象，导致人类信用和技术信用的双双缺失。这方面的典型案例，留下了惨痛的教训。

更进一步的，科学高效的金融治理呼唤科学的治理理论、方法和工具。目前，金融治理研究仍然属于人文社会科学，离自然科学和工程技术还有距离，从而无法充分应用自然科学和工程技术研究所擅长的可重复实验、分析预测决策、系统研究、最优化、样本外检验等理论和方法，来提升金融体系顶层设计和政策法规制定的科学性、系统性，以及无法充分应用自然科学和工程技术研究所擅长的大数据、大模型、大算法、大计算，来提升金融治理的总体效能（当前存在如下问题：治理科技滞后，工具手段匮乏，治理效能不足，利用先进技术逃避或对抗监管，借助先进技术进行金融诈骗、非法集资、洗钱等高技术金融犯罪等）。此外，拥有学科交叉（至少需涵盖金融、法律、计算机或信息等学科，若细分则还有区块链、大数据、人工智能等专业方向）背景的复合型人才匮乏也逐渐成为金融治理的瓶颈。

二、立法体系方面存在的欠缺尚未完全消除

自改革开放以来，特别是市场经济体制确立以来，我国经济获得了长足发展，经济实力有了很大提升。目前我国在世界经济中所占地位已有明显提高。但是我国现有的金融法律体系和治理制度，与治理当前金融经济繁荣发展背后隐含问题的现实需要并不完全适应，和如何与世界金融治理对接的实际需求也并不完全吻合。"金融监管机构科学合理制度的缺失，不仅仅会在一定程度上阻碍金融监管业务以及金融治理工作的顺利进行，而且往往还会使得金融监管机构难以独立解决财务问题，更是会促使相关业务流程无法开展而造成恶劣影响。此外，最为关键的一点，金融监管机构科学合理制度的缺失会严重阻碍我国金融管理制度的创新，可能会导致其在金融市场渐渐失去立足之地。"[1]金融监管机构科学合理制度的缺失，必然造成金融监管的缺位、越位或错位。因此，在尚缺的方面抓紧建制，在尚弱的方面抓紧补强，这是未来金融治理的题中应有之义。

金融法律体系建设方面的欠缺主要有二：

其一，金融立法层级不高。

我国涉及金融的法律制度在顶层设计方面有待强化，顶层的金融立法权力

---

[1] 丁律允. 金融管理在企业经营管理中的应用[J]. 中华少年，2017，(06)：296-297.

尚待更充分地发挥。当前的金融法律制度中，以属于法规层面的部门法规规章居多，立法机关为部门或行业领导机构。此为单行立法，代表了单个部门的意见，立法的层级不高，系统性和权威性不足，刚性约束力不够。

其二，偏重于原则性、普适性。

"现行金融立法过于注重原则性、普适性，导致金融治理规则实际上由上千件行政法规（如条例）、部委规章、规范性文件等构成，部门的规章制度成为部门之间划分权力、领地的重要手段。"[1]部门规章制度成为部门之间划分权力、领地的重要手段，这是部门立法可能有的缺陷，是应该加以避免的。过于注重原则性，致使可操作性不强，此类现象也须改观。

三、负责金融治理的部门之间的协调难言完美

现有的金融监管模式为分业监管，担负金融监管责任的各个部门各管自己的一块，各负其责，难免各自为政。分治的结果是：或出现治理盲区，对边界不清的金融活动无人监管；或多头监管，不乏重复和冲突，不仅影响监管效能，而且无端浪费社会资源。要避免这些弊端，各金融监管部门之间须注重横向协调、沟通商量、信息和资源共享。不能互不通气，部门与部门之间不能"老死不相往来"；不能政出多门，自行其是。而更为重要的是，在金融立法和监管中，要明确关于金融领域中重大事务的牵头部门及其责任。

特别是在数字金融时代，量化金融和金融科技崛起，给金融行业带来巨变。金融是双刃剑，科技也是双刃剑。金融行业本身是经营和管理风险的行业，干的是"刀口上舔血的买卖"，且很大程度上依赖杠杆或高杠杆，本已很脆弱，还时不时冒出"暴雷""股灾""黑天鹅""灰犀牛"等危机事件。而科技（特别是新兴科技）则充满复杂性、不完善性、不可解释性、不可预测性。金融和科技两者叠加，则可能带来更大的冲击和震荡。金融治理理应包含对金融科技的治理，理应同时包含金融治理和科技治理两个层面。而金融与科技的深度交叉、深度融合、深度渗透又使得金融科技治理的难度大大增加、专业性大大加强。有鉴于此，金融治理和监管部门更应加强与科技治理和监管部门的通力合作和高效协调。

四、治理主体与治理客体的关系未能达到优化之境

我国现有的金融治理多为监管部门实施的外部监管治理。作为金融治理的

---

[1] 宋军. 我国现代化金融治理体系：特征与建构[J]. 西部论坛, 2015, (06): 26-31.

客体，各类金融机构往往是被动接受金融治理的，主动性没有得到应有发挥；而且为了自身的利益，常常是设法应付和对付治理。如何调动治理对象的积极性，让他们主动配合、积极参与金融治理，是一个十分重要的问题。这就需要治理主体（主管部门）协调好与治理客体之间的关系，要使之明白：主动参与和接受治理，可避免风险，从长远来看可受惠得益。此外，被治理对象和被监管对象天然有逃避监管和监管套利的动机。治理主体和治理客体（治理对象、监管对象）之间存在信息不对称难题，而两者之间的单向强制关系，将加剧这种信息不对称。在道高一尺魔高一丈的"猫捉老鼠"游戏中，治理主体（主管部门）的方法不多、手段不多、工具不多，且局限性甚大，治理效果往往不佳。

同时，金融治理主管部门在妥善处理与治理对象关系的过程中，对各种类别治理对象的特点和差别应有深刻认知。各类金融机构，在市场化程度、讲诚信程度、话语权程度等方面存在着差别。在治理过程中当然需要一视同仁，但对上述差别不能不察。

第三节　实现我国金融治理现代化

实现我国金融治理现代化，是坚持和完善中国特色社会主义制度、推进国家治理体系和治理能力现代化这项巨大的系统工程中的一个重要构成部分。我国金融治理现代化应该是和国家治理体系和治理能力现代化相适应、相匹配的。

一、实现金融治理现代化必不可少的意识

（一）安全意识

防范金融风险是关乎社会稳定的大事。2015年12月，习近平总书记在中央经济工作会议上的讲话中说：要全方位监管，规范各类融资行为，抓紧开展金融风险专项整治，坚决遏制非法集资蔓延势头，加强风险监测预警，妥善处理风险案件，坚决守住不发生系统性和区域性风险的底线。金融领域是一个充满风险和潜在危机的领域。在这个领域中，国家、集体、个人的资金财产，对国家、企业和个人来说都是"命根子"。资金财产在交易中发生的风险，涉及投资者和相关方的切身利益。金融风险及由此衍生的其他一系列风险，会波及社会的各个方面和各个层面，会直接造成人心的恐慌和社会的动荡。因此一定要防范金融系统性风险。

2017年7月15日，习近平总书记在全国金融工作会议上讲话时指出：防

止发生系统性金融风险是金融工作的永恒主题。要把主动防范化解系统性金融风险放在更加重要的位置，科学防范，早识别、早预警、早发现、早处置，着力防范化解重点领域风险，着力完善金融安全防线和风险应急处置机制。他重点强调了金融治理中的安全意识。

2019年1月21日，习近平总书记在省部级主要领导干部坚持底线思维着力防范化解重大风险专题研讨班上的讲话中，就防范化解包括经济重大风险在内的各类重大风险提出明确要求："面对波谲云诡的国际形势、复杂敏感的周边环境、艰巨繁重的改革发展稳定任务，我们必须始终保持高度警惕，既要高度警惕'黑天鹅'事件，也要防范'灰犀牛'事件；既要有防范风险的先手，也要有应对和化解风险挑战的高招；既要打好防范和抵御风险的有准备之战，也要打好化险为夷、转危为机的战略主动战。""黑天鹅"事件和"灰犀牛"事件表现形态不同，但它们在不安全、对公众和国家造成风险及构成危害方面是相同的。对金融领域中的上述两类事件，不可掉以轻心。

金融风险是经济风险的一部分。互联网金融既充满活力又隐含很大风险。互联网金融作为新金融中的一个部分，在提升金融效率、丰富金融样态、弥补传统金融不足方面，发挥了较大作用，有成本低、效率高、覆盖广、发展快、易被接受等优点。互联网金融中的P2P网贷对解决小微企业融资难曾经有过贡献；但其风险是金融领域中最常发生的风险，一旦发生就会波及千家万户。2015年以来，e租宝、中晋、泛亚系、钱宝网等造成的金融风险引发了不同程度的社会震荡。据国家信息中心2019年2月15日发布的《2018年失信黑名单年度分析报告》显示，2018年度问题P2P平台有1282家，472家涉案金额超亿元，涉案金额在5亿元以上的有30家。[①]传统金融监管遭遇瓶颈。P2P网贷提供了金融"创新"从兴起到清零的全生命周期的珍贵研究样本。防控此类风险，事关从一个重要方面维护金融安全和社会稳定。这方面的研究仍有必要加强。

（二）发展意识

发展才是硬道理。发展才能将党和人民的事业不断向前推进。2017年7月15日，习近平总书记在全国金融工作会议上的讲话中指出：金融是国家重要的核心竞争力，金融安全是国家安全的重要组成部分，金融制度是经济社会发展中重要的基础性制度。必须加强党对金融工作的领导，坚持稳中求进工作总基调，遵循金融发展规律，紧紧围绕服务实体经济、防控金融风险、深化金融改革三项任务，创新和完善金融调控，健全现代金融企业制度，完善金融市场体

[①] 谢惠茜. 新兴金融非法集资无孔不入[N]. 深圳商报, 2019-04-12.

系，推进构建现代金融监管框架，加快转变金融发展方式，健全金融法治，保障国家金融安全，促进经济和金融良性循环、健康发展。在保安全的情况下求发展。如发展了但安全得不到保障，这是不可取的。而以保安全为借口，畏畏缩缩，则同样是不可取的。

（三）创新意识

习近平总书记说过："创新是一个民族进步的灵魂，是一个国家兴旺发达的不竭动力，也是中华民族最深沉的民族禀赋。在激烈的国际竞争中，惟创新者进，惟创新者强，惟创新者胜。"一个民族要不断进步，一个国家要兴旺发达，创新是其灵魂和不竭动力。离开创新就既无灵魂又无动力。

如何创新？"党的十八大提出的实施创新驱动发展战略，就是要推动以科技创新为核心的全面创新，坚持需求导向和产业化方向，坚持企业在创新中的主体地位，发挥市场在资源配置中的决定性作用和社会主义制度优势，增强科技进步对经济增长的贡献度，形成新的增长动力源泉，推动经济持续健康发展。全党全国要统一思想，切实提高认识。"党中央确定了创新驱动发展战略，这是创新发展的根本。党和国家各个方面的工作由创新驱动，而科技创新是其核心，企业在创新中占据着主体地位。这就构成了既有高度又可操作的创新体系：由创新驱动的国家发展战略；由科技创新为核心的全面创新；由各个企业为主体的企业创新。按以上设计，金融企业的创新主体地位得到了确认。

金融如何创新？习近平总书记说："要围绕建设现代化经济的产业体系、市场体系、区域发展体系、绿色发展体系等提供精准金融服务，构建风险投资、银行信贷、债券市场、股票市场等全方位、多层次金融支持服务体系。要适应发展更多依靠创新、创造、创意的大趋势，推动金融服务结构和质量来一个转变。"这就启示我们：金融创新的目标是为相应对象提供精准服务，而金融服务的对象是实体经济和共同富裕；金融创新要体现在为服务对象所提供的服务中；创新的过程体现为转变：金融服务结构和质量的转变；创新的动力来自于对大趋势（创新、创造、创意）的适应。

以央行数字货币为例。世界上80多家中央银行正在研究央行数字货币，中国央行法定数字货币（数字人民币）目前走在世界前列。在国内方面，数字人民币在设计上增强支付服务的可获得性。数字人民币的账户松耦合设计，可方便偏远地区民众在不持有传统银行账户的情况下使用数字人民币钱包，有利于提高金融服务的覆盖率。数字人民币具备可编程属性，可以加载智能合约用于条件支付、担保支付等较为复杂的支付功能，为"三农""支微支小"等普惠金融和绿色金融创新赋能。在国际层面，可扩大人民币的国际影响力，助力一带一路建设，助力人民币国际化，推动人民币成为美元和欧元的有力竞争对手。并将引领国际央行数字货币的标准建设，甚至向世界各国推介和输出央行数字货币的中国方案和中国技术（包括解决方案、体系架构、系统平台、软硬件基础设施、部署经验等）。最终甚至可能为世界超级货币或者"联合国币"的实现奠定基础和发言权。

数字人民币相对于传统金融是一项重大创新，其创新之处在于，它不是仅仅将传统金融业务、模式和服务原封不动地直接照搬到（移动）互联网上，而是用创新的信息系统承载创新的金融业务、模式和服务（当前仅仅是替代纸币，但是未来将能够激发出大量的潜在业务场景），它体现了至少三条创新所应该遵循的原则：（1）顶层设计、全局规划、系统性优化；（2）金融信息与信息系统联合设计、联合创新、联合优化；（3）从国外自2008年中本聪发明比特币以来的百花齐放、万马齐喑的所谓数字金融"创新"中批判性借鉴和吸收，将海外数字金融"创新"作为我们的"创新沙盒"，守正创新，超越引领。

法定数字货币将启发一系列的全国金融信息基础设施架构的建设，推动区块链这一价值传输网络的落地。我们常说区块链是价值传递的网络，现在我们已经有了全球的互联网络，那么就应该建设全国性甚至全球性（或者至少一带一路）的价值传递网络。人们常说区块链没有Killer App，但其实区块链的Killer App首先应该来自政府推动的基础设施建设项目，因为企业在做链改和上链的时候，往往更多考虑成本和收益比。而法定数字货币就如同高铁和5G网络一样，构建了全国范围的货币基础信息网络，在此激励下，将可以建设出金融行业其他全国性的链和网、诸链之链、网上之网等多链和多网架构，比如全国证券交易结算清算网络、全国基金投资区块链网络、全国保险区块链网络等。在数字资产上链的新金融世界中，数字资产如何交易、如何对冲、如何进行风险管理等，都和传统金融很不一样。在链上新金融世界的有些方法可以使金融风险显著降低或发生转化。

（四）法制意识

全面依法治国是我国的基本治国方略。国家治理现代化对全面依法治国提出了更高的要求。无论个人、企业还是政府机关部门，都必须遵法守法，有很强的法治意识。2020年1月16日，中国人民银行召开的2020年金融法治工作电视电话会议指出，金融法治工作的重要性日益凸显并呈现以下趋势：不断加强金融立法，完善法律规则体系；完善权力运行制约机制，使监管职责、检查权、处罚权适度分离；健全行政裁量权基准，规范自由裁量权；加大对金融违法行为处罚力度，切实严肃市场纪律。

金融法治包括两个重要方面：金融立法和金融执法。金融立法有待加强，目标是完善金融法律法规体系。金融执法，须加大执法力度和规范执法行为。对金融违法行为，须加大处罚力度，要使有违法行为者提高其违法成本；不容许存在有法不依、执法不严现象。要对执法行为予以严格规范。规范之一：监管职责、检查权、处罚权适度分离；规范之二：健全行政裁量权基准；规范之三：规范自由裁量权，将它限定在合理合法的范围之内并接受社会监督（如果对自由裁量权失去监督或监督不力，某些腐败现象将会从这里滋生并蔓延扩散）。

（五）科技与数据意识

数字金融时代，基于先进科技和数据模型的金融科技和量化金融将是金融的主干。金融科技和量化金融给传统金融带来颠覆性创新，同时也带来巨大挑战。同理，金融科技和量化金融是金融治理的对象和内容，给传统金融治理带来极大挑战，令传统金融治理短板频现，倒逼金融治理变革和适配。同时，金融科技和量化金融也是金融治理的赋能工具和提升进路，将给金融治理带来范式革命，激发金融治理理论、方法、体系、工具、策略、实操等全面革新，给实现金融治理体系和治理能力现代化带来重大历史性机遇。

金融治理所包含的金融体系顶层设计、金融活动参与者（金融机构等）、金融市场、金融监管以及金融法律法规和政策制度等各领域，都将直面上述挑战和拥抱相应机遇。

下面从静态和动态两方面进行论述。

从静态方面来看，如何尽可能规避金融治理的"一刀切""一管就死、一放就乱""迟滞滞后"等问题？如何将金融体系顶层设计和政策法规的制定提升到尽可能科学的层级，达到"精准规划"和"精准施策"的境界？数字金融时代，金融将走注重顶层设计、注重全局规划和系统性优化的道路。其间，顶层设计包括以总体国家安全观为一体，兼及金融发展与金融安全两翼，贯穿服务实体经济和共同富裕的指导思想。基于区块链可信大数据人工智能的数字金融基础设施给金融体系带来结构性变化，金融风险产生的内在机理、构成的成分和演变的机制也随之发生变化。金融科技和量化金融将人性相关的金融成分转变为机器相关的技术成分：具体而言，区块链和智能合约将原本依赖人与人之间信任甚至需要面对面或者第三方中介增信的交易，转化为由网络内嵌信任和合约代码自动执行保障的交易，大数据和人工智能将人的脑力劳动部分地转交给机器，相应地包含信用风险和部分操作风险在内的部分金融风险将转化为技术风险。从而，可将研究从人文社会科学部分转化为自然科学和工程技术，从而采用自然科学和工程技术研究所擅长的可重复实验、分析预测决策、系统研究、最优化、样本外检验等理论和方法来提升金融体系顶层设计和政策法规制定的科学性、系统性。例如，基于区块链可信大数据人工智能的数字金融治理系统将能够采集各种可信数据、信息和情报，打破"数据孤岛""信息孤岛"，通过数据采集、流通、分析、预测、决策来赋能智慧化的金融治理，且沙盒实验、数字孪生和平行（元）宇宙等技术将助力实现金融治理的顶层设计和政策法规制定的沙盘推演，并通过最优化技术得出最优的顶层设计和政策法规，通过样本外检验理论和方法对最优顶层设计和政策法规进行样本外检验和测试，最终实现"精准规划"和"精准施策"。

从动态方面来看，如第八章中所述，基于区块链可信大数据人工智能的数字金融监管系统将实现实时穿透式动态监管，将监管从事后前移至事前和事中，实现"智慧监管"和"精准监管"。在此，限于篇幅，不多赘述。[①]

二、对实现金融治理现代化的探索

（一）有关专家所提"九要素"论的内涵

国务院参事、中国银保监会原副主席王兆星撰文指出：总结吸取国内外的经验教训，在建设中国特色社会主义市场经济、全面推进依法治国和不断深化金融改革开放大背景下，实现我国金融治理现代化，以下要素至关重要：不断完善党的集中统一领导体系，建立更加完善的金融法律法规体系，建立更加有效的金融调控体系，建立更加高效的金融监管体系，建立更加完善的金融法人治理体系，建立更加有效的金融市场约束体系，建立更加完善的金融基础设施体系，建立更加高效的金融危机应对体系，推动建立平衡的全球金融治理体系。[②]

以上九个要素中的每一项都十分重要，其中，尤为重要的是：党的领导和法律法规。党的领导是金融调控体系的定盘星，是这个体系的根本性保障，也是实施金融治理现代化的根本性的保障。完善的金融法律法规体系，是全面依法治国在金融领域的体现，是金融治理现代化必须遵守的规范。

（二）金融治理现代化认知所涉的三个层面

金融治理现代化认知所涉的三个层面：保障性层面、内部管理层面、与世界对接层面。

[①] 丁晓蔚. 从互联网金融到数字金融：发展态势、技术特征与设计理念[J]. 南京大学学报（哲学人文社会科学版），2021，44（6）：6-24.

[②] 王兆星. 对我国金融治理现代化的思考[J]. 中国金融，2019（24）：9-11.

第一个层面：实现我国金融治理现代化的保障性层面。

在这个层面中包括了党的集中统一领导体系和金融法律法规体系。

中国共产党是领导中国特色社会主义事业的核心力量。党的集中统一领导体系，是中国特色社会主义事业的根本保证，当然也应该是推进国家治理体系、治理能力现代化和其中包括的金融治理现代化的根本保证。在金融治理现代化的过程中，必须有这样的保证，而不能相反。而这正是我国制度优势的集中体现，在全世界都是独一无二的，当然也是我国的重要特殊国情之一。

我国是一个法治国家。建立更加完善的金融法律法规体系，是新形势下治国理政基本方略和基本国策在金融领域中的体现。金融治理从本质上说是依法（依据法律法规和政策规定）对金融进行的治理。全面依法治国和加强党的集中统一领导，两者并不矛盾。党的领导不仅是中国特色社会主义根本制度的重要保证，也是全面依法治国的强有力保障。党的意志在依法治国进程的各个阶段和各个方面都得到充分的体现，在金融领域也是这样。而各级党组织，在各个方面的工作中发挥着中国共产党集中统一领导的作用，是在全面依法治国的框架内进行工作的。[①]

第二个层面：实现我国金融治理现代化的内部管理层面。

须建设更有效、更完善的金融监管体系、金融调控体系、金融法人治理体系、金融市场约束体系、金融基础设施体系、金融危机应对体系，建设基于区块链可信大数据人工智能的下一代数字金融信息基础设施、体系架构、计算范式、融合创新平台。

其一，建设更有效、更完善的金融监管体系。

金融治理现代化要落到实处，金融监管体系必须更加有效和高效。在中国股市中，2015 年发生了千股齐跌的异常现象。为防止这样的诡异现象重演，我国于 2016 年 1 月 1 日起实施"熔断机制"。然而不可思议的是，"熔断机制""来也匆匆、去也匆匆"，仅仅存续了很短的时间，就被紧急叫停了。[②]即便如此，它还是使中国股市遭受了重大挫折。这样的金融监管，是一大败笔，难言有效。对造成这一现象的原因，应当进行深入研究，从这一典型个案中认真吸取教训，今后应当努力避免类似情况再次出现。周小川曾经就完善金融监管提出过系统的意见：加强和改进金融监管，采取综合措施维护金融稳定，牢牢守住不发生系统性和区域性金融风险的底线。落实金融监管改革措施和稳健标准，完善监管协调机制，界定中央和地方金融监管职责和风险处置责任。建立存款保险制

---

① 王永昌. 中国改革开放实践的若干哲学思考[J]. 哲学动态，2019（4）：5-15.
② 李城宇. 浅谈中国股市的熔断机制[J]. 经营者（理论版），2016，(23)：63.

度,完善金融机构市场化退出机制。应该说这样的构想是比较系统、比较完整的,也有可行性。更重要的是,要提升金融治理和金融监管的科学性,详见前面"(五)科技与数据意识"中的讨论。

其二,建设更有效、更完善的金融调控体系。

金融调控体系是指国家综合运用经济手段、法律手段和行政手段等,对金融市场进行调节所形成的体系,包括对存贷款利率、中外币汇率、市场货币量及对股票和期货市场的调节等,目标是确保国内金融平稳、健康地运行,确保市场稳定,确保国际收支平衡。最基本的是守住不发生系统性风险的底线,要实现的较高目标是维护金融的安全和实现在确保安全前提下的金融发展。金融调控体系既包含了在金融系统内部进行的调节,也包含了在金融和相关行业之间进行协调和调节。只有保证金融调控系统切实有效,而且高效,金融治理现代化的目标方才可望实现。

其三,建设更有效、更完善的金融法人治理体系。

这项内容涉及公司治理结构,属现代企业制度的范畴。现代企业制度要求建立法人治理体系。相对于一般公司的法人治理体系,金融企业的业务与资金流通、交易、存贷、投资密切相关。确保资金的安全,是金融企业经营中的第一要义。因此金融领域的法人治理体系会有一些与此相对应的特殊内容,对企业中的相关人员、相关机构进行规制。例如:"建立健全实行金融综合经营的金融控股公司的法人治理结构,对公司管理层实施严格的资格审查;在金融控股公司内部设置严格的法人防火墙和资金防火墙,以隔离子公司之间在业务和资金上的相互联系;建立内部信息披露制度,防范各子公司之间关联交易的大量发生。"[1]以上是公司法人治理体系中的主要内容,当然也是金融企业法人治理体系所应包含的内容。

其四,建设更有效、更完善的金融基础设施体系。

2019年9月9日中央全面深化改革委员会第十次会议审议通过了《统筹监管金融基础设施工作方案》,提出"加强对重要金融基础设施的统筹监管,统一监管标准,健全准入管理,优化设施布局,健全治理结构,推动形成布局合理、治理有效、先进可靠、富有弹性的金融基础设施体系"。专家指出:从理论上讲,金融市场基础设施本身类似公共物品,供给数量较为有限。为此,需加强金融创新。一方面,金融创新是现代金融基础设施建设的"助推器";另一方面,金融基础设施建设是金融创新产品市场的重要基础。[2]

---

[1] 陶昌智. 完善现代金融体系[N]. 光明日报, 2008-03-16.
[2] 何德旭. 加快完善金融基础设施体系[N]. 经济日报, 2019-10-29.

金融治理包含金融科技治理。金融科技既是金融治理的对象和内容，也是金融治理的赋能工具和提升进路。笔者认为，要用金融科技赋能金融治理，就需要推动金融基础设施建设，需要打造基于区块链可信大数据人工智能的下一代数字金融基础设施、体系架构、计算范式、融合创新平台。

笔者倡导构建全新的数字金融基础设施架构，因为，金融治理受限于"环境""场景""舞台"。"环境""场景""舞台"系金融活动的条件，如果发生变化，就会导致金融活动发生变化，相应的金融治理需进行调整和适配。以往人们研究的是，假定"环境""场景""舞台"已经给定，我们无法改变，在此给定条件下应该如何进行金融分析、金融情报分析和金融治理（金融分析和金融情报分析是金融治理的基础）。而下一代数字金融基础设施理念的创新之处就在于，跳出固有框架和给定条件，研究"环境""场景""舞台"提升后能给金融分析、金融情报分析带来什么益处。这个"环境""场景""舞台"即金融（信息）基础设施。具体以金融风险监测、预警、防控为例。以往传统的金融（信息）基础设施受限于支离破碎、"数据孤岛"、不够可信等问题，因此无法做出高质量、全面精准、及时准确的监测、预警和防控。有了区块链这一互联网之后最伟大的底层可信网络技术基础（即传递价值和信任的网络），也就有了全新的可信金融（信息）基础设施。加上大数据、人工智能的融入创新，人们便有了可信大数据和可信人工智能的下一代数字金融（信息）基础设施。这就是全新的金融"环境""场景""舞台"。在这个全新的金融"环境""场景""舞台"中进行金融风险情报分析、金融监管和金融治理，可望实现监测、预警和防控水准的提升，可望解决像2008年全球金融危机所需的监测、预警和防控的问题。

区块链底层网络，使大数据更加可信。可信大数据赋能可信人工智能，将从一个方面推进并促使人工智能变得更加可信，使在此基础上建立起来的下一代数字金融基础设施和体系架构更加可信和高效。在此基础上将成就全方位覆盖"数字身份—数字货币—数字资产—数字信用—数字金融"这一完整链条的更快、更高、更精、更智的下一代数字金融计算范式。这样的平台是多种先进技术融合而成的平台，又是体现了较高金融信息管理水平的平台，也是体现了数字金融的下一步发展方向和可为金融治理现代化做出更优质贡献的平台。

其五，建设更有效、更完善的金融市场约束体系。

在这个体系中，应该体现两种约束的作用：一是金融市场具有的约束作用。举凡市场，对处于其中的经营主体都有一定的约束作用。比如，"需"对"供"有约束作用。企业生产的是没有市场需求的产品，那么这个企业就没有办法回笼资金，就会难以为继。又比如，资金对于企业也有着约束作用，企业没有资金就寸步难行。而对于企业来说，资金怎么获得，也是受到约束的。以上是依靠市场的力量对企业进行约束。二是对金融市场进行相应的约束。其间，金融市场之外的各种力量程度不等地发挥作用。在金融治理现代化的过程中，应该同时用好金融市场的上述两种约束力量，让它们互相配合，形成治理合力和互补之势。

其六，建设更有效、更完善的金融风险应对体系。

有研究者就构建系统性金融风险防范体系进行过系统思考，提出了从国家金融安全角度重构国家金融监管体系与系统、优化金融体系功能并提高直接融资比重、转变经济发展方式并化解高杠杆风险、强化科技创新和金融创新等监管能力、加强系统重要性金融机构建设并强化行为监管以提升我国金融机构的竞争力和抗风险能力等较有价值的观点。[1]应该说，如果能够切实构建起这样的金融风险防范和应对体系，于国于民都将是幸事。

数字金融时代，对于金融风险应对体系应作两层思考：一方面，基于区块链可信大数据人工智能的下一代数字金融基础设施、体系架构、计算范式、融合创新孵化平台将赋能金融风险防范，或可比先前更好地预警和防控"黑天鹅""灰犀牛"风险，维护金融安全。另一方面，也将打破金融风险防范的现有格局和均衡，并形成新的格局和均衡，并倒逼整个金融风险体系、金融风险认知体系和金融风险防范体系的涅槃和重构。具体阐释如下：

对未知的的"黑天鹅"和"灰犀牛"风险，用传统的"用历史预测未来"方法可能无法获得预期效果。但是，这并不意味着事先毫无征兆、全无迹象；通过专注于发掘相应数据、从中见微知著、发现蛛丝马迹的情报分析方法（如信号分析法等），应当是可以感知异常和预测风险的。而这就对数据和信息的全面性、完整性、连通性和可信性提出了要求。令人欣慰的是，金融市场参与主体为了尽可能高地追求长期稳定盈利，尽可能好地防范金融风险，总是在追求更多的数据、更广的数据源、更大的数据集、更完整的数据库、更强大的算力、更大更复杂的模型、更实时的风险预警技术等。而区块链技术则为这些进步提供了支撑性的底层可信平台和框架。

即使在大数据时代，数据和信息的局限性仍然存在。纯数据统计显而易见存在"数据量虽大，但大都是历史数据，而维护金融安全和防控金融风险更需要的是具有前瞻性的情报"等问题。鉴于2008年世界金融危机的教训，近年来金融监管和风险管理界的理念是，在纯数据统计之外，补充注入大数据之外的人类智慧，即"专家智慧""对未知风险的洞见"或基于对行为金融中人性及人

---

[1] 杨丰强. 加快构建系统性金融风险防范体系与机制[N]. 中国证券报，2018-06-09.

与人互作用理解的"经验知识"。

而无论是人类智慧还是机器智能，都对可信数据和信息提出了根本性的要求。下一代数字金融基础设施应建立在可信大数据和可信人工智能的基础之上。笔者的观点是：新型可信金融信息基础设施架构就是基于区块链的可信大数据、可信人工智能的架构。如果能够基于可信大数据和可信人工智能进行金融建模和金融情报分析，或许可以比先前更好地预警和防控"黑天鹅""灰犀牛"风险。

更进而言之，金融信息基础设施架构的变化将进一步改变金融市场和金融市场参与者的行为和心理，改变金融风险的产生机理和构成成分，金融风险的定义、计量、管理和防控的理论和方法将被重新构建，建立在传统金融基础上的金融工程和金融数学教科书，很有可能需要改写。与此相对应，金融监管政策和法规也会出现相应变革，从而反过来又规制金融市场参与者的心理和行为。旧的格局和均衡将会打破，新的格局和均衡将会到来。我们现在所面对的风险，很可能不是未来在新金融世界中所要面对的风险。新金融世界中的"黑天鹅"和"灰犀牛"风险，很可能不是当前我们所认知和熟悉的"黑天鹅"和"灰犀牛"风险。[①]

第三个层面：我国金融治理现代化与全球金融治理体系相对接的层面。具体而言，就是要推动建立平衡的全球金融治理体系。

推动建立平衡的全球金融治理体系，对于中国来说，并不是一个轻松的话题。二战结束后，全球金融治理核心议程的演变发展可大致划分为四个阶段："布雷顿森林体系下的国际货币体制监管期（1944年至20世纪70年代初）、国际银行业监管期（20世纪70年代初至80年代末）、金融全球化和自由化时期（20世纪80年代末至2007年）、全面监管期（2008年至今）。全面监管期在2008年金融危机爆发以后，又经历了从微观审慎性金融监管向宏观审慎性监管的发展。中国并没有参与到这些全球金融治理核心议程的制定之中，并且直到进入全面监管期后，中国才加速融入全球金融治理体系。标志性的事件是1997年亚洲金融危机后，中国成为G20部长级会议的创始成员，之后中国成为多数全球金融治理机构的成员。但在全球金融治理中，中国更多的是国际规则的接受者，而非制定者。游离于核心议程和具体规则的制定过程，中国无法从真正意义上深度融入全球金融治理。"[②]中国参与全球金融治理核心议程的时间相对较晚（应是发展到第三阶段后期方才介入的）且至今尚未进入核心议程。因此，

[①] 丁晓蔚，苏新宁. 基于区块链可信大数据人工智能的金融安全情报分析[J]. 情报学报，2019，38（12）：1297-1309.

[②] 张发林. 中国深度融入全球金融治理[N]. 中国社会科学报，2019-09-12.

中国须深度融入全球金融治理的核心，关键在于通过自身发展的具有普适性的成功经验，在全球金融治理的大格局中提供充满睿智的中国方案，根本性的路径是走像 5G/6G 和高铁那样的科技驱动和创新驱动的道路，循着数字人民币的先发优势，在数字金融这一全新战场奋勇争先、抢占先机，最终实现在全球金融治理格局中的后来居上和超越引领。

第四节 区块链推动金融治理现代化

将区块链融入金融治理现代化，以区块链技术推动金融治理现代化的历史进程，是一个亟待研究的全新课题。在研究中，将会涉及以往所没有触及的内容，也可能遇到一些理论层面和实操层面的难题。现奉上笔者思考所获得的一些初步成果。

一、区块链融入金融治理现代化进程的机理

作为比特币的底层技术，区块链自诞生以来就被世界各国各领域广泛关注。随着专家学者对此技术的研究日益深入，区块链发展日趋成熟。目前，区块链技术已被应用到多个国家的不同领域中，比如农业、物联网、医疗卫生、食品安全等。可以看出，区块链技术有着重大的发展前景。我国工信部就曾经发布公文指出，区块链、大数据等技术的实践应用可以推动政府治理能力和治理体系的现代化发展。就区块链技术在我国金融领域的应用可以看出，它不仅推动了我国金融领域的全方位可持续发展，而且对我国金融治理的现代化发展也有着相当重要的作用。

区块链技术具有去中心化或多中心化的特点，基于加密算法和共识机制等可建立算法信任。区块链是一种分布式架构，有分布式数据存储的特点，可保证链上数据不被随意篡改、可追溯、可溯源、可存证，并可打破各主体间的"数据孤岛"和"信息孤岛"。区块链与大数据、人工智能融合创新，还能带来隐私保护和数据安全前提下的可信分布式人工智能建模分析计算范式，并真正唤醒沉睡的数据，激发出这一全新生产要素对经济的倍增效应和杠杆效应。区块链技术的这些特点使之能削弱或消除金融治理中存在的信息不对称问题，并有助于简化繁琐的业务流程，有助于实现资金和资产公开透明可溯源，有助于提高交易和数据流通效率，有助于提升金融运营能力、盈利能力以及风险管控能力等，同时还可以降低金融业的合规成本和监管成本。"以链治链""以链扶链"

能推动区块链提升金融治理能力现代化。[①]

二、区块链融入金融治理现代化进程的方式

(一) 通过顶层设计、注重全局规划和系统性优化推进金融治理现代化

数字金融时代金融治理所走的道路，应是注重顶层设计、注重全局规划和系统性优化的道路。其间，顶层设计包括以总体国家安全观为一体，兼及金融发展与金融安全两翼，贯穿服务实体经济和共同富裕的指导思想。从顶层设计角度，应实现下一代数字金融的如下六大特征（也是对下一代数字金融的框架性、纲领性要求，同时还是下一代数字金融的技术研发方向）：

一是使金融变得更为可信。

可信，首要的是数据和信息可信。在这里，可信是指与不全面、不完整、不充分、不连通、不匹配、不（完全）正确、不（完全）真实等相反的情形，包括但不限于数据和信息是全面、充分、准确、统一一致的，是相互联系而非相互割裂的，处于一种质地优良的状态。再则，可信还指，在可信数据和信息的基础上形成的模型也是值得信赖的。

区块链技术带来了数据和信息的可信性。利用区块链技术，可以不依赖第三方，通过自身分布式的链上节点进行网络数据的存储、验证、使用、传递和交流，在机器之间建立信任网络，以去中心化或多中心化的方式来建立信任。区块链还有智能合约（自动触发执行合约）、共识机制（链上各节点之间形成共识）、上链信息可以追溯（可以追溯链上信息的源头和流动痕迹）和不可篡改（任何人都无法对链上信息进行随意修改）等技术特征。凡此种种，都可以确保链上数据和信息的真实可信。正因为如此，区块链赋能可信大数据，可信大数据又赋能可信人工智能。而可信的数据和可信的模型（还包括可信的系统、可信的流程、可信的管理等），则是数字金融和下一代可信金融的关键之所在。

二是使金融安全性有所提升。

基于区块链可信大数据人工智能的下一代金融，可以使底层资产得到穿透，可以对风险进行穿透式监管，可以将微观金融风险防范和宏观金融风险防范联系起来。还可以消除"信息孤岛""数据孤岛"现象。基于可信大数据和可信人工智能进行金融建模和金融信息与情报分析，可以比先前更好地预测"黑天鹅""灰犀牛"风险，能够更好地管理类似"黑天鹅""灰犀牛"风险那样的风险。

[①] 刘洋，唐任伍. 金融供给侧结构性改革视域下的区块链金融模式综述与合规创新探析[J]. 金融发展研究，2019（7）：21-31.

创新的金融科技带来创新的监管科技，推动形成"沙箱测试"等机制。金融创新者可以在受限的安全环境中运行应用程序，使创新性的金融应用在一个风险可控的良性环境中得到测试、得以孵化。这样，既可以保护金融创新使其得以尝试而不被阻遏，又可以防止由金融创新失败而造成的负面影响；既保证了金融创新的快速试验，又可以有效监测其市场表现，严格防范潜在风险突发及扩散。

三是使客户隐私信息得到更好保护。

在下一代数字金融中，公民将能在较高程度上掌握自身金融隐私信息的控制支配权。区块链可以帮助数据鉴权和确权，帮助数据存证和交换，帮助数据合法合规地成为生产要素，帮助进行金融活动的公民决定是否共享金融隐私信息以及共享的程度。进行金融活动的公民，将能够确保自己的隐私信息不被他人非法获取、利用、公开而因此被侵害。公民可以有退出的选择权和被遗忘的权利。"利用区块链特性，增加对敏感数据的管理能力，提供更为安全与隐私的数据共享方式。基于区块链的可信数据交换使用一种隐私计算模型，数据共享方本地执行特定计算获取到计算结果，实现原始数据不出本地数据库，各方数据经过模型处理后的中间数据将由区块链汇总，并得到最后的计算结果，通过此方案减少数据暴露的风险，防止共享数据被倒卖或滥用，保护共享方的数据所有权。"

下一代金融将致力于研究在不牺牲隐私保护前提下的更好的大数据、更好的人工智能、更好的金融服务。零知识证明、同态加密、安全多方计算、联邦学习以及其他隐私计算技术等，将在隐私保护前提下的金融建模中发挥极为重要的作用。

四是使金融有温度、有情怀。

有温度、有情怀的金融，是指以人为本、金融机构充分体现其社会责任意识、"脱虚向实"且服务于实体经济和共同富裕、契合国家发展战略的金融，其基点是满足人民不断增长的美好生活需要。应用区块链技术、思维和精神，基于区块链可信大数据和可信人工智能的数字金融可更好地服务实体经济，可与实体经济更好融合。中国的数字人民币便是这方面极有价值的探索。从比特币这一金融场景中诞生的区块链，已进入数字金融、物联网、智能制造、供应链管理防伪溯源、供应链金融、跨境支付及贸易、数字资产交易、大数据治理、版权保护、电子政务、社区治理、公益慈善及医疗健康等领域，百花齐放的创新探索，可望大大促进实体经济的发展。

较之传统金融，基于区块链可信大数据人工智能的下一代数字金融更具有人文关怀的品质和时代使命感的底蕴，更注意体现金融向善、科技向善、区块链向善、人工智能向善、大数据向善等理念（这些都是技术研发者和使用者有情怀的体现）。这些实际上也是世界各国对金融应有的要求，只是由于社会制度的原因，西方国家不可能就上述命题做出规划性、前瞻性的设计，未能从金融顶层设计的高度来进行这方面的制度安排。

五是使金融更加智能、更加智慧。

不遵守可信、安全、隐私保护、有温度这几项前提条件的金融智能不是真正的智能，更不是真正的智慧。区块链和大数据、人工智能融合带来的可信分布式人工智能在金融中的应用前景远大。下一代数字金融将从更加智能演进到更加智慧。智慧的金融首先是在可信、安全、隐私保护、有温度前提条件下的智慧，是更懂得人（懂得人的心理、懂得人性因而更显其睿智）的金融。它以人民不断增长的美好生活需要为出发点，充分运用区块链、大数据、人工智能等金融科技，将高度智慧化的特征贯穿于金融领域——金融服务将做到"千人千面"，能更智慧地理解用户需求，功能将更加个性化，更加灵活、便捷、精准，将能更准确、更及时地预测、预警和防范金融市场的风险，结算支付更加快捷、金融覆盖更加全面、财富管理更加安全。智慧的金融将提供一个内涵更加丰富且更加开放、透明、公正的金融生态，更好地融入实体经济、人们的生产生活等方方面面，助力智慧城市、智慧乡村建设，实现更广泛的资源配置，推动实体经济进一步发展，推动共同富裕，从一个方面满足人民不断增长的美好生活需要。

六是使金融高效且高能。

高性能的金融是指具有高效率、高精准性、高实时性的金融。下一代数字金融所要求的上述五个方面特征，可信、安全、隐私保护、有温度、智慧，既有使金融系统改善性能和提高效率的一面，也对金融信息系统提出了更高要求，对传统金融信息系统的性能和效率带来了更大挑战。例如，区块链本身可以带来近乎实时的对账和清算结算，"交易即结算"，同时去信任，降低信息不对称，降低摩擦成本，因此从理论上说可使金融系统效率大大提升；但是作为区块链和分布式金融目前最广泛的落地应用，比特币、以太坊却又是性能较低的。这里体现了公有链和联盟链、共识和安全等方面的技术设计平衡和剪裁考量。又如更强大的隐私保护技术（零知识证明等），可能需要加载到小小的智能卡芯片上，这又需要在隐私保护与算力/电池之间进行平衡和剪裁考量。下一代数字金融带来的挑战是，需要在前述更可信、更安全、更保护隐私、更有温度、更智慧的场景下对金融信息系统进行优化。在此基础上，单系统性能的提升，以及采用分片、跨链等技术来实现的多系统互连互通，将提高整个金融、经济、社会的运行效率。

（二）通过区块链、大数据、人工智能融合创新推动金融治理现代化

区块链融入金融治理现代化进程，很重要的是应构建基于区块链可信大数据人工智能的下一代数字金融和数字金融治理基础设施、体系架构、计算范式。

在此过程中，应特别关注以下几点：

其一，在下一代数字金融时代，区块链、大数据、人工智能等信息技术赋能金融治理，监管科技同样将迎来诸多颠覆性的创新。前述理念大体也可适用于金融治理和监管科技本身：在下一代数字金融时代，金融治理和监管科技本身应注重顶层设计和全局性、系统性、规划性发展，对金融创新进行前瞻性的引导和规制（而传统上金融监管和金融治理多滞后于金融创新）。可采用金融治理/监管科技系统和信息系统"双系统"联合设计、联合创新、联合优化的新进路。金融治理/监管科技需要具备全球视野，将国际上的金融治理/监管科技"创新"看作我们的"创新沙盒"，对其中的创新探索进行跟踪、研究和借鉴。金融监管和金融治理同样需要把握"数据驱动""科技驱动""创新驱动"的时代大潮和发展趋势。中国数字人民币的设计便是这些方面的创新典范。

其二，金融治理与下一代数字金融相适应，其拓扑结构应该是基于可编程、嵌入式、自治理的"云-管-端"优化配置的治理。具体而言，规定金融业务逻辑必须自带金融治理逻辑。研发面向金融业务的金融智能合约语言，将金融业务+金融治理的原子化和完备性作为智能合约脚本开发的编译级别规定和要求（更多详情请参见第八章）。可将"交易即结算"的理念进一步延伸拓展至"交易即结算即治理"，改变传统金融治理中监管落后于交易、重事后监管轻事前事中监管、监管方对被监管方实施单向强制监管等弊病，实现治理大数据的可信及时反馈、治理方和被治理方在同一网络和环境、动态实时穿透式监管等，改变传统金融治理中被动应对、疲于奔命的治理模式。

特别是"监管创新能把事后变成按需即时，其主要原理就是用分布式账本实现监管者和受监管对象之间共享数据记录、打破组织壁垒，能有潜力地、轻松地实现交易数据子集以实时的方式和监管者分享，并使监管者可利用智能合约实现实时验证交易。这对我们的启发不仅是业务领域，社会、环保、政府政务方面都需考虑如何通过区块链把监管创新从事后变成按需即时"。事后监管当有其必要性；但有充分依据和现实针对性的即时监管应更为有效，金融治理更需要即时监管。

更进一步的问题是，区块链应用的拓扑结构改变了原先的传统层级结构，将传统的等级森严的多层级金字塔型结构重构为强调共建、共享、共治的分布式扁平结构。由此，与信息不对称状态相联系的金融治理现代化的障碍得以消

除。从政务管理的角度，这种新型结构在强调权威的金融治理场景中的应用有待商榷和实验，但其不失为提升金融治理现代化水平的一种有益探索。

其三，区块链不仅仅指区块链技术，也指区块链思维和区块链精神。区块链的伟大之处就在于，它不但使得人们没有违约和作恶的机会，使得链上的协作是可以去信任或者无信任的；而且更重要的是，它还通过激励机制，引导参与者积极参与、快乐协作，不断推动生态圈的完善和发展。久而久之，人们慢慢养成向善习惯，不断提升社会总体诚信和善良水平，整个社会将成就君子社会。因此，对真正大规模的创新应用，比如金融治理现代化，须结合人性以及区块链的人文社会内涵去考虑问题，不光应用区块链技术，而且应用区块链思维和区块链精神，通过人性+科技联合应用、联合建模、联合优化来构建能真正解决痛点难点问题的解决方案、平台和生态圈。更具体而言，通过区块链技术推动金融治理现代化，要将分布式账本这一区块链的特有功能用好；充分发挥链上各个节点的能动作用，让它们在掌握数据和信息的基础上实时参与一部分金融监管和金融治理；利用区块链的智能合约、共识机制及不可篡改和可以追溯数据信息的特长，促进可信系统建设和诚信环境营造。更进一步，如何对被治理对象进行引导和激励，既惩恶又扬善，从而形成一个"猫鼠和谐共生"、生气勃勃、欣欣向荣的生态圈，以破解传统治理中的诸多难题？这些将是很有价值的探索。

更广泛的，区块链的创新禀赋将推动社会治理现代化，从而也就推动金融治理现代化。2019年12月17日，北京大学金融信息化研究中心主任陈钟教授在第三届中国互联网金融论坛上说：把中心化的账本技术变成分布式账本技术，就从中心化、需备份、易篡改、不透明变成了点对点、抗毁坏、防篡改、全透明。"这也是我们得以用于做社会治理的一个根本的基础，如果没有这样的基础就谈不上区块链和区块链的技术。区块链本身就是一个信息系统，有着它的技术内涵，关键是我们如何把这样的技术内涵映射到数字经济当中的记录事实、可编程、可激励，这是很重要的社会治理上的含义。""记录事实、可编程、可激励"，不仅具有社会治理的含义，而且是参与社会治理的重要技术手段。而"区块链的确在所有新技术发展当中更加注重的是重构生产关系，因此发挥区块链基础设施的作用，变革激励调控机制和媒介，必将促进中国实现第五个现代化，也就是社会治理的现代化"。而金融治理现代化是社会治理现代化中的一个有机组成部分。区块链在推动社会治理现代化的过程中，不言而喻，也就推动了金融治理的现代化。

其四，区块链既是被治理的对象，也是赋能治理的工具。这样特殊的双重身份，给治理带来更深刻的认知。

一方面，区块链有其值得称道的鲜明特点和明显长处。它与监管和治理天然契合，能带来对传统监管和治理理论、方法、手段、工具、模式、流程等的解构和重构。另一方面，作为一种新兴的、尚不成熟的先进技术，区块链本身蕴含着较多技术风险。除了技术风险之外，区块链因触动了金融的本质、降低了从事金融经营活动的门槛，又往往带来金融诈骗、非法集资、非法发行证券、金融传销、非法洗钱等金融犯罪风险。这是区块链不同于大数据、人工智能等先进技术的地方，也是监管区块链比监管其他先进技术复杂和困难的地方。

应通过以链治链、以链扶链来推动区块链金融治理能力现代化。"监管部门要更加重视金融业务风险与区块链技术风险叠加后产生的扩散效应，尽快出台区块链金融专项监管政策法规和现有法律法规对区块链开发应用的明确释义，建立针对性、一致性和有效性相结合的区块链金融政策库、法规库和监管工具，建设多层次、全方位、跨部门、跨区域、跨国界的功能监管、动态监管、协调监管、效益监管、底线监管、环境监管等监管治理体系。大力发展监管科技，提升跨行业、跨市场的交叉性金融风险的甄别、防范和化解能力。发挥互联网法院等新型司法平台的有效作用，推动监管上链、监管在线。"

其五，在更宽广的范围内，区块链推动金融治理现代化跟区块链+政务有很大关联，治理水平直接取决于政务水平，政务水平的提升助推治理水平的提升。最直接的一点是，通过区块链技术，政府可以更多地推动政务网络化、信息化、数字化和智慧化，例如各种登记注册信息的上网、上云和上链等。有利于政府信息公开、政务公开。同时，也可以让社会福利的分配流程变得更加透明、更加安全、更加公平、更加可信。这种借助区块链的不可篡改、可追溯等技术特征所携带的去信任、自证清白的功能，能够极大地加强民众的参与感和满意度，增进他们对政府的信任，极有利于打造"阳光政府"。

由此带来的是：政府把一部分可以让渡出去的职能由智能合约来自动执行和完成。很少有人能够经得起诱惑，如果仅靠教育和道德约束的话，诚信的习惯较难养成。还不如索性把部分契约和承诺由智能合约来自动执行和完成，即用代码来定义规则（The Code is the Law）。由"算法"来帮助达到某种层级的公平公正。那样可从政府层面，践行"政务诚信、诚信政府"的理念。这样可以大大提升政府的公信力，并且大大降低政务成本、提高政务效率。

由于区块链重构了生产关系，显然，在此基础上，也将给我们的政务关系带来翻天覆地的变化。区块链是价值传输的网络，通过价值网络的建设，可改变政府治理过程中的资源配置和价值网络的结构。显然这给未来的社会治理带来了很大的想象空间。

基于区块链的可信大数据和可信人工智能将更有利于政务的数字化。可帮助政府更好地对整个社会资源进行管理和配置，通过数据化的思维和方法来实现未来数字化政府的落地。

由于在这场全社会信息基础设施架构大讨论和大更新的浪潮中，政务人员的认识也得到极大的更新和提升，将会进一步产生对政务智慧化的热切渴求和积极探索。可信政务大数据和可信政务人工智能将使更大程度的智慧化成为可能，广大政务人员的聪明才智将极大发挥出来。例如，"穿透式监管"将成为可能，基于可信政务大数据和可信政务人工智能的"精准监管"和"精准施策"将成为可能。

同理，可信政务大数据的另一层含义是，打破政务部门的"数据孤岛"和"信息孤岛"。基于区块链技术的数据共享新模式通过分布式账本、数据隐私安全、数据精准确权、智能合约激励等机制有效解决了对等机构间数据共享的诸多痛点问题。那样的话，真正的大数据才能成为现实可能。同时，更多的大数据将带来更大的人工智能，并表现为更富智慧、更高层级的"智慧政务"。同时，这种分布式账本的共享，还可以带来更有效的政务服务，真正实现"一窗通办""证照全打通"等。

此外，可信政务大数据还有一层含义，那便是隐私数据得到保护、确权和鉴权，在此基础上，更大程度地促进流动，也有利于交易和变现。在这个大数据时代，随着可信政务大数据规模的不断扩大和品种的不断丰富，政府将更多的数据开放出来，将极大地有利于民间商务活动的开展（例如，政府的社保和税收数据，是征信评分的重要因子）。

区块链技术中的智能合约激励机制的技术特征使得可以形成一种"可编程+激励"的机制。可以设计一套合理的激励机制，使各个主体主动加入共享账本，形成一个生态自洽的闭环体系，最终实现从数据共享到价值共享的进化。因此，基于区块链完全可以形成一套新型政务管理范式。

综上，数字金融时代的金融体系将发生很大变化：金融（信息）基础设施的变革将引发金融市场参与者行为和心理发生剧变，金融风险及其产生机理、构成成分、呈现方式等也会随之出现前所未有的变化。相应地，金融风险度量及管理理论和实践，应与之相适配并进行相应重构和创新。同时，这些巨变还呼唤金融监管政策法规及监管方法提前预判并作出适配（可先通过"创新沙盒"、"监管沙盒"来进行相应实验）。一方面，基于区块链可信大数据可信人工智能的数字金融和数字金融治理基础设施、体系架构、计算范式、融合创新孵化平台给金融治理带来赋能和提升，可将金融治理水平提到前所未有的高度；另一方面在金融风险平衡→失衡→再平衡的历史性进程中，应及时作出适配和调整。最重要的是，应及时做出准确预判，做好顶层设计、注重全局规划和系统性优化。最终做到不但不落后、不被动，而且能够走出中国道路、创设中国经验，向世界金融体系建设和世界金融治理贡献中国智慧和中国方案。

第十一章
区块链金融服务现代化的发展建议

区块链金融更多更好地服务于现代化，是其发展的大趋势。对于金融来说，本来就需要服务于实体经济，服务于经济社会发展。这方面的要求始终不会改变。区块链金融，在金融业中融入了区块链这一先进技术（当然也包括其他先进技术及各种先进技术的融合创新，特别是区块链、大数据、人工智能等先进信息技术的融合创新），一方面使金融体现出了更多的创新成分，呈现出更多的生机和活力；另一方面也使金融业面临着许多全新挑战和问题。现就区块链金融服务现代化提出发展建议。

第一节 正确认知区块链

认知属于精神层面，涉及理念、思维等一系列重要问题，与人的心理密切相关，对其自身行为有着程度不等的影响作用。因此，要让区块链及区块链金融为现代化提供良好的服务，特定主体对区块链的认知问题就不能不首先解决。

一、确立科学的理念

2019年10月24日，中共中央政治局就区块链技术发展现状和趋势进行第十八次集体学习。习近平总书记在主持学习时发表的讲话中指出：区块链技术的集成应用在新的技术革新和产业变革中起着重要作用。我们要把区块链作为核心技术自主创新的重要突破口，明确主攻方向，加大投入力度，着力攻克一批关键核心技术，加快推动区块链技术和产业创新发展。区块链技术应用已延伸到数字金融、物联网、智能制造、供应链管理、数字资产交易等多个领域。目前，全球主要国家都在加快布局区块链技术发展。我国在区块链领域拥有良好基础，要加快推动区块链技术和产业创新发展，积极推进区块链和经济社会融合发展。总书记为区块链的进一步发展指明了正确的方向。

（一）确立绝对不可以忽视区块链重要性的理念

区块链是一种技术，然而又不是一般的技术。习近平总书记指出："区块链技术的集成应用在新的技术革新和产业变革中起着重要作用。"其重要作用是在新的技术革新和产业变革中显现出来的。新的技术本身就在经济社会的发展中发挥着引领作用和推动作用。在新的技术革新中，区块链可谓功不可没。而在产业变革中，区块链的重要作用也正在日益显现。区块链还应当是"核心技术自主创新的重要突破口"。核心技术自主创新，对于经济社会发展来说是永恒的主题之一，而在其中，区块链是重要的突破口。这样习总书记就给我们展示了区块链在经济社会发展中所占的极为重要的地位。我们对于区块链的认识，就应该提到这样一种时代高度。

习总书记在上述重要讲话中，在讲到区块链技术在当今的应用时，特别提到了数字金融、数字资产交易等区块链技术已经进入的领域。实际情况也确实如此。区块链金融的新业态已经形成，可谓"春江水暖鸭先知"。就此而论，金融业在应用区块链技术为现代化服务方面负有特别重大的责任。

（二）确立积极推进区块链和经济社会融合发展的理念

区块链和经济社会发展要相融合。相对于经济社会的发展，区块链不是特立独行的科技因素；也不是与经济社会发展格格不入的元素；更不是高高在上、目空一切的路数。它是经济社会发展中不可或缺的有机构成部分。作为人类智慧的结晶，它是融入经济社会发展之中并为之服务的。因此区块链及其使用者如果傲视经济社会，要求人们对它顶礼膜拜，那是没有道理的；如果认为经济社会应该围着它转，那么也就没有体现真理性的认识。当然，如果否定区块链作为先进技术的重要作用，那也是一种错误的认识，与实际情况不相吻合，和党中央的要求背道而驰。

区块链在和经济社会融合发展的过程中，还必须和其他先进技术和睦相处、携手共进。其他先进技术包括大数据、人工智能、云计算等。各种先进技术在许多场合必须融成一体、融合创新、形成合力，才能对经济社会的发展作出最大、最优的贡献。

对于区块链金融来说，和经济社会融合，方才可能卓有成效地服务于实体经济和共同富裕，给广大人民群众带来福祉。破解金融中的传统难题和解决新出现的棘手问题，只靠区块链单打独斗是不可行的，因此区块链还存在与其他先进技术融合发展、融合创新的问题。

（三）确立花大力气致力于可信体系建设的理念

促进社会可信体系建设，是经济社会发展中的重中之重。从现在的情况来看，不讲诚信者在许多场合畅行无阻，讲诚信者被骗、被坑的案例相当普遍，比较脆弱的社会可信体系经常受到挑战。社会可信体系不建设好，经济再发展社会也没有希望；相反，社会可信体系建设好了，人们之间就能充满信任，就有足够的互信，就具备了共同的思想基础，就可以在全社会范围内凝心聚力。而对于金融交易市场来说，可信也是必不可少的。区块链在增进人们的互信方面，提供了技术上的保障（例如，上链的数据和信息不可篡改、可以追溯，使想作假者无从下手，使实施作假者无可遁形；智能合约则依靠机器的力量和程序的力量，对不守信者、想违约者进行严格约束。在共识机制中，既包含了技术的作用力，也包含了经济激励机制）。因此，在区块链及区块链金融服务现代化建设的过程中，应当有意识地推进可信体系建设，并在这方面有大的作为、获大的成效。

二、遵循与区块链相适应的思维

（一）在中心与节点的关系中所体现的思维

互联网有互联网思维，区块链也应该有自己的思维。互联网思维包括平台思维、跨界思维、流量思维等，其中最重要之处是在和客户或用户的关系中表现出来的，是一种客户或用户至上的思维（包括把产品、服务和用户体验做到极致，让用户尖叫，以及快速迭代、精益创新等思维）。但如果着眼于互联网的拓扑结构来进行考察，那么，中心化不能不是其思维的另一个特点。正如有的研究者所指出的那样："随着谷歌、亚马逊、Facebook、腾讯、百度、阿里巴巴等互联网巨头的不断强大，亦即'中心化'愈演愈烈之时，一些人对互联网的中心化趋势表达担忧，反弹的声音也越来越大，人类社会的有识之士希望解决这个问题，甚至也包括万维网之父伯纳斯·李（Tim Berners-Lee），他希望推翻自己发明的技术，重塑互联网的未来。区块链随比特币发展起来，其'去中心化'的特点与上述反弹声浪一拍即合。"[1]在互联网的空间中，虽然强调进行点对点的传播，但是其中的某些点还是被视为中心，或者自己也自视为中心，甚至还形成了垄断，以致一些屠龙少年成了恶龙本身。互联网一定程度上的中心化思维在这里得到了体现。

---

[1] 刘锋，吕乃基. 互联网中心化与去中心化之争[N]. 中国社会科学报，2019-05-21.

而在区块链的场景中，区块链是一个去中心化（或多中心化）的分布式数据库，具有去中心化（或多中心化）、防篡改、可追溯等技术特征。在整个链上，各种数据和信息都是透明的、共享的。更重要的是，各节点无权擅自修改链上的信息。而共识机制也大大约束了各节点的权力，可以说，各个节点在获得赋权方面是平等的，强调的是多方协作，而非一方独大。区块链还强调数据和信息的共同维护、交叉验证、共享共治。区块链不但是技术创新，而且还是思维创新和机制创新，区块链思维与其他技术和思维结合起来，可以为很多金融、经济、社会中的痛点难题提供令人耳目一新的解决思路、模式、方法和途径。

（二）在价值传递中所体现的思维

互联网和区块链存在很大差别：前者传递的是数据和信息，而后者则实现了价值传递。正如巴曙松等所述："引入区块链分布式账本的记录机制，能够推动互联网从信息互联到价值互联的转变。互联网交换传递信息，但区块链技术能够传递价值。信息通过复制进行传递，而区块链通过全新的记录机制进行资产确权，实现了价值转移；从互联网通信协议层级来看，这种价值传递的过程被打包定义为区块链'信用层'协议。"[1]互联网和区块链所做传递的最主要区别在于：前者主要是数据和信息复制式的传递；后者通过资产确权而实现了价值传递，而且对于资产和价值而言，除非特殊情形，一般应是移动和转移，而非复制。区块链的思维是与价值传递相适应、相匹配的。"区块链将有潜力使得互联网到达一个新高度，即从信息交换到价值交换，开创新一代价值互联网体系（Internet of Value），极大地降低交易成本，对商业模式和经济社会产生重大变革。区块链支撑价值互联网，就如同HTTP等协议支撑信息互联网一样。"[2]

（三）在创新过程中所体现的思维

不可否认，互联网思维就是一种充分体现了创新性要求的思维。互联网已经给人类社会带来了前人难以想象的许多创新性的成果（如"新四大发明"）。在创新这一点上，区块链和互联网一脉相承，且青出于蓝而胜于蓝。

区块链所具有的创新价值必须得到充分重视。区块链技术本身就是继互联网技术之后的一项新兴的"金融+科技"技术，具有非常大的创新价值。然而更为重要的是，区块链融入相关产业后推动了产业发展和区域进步。如前所述，区块链不但是技术创新，还是思维创新和机制创新，可以为金融、经济、社会

---

[1] 巴曙松，朱元倩，王珂. 区块链推动金融变革路径[J]. 中国金融，2019（08）：70-72.
[2] 蒋海. 区块链：从信息传递到价值传递[J]. 当代金融家，2016（02）：47-48.

中的诸多痛点难题提供令人耳目一新的解决思路、模式、方法和途径。以比特币为例,区块链中的共识机制、工作量证明机制、(惩恶扬善)激励机制等,都是科技不够人性来补,都是通过人性方面的精巧构思和创新设计来解决科技尚不能完全解决的问题,体现了"人性+科技"联合应用、联合建模、联合优化以解决金融、经济、社会痛点难题的思维(甚至可称为一种精神)。由于以上原因,区块链已经远远超越分布式数据库这样一种底层技术,而承载了数字经济和数字社会时代,人们对构建一种更美好的社会连接和协作模式的憧憬和期待。天下"苦秦"(指协作的信任成本太高)久矣,区块链精神是对数字经济、数字社会时代更好的人与人之间连接与协作关系的热切召唤。区块链的伟大之处就在于,它不但使得人们没有违约和作恶的机会,使得链上的协作是可以去信任或者无信任的;而且更重要的是,它还通过激励机制,引导参与者积极参与、快乐协作、不断推动生态圈的完善和发展。因此,对真正大规模的创新应用,须结合人性及区块链的人文社会内涵去考虑问题,不光应用区块链技术,而且应用区块链思维,通过"人性+科技"联合应用、联合建模、联合优化来构建能真正解决痛点难点问题的解决方案、平台和生态圈,这是很有价值的探索。目前,金融、医疗、教育以及文化等产业都致力于区块链技术和区块链思维的应用实践,区块链项目的成功落地也能为各个行业带来颠覆性的创新价值。

从金融行业来看,最近若干年来,在移动互联技术的作用下,我国传统金融业实现了向互联网金融的转变;而在区块链、大数据、人工智能、云计算等先进技术融合创新的推动下,又发展成为数字金融,并在向下一代数字金融演进。此外,区块链技术和思维应用于金融监管中,其多中心化、不可篡改、可追溯、可编程等技术特征,既有助于提高金融监管的效率,也有助于降低金融监管的成本。区块链技术和思维与具体的金融业业务场景相结合,有助于推动金融产品、服务、模式等创新,将改变金融市场参与者的心理和行为,并将深度改变金融风险的构成和成分,为此呼唤金融风险度量及管理理论和实践的适配和重构。从互联网金融向区块链与大数据、人工智能等先进技术融合创新所驱动的金融的转型发展,就其本质而言,是互联网金融向数字金融的转型发展。而后者在前者的基础上,体现出了全新的创新发展。

第二节 大力支持区块链核心技术研发

区块链核心技术研发,在整个区块链发展中有着至关重要的作用。这部分研发,对区块链技术起着关键作用和支撑作用,因而是首先要做好的研发工作。

一、加强区块链核心技术研发和持续提高区块链技术行业的创新能力

应该说，两者之间存在着紧密的内在联系。2019年11月8日，工业和信息化部总经济师王新哲在北京举行的可信区块链峰会开幕式上曾表示，工业和信息化部高度重视区块链技术产业发展工作，通过营造良好发展环境、引导地方加快探索步伐、支持突破关键核心技术、促进行业应用落地、构建完善标准体系等多种方式，支持区块链技术产业发展，夯实我国区块链领域发展基础。支持突破关键核心技术，在工业和信息化部发展区块链的思路中，占据了重要位置。而加强区块链核心技术研发和持续提高区块链技术行业的创新能力，两者是互为因果的。

当前，加强区块链核心技术研发和持续提高区块链技术行业的创新能力都并非易事，单是区块链关键核心技术和基础研究就面临诸多挑战。[1][2]

在区块链体系结构方面，可扩展性弱、每秒交易数低、交易确认时间长、存储资源浪费等问题突出，严重制约区块链应用的广度和深度。当前主要的研究方向：并行化架构，如区块链分片技术（Sharding）、Plasma、Block DAG（如SPECTRE、PHANTOM）等；链上、链下协同架构，如支付通道技术Lightning Network、Raiden Network等。

在区块链共识算法方面，同样存在可扩展性、每秒交易数低、交易确认时间长、资源消耗、安全性等方面的挑战，特别是所谓的"三难困境"（当然，"Blockchain Trilemma"在学术界尚存在争议，不像CAP定理那样明确），即区块链系统最多只能同时优化去中心化、高性能和安全性三个目标中的两个。当前主要的研究方向为Algorand、Bitcoin-NG、Casper等。

在区块链隐私保护方面，须研发既能保证高效安全，又能真正保证交易关键信息隐藏不被泄露，甚至具备抗量子攻击能力的技术解决方案，这依然是未来区块链研究面临的主要技术挑战。典型的隐私保护技术和解决方案包括混币技术、隐秘地址、环签名技术、zk-SNARKs零知识证明算法、zk-STARKs零知识证明算法、安全多方计算、可信硬件和可信执行环境（如Intel SGX和Arm TrustZone）、联邦学习、同态加密、差分隐私等。

在区块链智能合约方面，研究还处于相对早期的阶段，智能合约离真正的

---

[1] 孙毅，范灵俊，洪学海. 区块链技术发展及应用：现状与挑战[J]. 中国工程科学，2018，20（2）：27-32.
[2] Kolb J，AbdelBaky M，Katz R H，et al. Core concepts, challenges, and future directions in blockchain: A centralized tutorial[J]. ACM Computing Surveys（CSUR），2020，53（1）：1-39.

"智能""智慧"还很遥远。当前研究主要围绕智能合约虚拟机（EVM 效率提升、Solidity 编译器优化、WASM 执行环境研发等），智能合约升级且可解释，智能合约鲁棒性（程序代码的形式化检验和审查（如 Oyente、Securify 等），将合约代码翻译到更易形式化检验和审查的语言（如 Solidity*、Scilla 等），替代性智能合约语言（如 Move、Pack、Plutus、Michelson、Obsidian 等），智能合约自动纠错（如 Hydra 等）），链下数据上链（Oraclize 将智能合约与 Web API 通过加密证明链接，IC3 Town Crier 通过 Intel 可信硬件 SGX 提供可信数据等）。

在区块链跨链通信方面，随着区块链技术逐渐被广泛应用，产生了很多独立的区块链信息系统，新的"区块链孤岛"出现了。解决跨链交易中有效性、可扩展性、原子性等问题，寻求安全、高效且通用性好的技术解决方案，是当前区块链跨链通信技术的研究重点。目前，区块链跨链通信技术研究代表性方案包括成对通信、Interledger、Cosmos、Polkadot 等。

综上，在区块链关键核心技术和基础研究方面，应力争达到和达到后保持世界领先的水平。因为只有这样，才能在全球区块链技术研发和应用创新竞争中获得更多的话语权和话语主导权，才能真正实现创新驱动发展战略，为建设科技强国奠定基础。

二、为区块链核心技术的研发和转化找到内生动力

进一步的问题是：怎样为区块链核心技术的研发和转化找到内生动力？区块链核心技术的研发和转化需要有强大的内生动力。国家富强、社会进步，正是人民群众对更美好生活的向往催生对区块链技术和应用不断增长的需求，并进一步激发研发者的内生动力。区块链金融要更好地为现代化服务，最好的路径是，不仅为广大区块链科研和应用工作者提供核心技术，而且设法将核心技术转化为素养和能力，再反过来为核心技术的研发和转化增添内生动力。具体说就是：要触动他们的理念，使之更为科学；要影响他们的思维，使之更有创新性；要提升他们的素质，使之更加勤奋且严谨。而不是出现以下相反的情况：一味地依赖机器和技术，变得懒于思考，惰性十足；过分迷信机器和技术，唯其马首是瞻；在机器和技术面前，缺乏应有的自信，同时缺乏应有的担当。如此看来，区块链科研和应用工作者不仅应该有较高的技术素质，而且应该有不低的人文素养和人文情怀。这样，他们就会不断地激发和增强攻克和突破区块链核心技术的内生动力。

第三节　优先支持选择试点行业领域

2018年5月28日，习近平总书记在中国科学院第十九次院士大会、中国工程院第十四次院士大会上发表的重要讲话中，将区块链与人工智能、量子信息、移动通信、物联网一道列为新一代信息技术的代表。以区块链（包括区块链金融）服务于现代化事业，这是一项系统工程。为了做到稳步推进，有必要对试点行业进行慎重选择，选择确定以后予以优先支持。

一、优先选择与"区块链+"密切相关的民生领域

习近平总书记说：要探索"区块链+"在民生领域的运用，积极推动区块链技术在教育、就业、养老、精准脱贫、医疗健康、商品防伪、食品安全、公益、社会救助等领域的应用，为人民群众提供更加智能、更加便捷、更加优质的公共服务。这是着眼于全社会所做的考虑和对区块链技术提出的要求。上述领域与广大人民群众的切身利益密切相关，而且区块链技术也确实可以在其中发挥重要的作用。将"区块链+"投入到民生领域中的上述重要方面，将可以通过区块链给人民群众直接带来福祉。这是党的执政理念的核心部分"以民为本""以人为本"和以人民为中心的工作导向的具体落实，也是先进技术为民造福的具体体现。

二、能给群众带来更好政务服务体验的方面应享有最高优先级

习近平总书记说："要探索利用区块链数据共享模式，实现政务数据跨部门、跨区域共同维护和利用，促进业务协同办理，深化'最多跑一次'改革，为人民群众带来更好的政务服务体验。"如果说将"区块链+"运用到民生领域是给人民群众直接带来福祉的话，那么为人民群众带来更好的政务服务体验，则是借助于区块链提高为民服务的质量和水平，以使人民群众的满意度有所提升。倘若"最多跑一次"的改革能在区块链的助推之下真正到位的话，那么，人民群众办事难的痛点问题就能得到顺利解决。而其中所利用的技术原理是，区块链为数据和信息的共享提供了技术、平台和模式。在这方面，区块链有自己的优势。

三、选择最迫切需要区块链技术的领域进行试点

北京航空航天大学洪晟教授认为：随着国家对数据保密、安全取证、合法

用户的认证与授权管理的需求的不断增强，区块链由于天然具有数据保密、不可篡改、可溯源取证以及去中心化的特点，将会在最可能迫切需要这些技术的领域全面推广，比如供应链管理、产品溯源、数据文档取证审计以及设备的安全接入认证与授权管理等领域开展应用，供应链管理、工业互联网、5G 领域等都是优先发展的领域。这些领域是区块链能尽其所能和尽其所长的领域，当然应该考虑作为试点优先推广。

以区块链在民商事法律和微观金融风险防控领域中的应用为例。当前司法诚信问题已成为商业和金融稳定运行的最大干扰和障碍。面对大量虚假证据、虚假事实、虚假陈述、甚至虚假诉讼，基层法官的判断和裁决往往会受到干扰和左右；经济纠纷往往久拖不决，错判误判还可能让正义更加迟到。可见，错判误判（质量角度）和久拖不决（时效角度）的民商事经济纠纷可能造成微观经济金融风险，而微观经济金融风险集聚可能导致宏观经济金融风险。数字金融 2.0 时代，基于区块链可信大数据人工智能的金融基础设施还将拓展延伸至下一代法律基础设施、下一代经济基础设施、下一代社会基础设施。其重要之处就在于，久而久之，人们慢慢养成向善习惯，不断提升社会总体诚信和善良水平，整个社会将成就君子社会。①

四、给数字金融和金融科技提供应用和创新的重要的一席之地

习近平总书记在主持中共中央政治局就区块链技术发展现状和趋势举行的第十八次集体学习时发表的讲话中，提到区块链在数字金融、物联网、智能制造、供应链管理、数字资产交易中已经得到应用。这表明：上述行业已经不再作为试点行业而存在；初始的试点已经得到政府的认可。以下面临的问题是：原先已有的试点成果，需要进一步巩固和深化；涉及区块链金融的部分，和金融创新密切相关，需要按照"安全—创新—发展"的思路，用好区块链技术，实现安全程度更高、创新力度更大的金融创新。

传统金融（也包含互联网金融）至少存在六大不足。这就决定了它无法满足当今时代对金融的要求。正确认知和评判传统金融的不足，才能号准脉并将基于区块链可信大数据人工智能的下一代金融建立在坚实的科学基础之上。从顶层和全局来看，传统金融存在的不足具体如下：可信程度不高、存在较多安全隐患、保护客户隐私不力、温度和情怀欠缺、智慧成分不足、尚未达到高能高效。为消除传统金融的上述六大不足，下一代金融所走的道路，应是注重顶

---

① 丁晓蔚. 从互联网金融到数字金融：发展态势、技术特征与设计理念[J]. 南京大学学报（哲学人文社会科学版），2021，44（6）：6-24.

层设计、注重全局规划和系统性优化的道路。其间，顶层设计包括以总体国家安全观为一体，兼及金融发展与金融安全两翼，贯穿服务实体经济和共同富裕的指导思想。应注意体现长远眼光，实现可持续发展，为此要进行合乎规律的科学规划，避免出现短视行为和"翻烧饼"现象；消除六大不足，注重从源头上思考和解决问题，避免头疼医头、脚疼医脚。在对发展道路进行优化时，注意发挥我国的制度优势，进行系统性优化。

当前数字金融呈繁荣景象，但对如下问题（主要存在于国际上，但国内也局部存在）不可忽视：一则，国外链上的很多数字金融创新不合法、不合规；二则，一部分所谓创新呈无规划性和随机性；三则，金融创新良莠不齐，有些本质上不具价值，沦为炒作、投机和诈骗的工具。在数字金融的发展中，中国将走的是一条既不同于传统金融亦不同于当前链上新金融的新路（或称"第三条道路"）。循着此路，传统金融不是墨守成规而是拥抱新科技，同时链上新金融探索合法合规的中国本土化之路。这是新金融与传统金融彼此相向而行的中间道路。在这条新路上，中国数字金融 2.0 在合法合规并体现中国特色的前提下，吸纳借鉴而不是绝对摈斥西方最新前沿金融科技（如 DeFi、NFT、元宇宙等），对其中的合理成分有所吸收、摄取，此其一。其二，注重顶层设计、注重全局性规划和系统性优化。其三，实行金融系统和信息系统（"双系统"）联合设计、联合创新、联合优化。下一代数字金融，就应是这样的创新产物。符合以上三点的典型案例是中国法定数字货币——数字人民币。原因是：首先，数字人民币是受到比特币、以太坊、稳定币、Libra/Diem 等加密货币、虚拟货币和超主权货币启发且是中国本土化、合法合规的金融科技创新；其次，数字人民币是中国央行发行的特别注重顶层设计、全局性规划和系统性优化的金融科技创新；最后，数字人民币是上述"双系统"联合设计、联合创新、联合优化的标杆性成果。而数字人民币只是一个开端，从数字身份到数字货币再到数字资产等，整个金融体系将按照上述三个原则进行重构。随着金融信息基础设施的重构，人类的金融行为将发生巨变，金融风险将被重新定义，金融监管和法律法规将同步进行适配，金融教科书将被改写。[①]

数字人民币将启发和激发一系列全国金融信息基础设施架构的建设，推动区块链这个价值传输网络的落地。现在全球性互联网络已经建成，接下来应建设全国性甚至全球性（或至少一带一路）价值传递网络。人们常说区块链没有 Killer App，但区块链的 Killer App 首先应来自政府推动和大规模基础设施建设，

---

① 丁晓蔚. 从互联网金融到数字金融：发展态势、技术特征与设计理念[J]. 南京大学学报（哲学人文社会科学版），2021，44（6）：6-24.

因为企业在做链改和上链的时候，往往会更多考虑成本和收益比。而数字人民币就如同高铁和 5G 网络一样，构建了全国范围的货币基础信息网络。同理，将可以构建出金融行业其他全国性的链和网，以及诸链之链、网上之网等多链和多网架构，比如全国证券交易结算清算网络，全国基金投资区块链网络、全国保险区块链网络等。笔者的一项研究指出，在数字资产上链的新金融世界中，数字资产如何交易、如何对冲、如何进行风险管理等，都和传统金融很不一样。

第四节 重点支持区块链与实体经济深度融合

在 2002 年，党的十六报告中正式提出要正确处理"虚拟经济和实体经济的关系"这样一个重要命题。在研究区块链的过程中，对实体经济和虚拟经济加以研究，很有必要。

一、作为相对应概念的实体经济和虚拟经济

在什么是实体经济、什么是虚拟经济的问题上，学者们并没有形成共识。有学者认为：实体经济就是实际生产活动，持此观点的有朱立南（1992）。也有学者认为：实体经济是以使用价值的生产与流通为媒介的增值系统，代表性学者有成思危（2005，2009）、刘志彪（2015）等。还有的学者将"实体经济"与"实物经济"视为同义语使用，如陈文玲（1998，2016）。笔者认为，实体经济是直接创造价值的经济。人们创造的物质财富是有价值的，所创造的精神财富也是有价值的。为了创造价值，就需要投入各种各样的劳动。从本质上说，是劳动创造了价值。与实体经济相对应的，是虚拟经济。有学者提出："虚拟经济就是'由钱生钱'的经济活动。它只是在时间跨度上对财富的再分配，而并没有为社会创造新的财富，带来真正的价值增值。现有的虚拟经济行业主要包括房地产业、金融业、体育经济、博彩业和收藏业等。"[①]以上论述都颇有启发性。

二、区块链将在实体经济中广泛落地

原工信部信息中心工业经济研究所所长、《2018 中国区块链产业白皮书》编委会主任于佳宁认为：在中国，区块链正走向技术创新和应用落地并举这样一个新时代。区块链将在实体经济中广泛落地，成为建设数字中国的重要支撑。

[①] 徐欣然. 虚拟经济与实体经济的相关性研究[J]. 现代营销，2020（03）：12-13.

区块链将成为实体经济振兴的助推器。①他做出的解读是：其一，区块链在实体经济中的一个核心着力点是，实现企业或机构之间协作环节的信息化。实体经济总是有着对信息和信息化的日益强烈的需求。对此需求，区块链可以在很大程度上给予满足。一方面，区块链技术可以解决传统结构化数据库无法覆盖到的一些场景；另一方面，基于区块链技术可以固定对账的结果，当参与者形成共识后，无须审计人员再重复验证。这正是区块链的真正厉害之处。其二，在使整个社会的可信数字化程度有所提高的基础上，让实体经济在可信系统中更高效地运行。这样的运行不仅可以减少由人们之间的不信任造成的摩擦，而且可以通过共识机制有效、快速地创造信任，并通过数据和信息不可篡改的原理将信任有效地传递出去。这就可以提高劳动和工作的效能，释放出原本被相互不信任扼杀的潜能，无异于创造了更多、更高的价值。

区块链技术从基于比特币而提出至今时间不长，相对而言仍然属于一种新兴的技术，国内外专家学者和业界人士对于区块链的研究很难说已经达到极为深入的地步。区块链技术目前仍然处于发展初期，无论是技术本身还是与实体产业融合以及在实体经济中广泛落地，都还存在很多困难和问题。

三、以为金融提供优质服务的方式服务于实体经济

比较多的学者将金融归为虚拟经济，笔者大致赞同这样的见解。但须指出的是：虚拟经济与实体经济之间并不存在着互相隔绝的状态。为金融提供优质服务，以此为实体经济服务，不失为虚拟经济为实体经济服务的一条很好的路径。正如习近平总书记所说："金融是现代经济的血液。血脉通，增长才有力。"很难设想，现代经济能够离开金融这样的血液和血脉。失去金融，经济也就失去了活力。就此而论，区块链通过强壮金融这一血脉而服务于实体经济，这是完全可行的。2019年2月22日，习总书记在主持中央政治局第十三次集体学习时发表的讲话中说："金融活，经济活；金融稳，经济稳。经济兴，金融兴；经济强，金融强。"这说明金融与经济两者之间的正相关关系，并且说明区块链为金融提供优质服务、以此为实体经济服务，是切实可行的。

四、实现区块链与实体经济的深度融合

区块链与实体经济直接对接并实现两者的深度融合，有无可能？回答是：有现实可能性。河北省省长许勤提出的思路是：推动产业创新发展，推进区块

---

① 黄芳芳，于佳宁. 发展区块链需与实体经济相结合[J]. 经济，2018，(12)：74-75.

链与人工智能、大数据、物联网等信息技术深度融合，完善信息技术产业链；推进区块链与实体经济深度融合，促进在电子商务、政务服务、智慧医疗、信用体系建设、农产品安全追溯等领域的应用。[①]其实，区块链与人工智能、大数据、物联网等信息技术深度融合，完善信息技术产业链，应该也就是与一部分实体经济的深度融合；而得以完善的信息技术产业链，则是实体经济产业形态得到优化的体现。"促进（区块链）在电子商务、政务服务、智慧医疗、信用体系建设、农产品安全追溯等领域的应用"，则涉及区块链与第一产业、第二产业和第三产业的深度融合。当然，融合有待于继续优化（提高融合的质量）和继续深化（使融合的程度不断加深）。区块链与实体经济深度融合，未来还有很长的路要走。但前景可期，这应该是确定无疑的。

区块链技术作为新兴的先进信息科技中的一项技术，其自身存在着一定的风险（技术风险），在与实体经济深度融合以后，也可能会衍生出其他相应风险。对此，任何时候都应该保持清醒的头脑。由于我国区块链产业的发展并不均衡，所以从总体上来说对其产业布局仍需要进一步统筹。在监管方面，由于相关法律法规尚不完善，因此，无论是对区块链技术还是对区块链实体经济产业，监管都有待进一步完善和规范。

第五节　积极推进标准规范体系建设

为了促使区块链进一步健康发展，下一阶段的一项重要工作是：积极推进标准规范体系建设，特别是积极参与国际标准建设。这是提高区块链建设和发展水平并在国际上这一领域中取得和扩大话语权必须做而且必须做好的一项工作。

一、区块链炙手可热但还没有国家标准

在中央政治局 2019 年 10 月 24 日集体学习区块链技术以后，党的高层领导的重视，使得区块链技术成为一个热门的话题。"毫无疑问，区块链技术无论在国内还是国际上都是技术革新和产业变革的一个新风口，是新一轮国际竞争绕不过的一个门槛。中国必须以更加积极的姿态参与到区块链技术的研究与应用之中，紧紧抓住区块链技术新风口带来的新机遇，认真迎接区块链技术研究与应用可能带来的新挑战，这对于中国经济特别是数字经济顺利站上新风口、

---

① 宓迪. 如何将区块链与实体经济深度融合[N]. 证券日报，2019-12-05.

跨上新平台、占领新制高点十分重要。"[①]

标准的建立是一个行业及产业走向成熟的标志之一。区块链标准一般分为国际标准、国家标准、行业标准、地方标准和团体标准。虽然目前国内区块链行业标准、团体标准已发布数十个，但各个标准目前的落地效果并不理想。建立一个高质量、有共识的标准，仍是行业期盼的结果。

此前，中国人民银行于 2020 年 2 月 5 日发布了推荐性行业标准《金融分布式账本技术安全规范》(JR/T 0184-2020)，又于 2020 年 7 月 10 日发布了推荐性行业标准《区块链技术金融应用评估规则》(JR/T 0193-2020)。这些是国内乃至国际金融业的突破性进展。此外，中国区块链测评联盟于 2019 年 1 月发布的《区块链与分布式记账信息系统评估规范》是国内首个区块链技术团体标准。该联盟由中国科学院院士郑志明倡议，由工业和信息化部电子第五研究所、中国电子学会、北京航空航天大学作为核心发起单位，联合蓝石区块链实验室等 60 余家单位共同发起。在此之前，区块链不仅没有国家标准和行业标准，而且没有相应的对区块链系统进行评估的标准。由于以上原因，区块链技术的研发、推广和应用大受影响。为此，积极推进区块链技术标准规范体系的建设成为当务之急。技术标准规范体系确立并实施后，将有助于促进区块链技术更好地研发，以及在各个领域更好地应用。

二、推进区块链技术标准规范体系建设已获重大进展

2019 年 11 月 4 日，工信部网站在发布的《对十三届全国人大二次会议第 1394 号建议的答复》中，披露了工信部经商银保监会答复全国人大代表朱立锋提出的"关于将新零售、区块链和工业互联网相结合，助力中小微企业高质量发展的建议"的具体内容。工信部在《答复》中明确表示，将建立健全区块链标准体系，推动成立全国区块链和分布式记账技术标准化委员会，体系化推进标准制定工作。加快制定关键急需标准，构建标准体系。积极对接 ISO、ITU 等国际组织，积极参与国际标准化工作。答复虽然简短，但是涵盖了许多重要内容，包括（1）成立相应机构（全国区块链和分布式记账技术标准化委员会），以推进建立健全区块链标准体系的工作；（2）"加快制定关键急需标准，构建标准体系"，明确了建立标准体系的工作目标，节奏将会加快。（3）放眼全球，做好与 ISO、ITU 等国际组织的对接工作，并积极参与国际标准化工作。这表明：推进区块链技术标准规范体系建设已经提上重要议事日程。

2021 年 10 月 29 日，第一届全国区块链和分布式记账技术标准化技术委员

---

① 谭浩俊. 区块链应坚持高标准[J]. 财经国家周刊, 2019, (23).

会正式成立。自 2018 年 6 月工信部提出以来，历时 3 年，中国首个区块链国家标准目前已完成编写，预计将于 2022 年发布。中国电子技术标准化研究院区块链研究室主任李鸣接受《链新》专访时介绍："在国内，现在国家标准有 8 个立项，其中 1 个正在报批；行业标准现在有 4 个；地方标准贵州有 4 个，山东有 1 个；团体标准有几十个。从进展上来看，国家标准以基础类为主；行业标准偏技术类；团队标准各式各样都有，偏应用的比较多一些。目前所发布的各种标准良莠不齐，很少能够在产业链达成共识。" 2022 年将发布的第一个国家标准是《区块链和分布式记账技术参考架构》，主要分为功能视图和用户视图。功能视图规定区块链系统应具备哪些技术组件。用户视图规定区块链产业中的相关方、相关活动、监管对象等。

三、对区块链标准体系框架的探讨

有研究者就区块链标准体系进行了探讨，提出了如图 11-1 所示的参考框架：

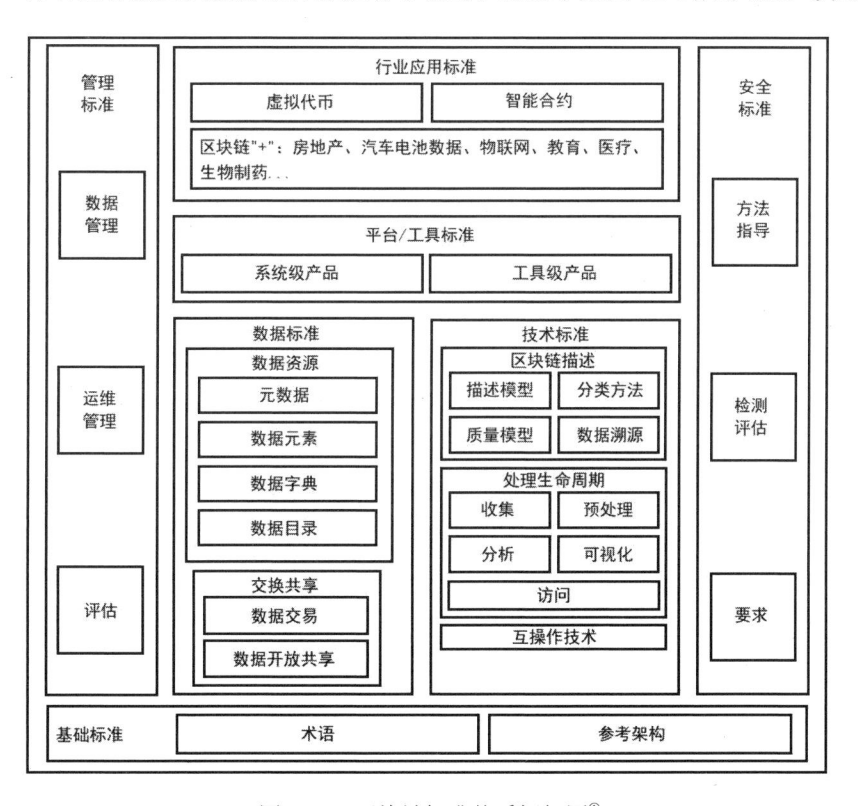

图 11-1 区块链标准体系框架图[①]

---

① 王斌，潘洋，王敏燕，等. 区块链所需标准研究[J]. 大众标准化，2019，(4)：16-21.

在这个框架中，包含基础、数据、技术、平台/工具、管理、安全和应用等七大板块：基础标准——包含术语和参考架构；数据标准——包含数据资源、交换共享；技术标准——包含区块链描述、处理生命周期、互操作技术；平台/工具标准——包含系统级产品、工具级产品；管理标准——包含数据管理、运维管理和评估；应用标准——对区块链进入有关行业以后的评估标准都有所考量；安全标准——在应用区块链技术的问题上，安全始终是第一位的。相对而言，此框架在安全指标方面考虑得还不够具体、周到，有待进一步完善。当然，这只是学术界研究者的一次相当有益的探讨；国家标准体系的出台将比以上探讨全面、完整和权威得多。

四、积极参与国际标准制定

在这个问题上，中国不能缺席。在2016年10月举行的"中国区块链技术和产业发展论坛成立大会暨首届开发者大会"上，工信部信息化和软件服务业司司长谢少锋透露：区块链给软件和信息技术服务业带来了全新的机遇和挑战，未来工信部将在改善发展环境、推进技术落地和参与国际标准制定方面，推动区块链发展。这表明：参与区块链国际标准制定，已经被列为工信部此后若干年的重要工作目标之一。

在2018年10月9日举行的可信区块链峰会上，工信部总经济师王新哲称，工信部将从多个方面推动区块链技术健康成长，其中包括：将积极构建完善区块链标准体系，加快推动重点标准研制和应用推广，逐步构建完善的标准体系；将积极对接ITU、ISO等国际标准组织，实质性参与更多区块链的国际标准化工作，积极贡献更多"中国力量"；将加快完善区块链发展的政策环境，其中包括支持有条件的企业进行应用创新和模式创新，引导和鼓励企业、高校和科研院所联合培养区块链发展所需专业人才；将支持符合条件的区块链企业享受国家支持软件产业和中小企业发展的税收优惠政策。这中间包含着发展区块链行业和产业的一揽子综合考虑。其中尤其引人注目的是这样一些要点：推动重点标准研制（在一般标准和重点标准中突出重点标准），构建完善的标准体系（着重点放在标准体系的建构和完善上），对接国际标准组织（表现出积极性和主动性），实质性参与国际标准化工作（特别强调的是实质性参与），贡献更多"中国力量"（最后汇总和聚焦到意味深长的"中国力量"）。每一个要点都包含了丰富而深刻的内涵。诸多要点有一个聚焦之处，那就是：积极参与国际标准体系构建。在未来的几年内，中国有关机构部门将就参与区块链国际标准体系构建，交出一份令人满意的"中国答卷"。

第六节　推动产业链与生态系统建设

当前，在全球范围内，许多国家都在加快发展区块链技术。近年来，中国的区块链行业也得到迅速发展，但在技术创新、人才支持和安全防控等方面仍然面临许多挑战。为解决这些问题，有必要积极推进产业链和生态系统建设，并采取有针对性的措施，不断完善区块链产业生态系统。

一、我国区块链产业生态建设的现状

目前，我国区块链产业快速发展，已经初步形成百花齐放的区块链产业生态系统。在基础设施层面，基础区块链平台和硬件设备已经配备。在产业应用层面，区块链技术已进入数字金融、物联网、智能制造、供应链管理防伪溯源、供应链金融、跨境支付及贸易、数字资产交易、大数据治理、版权保护、电子政务、社区治理、公益慈善及医疗健康等领域，且产业布局迅速扩大。此外，投融资机构、媒体宣传、社区运营等行业服务板块也快速发展。

从世界范围的情况来看，对于区块链技术发展来说，有两种重要的推动力量：官方的力量和民间的力量。"除了区块链技术的推动与民间应用推动以外，各国政府对区块链政策的扶持也将影响区块链生态的发展与推动。相对于其他国家的政府，我国政府目前既想拥抱区块链的前瞻技术，又要避免加密货币在民间被非法人员非法使用。因此在区块链的推动上，政府在未来可能会在政策上制定一些区块链的使用与规范。"情况确实如此。从政府层面来说，一方面要推动发展区块链和区块链产业；另一方面又要防止区块链被用于不被允许的领域（比如进行比特币交易）和参与被法律禁止的活动。这是既取区块链之利又避其弊，很有必要。

也有研究者分析了区块链社区的建设中涉及的生态现状，认为从目前区块链社区的生态建设现状来看，尚存在制约着区块链社区发展的用户增速赶不上区块链机构增速且用户被不断增加的区块链机构剥离分散、区块链用户和互联网用户基数相差太大、社区无法有效甄别区块链项目的好坏、社区用户有数量没质量没活跃度等十大痛点。应该说以上问题是确实存在的，而且有的问题还相当严重。能把问题提出来引发人们思考，值得肯定；但其中有些痛点问题属于生态范畴，有些问题则不能归结于生态。

二、推动产业链与生态系统建设的思路

2019年11月3日，习近平总书记在上海考察期间强调，上海要强化全球

资源配置功能、强化科技创新策源功能、强化高端产业引领功能、强化开放枢纽门户功能，推动经济高质量发展。而区块链在赋能新时代高质量发展，整合各方面资源，构建政、产、学、研、用一体生态体系方面大有可为。这对于区块链的发展有着很大的启迪意义，指明了推动产业链与生态系统建设的新思路。

这里存在几个抓手：

一是发挥科技创新策源功能和强化高端产业的引领功能。

推动产业链建设和发展，必须充分发挥科技创新策源功能（先进的科技能够也应该担当这样的重任；正如总书记所说："科学技术从来没有像今天这样深刻影响着国家前途命运，从来没有像今天这样深刻影响着人民生活福祉"；能够充分发挥创新策源功能的科技中，也包括区块链技术），强化高端产业的引领功能（唯其是以高端产业引领高端产业和其他产业，这样的引领才比一般号召更有说服力，也比一般号召更有号召力）。引领功能，是"领头羊"和"排头兵"才具备的，将能产生示范效应和带头作用；策源功能，必然是和创新紧密联系的，创新将成为极佳的创意策动萌生的源头和萌生后的孵化器。如果以上两种功能能够同时实现，产业链的发展前途就不可限量。

二是重视区块链在科技赋能新时代产业高质量发展中的作用。

当下我们所处的时代具有的重要特点之一，是先进技术赋能新时代。作为先进技术，人工智能和区块链最重要的价值之一，就体现于"赋能"。对于产业和行业来说，"能"是由先进技术赋予的（而如果进行追根溯源的话，这个"能"又是人类赋予的，赋予机器、赋予系统、赋予"链"）。以区块链和人工智能等共同培育新动能，则能以"链"提"质"、以"智"提"质"；发挥区块链和人工智能对各行各业和社会各个方面的赋能作用，则能提高行业管理、社会治理的质量和水平，实现以"链"图"治"、以"智"图"治"的目标，开创行业管理和社会治理新局面。

三是倡导打造基于区块链可信大数据人工智能的下一代金融基础设施、体系架构、计算范式和融合创新孵化平台。

区块链可提供更为可信、全面的金融大数据，可信金融大数据将进一步赋能可信金融人工智能。基于区块链可信大数据人工智能将成就全新金融信息技术基础设施。金融市场参与者行为和心理将发生巨变，金融风险的形成机理、成分和构成将随之变化，金融风险度量及金融风险管理理论和方法将与之适配并重构。相应地，金融监管政策、法规和实操也将出现一系列的变革。进一步，将可从基于区块链可信大数据人工智能的下一代金融扩展至基于区块链可信大数据人工智能的下一代经济、下一代法律、下一代社会等，同样的巨变将发生在经济、法律、社会等的每个领域。

四是构建政、产、学、研、用一体的生态体系。

区块链生态系统和区块链产业生态系统，其构建和发展涉及政、产、学、研、用等各个方面，工作面广量大。在此期间，政府需要提出目标任务，在深入调研的基础上进行科学运筹决策，调动和整合各方面的资源，用到产业发展和生态系统构建之中。可以说政府在其中发挥着无可取代的主导作用。相关的产业和行业，是区块链和大数据、人工智能融合创新所要进入的领域，是实践中的重要主体，必须充分发挥基础作用和主干作用。而这些产业和行业中，也就包括了区块链本身所在的产业和行业。区块链学术界、教育界的专家教授，术业有专攻，有比较深厚的学养，对实践问题有学理思考，不少学者既有理论功底又有对实践的钻研。"用"则实现了理论与实践的对接。

以上几个方面的力量形成了合力，就实现了生态的最优化和效益的最大化。

三、多措并举推动产业链与生态系统建设

这里所说的产业链是指围绕区块链形成的产业链。产业链发展与其所处的生态系统密不可分。产业链的发展能使生态系统因此而发生某些改变（甚至发生很大的改变）；而生态系统也会对产业链发展有所制约（包括积极性的制约和消极性的制约）。因此，减少生态系统对于产业链的消极性制约作用、更多发挥积极性的制约作用，对于产业链来说是一种很大的推动。

就推动产业链与生态系统建设和完善区块链产业生态系统，有研究者指出：必须从技术创新、人才培养、风险防控、生态协调、产业监管五个方面着手，寻求解决之道。[1]技术创新既有利于产业链本身的发展，也有利于改善和优化生态系统。人才培养是产业链发展和生态系统建设的有力支撑。如果没有这样的支撑，产业链发展和生态系统建设都将无从谈起。风险防控是是生态系统建设的目标之一，也是产业链发展的根本性的保障之一。生态协调包含生态系统内部各个方面、各种因素之间的关系的协调。产业监管是产业链发展中的题中应有之义，也是有利于生态系统建设和优化的重要举措。此外，在推动产业链与生态系统建设和完善区块链产业生态系统过程中，还应该非常关注两者关系的动态发展，并注意及时处理两者关系中新出现的问题。

第七节　积极推进区块链人才培养和人才储备

在世界范围内，围绕先进技术所进行的竞争从来就没有停止过。竞争涉

---

[1] 林木西，张紫薇. 推动完善区块链产业生态系统[J]. 农村.农业.农民，2020，（2）：33-34.

多个方面，其中就包括围绕高端专门人才所进行的竞争。

一、区块链人才培养供求之间存在很大缺口

无论是区块链概念还是区块链技术，存在的时间都还比较短。中本聪于 2008 年 10 月到 2009 年初首创比特币，由此算起，区块链技术问世不过十来年时间。技术、产业、研究都处于快速成长过程中，趋于成熟有待时日。人才培养更是处于试水和探索的过程之中，在许多高校，高层次区块链人才培养工作尚未起步。

区块链产业和行业要发展，区块链要在进入有关行业方面有很大的长进，一个必须具备的条件是：高端人才能满足这方面的社会需求。而根据 IFOODCHAIN 创始人、董事长卡隆的判断，我国真正能进行区块链开发的人才不超过 3000 名。[1]

据某海外媒体报道，区块链是近来增长最快的技能类别。2018 年区块链人才市场火爆，平均月薪高达 3.4 万元，其中热门岗位有区块链工程师、区块链研究员、区块链专家、区块链项目负责人等，月薪可达 10 万元。中国信通院发布的《2018 全球区块链十大发展趋势》认为，区块链技术人才成本近些年来直线上升，全球对区块链人才需求量从 3 年前开始到 2017 年已经增长 19 倍，但即使这样，从事区块链行业的人数在整个系统中占比依然很低，所以这方面的人才需求非常明显。[2]

综上，区块链人才在可供和需求之间存在着很大的缺口，社会对区块链人才的需求量大且需求迫切，区块链人才严重短缺。此外，还存在区块链技术人才实质与大数据、人工智能、物联网、智能驾驶技术人才在同一个人才池并存在较大竞争、核心技术和关键技术人才供给量少、地区分布不均衡等问题。从人才培养周期来看，这一问题短期之内不会得到根本性解决。区块链人才培养和储备已经充分显现出其急迫性。近年来国家号召积极推动区块链与产业结合发展，人才市场上对区块链技术人才的需求迅速扩张；但是我国高校及政府和社会有关方面尚未能全速跟上区块链技术人才的教育及培养，所以造成了区块链人才的缺口以及供需不匹配的人才市场现状。亟须正视这种现象并采取积极有效的措施，力求有所改观。

---

[1] 米娜. 区块链"抢人"大战 外部高薪挖人 员工"坐地起价"[J]. 计算机与网络，2018，44（08）：14-15.
[2] 余仲华. 我国区块链人才开发策略探析[J]. 人才资源开发，2018，（13）：8-11.

二、工信部编制《区块链产业人才岗位能力要求》

2019年12月20日,由工信部人才交流中心组织编制的《区块链产业人才岗位能力要求》标准正式对外发布。这是全国首份对区块链岗位能力提出明确要求的权威标准。该标准提出了区块链核心研发岗位、实用技术岗位和行业应用岗位3类人才、共计21个具体岗位的能力要求,横跨区块链核心层、实用技术层、行业应用层3个岗位分布层次,将区块链产业人才应具备的能力要素划分为综合能力、专业知识、工具技能以及工程实践能力。

《区块链产业人才岗位能力要求》发布的意义在于:其一,将区块链人才纳入整个人才体系之中,确认了其专业技术地位和身份。其二,对区块链人才作了科学细分(细分为核心研发、实用技术和行业应用3类人才)。其三,对区块链人才的具体岗位区分为核心层、实用技术层、行业应用层3个层次。其四,对21个具体岗位的人才提出了相当明晰的能力要求。这一标准不是流于空泛、大而化之的文字,而是须遵行的文件。

三、加快培养区块链技术人才和产业人才,创新的人才需要采用创新的人才培养模式

随着区块链技术不断应用落地,为行业发展培养专门人才迫在眉睫,加快培养区块链技术人才和产业人才已经成为各方共识。

清华大学、北京大学、浙江大学、上海交通大学、复旦大学、南京大学、同济大学、武汉大学等高校,已开设区块链或相关课程,相应实验室和研究中心等也已建立,与区块链企业合作,积极发力支持区块链的人才培养和技术研究。截至2019年11月10日,已有30所左右的高校开设了相关课程,其中大部分集中在北京和上海,北京高校占比达到42%。随着区块链上升为国家战略,相信未来开设相关课程的高等教育、职业教育和培训教育机构会逐步增多,为今后行业的发展奠定基础。[①]

当前,区块链行业人才非常稀缺,相关人才培养、课程体系建设刚刚起步,还处于摸索阶段。一方面,随着行业的快速发展,创新性内容不断增加,这些内容,有些源自国内外行业实践,有些则源自国内外理论研究。另一方面,对于区块链这样的跨学科技术,仅仅了解其技术层面还不够,还需要有人文社会和场景落地等与之匹配。

---

① 刘爻寒. 职场"新贵"日趋理性的区块链人才[J]. 中国新时代, 2020, (1): 112-115.

创新的人才需要采用创新的人才培养模式。笔者依托南京大学普惠三农金融科技创新研究中心，在创新人才培养方面进行了一些模式创新的初步尝试。

一是探索构建全方位、立体化的跨学科人才培养集群。在讲授教育部协同育人课程、校级"千层次"课程、校级创新创业课程"区块链+人工智能与金融创新"过程中，依托课程进行创新探索。区块链人才培养有赖于教学理念和教学手段的创新。笔者正在探索构建全方位、立体化的跨学科人才培养集群，包括课堂教学、课外活动、实训实践、讲座培训、科研大赛、论文专利、软件平台、创新创业等，引导学生在干中学、学中干、以赛带学、以实践带学，以问题带学，瞄准国际前沿和行业前沿，既注重学习区块链技术又注重领悟区块链思维和区块链精神，培养创新创业人才和孵化创新创业项目。

二是引大咖入教、引企入教、引企助学。先后举办"与大咖、专家面对面""与海外大咖面对面""海外院士大讲堂"等系列活动；同时以赛带练，通过花旗杯等大赛接受更多大咖、专家们的指点和评判，让学生们有机会与国内外同学们交流切磋。迄今为止已引入大量校外优质资源，多次邀请国内外大咖到南大与本科生面对面交流（其中包括邀请海外院士到校指导）。来校与学生"面对面"交流的专家来自两个"方面军"：一是术业有专攻的学者，如挪威工程院院士容淳铭教授、斯坦福大学著名教授黎子良院士、中国计算机学会区块链专家委员会主任斯雪明教授、中山大学袁先智教授、清华大学林健武教授、同济大学博士生导师刘儿兀教授等。二是经验丰富的行业专家，如微众银行区块链首席架构师张开翔先生、华为区块链首席战略官张小军先生、科沃斯商用机器人公司副总经理董纪冬先生等。有的甚至是整个行业的领军人物，比如以太坊的创始人之一 Gavin Wood 博士等。

三是以教学带比赛、带实践，以比赛、以实践促教学。在过去的几年中，有数百名学子参与课程，上千名学子聆听知名专家讲座和海外院士大讲堂、修读暑期学校课程，数百名学子参与志愿者和实践活动，数十名学子参加了大学生创新创业训练计划，上百名学子参加区块链、大数据、人工智能、金融科技等方面的大赛，10余名学子发表论文和申请专利。笔者所指导的学生中，有的获美国大学生数学建模竞赛前7名，有的获全球通信大会社会创新大奖，有的获亚太区金融科技大赛第1名（一等奖），有的获中国高校区块链大赛第2、3、4名（二等奖），有的连续获全国花旗杯金融创新大赛三等奖，有的获微众银行金融科技大赛和BSN全国区块链开发大赛全国前10等奖项。此外，课题组围绕区块链等方面的创新创业人才培养，设计开发了基于区块链可信大数据人工智能的创新创业人才培养和孵化平台。这既是教学平台，也是实践平台。

四是在人才培养过程中注重对人才思政和素质的培养。培养人才接受并在未来践行金融向善、科技向善的理念，能从金融、经济、社会痛点问题中发现问题、分析问题、解决问题，最终让金融+科技造福人类。金融和科技如果用好了、用对了地方，由高素质的人使用，可以改善人类生活，提高人类幸福感。在这一点上，金融和科技有着相通之处。技术是可以带来风险的，金融也是可以带来风险的。技术与金融相融合，吸引了非常聪明的一批人，可以给人类带来福祉，也有可能放大风险。非常聪明的人可以做出很危险的事情。华尔街2008年的金融危机，就是一群非常聪明的人，发明了很多聪明的金融创新产品，如CDO^2，CDO^3等，这些金融"大规模杀伤性武器"最后搞垮了华尔街。因此那一批次的金融工程和量化金融，实际上就是金融+科技的大规模尝试，留下了失败的惨痛教训。2015年前后，我国互联网金融和P2P网贷兴起，但因缺乏系统化规划设计、系统性顶层设计，创新呈无规划性和随机性，使这一本有望解决中小企业融资难问题的创新探索成了某些人套利的工具。P2P网贷的教训令人嗟惜（当然由于我国政府及时加强监管，因而没有造成系统性金融风险）。

第八节 以积极谨慎的态度做好监管工作

如前所述，先进技术给人类带来了许多利好，如果利用得法、管理得当，将总是能和福祉联系在一起的。然而，任何先进技术都可以是"双刃剑"，因而都需要监管。当然，监管需要谨慎进行。通过对"双刃剑"的监管，保护对人类有利的那一"刃"，充分发挥其利；限制对人类有害的另一"刃"，全力消除其弊。以积极谨慎的态度做好监管工作，有利于区块链技术、行业、产业的良性发展。

一、兴利除弊是对区块链和区块链金融监管的根本态度

区块链技术是一种创新的技术，区块链技术的出现不仅革新了相关各传统行业的业务模式，而且在社会上交易双方之间建立了不依靠第三方机构增信的网络层嵌入式信任关系。同时，区块链技术的链上信息可追溯、不可篡改、多中心化等技术特征，引起了各个国家各个领域的重视，各个行业纷纷引入区块链技术以使它尽快落地，与行业深度融合以促进行业转型发展。区块链技术为社会发展带来多方面利好。对它给人类带来的利，要给予高度评价、充分肯定。与此同时，由于区块链是一种新兴技术，本身还不够完善，对它的监管也尚待完善。

"尽管'自治''自律'理念是区块链的显著特征，但其技术发展处于早期阶段，应用现状仍不成熟，安全性面临挑战。比如：区块链可能会成为存储、传播违法违规信息，实施网络违法犯罪活动的工具；非官方数字货币打造的商业体系，可能影响国家经济金融安全，等等。由此可见，为了兴利除弊、扬长避短，实现区块链安全有序发展，政府监管是必要的，否则就可能乱象丛生、走上歧路。"[1]辩证地看，区块链可以给人民群众带来很大的利益（应该让利益变得更多更大），但也隐藏着一定的弊（如果足够重视且措施得力，弊又可以除去的）。因此应该通过管理实现兴利除弊的目标。

对区块链技术的监管应该采取积极谨慎的态度。区块链技术在近几年得到迅速的发展和受到广泛的重视。尽快制定并出台完备的区块链技术监管方案具有重要的现实意义；相关监管制度的成熟，又会反过来为区块链技术的进一步创新发展营造一个良好的外部环境。再则，对于区块链技术的监管须十分谨慎。区块链技术相对而言是一种新兴的金融科技，对区块链监管的研究尚不成熟，而且由于区块链技术创新性很强且应用广泛、关涉很多行业，所以对于区块链技术以及区块链金融的监管需合理适度。在保证区块链技术创新活力的同时，也要让区块链技术在与行业发展结合时有所规制。此外，区块链的概念最早是基于比特币而产生的，所以可以说区块链最早产生于金融领域，因此，区块链技术与金融领域的融合也更为成熟深入。而金融业的发展在我国经济发展中有着重要的地位，所以对于区块链金融的监管也更应积极而慎重。

二、在对区块链和区块链金融的监管中处理好几组关系

（一）处理好严格监管与鼓励创新之间的关系

对区块链进行监管，目的不是把它管死，限制它进行创新；而是要通过监管使它发展得更好，在创新方面做得更好。请看有的论者所总结的区块链+应用在五个方向上的创新内容：一是区块链+钱=真钱（没有不劳而获），二是区块链+数=真数（没有盗版侵权），三是区块链+物=真物（没有假冒伪劣），四是区块链+人=真人（没有坑蒙拐骗），五是区块链+权=真权（没有贪污腐败）。

加强对区块链的监管，并不是要把它管得没法进行创新。但由于区块链也存在着一定的风险。如果不能对其风险加以有效防控，那么区块链所进行的创新就可能会被风险吞噬。这样，在监管中就要加强对区块链技术的引导和规范，加强对区块链安全风险的研究和分析。通过这样的努力，使监管有的放矢，使

---

[1] 叶蓁蓁. 推动区块链安全有序发展[N]. 人民日报, 2019-11-05.

区块链的创新得到强有力的保护。区块链会对它所进入行业的创新有所推动；而它本身也需要不断地进行创新（如果缺乏创新，不仅对它所进入的行业缺乏说服力，而且在国际同行中也会失去说服力），而区块链所进行的创新需要在政府进行的监管之中得到强有力的保护。

（二）处理好严格监管和遵循规律之间的关系

先进技术的发展有其自身的规律，这是确定无疑的。相比于其他先进技术，区块链又有它的比较特殊的规律。比如：它是紧密结合着比特币而发展起来的，和比特币之间有着天然的联系；分布式账本，是区块链的本质之所在，同时也是其自身规律的集中体现；在区块链技术的应用和开发中，数字加密技术是关键，这不能不是其规律的重要内涵之一；在链上，各节点多中心化运作模式，是区块链规律的重要体现。

对区块链进行监管，不能只是依靠行政命令，对区块链技术的应用者和区块链企业施压，而对区块链的规律不闻不顾。如果在监管中罔顾区块链规律，这样的监管只能是适得其反。如果将行政命令置于区块链规律之上，这样的监管不可能获得成功。这就给政府监管机构部门提出了一个比较高的要求：不仅要研究来自上级机关部门的文件，真正吃透并且认真贯彻落实文件精神；而且还要潜心研究区块链技术规律和区块链行业发展规律。遵循规律对区块链进行监管，才能在监管中体现出较高的水平。

（三）处理好外部监管和行业自律之间的关系

政府监管机构部门进行的监管，是依据法律法规和政策规定所进行的监管。这是完全必要的。但是在法律中要有能够涵盖区块链的内容，这需要一个过程，需要很长的周期；针对区块链的法规，要出台也有待时日。在这种情况下，对区块链进行监管的依据，主要来自政府及其机构部门出台的政策规定、管理办法。比较好的做法是：在依据政府及其机构部门的有关政策规定进行监管的同时，调动和发挥企业自身的积极性，由它们实行严格的自律，进行自觉的自我约束。对自律工作做得好的企业，予以表彰奖励；对自律工作做得不好的企业，给予适当的批评。行业协会的监督功能，也应该得到相应发挥。应该说，在这方面，还有很大的提升空间。再说，政府职能部门对区块链进行的监管，也需要得到监管对象的配合，需要得到行业协会的支持。监管者和被监管者看似矛盾，其实并不是绝对对立的关系，通过互动、沟通和交换意见，应该可以取得更好的效果。

（四）处理好政府监管和群众监管之间的关系

政府相关机构部门是区块链监管的经常性主体。就此而论，这些机构部门不能缺席、缺位。政府监管在任何时候都是必不可少的，在发生重大情况的时候就更是如此。但是不能忽视群众监督的重要性。群众应该是对区块链行业和产业进行监督的另一个经常性主体。他们可能不懂区块链技术，缺乏这方面的专业背景，因而要求他们对技术风险、风险隐患谈得很深很透，是不现实的。但是群众对一个区块链企业（特别是在关系到他们切身利益的时候）所发生的异动，还是能够清楚地感知的；对于存在的各种各样的风险，也并不都是一无所知。因此，群众是对区块链进行监管的一支极其重要的力量。政府监管机构部门，应该确保和群众进行信息沟通、意见交换的渠道始终畅通，而且应该经常性地接受来自群众的批评意见和建议，虚心接纳他们的建言献策。这样才能使对区块链的监管达到最优化的程度，并且使之成为常态。

（五）处理好区块链作为被监管对象和区块链等先进科技驱动监管科技革新的关系

一方面，区块链和区块链金融是被监管对象；另一方面，在监管中，也要应用区块链技术、区块链思维和区块链精神。区块链和大数据、人工智能融合创新，将驱动监管科技革新。创新的金融科技带来创新的监管科技，应推动形成"以链治链""沙箱测试"等机制。金融创新者可在受限的安全环境中运行应用程序，使创新性的金融应用在一个风险可控的良性环境中得到测试、得以孵化。这样，既可保护金融创新得以尝试而不被阻遏，又可防止由金融创新失败而造成的负面影响；既保证了金融创新的快速试验，又可以有效监测其市场表现，严格防范潜在风险突发及扩散。

综上，处理好各种关系，是一门很大的学问。如果处理不好这些关系，对区块链的监管就很难进入到理想的境界，而只能是在低水平上重复（甚至低级错误也会多次出现）；而如果能够妥善地处理好这些关系，那么对区块链的监管就有望达到较高的水准。

第十二章
区块链金融服务经典案例

本章讨论的是区块链金融为社会、为客户提供服务的经典案例。引入了区块链技术、担负提供金融服务重任的企业，既要为客户提供包含区块链技术的金融服务，又要尽可能地提供其他一些民生所急需的服务。

第一节　区块链+民生：京东数科智臻链疫苗全程追溯解决方案

引入了区块链技术、担负提供金融服务重任的企业，为社会提供其他一些民生所急需的服务，在某些情境中是应当为之。京东数科智臻链疫苗全程追溯解决方案，就是在这方面颇为典型的个案。

一、疫苗接种管理的相关政策

接种疫苗是预防和控制传染病经济、有效的公共卫生干预措施，对于家庭来说也是减少成员疾病发生、减少医疗费用的有效手段。国家《"十三五"卫生与健康规划》中明确要求提升预防接种管理质量，加强疫苗冷链管理，推进疫苗全程追溯体系建设。2019 年 12 月正式生效实施的《中华人民共和国疫苗管理法》要求"保证全过程信息真实、准确、完整和可追溯，依法承担责任，接受社会监督"。

二、疫苗接种管理的主要痛点

近年来，在国家的不断倡导下，免疫规划工作机制不断创新，相关法律法规逐步得到落实，预防接种服务和管理水平稳步提高，计免接种率已经达到90%以上。但是由于人口基数巨大，管理水平参差不齐，基层疫苗接种管理条件、实施水平与法规要求还存在一定差异，部分地区还存在以下待改进的方面。

一是接种无法按时段预约分流,人们常常在同一时段集中到达门诊,高峰时段到访人员多,容易出现失误。传统电话通知预约疫苗接种的方法,劳神费力且时效无法保证。

二是疫苗在接种机构管理记录多靠人工记录,疫苗进出库及日常盘点管理费时费力。

三是大多数疫苗的终端管理及接种站管理,只管理到批号,无法提供一物一码管理信息追溯。

四是接种站冷链设备缺少自动化温度记录,人工记录温度不能及时发现温控失效情况。

五是人工判断取苗接种,无辅助检查校验,人流高峰难免疏漏。疫苗接种记录非实际接种操作绑定,容易出现计划与实际接种脱节。

三、京东数科智臻链疫苗全程追溯解决方案

医药领域是京东数科智臻链防伪追溯平台的重要应用场景之一。鉴于医药领域的特殊性,京东数科推出智臻链医药追溯平台,并在该平台基础之上打造了智臻链智慧疫苗全程追溯解决方案,以确保疫苗在生产、流通与使用等环节的信息透明流动,保证疫苗来源可追溯、记录可信赖、存储更放心、接种更安全,为消费者的医药安全保驾护航。以下为借助区块链技术实现的全程疫苗追溯解决方案的主要能力。

(一)全流程数字化管理

为避免人流高峰集中到访,可与当地预约系统对接实现分时段预约到访,到访后预检取号,根据排队叫号,到预诊台预诊预约。安全接种后受种者扫描二维码开始留观计时,留观时可以查看疫苗接种追溯信息、观看健康宣教知识视频。以上流程所需预约平台、取号机、叫号屏等软硬件设备均包含。

(二)疫苗库存管理

疫苗进销存实时记录,利用疫苗一物一码对疫苗入库、出库、回库、报废、接种等环节进行跟踪,高效完成疫苗盘点及库存核对,并可一键生成报表,减少手工记录及操作失误。

(三)温度监控

结合 IoT 云平台物联网管理设备,对所有疫苗存储冷柜进行全面 24 小时

温度监控，设备安装简便灵活。出现温度异常就触发报警通知管理人员，避免疫苗效价失效或损坏。

（四）身份校验

智能疫苗管理冷柜可实现人脸权限验证，确保疫苗专人专管，日常存储安全，将关于疫苗的每次操作责任到人。

（五）效期管理

记录疫苗效期并进行提前预警，确保疫苗遵循"先短效期、后长效期"的使用原则。

（六）接种记录

高效关联接种儿童与接种疫苗信息，辅助"三查七验"可校验疫苗产品类别及效期，避免接种错误。疫苗接种信息高效关联，方便查验接种记录。

（七）全程追溯

以疫苗最小包装单位作为载体记录，与上游疫苗生产厂家连通，真正实现疫苗全流程追溯。

第二节 区块链+数字金融：京东数科智臻链资产证券化案例

区块链+数字金融是金融企业或者合法进行金融活动的相关机构的本行。京东数科智臻链资产证券化提供了这方面的有研究价值的典型案例。

一、资产证券化行业蓬勃发展

美国从20世纪50年代就开始了资产证券化（Asset Backed Security，ABS）的实践；我国从2013年开始，资产证券化这一创新金融业务才开始蓬勃发展起来。但是由于实践时间较短，相较于主体信用已经较为健全的评价和监控体系而言，市场对底层资产的穿透和管理经验都很有限，面临资产支持证券的真实风险难以评估等难题。除此之外，资产支持证券关于资金归集与转付机制设置较为复杂，也一定程度上增加了操作风险和管理成本。

2018年以来，受债券违约事件频发影响，整个债券市场表现低迷，但ABS

发行市场仍然表现出了很大的增速。Wind 数据显示，2018 年银行间和交易所 ABS 共发行产品 854 单，同比增长 33.4%；发行规模高达 18888.62 亿元，同比增长 30.76%。从大类资产看，消费金融、供应链金融、房地产金融、绿色金融等成为 2018 年企业 ABS 的重要风口。

央行发布的《2018 年资管新规细则》明确将资产证券化作为转标的重要途径，这将为做大 ABS 市场带来重要机遇。

二、区块链技术为 ABS 行业赋能

区块链技术通过密码学方法和特殊数据结构所提供的不可篡改特性保证了数据原始性，提高了数据透明度，提升了参与各方的效率，从而降低了项目的融资成本；智能合约使证券化流程参与方协作规范化，减少了操作成本；区块链技术通过将流程标准化，底层现金流透明化，提高了风险定价效率和二级市场交易的流动性；区块链技术服务于资产证券化更有利于监管机构实现穿透式监管。具体体现在以下几个方面。

（一）改善 ABS 的现金流管理

自动账本同步和审计功能，解决了信息不对称问题，极大地降低了参与方之间的对账成本。此外，利用智能合约还可以实现款项自动划拨、资产循环购买和自动收益分配等功能。在达成多方共识的基础上，可以有效降低由于人工干预造成的业务复杂度和出错率，显著提升现金流的管理效率。

（二）提高证券交易的高效性和透明度

通过区块链进行资产证券化产品交易，可使更广泛的参与者在去中心化的交易平台上自由完成交易，不依赖中心化的结算系统。

（三）助力穿透式监管

区块链实现的分布式账本技术有望在 ABS 底层资产穿透、提升监管水平方面发挥其重要价值。

三、基于区块链的 ABS 全流程解决方案及实践

（一）基于区块链的 ABS 全流程解决方案

基于区块链的 ABS 全流程解决方案包括资产池统计、切割、结构化设计、

存续期管理、二级市场交易等系统功能，为中介机构提供全流程的分析、管理、运算体系。

基于区块链的 ABS 全流程解决方案首先建立由各参与方共同组成的 ABS 区块链联盟，在此基础上，在 ABS 全部流程的落地中运用区块链技术，使 ABS 实现更加精确的资产洞察、现金流管理、数据分析和投后管理。

Pre-ABS 底层资产形成阶段，可以做到放款、还款现金流和信息流实时入链，实现底层资产的真实防篡改。同时，各类尽职调查报告和资产服务报告可以通过智能合约自动生成。

在产品设计和发行阶段，交易结构和评级结果由评级公司和券商确认后共识入链；将投资人身份及认购份额登记入链；交易所从链上获取全部申报信息，将审批结果入链。

在存续期管理阶段，回款数据、循环购买数据、资产赎回、置换和回购数据均可入链，并生成资产服务报告。

在二级市场交易阶段，证券底层现金流信息可从链上获取，帮助交易双方进行实时估价；投资人可通过交易撮合智能合约，在链上完成证券所有权的转移。

京东数科 ABS 区块链应用全流程如图 12-1 所示。

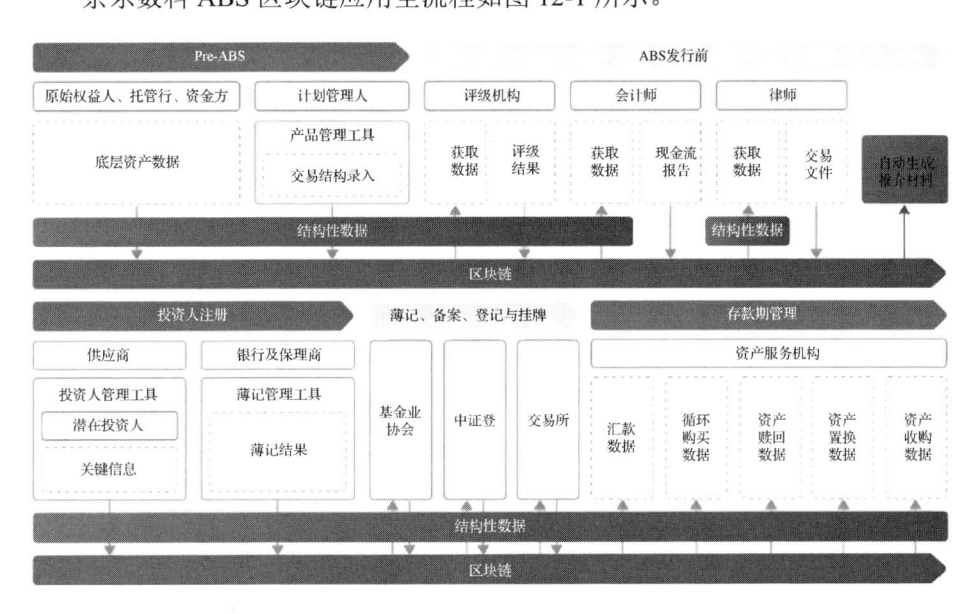

图 12-1 京东数科 ABS 区块链应用全流程

ABS 区块链应用全流程解决方案从提高收入、降低成本和提升效率三个维度体现其价值：对投资方而言，ABS 区块链应用全流程解决方案降低了产品对应底层资产的信用风险，丰富了投资收益来源，并减少了投后管理的成本；对资产方而言，ABS 全流程解决方案进一步拓宽了融资渠道，降低了融资成本和风控运营成本，促进了信贷业务管理流程标准化，缩短了融资交易周期；对服务方而言，ABS 全流程解决方案降低了投后管理人力成本的投入，使资金分配流程更加高效。

（二）京东数科 ABS 区块链应用实践案例

京东数科在区块链技术应用于 ABS 的各流程中均有丰富的实践。

2018 年 6 月 13 日，"京东金融-华泰资管 19 号京东白条应收账款债权资产支持专项计划"成功设立并在深交所挂牌转让。京东金融与华泰证券资管、兴业银行共同组建了资产证券化联盟链，此项目通过区块链技术的分布式记账、防篡改及实时安全传输等核心特性应用，其底层资产及现金流、产品、账务等数据信息流在原始权益人、管理人、托管人等多个参与方之间实时共享并确认交易。这有助于实现信息透明化、提高操作效率，并降低信用风险。同时由于白条资产是小而分散的特性，单笔金额小、笔数多，通过该项目的实践，可以看出区块链技术在技术性能上逐渐成熟，能够成功支持每日大数据量的读写。该项目首次购买入链资产约为 150 万笔，在项目存续期每日约有 5 万笔资产数据持续更新。

2018 年 11 月 8 日，"京东金融-华泰资管 2018 年第 6 期供应链保理合同债权资产支持专项计划"成功设立并在上交所挂牌转让。此项目以保理合同债权作为底层基础资产，发行规模为 15 亿元，由华泰证券资管担任计划管理人，兴业银行担任托管机构，京东金融全资子公司邦汇保理担任原始权益人和资产服务机构。该项目在联盟链上通过智能合约实现了 ABS 项目智能化管理，是原有联盟链的又一次积极探索，首次使用智能合约，将交易结构条款转化为可编程化的数字协议，实现了专项计划的智能化管理。利用智能合约，联盟链实现了加速清偿和违约事件的实时判断，如果有底层资产的动态表现触发了加速清偿或违约事件等条件，合约条款将被自动强制执行，并将加速清偿或违约事件实时通知各方，使处置工作能及时和透明地展开。

四、方案标准化应用加速 ABS 健康发展

我们可以看到随着行业发展和技术的不断突破，基于 ABS 的区块链应用解决方案在市场上有越来越多的实践：无论是 Pre-ABS 放款到 ABS 证券化发行及存续期管理各个管理流程维度的实践，还是从消费金融资产到供应链金融资

产的广泛应用，或是各阶段逐渐加入进来的联盟方机构，都在积极探索这一领域的应用。区块链技术应用于 ABS 流程将会逐步从过去一两年的概念验证阶段进入产品应用阶段。随着技术发展，模块化的处理方式（快速组网、身份统一验证、统一接口 API）、标准化流程的建立及行业头部企业积极实践的示范效应，基于 ABS 的区块链应用解决方案将迅速在行业内铺开，成为资产证券化业务的基础设施，同时也会大大促进 ABS 行业的健康发展。

第三节 "区块链+供应链金融"案例

供应链金融是区块链技术典型的一个应用场景。区块链通过打通企业之间的数据流转，建立了供应链金融生态的信任机制，为供应链金融业务的运行降本提效，帮助供应链条上的中小企业解决融资问题，使供应链金融业务渗透率进一步提高，市场规模进一步释放。在这样一个万亿级别的市场，众多企业早已纷纷布局区块链技术在供应链金融领域的应用，抢占市场先机。

同时，国家也在多地出台相关鼓励政策，推动区块链在供应链金融领域的发展。例如，在 2019 年 8 月，珠海横琴新区委发布了《珠海-澳门"区块链+特色金融"白皮书》，白皮书中提到，区块链结合供应链金融将赋予金融再生价值；2019 年 1 月，深圳市金融办发布《关于促进深圳市供应链金融发展的意见》（以下简称《意见》）。《意见》指出，要充分运用互联网及区块链等技术，连接供应链金融领域各类主体和供应链核心企业平台。可以看出，"区块链+供应链金融"是未来港澳地区发展区块链应用的重点方向之一。

一、"区块链+供应链金融"根据发起方的不同可以分为四大类

（一）核心企业搭建的区块链平台

核心企业在供应链中有着极大的话语权，对上游供应商及下游经销商链条拥有极强的掌控能力，可以充分利用长期积累的上下游企业贸易往来信息及数据进行风险控制。为了促进供应链整体竞争力，核心企业作为供应链中的领军角色发起供应链金融业务有着天然的优势。

大型核心企业基本都具备成熟且先进的信息管理系统，将采购、生产制造、产品数据、财务、销售、业务流程等各条线进行统一有序的管理。为了更好地对数据信息进行记录和追溯，同时保障企业商业信息的安全，在原有上层供应链金融应用平台上嵌入底层区块链系统，由核心企业号召供应链各方参与区块

链供应链金融生态，将业务数据链上验证，以数字凭证的方式对应收账款、存货、财务数据等信息进行数字登记确权。这些数据信息经由区块链节点验证后，金融机构得以通过区块链系统对链上数据进行确权审核与放贷，经由区块链节点验证的数据更具可信性，金融机构的审核流程将进一步优化，涉及人工线下审核的环节也将省略一部分，大大提高审批及融资效率，进一步将供应链金融在生态中纵向发展。

核心企业自建区块链平台的模式门槛相对较高，更适合于供应链链条冗长、体系复杂的供应链生态，较为大型的核心企业才会考虑搭建区块链供应链金融服务平台。从成本与收益的角度考虑，也只有在复杂的供应链体系中，区块链技术的应用价值才能更加凸显，核心企业也才会考虑投入成本建设区块链平台。

（二）金融服务机构发起的区块链平台

金融机构为了更好地做到风险控制，提升获客能力，在原有的供应链金融平台底层嵌入区块链技术。这里所指的金融机构不仅包括银行，还包括保理公司、小贷公司等其他资金提供方，建立起的区块链平台面向核心企业、中小企业、保理公司、物流平台等供应链金融业务参与方，依托区块链在风控及效率上进一步提升，透过考察链上经节点验证且不可篡改数据，把控融资项目的潜在风险。

在这个模式中，金融机构可以根据自身对不同行业供应链的了解程度，联合多个中小型核心企业开展合作，注重横向的多行业发展，适当分散单一供应链带来的集中性风险。主要涉及的领域包含汽车、医药、"三农"等领域，这些领域的主要特征是上下游涉及主体繁多且分散、需求稳定、体量大等。与核心企业自建的供应链平台相比，金融机构供应链金融平台更容易吸引供应链末端核心企业信用无法覆盖的中小企业。由于金融机构供应链金融平台不参与供应链的运营，区块链技术的价值更为显著，因为供应链末端的中小企业距离核心企业较远，增加了风控难度，审批效率也大大下降，具体表现如下：①金融机构对中小企业的运营状况不如核心企业熟悉，需要花更多时间进行了解、审核、验证，利用区块链建立起的信任机制，用链上的可信数据对企业进行尽职调查，风险控制将更加显著；②由于金融机构对企业的数据掌控能力不及核心企业，在开展供应链金融业务时仍采用抵押物的形式进行风控，通过区块链对抵押物进行上链确权，可加强对抵押物真实性及物流情况的判断，从而降低对抵押物审核的成本，优化风控流程，以达到降本提效的目的。

（三）由技术服务商发起，多方共同维护的供应链+金融生态圈

该模式由信息化能力较强的技术提供商发起，发起方可以是区块链原生企业，也可以是像BAT这样的产业及技术经验积累深厚的科技巨头，通过建立生态圈，吸纳供应链生态内所涉及的资金需求方、资金提供方、物流公司、保理公司、数据信息服务方等作为区块链生态节点，共同维护区块链网络，共享数据并做交叉验证，形成完整的供应链+金融生态圈。

供应链金融生态圈以促进供应链生态健康发展为目的，建立生态之间的信任机制，推进供应链生态内各方的数据流通共享，协调各方的利益与诉求，同时保护企业数据安全。这种多方参与的模式的优势在于，各参与者单方面投入较低，多方主动参与的生态建立多方共识，透明程度高，除了参与方自主引进相应资源，这种模式更易于引进更多优质资源，如技术、资金等。

然而在实际运作中，这种模式需要协调的参与方较多，区块链原生企业在没有产业话语权及优势的前提下，在数据整合上也会面临一定的困难，易出现协同效率低的情况，前期投入开发成本也较高，商业模式仍在探索阶段。

而若是由金融/科技巨头作为牵头方发起，金融/科技巨头有着深厚的产业及技术积淀，部分企业同时也拥有着核心企业的身份，作为供应链领头羊发起区块链供应链金融生态最适合不过。另外，由于金融/科技巨头在技术上有着先天的优势，解决所研发系统平台在与其他平台做交互时若存在技术问题，在解决技术问题方面也较其他牵头方更有优势，因此也更有能力将区块链供应链金融模式横向复制至其他供应链市场当中，吸引更多参与主体及优质资源加入区块链供应链金融生态圈，共同建设健康、透明、高效的中小企业金融环境。

（四）政府引导发起的供应链+金融生态圈

为了更好地推进供应链+金融生态圈健康可持续发展，帮助中小企业突破融资难、融资贵的困境，赋能实体经济，政府有必要推进建设一个基于公共服务平台属性的区块链供应链金融平台。一个完整的供应链+金融生态圈，除了核心企业及上下游中小企业等贸易参与方，还离不开海关、税务、仲裁、评级、行业协会等机构与政府机关，通过政府与政府机关的号召力，以人民链企信平台作为政府在市场中的触手，自上而下地将上述公共机构与政府机关纳入区块链供应链金融平台作为监管节点，更好地吸引供应链上的企业主动入驻。通过这样的方法，供应链+金融生态圈的多元性就建立了起来。该模式的优点在于，政府通过自上而下地推动整合，很好地解决了以往在体制建设中的治理权责纷争与利益冲突等矛盾，实现了企业、场景、服务的打通与资源整合，通过监管

节点的嵌入，政府也能通过区块链供应链金融平台提高监管效率。

不同的牵头主体凭借各自的业务优势切入供应链金融市场，在区块链供应链金融平台的发展过程之中，初步形成如图 12-2 所示的区块链供应链金融市场参与者类型（仅示例部分）。

图 12-2　区块链供应链金融市场参与者类型（仅示例部分）

下面将按照图 12-2 所示的不同的牵头主体类型，对当前区块链技术在供应链金融领域应用的典型案例做简要介绍及分析。

二、对当前区块链技术在供应链金融领域应用的典型案例做简要介绍及分析

（一）技术服务商

1. 区块链技术服务商

（1）趣链科技——飞洛供应链金融平台。

趣链科技专注于区块链技术产品及应用解决方案。旗下供应链金融平台飞洛依托区块链技术完成区块链上核心企业的信用传递，完成供应链企业的穿层增信，联合银行、物流企业、保兑机构等服务商共同建立基于区块链的供应链金融生态体系。

飞洛供应链金融平台基于趣链科技自主研发的区块链底层平台 Hyperchain 所研发，专注于底层交易资产的数字化与标准化，实现资产的穿透式管理。Hyperchain 平台在大中型金融机构的技术测评中均名列第一，是国内第一批通过工信部标准院与信通院区块链标准测试并符合国家战略安全规划的区块链核

心技术平台，在性能、可拓展性等多个技术特点上有着明显的优势，能更好地满足行业应用需求。截至 2019 年 6 月 10 日，飞洛供应链金融平台共有 5 家核心企业、179 家中小企业、1 家银行、2 家保理公司等入驻，为企业实现总融资金额近 5.3 亿元。

飞洛供应链金融平台为供应链提供以下几种基于区块链的解决方案。

一是应收账款。飞洛供应链金融平台通过标准化数字资产凭证"金票"，在平台中实现应收账款的在线流转、融资和拆分。帮助核心企业维护供应链，实现核心企业信用的跨级传递，拓宽金融机构的服务面，解决中小企业融资的问题。趣链科技应收账款模式如图 12-3 所示。

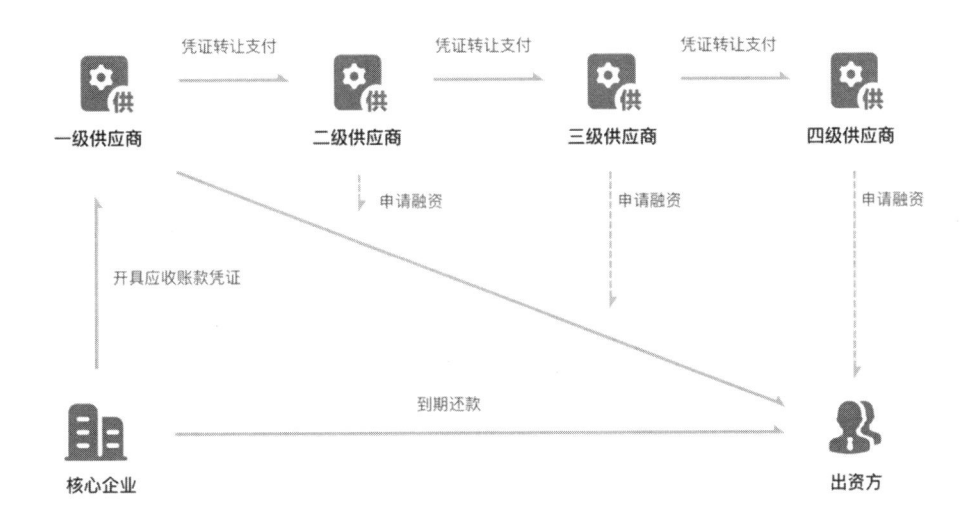

图 12-3　趣链科技应收账款模式

在对外合作上，趣链科技携手浙商银行推出全国首个基于区块链的应收账款融资平台。截至 2018 年年底，该平台累计签发应收账款 2600 余笔，总金额超过 1000 亿元；另外，趣链科技联合西美保理共同运营应收账款融资平台——西美链，上线半年内完成近亿元的应收账款规模，并在 2019 年年初获批上交所 30 亿元额度的 ABS 产品。

二是信用保险。加入飞洛供应链金融平台的供应链企业通过信用险的增信，使信用风险得到进一步的分散，实现供应链金融体系的信用穿透，标准化企业信用，实现风险缓释，满足中小企业低成本融资的诉求。趣链科技信用保险模式如图 12-4 所示。

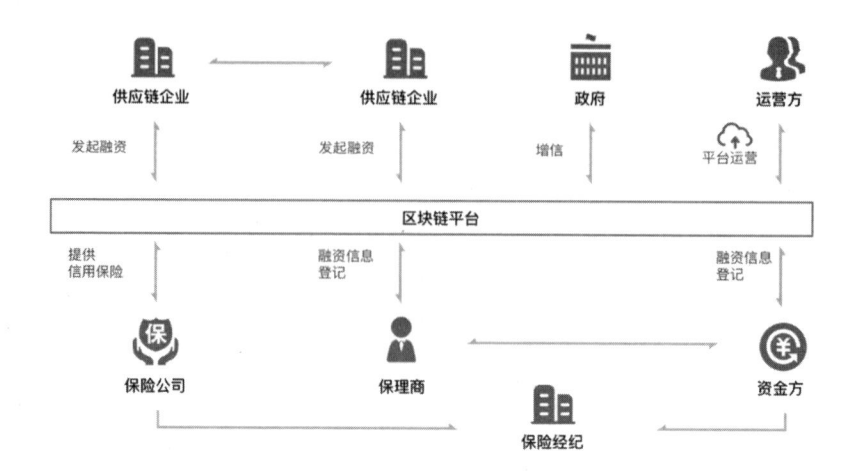

图 12-4　趣链科技信用保险模式

在信用保险模式中，趣链科技联合爱心人寿及其全资控股爱心保险经纪公司凭借"基于区块链的中小企业信用险增信平台"技术方案，成功入选"北京市市区两级重大紧迫任务、科技支撑专项课题"项目计划，开创破解中小企业融资难的融资增信新模式。

三是资产证券化。趣链科技通过区块链联合多方构建多中心化的 ABS 管理平台，完成交易资产的证券化及数字化确权，实现基础资产的全生命周期管理，缩短资产证券发行周期，提高资产的流动性及清算效率，降低企业融资成本。趣链科技资产证券化模式如图 12-5 所示。

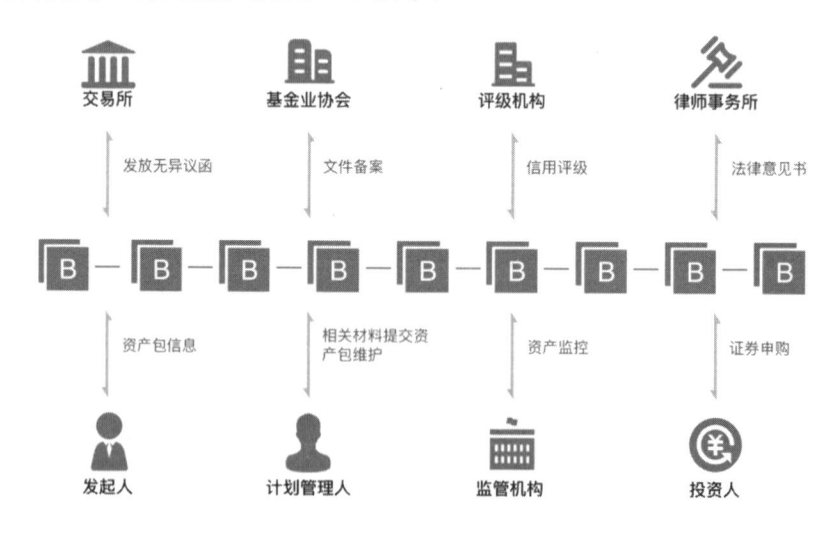

图 12-5　趣链科技资产证券化模式

趣链科技为招商银行信用卡中心构建 ABS 项目管理平台,区块链技术的应用能够有效地解决证券化过程中信息不透明、信息披露不充分、操作效率低、风控能力弱、难以定价等问题。另外,趣链科技也与德邦证券通过搭建基于区块链技术的 ABS 管理平台,并联合券商、交易所、评级机构、律所等建立联盟链,实现 ABS 业务全流程线上化管理。

四是数字仓单。通过区块链联合仓储、物流公司及保险、质检机构,保证货物的全流程监管,仓单及交易信息全上链。通过创造区块链监管环境,杜绝仓单造假,确保资金安全,为中小企业仓单流通提供渠道,进而解决中小企业融资问题。趣链科技数字仓单模式如图 12-6 所示。

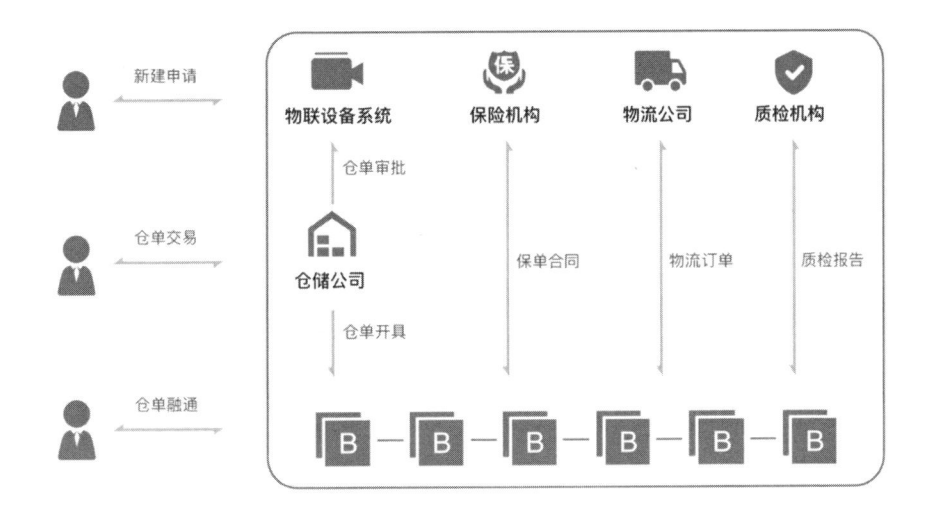

图 12-6　趣链科技数字仓单模式

趣链科技与联仓科技开展合作,联合研发基于区块链的仓单技术应用,为用户提供公平、公正、公开的交易环境,为贸易方登记债务或承诺,为全球交易资产持有方提供有效的风控数据基础设施。

五是物流供应链。基于区块链的物流供应链平台中,以真实运单作为数字资产,以多方可信数据作为审计报告,均被安全、完整、永久地记录在区块链上。通过区块链实现多方可信协作,降低金融机构对物流企业的授信成本,满足末端小微物流企业的融资需求。趣链科技物流供应链模式如图 12-7 所示。

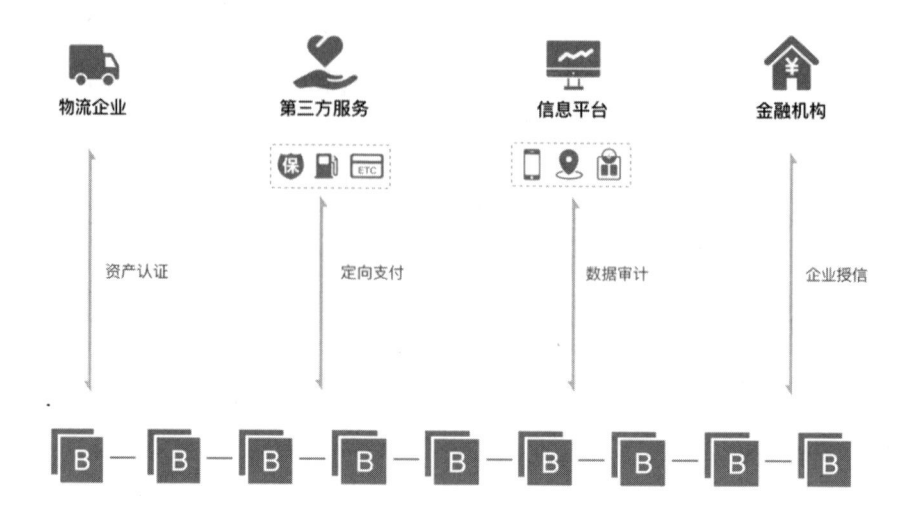

图 12-7 趣链科技物流供应链模式

对外合作案例中，趣链科技自主研发的区块链平台 Hyperchain 结合微软 Azure 的 IoT 技术打造物流供应链平台，实现实时显示物流的状态，使物流供应链服务更加便捷，该平台可为更多物流企业、金融机构、保险服务商提供服务。

（2）复杂美多链供应链金融服务平台。

复杂美成立于 2008 年，并在 2013 年启动区块链与智能合约的研发创新。复杂美科技的区块链框架由一条主链和多条平行链构成。为了保证主链的性能，主链没有虚拟机，只做存证和记录的工作。虚拟机被放置在平行链上，所有的复杂计算都在平行链上进行，计算完成后将结果写到主链上。

复杂美依托对区块链技术的理解及技术积累，在 2017 年开始涉及供应链金融业务。复杂美多链供应链金融服务平台主要提供信息撮合、信用评级、分布式监管、数据凭证及智能交易等产品或服务。

在供应链金融方面，复杂美的主要项目方向为区块链票据、应收账款、预付账款、仓单抵押、积分及交易所等。供应链内的企业及参与主体作为节点组成平行链，贸易的仓单、应收账款凭证等在所属平行链进行数字化确权并发行，企业白条通过拆分、流转，完成与上下游企业的交易，代替现金和商业票据的使用。对于跨供应链的交易，在复杂美的区块链结构即是跨平行链的交易，则需通过主链完成交互。复杂美多链供应链金融服务平台流程如图 12-8 所示。

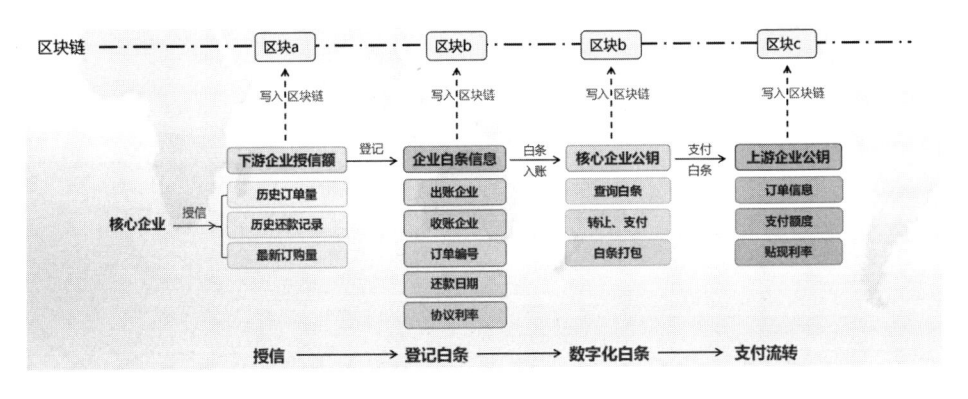

图 12-8　复杂美多链供应链金融服务平台流程

通过平行链发行的企业白条流转，代替了现金。通过链上资产数字化可拆分、可穿透上下游的优势，提高了供应链中小企业的资金流转，有效提高了融资效率，降低了融资成本；提高了核心企业资信对中小供应商企业的转移，更大程度提高资金收益率和降低风险。由于企业白条仅在供应链内用于生产和贸易交易，且可追溯，可有效控制资金挪用的风险。

复杂美初期以较低的成本为企业部署白条系统，当前系统已经做到产品化、模块化，仅需一周的时间即可完成上线。在 2018 年 1 月份，复杂美与海航海平线发布了国内首个基于区块链撮合系统的票据服务应用——海票惠。目前，复杂美已与美的、小米、京东、上海汽车、轻工投资等近十家大型企业合作开展供应链金融平台技术服务。

2. 金融/科技公司

（1）联动优势——基于区块链技术的跨境保理融资授信管理平台。

联动优势科技有限公司由中国移动与中国银联于 2003 年 8 月联合发起成立，是目前国内领先的跨综合支付服务、智能金融信息服务、移动化的本地多应用服务三大领域的移动金融及移动电子商务产业链服务提供商。

联动优势针对涉及跨境贸易的中小供应商企业融资难、融资贵、融资慢等问题，联合跨境支付机构、境内保理公司、境外电商平台，共同推出了基于区块链的跨境保理融资授信管理平台，为中小企业提供基于跨境贸易订单的融资授信服务，解决中小企业融资的问题。同时也帮助保理公司有效地控制业务风险，有助于其进一步扩大业务服务范围。联动优势授信管理平台业务流程如图 12-9 所示。

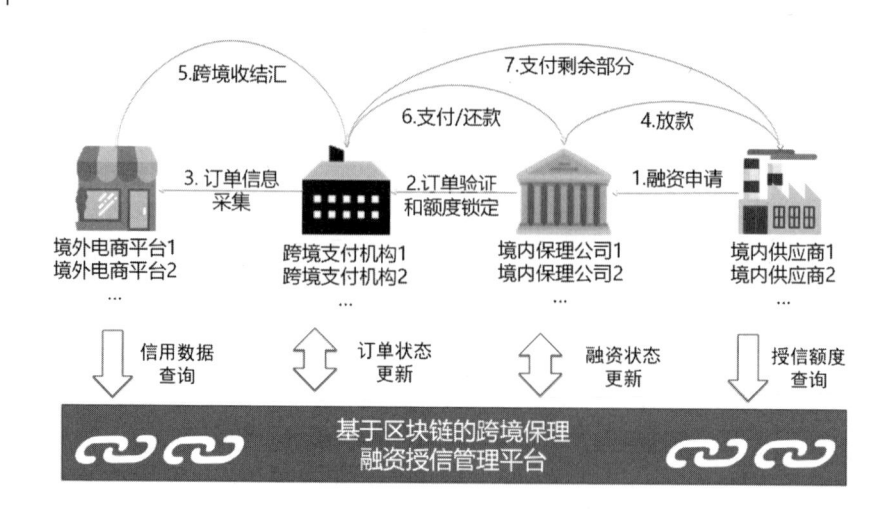

图 12-9 联动优势授信管理平台业务流程

基于区块链的跨境保理融资授信管理平台，采用联动优势自主研发的区块链底层系统——优链，利用区块链数据可信特征，为供应商和保理公司提供融资全生命周期管理、融资额度管理等服务，并根据供应商交易和资信等信息，全面地对供应商进行信用评级，为供应商定制合理的优惠利率，提供灵活的金融服务。联动优势授信平台架构如图 12-10 所示。

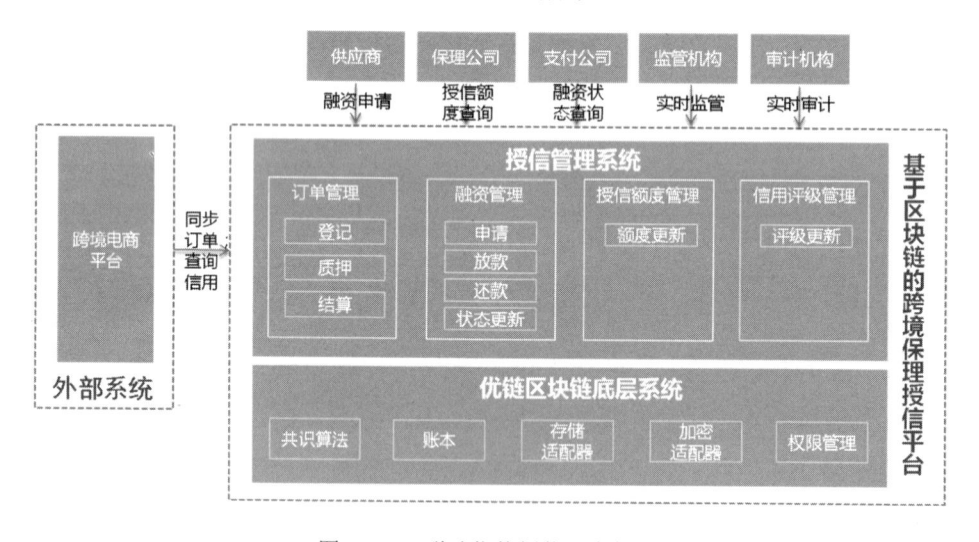

图 12-10 联动优势授信平台架构

联动优势基于区块链的授信平台实现了技术、业务模式、服务模式等方面的创新。

一是确保数据的真实准确、可信和可靠。

一则，平台基于自主可控的联盟链框架优链进行设计开发，通过数字证书进行准入许可，对参与方进行身份认证和授权，确保数据上链前的真实性。二则，从基于 PKI 公开密钥体系、基于区块链的时间证明、基于拜占庭容错共识机制的集体维护这三个方面，确保了数据上链后不被篡改。三则，在数据准确性上，采用以链上数据为主、以链外数据为辅的方式，减少了链上、链下的数据不一致，从而降低了业务风险。

二是采用 UTXO 模型对授信额度进行精确而灵活的控制和调整。

一方面，授信平台严格控制供应商每次融资额度不超过其总体授信额度。另一方面，授信平台及时根据其订单状态、融资情况、还款情况对授信额度进行精确的调整。

三是重构保理业务模式和供应商还款模式。

对保理公司而言，通过跨境支付公司，可以确保订单回款将优先还款给保理公司，有效降低贷后风险，从而可以为更多的供应商提供融资服务，扩大其放贷业务范围。对供应商而言，通过跨境支付公司，简化订单回款和融资还款等操作，提高业务效率；通过保理公司，及时地获得融资服务，提高资金效率。

四是提供开放服务平台，对接多家机构系统。

一方面，基于开放标准接口，更容易对接订单和融资的所有相关方，能够更全面地跟踪订单和融资的全生命周期过程，打破了各家公司间的"数据孤岛"，有效防范供应商利用相同订单进行多头借贷和超额融资，提高了保理公司的风控能力，降低由于供应商还款能力造成的资金风险。另一方面，在已有的数据基础上，提供授信额度查询、信用数据查询等增值服务，帮助供应商能够更方便地使用其授信额度进行融资，帮助境外电商平台更容易地选择良好的供应商。

从结果上看，该授信平台自上线以来成效显著：

① 赋能保理公司降本提效，提高风控能力。

一方面，保理公司从授信平台获取供应商的运营数据和订单信息，审核效率提升了 3 倍，融资审核期限大幅缩短，提高工作效率；另一方面，授信平台为保理公司提供了可信的融资额度服务，帮助保理公司获得强有力的风险控制能力，降低了资金风险。自平台运营以来，供应商的还款履约率为 100%，保理公司的坏账率维持在最低水平。

② 解决供应商资金融通的问题。

自 2017 年项目上线至今，注册供应商超过 11 万家，超过 1.3 万家供应商从融资授信管理平台获得融资服务，加快了供应商的资金周转效率，缓解了其资金压力，提高了资金效率和业务运营效率。

③ 实现跨境支付公司业务规模扩大。

供应商贸易的扩展增加了跨境支付的业务规模，一定程度上促进了公司跨境支付业务的发展，截至 2019 年年底，带来新增约 61 亿元人民币出口收汇调回资金。

④ 助力电商加快供应商评估效率，快速拓展供应渠道。

随着业务的不断拓展，平台积累越来越多的信用数据，包括订单数据、收结汇数据、融资数据等，从而可以对供应商企业进行有效的信用评估，帮助电商平台快速筛选相关供应商，拓展其供应渠道，发展跨境贸易业务。

联动优势授信平台，目前已经先后接入两家大型境外电子商务平台，帮助其拓展业务渠道。同时，还帮助这些电子商务平台的优质供应商更好地获得融资服务，也促进了电子商务平台供应链的健康发展，为其业务的稳定增长提供了有力支撑。

（2）蚂蚁区块链"双链通"。

蚂蚁金服在区块链领域的投入与探索属国内领先，其区块链品牌蚂蚁区块链推出应用于供应链金融的区块链平台"双链通"，如图 12-11 所示，"双链通"平台以核心企业的应付账款为依托，以产业链上各参与方间的真实贸易为背景，让核心企业的信用可以在区块链上逐级流转，从而使更多在供应链上游的小微企业获得平等高效的普惠金融服务。

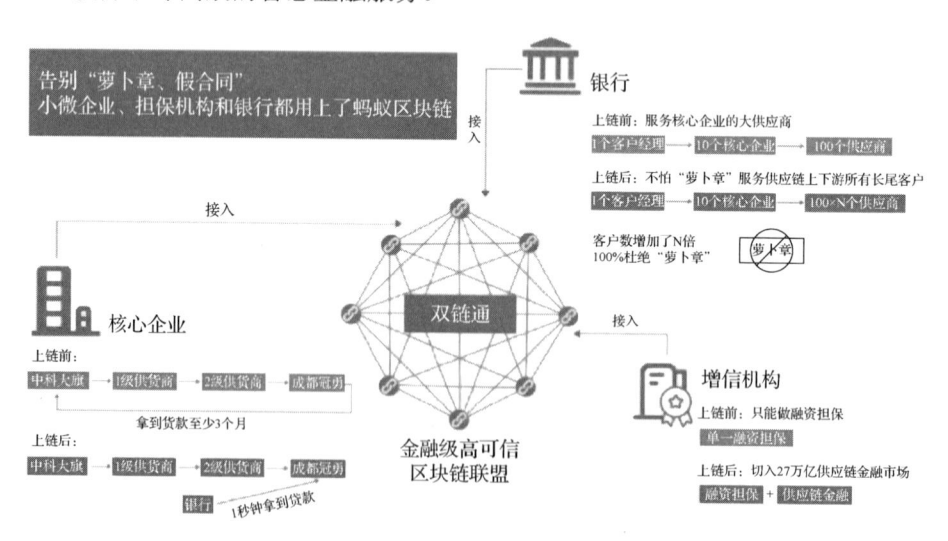

图 12-11 蚂蚁区块链"双链通"生态

在"双链通"的协作网络中，应付账款开立、流转、拆分、融资、清分都运行在蚂蚁区块链上。通过蚂蚁区块链硬件隐私保护技术，保障参与方对安全性的考虑。核心企业、金融机构、其他服务或监管机构皆可入驻"双链通"生态，成为供应链金融联盟链成员，业务中台核心服务实现云化，联盟参与方可以直接通过接入API接口加入网络。

在2020年年初，蚂蚁区块链"双链通"（见图12-12）实现了系统升级，可以实现企业应收账款与应付账款互抵，构建信用新模式。这意味着，供应链上中小企业庞大基数的应收款资产将被进一步盘活，供应链金融的市场规模也有望得到进一步突破。本次系统升级，将核心企业的应收账款一并上链，有助于中小企业的资金流通，缓解中小企业因资金紧张带来的经营问题，促进正常生产经营。

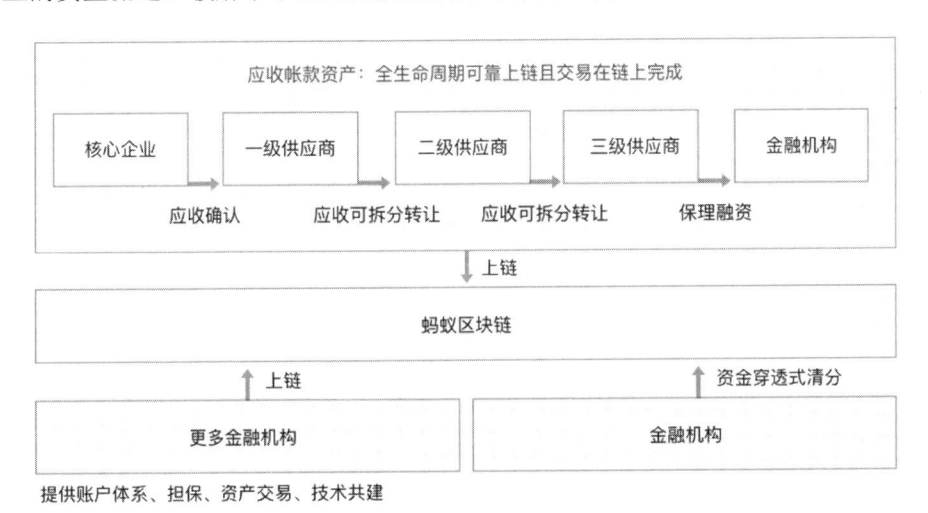

图12-12 蚂蚁区块链"双链通"

在实际应用方面，蚂蚁区块链"双链通"2019年率先在成都落地，通过与成都商业银行、成都中小企业融资担保公司合作，实现融资过程清晰留痕、不可篡改，所有参与方通过"双链通"进行链上身份核实和意愿确认，数字签名实时上链，最大限度杜绝资金挪用等风险。成都市智慧景区系统提供商中科大旗及其末端供应商冠勇、成都中小企业融资担保公司，通过蚂蚁区块链"双链通"完成了第一单融资。"双链通"以中科大旗的技术资质和应付账款为依托，以产业链上各参与方间的真实贸易为背景，让作为核心企业的中科大旗的信用可以在区块链上进行跨级传递流转。中科大旗获得成都中小企业融资担保公司的授信，其供应商凭借流转的信用背书，也能得到融资担保公司的融资支持。

（3）腾讯云。

在传统的仓单质押业务中存在流程不透明、信息不对称、数据滞后等问题，金融机构也缺少对仓库货物及质押贷款的全流程监控，导致骗贷多贷等现象难以杜绝。而对企业来说，则相应面临着质押融资效率低下、成本高昂等问题。针对这些问题，腾讯云推出基于区块链技术的仓单质押解决方案，打造完全可信的仓单质押数字化流通平台，如图12-13所示。

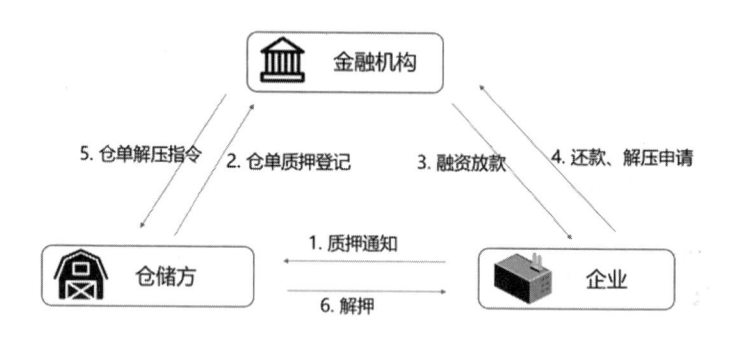

图12-13　仓单质押融资流程

腾讯云将区块链技术与仓单质押融资场景完美融合，再结合物联网、人工智能、大数据等科技解决仓单过程中的信任、风控、低效等问题，资金提供方及担保方基于这个方案，搭建高效可信的融资平台，解决了信任问题，金融风险及流程问题都得到极大程度的优化，融资效率得以大幅提升。

一方面，通过区块链技术实现参与方身份的验证、资产的确权，分布式账本技术实现多方高效协作，保证链上数据的不可篡改、可追溯与可审计。另一方面，密码学技术在区块链中的应用则是确保交易信息仅在交易参与方间流通共享，保护各方商业隐私。腾讯云区块链仓单质押融资架构如图12-14所示。

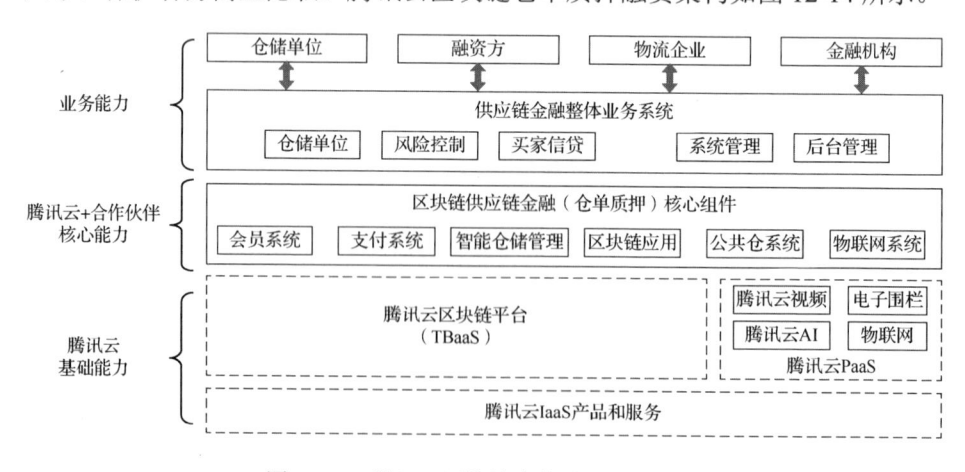

图12-14　腾讯云区块链仓单质押融资架构

此外，在与物联网、智能识别等技术结合上，通过将货仓资产数据及车牌标识数据等实时动态上联，便于资金方对货物的全流程及真实性进行监控，解决以往难以解决的信任问题，有效防止多头借贷和恶意骗贷，降低金融风险。

目前，腾讯云区块链的供应链金融仓单质押解决方案已与佛山钢聚人仓储公司展开合作，基于腾讯云区块链 TBaaS 系统平台，结合物联网人工智能等技术，实现交易数据的实时上链，为钢聚人解决大宗商品的货物确权及仓单登记两大问题，做到全流程可溯、难以篡改，保障仓单的可信和有序流通。同时，腾讯云的区块链供应链金融解决方案在 2019 年 4 月第七届中国电子信息博览会（CITE 2019）上被评为"CITE2019 区块链优秀解决方案"。

（二）金融服务机构

1. 华夏银行

华夏银行服务雄安规划建设项目——链通雄安于 2018 年 5 月份完成与雄安集团区块链项目管理平台的对接，项目利用银企直联方式接入雄安集团区块链项目管理平台系统，并成功将首笔放贷成功落地。该供应链金融产品以"截洪渠"项目的真实贸易为背景，为项目中的其中一个分包商提供订单融资业务，授信金额达 400 万元，首笔订单放款金额为 85 万元。该产品的成功是雄安新区第一笔针对中小企业成功办理的基于区块链技术的供应链金融订单融资业务，华夏银行通过区块链技术帮助分包商获得雄安集团的增信，大大提升了融资效率，降低了中小企业的融资成本。

2. 宜信翼启云服

宜信翼启云服是宜信旗下的企业级金融服务云平台，专注于为企业融资和企业现金管理提供解决方案，其中就包括供应链金融解决方案。宜信翼户云服在 2016 年成立宜信区块链实验室，开始在区块链领域进行创新探索，在 2017 年 3 月发布了私有区块链系统 BlockWorm，BlockWorm 是基于以太坊代码修改的区块链系统，可以提供多种形式的智能合约，同样具备分布式、不可篡改、可追溯等特征。

宜信翼启云服搭建在 BlockWorm 系统平台上，解决数据可信存储问题。经过了对区块链系统的充分测试，宜信翼启云服将技术推向了供应链金融场景，在 2017 年 3 月与钢铁 B2B 交易平台——大大买钢网展开合作，通过区块链技术为钢铁 B2B 交易中的供应链金融业务降本提效。实际操作上，大大买钢网的供应链数据将会实时上链记录，包括平台交易往来所形成的订单、运单、收单、融资等经营行为数据。同时，结合物联网对物流仓储过程进行监控，物流数据实时上链，真正打通企业、个人之间的信用，真正实现以区块链为基础，低成本多维度的风险控制。计入区块链系统的数据与宜信翼启云服保持同步，当大大买钢网上下游的中小企业发起融资申请时，经节点验证的链上数据随时供监管机构及金融机构核验，信用审核的流程大大简化，中小企业的融资效率及成本得到了优化。

（三）核心企业

1. 富士康——富金通

2017年3月，富士康旗下金融服务平台子公司富金通携手点融网共同宣布，共同推出名为"Chained Finance"的区块链金融平台，解决供应链金融和中小企业融资难题，服务于富士康供应链体系，面向电子制造业、汽车业及服装业三大行业。

Chained Finance平台利用区块链技术记录供应链上的每笔交易和资产，使供应链的交易链条更加透明且易于管理。同时，将核心企业的应收账款转移至区块链上进行链上存储及确权，易于拆分、流转，核心企业的信用便可覆盖到更末端的中小企业，帮助其以更低的成本获得金融机构的融资支持，而对富士康来说，可以更好地管理供应链上的中小企业及相关服务。

在传统的富金通供应链金融业务中，仅能为供应链上15%的供应商提供金融服务，而借助了区块链技术的Chained Finance平台，其金融服务最远可以覆盖五级供应商，未来有望可以覆盖到100%的供应链企业。当前起步阶段的业务发生额约为5亿元人民币，其中融资达到了2亿元人民币，剩余额度为资产支付。在采用区块链技术赋能供应链金融业务后，帮助提高供应链条的资金使用效率，减少库存积压，从而提高富士康整条供应链生态系统的竞争力。

2. 福田汽车——福金ALL-Link系统

2018年8月，福田汽车集团旗下的福田金融与平安旗下金融科技独角兽——金融壹账通表示双方就"区块链+供应链金融"领域已有初步的探索结果，正式发布福金ALL-Link系统，该系统借助区块链技术打造汽车产业供应链金融解决方案，是区块链在汽车供应链金融领域的首次尝试。

福金ALL-Link系统基于汽车供应链的真实贸易背景，采用信息化系统结合金融壹账通的区块链底层技术，把基于真实贸易的应收账款转化为能在平台流转的福金通数字凭证，实现数字资产在供应链的流转闭环。一方面，实现作为核心企业的福田汽车的信用多层穿透，帮助上下游中小企业提高融资效率、降低融资成本、增强业务黏性，形成产业链各环节的良性运营。另一方面，也能够帮助福田汽车实现资金的合理高效管理。

在2018年6月底，福田汽车有近150亿元的应付账款，福金ALL-Link系统上线预计可以盘活60亿元的应付账款资金，以数字凭证的方式将应付账款资金进行拆分、流转，提高了福田体系内的近600家供应商的融资效率，据估计至少可降低链上企业2%的融资成本，节省近1.2亿元的融资费用，福田体系供应链的整体竞争力将得到全面提升。

（四）人民链

2020年3月25日，人民网舆情数据中心——人民在线搭建的基于区块链技术的"人民链"信用体系正式开放。北京人民在线网络有限公司成立于2009年，是由人民网控股、人民网与证券时报社合资成立的专业舆情服务机构和信息增值服务机构，与2008年组建的人民网舆情监测室（2017年更名为"人民网舆情数据中心"）一体化运作。

"人民链"信用体系由人民云企、人民企信、人民金服等模块共同构成。平台旨在为中小微企业融资提供风控、增信、供应链金融等一站式服务。"人民链"信用体系通过整合政府机关多平台的服务，为中小企业提供精准、高效、低成本的金融服务绿色通道。

在实际场景中，中小企业只需接入人民云企平台，便可查询包括舆情、工商、司法、行业及政策等多方面的信息，帮助中小企业了解企业自身或行业中可能存在的难以识别的风险。人民企信则负责撮合中小企业和金融机构，企业授权共享数据，打破信息不对称，建立金融机构和企业的信任关系。在人民金服平台，中小企业可凭借与核心企业的真实贸易单据直接在平台上发起融资需求，入驻的金融机构便可通过平台进行信息审核，并实现金融贷款的及时发放。人民企信平台界面如图12-15所示。

"人民链"信用体系凭借人民在线构建的企业信用生态，有效融合企业工商信息、经营信息、司法信息及全网舆情，并结合自然语言处理、知识图谱、机器学习等前沿技术，为链上的政府、金融机构、监管机构、供应链企业等核心节点提供企业全维度画像，搭建中小企业与金融机构信息互通的桥梁，并支持风险评估、预警推送等供应链金融业务开展所需的核心功能。

人民在线依托《人民日报》、人民网的品牌和资源优势，其推出的"人民链"信用体系在生态整合及数据挖掘上有着极大的先天优势。通过结合区块链技术，在保护企业数据安全的前提下，构建金融机构进行信用评估的可信通道，实现了金融机构与中小企业的有效金融互动,助力普惠金融的发展建设。

图 12-15 人民企信平台界面

参考文献

[1] 罗格·瓦唐霍费尔. 区块链核心算法解析[M]. 陈晋川, 薛云志, 林强, 等, 译. 北京: 电子工业出版社, 2017.

[2] 杨望, 周钰筠. 区块链技术与供应链金融生态的重塑[J]. 当代金融家, 2018（10）: 94-97.

[3] 中国人民银行. 金融分布式账本技术安全规范[M/OL]. 2020[2020-2-6]. http://www.cfstc.org/bzgk/gk/view/bzxq.jsp?i_id=1855.

[4] 中国信息通信研究院和可信区块链推进计划. 区块链白皮书（2018）. [M/OL]. [2020-2-6].http://www.cbdio.com/BigData/2018-09/06/content_5825584.htm.

[5] Ethereum. A next-generation smart contract and decentralized application platform [EB/OL]. 2019[2020-2-6].https://github.com/ethereum/wiki/wiki/White-Paper.

[6] Nakamoto S,. Bitcoin: A peer to peer electronic cash system[EB/OL]. 2008[2020-2-6].http://bitcoin.org/bitcoin.pdf.

[7] Vitalik B. Chain interoperability [EB/OL].2016[2020-2-6]. https://www.r3.com/reports/ chain-interoperability/.

致 谢